Martin Bucer

부써

교회연합운동의 선구자

부써

교회연합운동의 선구자

황대우 지음

익투스

| 추천사 |

도미니쿠스회 수도사였던 마르틴 부써는 1518년 하이델베르크에서 개최된 독일 아우구스티누스회 엄수파 수도회 총회에 참석하여 마틴 루터의 '십자가 신학'을 듣고 기독교 신앙을 새롭게 이해하게 되었습니다. "세상이 모두 틀렸고, 루터만 옳았다"라는 유명한 말로 이 역사적 만남을 표현한 부써는 그 이래로 신실한 하나님의 말씀의 사역자로 종교개혁을 위해 헌신하였습니다.

제1세대 개혁자들 중에서도 부써는 특히 개혁주의 전통의 발전에 크게 기여하였습니다. 츠빙글리로부터 불링거로 이어진 취리히 개혁교회의 전통과 더불어 스트라스부르의 부써는 칼빈과 버미글리와 같은 그보다 젊은 소위 '개혁주의 전통의 편찬자들'(codifiers of the Reformed Tradition)을 이끌어준 선배의 역할을 감당하였습니다. 1538년 성찬과 권징의 문제로 제네바 교회에서 추방당한 칼빈을 스트라스부르로 초청하여 목회 사역과 신학 교육의 길로 인도하였으며, 또한 국제적인 신학계에 칼빈을 등장시킨 인물이 바로 부써입니다. 또한 종교재판소를 피하여 참된 신앙을 찾아 알프스산맥을 넘어온 버미글리가 개혁주의 신학자로 등장한 곳도 역시 부써의 스트라스부르였습니다. 칼빈과 버미글리는 모두 부써의 집에서 일정 기간 지내면서 참으로 성경적인, 거룩한 '주교'의 모습을 발견하였습니다. 부써의 학식과 경건은 이 두 신학자에게 지속적으로 영향을 끼쳤습니다.

개혁주의 전통에 대한 연구가 깊어질수록 스트라스부르의 개혁자 부써가 남긴 깊고도 폭넓은 영향력을 주목하게 됩니다. 비단 개혁주의 전통에서뿐 아니라 루터파와의 대화와 일치 노력, 아울러 로마가톨릭과의 꾸준한 신학적 대화의 추진 등에서도 부써는 두드러진 교회일치적 노력의 모범을 보여주었습니다.

이런 중요한 종교개혁자에 관한 깊이 있는 내용이 황대우 박사의 저서를 통해 한국의 그리스도인들에게도 소개되는 일은 참으로 의미 있고 기쁜 일입니다. 황대우 박사는 네덜란드 아펠도른 신학교에서 부써와 칼빈의 교회론으로 박사 학위를 받은, 국내 부써 연구의 전문가입니다. 교회의 머리이신 우리 주님께서 저자의 귀한 수고를 들어 쓰셔서 종교개혁의 역사에 관한 한국교회의 이해가 한층 더 깊어지기를 바랍니다.

김진홍 (호주시드니신학대학 교수)

우리나라 학자가 우리말로 쓴, 부써의 생애와 사상이 담긴 평전을 읽을 수 있게 된 것만으로도 더없이 기쁘고 축하할 일입니다. 부써는 개혁교회의 뿌리에 관심을 가진 사람에게는 전혀 생소하지 않을 이름이지만, 그동안 한국교회와 한국 신학계에 파편적으로만 알려졌을 뿐 전체적인 모습이 제대로 소개되지 못했습니다. 이런 때에 황대우 박사의 이 책은 가뭄에 단비와도 같습니다. 저자는 이 책이 독창적인 저서라기보다는 앞선 연구자들의 성과에 자신의 견해를 살짝 더한 것뿐이라고 겸손하게 말합니다. 그러면서도 이 책이 '부써의 생애 전체를 세밀하게 소개한 첫 한글 저술'이라는 자부심을 내비칩니다.

황대우 박사의 이 책은 역사의 보물창고에 묻혀 있던 부써라는 인물을 찾아내어 켜켜이 쌓인 먼지를 털어내고 햇빛에 밝히 드러낸 역작입니다. 부써는 1491년 독일 남부도시 셀러스타에서 태어나 1551년 영국 케임브리지에서 사망하기까지 16세기 프로테스탄트 교회개혁운동의 한복판을 온몸으로 산 인물입니다. 이 책은 로마가톨릭의 도미니코 수도승이자 사제였던 그가 어떻게 프로테스탄트 개혁자로 전향했는지, 1523년부터 1548년까지 25년 동안 스트라스부르의 개혁자, 목회자, 교회연합운동가로 어떤 삶을 살았는지 알게 하고, 그 후 영국으로 건너가 죽기까지 그의 삶을 우리 눈앞에 생생한 파노라마로 펼쳐냅니다. 특히 부써 당시의 수많은 개혁자들과 학자들의 관계망 가운데서 부써라는 인물을 조망하기에 입체감이 돋보입니다. 이것이 이 책이 생생하게 읽히는 이유입니다. 추천인은 무엇보다 이 책을 쓴 사람의 학자로서의 성실함을 신뢰하기에, 또 이 책 내용이 꼼꼼한 노력의 산물임을 확인하기에 기꺼운 마음으로 개혁교회의 역사와 사상에 관심을 둔 목회자, 신학생, 성도 모두에게 일독을 권합니다.

박경수 (장신대 교수)

'개신교 종교개혁 500주년의 시작'을 기념하던 2017년, 국내 종교개혁 연구를 되돌아보던 연구자들은 일제히 몇 가지 중요한 사실에 깊이 동감하였습니다. 그중 하나가 한국의 종교개혁 연구와 그 연구물이 여전히 루터와 칼빈에 편향되어 다른 수많은 개혁자들에 대한 관심과 연구는 매우 부족하다는 사실이었습니다. 또 다른 사실은 개신교회가 시작부터 분열되었고 현재에 이르러 그 분열상은 더욱 극심한데, 이 불행한 현상을 어떻게 설명할 수 있느냐는 점이었습니다. 이러한 고민을 공유하는 분들에게 황대우 교수의 신작 『부써, 교회연합운동의 선구자』를 권합니다.

이 책은 2017년 종교개혁 500주년 기념의 중요한 성과이며, 앞서 언급한 두 가지 우려에 대해 매우 잘 준비된 응답입니다. 흔히 마르틴 부써는 망명자 목사 칼빈에게 예배와 목회를 제대로 경험할 수 있도록 기회를 마련해준 종교개혁자 정도로 알려져 있을 뿐, 그의 생애나 개혁적 사상에 대해서는 국내에 극히 제한적으로 소개되어 있습니다. 그러나 이 책에서 소상하게 그리고 역동적으로 소개된 부써의 삶과 초기 개혁자로서의 힘난하면서 열정적인 여정을 읽고 나면 그가 루터와 멜란히톤에 이어 '세 번째 독일 종교개혁자'이면서 개신교 '교회연합운동의 선구자'였다는 사실에 눈뜨게 될 것입니다. 또한 개신교 종교개혁이라는 큰 퍼즐의 조각들이 하나하나 맞추어지는 카타르시스를 경험하게 될 것입니다. 전문가들에게는 다양한 정보와 신선한 관점으로, 교회사 입문자들에게는 친절한 안내로 복음을 지키려는 믿음의 선진들의 풍성한 사상의 세계를 선사합니다.

이정숙 (횃불트리니티신대원 前 총장)

| 저자서문 |

 라틴어와 독일어로 저술된 부써 작품의 비평편집은 지금까지 30권 정도 출간되었고 그의 교환서신 편집출간은 1540년대를 아직 넘지 못한 상태다. 부써 작품 비평편집의 출간이 완결되면 더 많은 연구와 더불어 부써의 생애 역시 보다 정확하게 기술될 것으로 기대한다. 필자에게 부써 생애 연구서 가운데 가장 학문적 저술을 꼽으라고 한다면 망설이지 않고 1931년에 영어로 출간된 해스팅스 엘스(Hastings Eells) 교수의 전기 『마르틴 부써』와 1990년에 독일어로 출간된 마르틴 그레샤트(Martin Greschat)의 전기 『마르틴 부써』라고 대답할 것이다. 후자는 2004년에 『마르틴 부써: 한 명의 종교개혁자와 그의 시대』(*Martin Bucer: A Reformer and His Times*)라는 제목의 영어로 번역되었다. 물론 이외에도 훌륭한 전기들이 없지는 않지만 위의 두 전기가 부써 생애 연구의 최고봉이라는 주장에 이의를

제기할 사람은 없을 것이다.

본서는 결코 독창적인 저술이 아니다. 왜냐하면 위의 두 선행 연구가 없었다면 필자는 본서의 저술을 꿈도 꾸지 못했을 것이기 때문이다. 필자는 위의 두 저자를 능가할 실력이 없다. 그들의 연구 결과물을 겸손하게 수용할 뿐이다. 물론 아주 사소한 부분들에서 이견을 제시하기도 했지만 그것조차도 앞으로 누군가의 검증이 필요하다. 사실상 본서의 내용 대부분은 두 책을 읽고 비교하면서 첨삭한 일종의 요약본이다. 물론 위의 두 저자도 이전 연구서들에 대한 의존도가 상당히 높다. 아마 그들도 그러한 선행연구 없이는 그와 같이 훌륭한 저술을 하기 힘들었을지 모른다. 하지만 그들은 필자와 달리 1차 자료의 내용을 손쉽게 다룰 수 있는 언어의 능력자들이다. 이러한 실력으로 두 사람은 각각 자신의 저술을 독창적인 작품으로 만들어낼 수 있었다. 필자는 그들의 두 작품의 본문 내용과 각주를 꼼꼼하게 확인하고 인용했다.

이 책에서 번역된 모든 내용은 필자가 원문을 영어나 독일어, 프랑스어 번역본과 비교하면서 직접 번역한 것이다. 본서의 특징을 꼽으라면 선행연구에서 제공하지 않는 부써 연관 인물들을 보다 상세하게 설명하려고 시도했다는 점이다. 본서는 선행연구에 대한 의존도가 높고, 각주 또한 선행연구의 각주를 재인용하는 경우가 많다. 다만 '재인용' 표시 없이 각주를 인용한 경우에는 필자가 원문을 확인하고 첨삭하거나 원문을 보고 직접 번역했기 때문이다. 16세기 인물 소개는 인터넷 사전 위키피디아 등 여러 사전을 참고했으며 참고자료를 따로 제시하지는 않았다.

이 책에 제시된 엄청난 양의 연도와 날짜가 모두 정확하다고 장담하기는 어렵다. 틀린 부분이 있다면 양해해주기 바란다. 이 책의 가치와 의미는 부써의 생애 전체를 세밀하게 소개한 첫 한글 저술이라는 것으로 충분할 것이다. 아무쪼록 부써가 누구인지 궁금해하는 모든 분에게 이 책이 조금이라도 도움이 되길 바라며, 비록 여러 면에서 부족한 것은 사실이지만, 종교개혁에 대한 이해의 지평을 넓히는 데는 분명히 도움이 될 것이라고 확신한다.[1] 마지막으로 이 책을 읽고 좋은 의견을 주신 김규화 장로님께 감사의 말씀을 전하고 싶고, 또한 귀한 책으로 출간할 수 있도록 오랫동안 기다려준 익투스 모든 분들께도 깊은 감사를 드린다.

2020년 2월
진주 문산에서
황대우

---

[1] 본서 내용의 일부는 이미 〈생명과 말씀〉 2019-1호, 〈장신논단〉 51-2호, 〈영산신학저널〉 50호 등의 학술지에 투고논문으로 게재되었다.

일러두기

• 약어

BCor = Correspondance de Martin Bucer. Vols. 1–. Leiden: Brill, 1979–.

BDS = Martin Bucers Deutsche Schriften. Vols.1–. Gütersloh: Gerd Mohn, 1960–.

BOL = Martini Buceri Opera Latina. Vols. 1–. Paris/Gütersloh: Presses universitaires de France/Bertelsmann Verlag, 1954–; Leiden: Brill, 1982–.

CO = Ioannis Calvini opera quae supersunt omnia. Vols. 1–. Braunschweig: C. A. Schwetschke, 1863–. = Corpus reformatorum. Vols. 29–.

WA Br = D. Martin Luthers Werke. Kritische Gesamtausgabe. Briefwechsel 8. Band. Weimar: Hermann Böhlaus Nachfolger, 1938.

• 인물에 대한 자세한 설명이 있는 각주에는 *표를 해두었다. 부록의 '부쎄 시대의 인물 자세히 보기'를 참고하라.

| 서론 |

　스트라스부르의 종교개혁자 마르틴 부써(Martin Bucer)는 한국에서 그의 독일어 이름 '부처'(Butzer)로 알려져 있는 인물이다. '부써'(Bucer)라는 이름은 독일어 이름을 라틴어로 고쳐 만든 이름 '부케루스'(Bucerus)에서 유래한 것으로, 어미인 꼬리를 뗀 어근의 철자로 구성된 이름이다. 20세기 초반까지만 해도 그의 공식 이름은 부처(Butzer)였으나, 그의 작품이 현대어로 비평 편집되기 시작하면서 부써(Bucer)로 대체되었다. 그런데 한국에서는 '부처'로 발음하는 것을 선호한다. 그 이유는 부써가 16세기 독일 출신이므로 그의 이름을 독일어로 발음해야 한다는 원칙 때문이다. 하지만 이 원칙을 그대로 적용한다면 'Bucer'는 '부처'가 아닌 '부커'가 되어야 한다. 왜냐하면 당시 독일식 발음으로는 '부커'이기 때문이다.
　오늘날 프랑스에 속한 알자스 지방은 16세기 당시에는 독일 영토였고 이름도 엘자스(Elsass)였다. 16세기 당시 부써의 출생지는 슐레트슈타트(Schlettstadt)였지만 그곳은 나폴레옹 시대 이후 오늘날까지 프랑스의 셀러스타(Sélestat)이고, 그의 종교개혁 도시는 16세기 독일의 슈트라스부르크(Strassburg)였으나 지금은 프랑스의 스트라스부르(Strasbourg)이다. 그렇다면 과연 부써는 독일 출신인가, 프랑스 출신인가? 물론 16세기에는 그곳이 독일 영역이었기 때문에 공식적으로 그는 프랑스가 아닌 독일 종교개혁자로 알려져 있다.

하지만 독일어 이름 '부처'(Butzer)를 '부써'(Bucer)로 바꾸고 부써 작품의 비평편집을 시작한 곳은 오늘날 프랑스의 스트라스부르대학이다. 처음으로 부써의 비평편집 작품은 스트라스부르대학 교수 프랑수아 방델(François Wendel)이 편집한 부써 라틴어 작품집 15권『그리스도의 나라에 관하여』(*De regno Christi*)인데, 이것은 1955년에 프랑스대학출판사의 이름으로 출간되었다. 이 작품의 프랑스어 번역은 1년 전에 먼저 출간되었다. 독일어 작품집은 1960년에 처음 출판된 1권을 필두로 본격적인 편집 출간이 시작되었다.

오늘날 부써의 종교개혁 도시의 공식 명칭은 '슈트라스부르크'보다는 '스트라스부르'로 발음한다. 그렇다면 'Bucer'는 '부써'로 발음해야 하지 않을까? 그리고 독일어로도 '-cer'로 끝나는 외국어 단어는 '-커'가 아닌 '-써'로 발음한다. 예컨대

'Spencer'라는 이름은 '스펜써'로 발음한다. 그러므로 'Bucer'를 독일식으로 발음하든 프랑스식으로 발음하든 '부써'가 된다. 그렇다면 16세기 스트라스부르의 종교개혁자에 대한 세계 만국 공통의 명칭 'Bucer'는 '부써'로 발음하는 것이 가장 정확하고 적합한 한글 발음이다. 누가 여기에 이의를 제기할 수 있을까?[2]

독일 종교개혁의 대가 하인리히 보른캄은 부써를 비텐베르크(Wittenberg) 종교개혁의 단짝인 루터와 멜란히톤 다음가는 '세 번째 독일 종교개혁자'(Der dritte deutsche Reformator)로 평가한다.[3] 부써가 종교개혁자들 가운데 세 번째 인물이라는 평가는 독일 종교개혁을 연구한 전문가들이 이의를 제기하지

---

[2] 물론 '써'는 한글의 외국어표기법에 어긋나기 때문에 그렇게 표기할 수 없다고 주장할 수 있을 것이다. 이런 주장이 가능한 것은 한글 외국어표기법이 경음을 표기하지 못하도록 금지해놓고 있기 때문이다. 즉 외국의 인명과 지명을 자국의 발음으로 표기하되 경음을 표기할 수 없다는 것이다. 예컨대 경음을 표기할 수 없도록 한 외국어표기법 때문에 제네바 종교개혁자 칼빈의 한글 공식 이름은 '칼뱅'이다. 그의 프랑스어 성은 꼬뱅(Cauvin)이지만, 이것의 라틴식 이름 '칼비누스'(Calvinus)에서 어미인 꼬리를 뗀 단어가 '칼빈'(Calvin)이다. 이것을 프랑스어로 발음하면 '꺌뱅' 혹은 '꺌뱅'인데, 경음을 표기할 수 없다는 외국어표기법 원칙 때문에 '꺌'과 '꺌' 대신에 '칼'로 발음하여 한글 공식 이름 칼뱅이 탄생한 것이다. 꺌뱅을 독일식 발음인 칼빈으로 발음할 수도 있을 것이다. 그가 프랑스 출신이긴 하지만 거의 평생을 스위스 제네바에서 사역했고, 또한 제네바는 프랑스어권이긴 하지만 독일어가 스위스의 공식 언어 가운데 하나이기도 하기 때문이다.

[3] Heinrich Bornkamm, *Das Jahrhundert der Reformation. Gestalten und Kräfte* (Göttingen: Vandenhoeck & Ruprecht, 1966), 88-112.

않는 일반적 견해이다.[4] 스위스 바젤(Basel)의 종교개혁자 시몬 그리네우스(Simon Grynaeus)에게 보낸 1534년 9월 13일 자 편지에서 볼프강 카피토(Wolfgang Capito)는 부써를 "우리 교회의 주교"(nostrae ecclesiae episcopus)라 불렀다.[5] 이것은 그가 당시 독일 남부의 자유제국도시 스트라스부르의 종교개혁에서 선두주자였다는 표현일 것이다. 하지만 부써는 한 도시의 종교개혁자라는 명성보다는 오히려 16세기 교회연합운동의 선구자로 더 잘 알려져 있다.

사실 마르틴 부써는 1540년 전후로 독일에서 가장 영향력 있는 종교개혁자로 급부상했다. 당시 그의 명성은 결코 루터에 뒤지지 않았다. 하지만 이후 그의 명성은 역사에서 사라지게 되는데, 그 이유는 크게 두 가지로 볼 수 있다. 하나는 1540년 전후의 로마교회와 개신교회 사이의 교회연합운동이 그의 소망과 달리 성공적이지 않았고, 이에 대한 모든 비난의 화살을 그가 홀로 맞으며 견뎌야 했기 때문이다. 다른 하나는

---

4) Philip Schaff, *History of the Christian Church VII. Modern Christianity: The German Reformation* (Grand Rapids: 1987), 572. 한글 번역: 필립 샤프, 『교회사 전집 7. 독일 종교개혁』, 박종숙 역(고양: 크리스챤다이제스트, 2004), 472. 원문에는 독일 종교개혁의 첫 번째와 두 번째 인물인 루터와 멜란히톤이 괄호 속에 기록되어 있으나 번역에는 없다. 물론 샤프는 앞에서 멜란히톤을 다룰 때 그를 "루터 종교개혁자의 두 번째 지도자"로 언급한다.
5) Wendel, *L'église de Strasbourg*, 96.

슈말칼덴 전쟁에서 개신교연합군이 황제군에게 패배하여 황제가 잠정안(Interim)을 받아들이도록 스트라스부르에 강요했을 때, 그가 수용을 반대하여 도시에서 추방되었기 때문이다. 이후 영국 케임브리지로 건너간 그는 케임브리지대학의 왕립교수로 임명되어 생활에 큰 어려움은 없었지만 노년에 추운 날씨 탓인지 오래 살지 못하고 죽음을 맞았다. 또한 피의 메리 여왕 통치 시절, 죽음 이후에도 무덤이 파헤쳐지고 부관참시를 당하는 수모를 겪어야 했던 그는 참으로 불행한 종교개혁자였다.

이렇게 역사 속에 묻혀 있던 그의 이름은 20세기 초, 교회연합운동이 활발해지면서 빛을 보게 되었다. 스트라스부르의 종교개혁자 마르틴 부써는 한국의 칼빈 전공자들에게는 익숙한 이름이지만 대부분 기독교인에게는 여전히 아주 낯선 이름이다. 그는 제네바 종교개혁자 칼빈이 진심으로 존경한 인물이다. 심지어 칼빈이 초기에는 불가시적 교회만을 강조했는데, 3년간 스트라스부르에 체류하면서 부써에게 가시적 교회의 중요성을 새롭게 배우고 인식하게 되었다고 주장하는 학자들도 있다. 이것은 사실과 조금 다르지만, 아무튼 칼빈이 부써에게서 배운 것은 아주 많다. 그 가운데 하나가 당회, 즉 교회치리회(Consistorium)에 대한 개념과 설립이다. 부써는 시정부로부터 독립적인 교회치리회를 구성하고 운영해야 한다고 부단히 외치고 가르쳤지만 이를 스트라스부르에서 시행하지 못했는데, 칼빈은 제네바에서 부써의 교회치리회 정신을 제한적으로 적용할 수 있었다.

차례

추천사 · **5**
저자서문 · **10**
서론 · **14**

Chapter 01
어린 시절과 교육 · **29**

고향 · **31**
부모 · **33**
교육 · **35**
토마스주의자 · **39**
인문주의자 · **40**
루터주의자 · **45**

Chapter 02
1523년 이전의 행적 · **49**

수도사 서약의 무효화 · **51**
에베른부르크와 프란츠 폰 지킹겐 · **56**
란트슈툴과 바이센부르크 · **62**

Chapter 03
1520년대 스트라스부르 종교개혁 · **67**

도시의 정부 구조 · **69**
교회 조직 · **74**
개혁의 시작 · **75**
도착과 정착 · **78**
성직자의 결혼 · **81**
설교 목사 · **88**
신학 논쟁 · **91**
성상 제거 · **95**
예배 개혁 · **100**
교육 개혁 · **109**
재세례파 · **115**
성찬논쟁과 마르부르크 종교회담 · **128**

차례

Chapter 04
독일 남부의 종교개혁 • 149

아우크스부르크 제국의회 • **151**
슈말칼덴 군사방어동맹 • **157**
울름 종교개혁 • **165**
아우크스부르크 종교개혁 • **169**
1530년대 스트라스부르 종교개혁 • **176**

Chapter 05
종교개혁의
내부적 교회연합운동 • 193

신앙고백서의 목적 • **195**
헤센의 종교개혁 • **197**
카셀 종교회담 • **201**
비텐베르크 합의서 • **212**

Chapter 06
종교개혁의 외부적 교회연합운동 • 231

1540년 전후의 스트라스부르 • 233
칼빈의 스트라스부르 체류 • 238
라이프치히 모임 • 245
프랑크푸르트 평화협정 • 252
하게나우 교회연합회담 • 260
보름스 교회연합회담 • 269
레겐스부르크 제국의회 • 278

Chapter 07
1541년 이후의 종교개혁 • 287

레겐스부르크 제국의회 이후의 스트라스부르 종교개혁 • 289
쾰른의 종교개혁 • 299

차례

Chapter 08
슈말칼덴 전쟁과 아우크스부르크 잠정안 · 319

슈말칼덴 동맹 · 321
제국의회들 · 324
슈말칼덴 전쟁과 아우크스부르크 잠정안 · 339
스트라스부르의 기독교 교제공동체 · 356

Chapter 09
영국생활과 말년 · 369

영국생활 · 371
죽음의 그림자 · 384

Chapter 10
결론 · **393**

부써의 자리 · **395**
부써와 한국교회 · **399**

부록

참고문헌 · **410**
부써 생애 연보 · **425**
부써 시대의 인물 자세히 보기 · **428**
편집후기 · **476**

부써의 종교개혁과 관련된 주요 지역들

❶ 셀러스타(Sélestat=Schlettstadt): 부써가 태어난 곳
❷ 하이델베르크(Heidelberg): 부써가 공부한 곳이자 종교개혁자가 되기로 결심한 곳
❸ 란트슈툴(Landstuhl): 부써가 사제로서 사역한 곳
❹ 바이센부르크(Weißenburg): 부써가 처음으로 개신교 설교자로 사역한 곳
❺ 울름(Ulm): 종교개혁의 도입을 위해 부써가 가장 큰 도움과 결정적인 영향을 준 곳
❻ 카셀(Kassel): 종교개혁의 도입을 위해 부써가 가장 큰 도움과 결정적인 영향을 준 곳
❼ 쾰른(Köln): 부써가 직접 찾아가 머물면서 종교개혁을 주도한 곳
❽ 콘스탄츠(Konstanz): 부써의 스트라스부르 종교개혁을 따라 종교개혁을 시도한 곳
❾ 바젤(Basel): 바젤대학의 개혁을 위해 부써가 조언한 곳
❿ 아우크스부르크(Augsburg): 종교개혁을 위해 부써가 중요한 역할을 한 곳이며, 종교개혁의 향방에 중요한 결정을 내린 제국회의들의 개최 장소
⓫ 보름스(Worms): 부써가 중요한 역할을 한 교회연합모임의 주요 장소
⓬ 하게나우(Hagenau): 부써가 중요한 역할을 한 교회연합모임의 주요 장소
⓭ 레겐스부르크(Regensburg): 부써가 중요한 역할을 한 교회연합모임의 최종 합의안 작성 장소
⓮ 케임브리지(Cambridge): 부써가 신학 흠정교수의 신분으로 사망한 곳

우리 주 예수 그리스도의 사역자,
마르틴 부쎄(Martin Bucer, 1491-1551) 그의 나이 53세.

마르틴 부써
교회연합운동의 선구자

Martin Bucer

1

어린 시절과 교육

셀러스타의 부써 출생 장소

Chapter 01

어린 시절과 교육

종교개혁가로서 그는 참된 경건을 획득하기 위해서는 어떤 고난과 시련 앞에서도
물러서지 말아야 한다고 외쳤다는 점에서 인문주의의 원리와 완전히 결별한 것이다.

고향

마르틴 부써(Martin Bucer, 1491-1551)는 스트라스부르에서 남쪽으로 약 48km 떨어진 알자스 저지대의 도시 셀러스타(Sélestat)[1)]에서 1491년 11월 11일에 태어났다.[2)] 당시 셀러스

---

1) 이 도시는 16세기 종교개혁 당시에는 독일 남부 도시였고, 독일어로 '슐레트슈타트'(Schlettstadt)라 불렸다. 이 도시의 역사에 대한 대표적인 저술들은 다음과 같다. Joseph Gény, *Die Reichsstadt Schlettstadt und ihr Anteil an den socialpolitischen und religiösen Bewegungen der Jahre 1490-1536* (Freiburg/St. Louis: Herder, 1900); Paul Adam, *Histoire religieuse de Sélestat*, 2 vols. (Sélestat: Alsatia, 1967/1971); Idem, *L'humanisme à Sélestat. L'école, les humanistes, la bibliothèque* (Sélestat: Alsatia, 1973³).
2) Hastings Eells, *The Attitude of Martin Bucer toward the Bigamy of Philip of*

타는 중세 십자군 전쟁 때 이미 자유제국도시가 된 명성 있는 곳으로 아름다운 알자스 계곡 중심 부근에 위치한 소도시였다. 16세기 초반에 이 소도시가 가진 독특한 장점 두 가지를 꼽는다면 '종교에 대한 열정'(the zeal for religion)과 '배움에 대한 사랑'(the love of learning)이다.[3]

마르틴 부써

당시 도시 인구는 4,000명 정도였는데,[4] 이는 루터(Martin Luther, 1483-1546)의 도시 비텐베르크보다 1,000명가량 적고, 칼빈(Jean Calvin, 1509-1564)의 도시 제네바에 비하면 절반에도 미치지 못하는 숫자다. 16세기 셀러스타 정부의 구조는 다음과 같았다.

> 시는 8명의 시장(Stadmeister)이 각각 3개월씩 다스렸는데, 17명의 시의원(Ratsfreunde)이 그들을 도왔다. 이 25명이 셀러스타 시의회를 구성하였고 최종 결정을 내

Hesse (New Haven: Yale University, 1924), 1; Martin Greschat, *Martin Bucer: A Reformer and His Times*, translated by Stephen E. Buckwalter (Louisville/London: Westmister John Knox, 2004), 12.

3) Hastings Eells, *Martin Bucer* (New Haven: Yale University, 1931), 1.
4) Greschat, *Martin Bucer*, 2.

렸다. 물론 셀러스타의 14개 장인길드를 대표하기 위해 선출된 14명의 길드 장인(Zunftmeister)이 있었다. 하지만 그들의 시의회 참여는 선별적이었는데 시의회가 그들을 초청한 경우에만 가능했다. 길드가 임명한 100인회(Schöffen)도 영향력이 크지 않았고 위기 때만 소집되었다.5)

이처럼 도시의 권력이 소수의 귀족들인 시장과 소의회 의원들의 손아귀에 있었던 반면에 다수의 시민들, 특히 상인 길드에 소속된 시민들은 대부분 생계를 걱정해야 할 정도로 가난했다. 따라서 두 그룹 사이의 갈등은 점차 심해질 수밖에 없었다. 이 갈등은 1525년의 농민봉기를 통해 표출되었다.

부모

부써의 가계에 대한 정보는 그의 할아버지 클라우스 부처(Claus Butzer)가 시민 등록명부에 용병(Söldner)으로 등록

---

5) Greschat, *Martin Bucer*, 3.

된 1480년까지 거슬러 올라가는데, 부써의 아버지 클라우스 부처 역시 1487년 1월 16일에 용병으로 등록했다.[6] 당시 '용병'이란 신분은 완전한 시민권의 혜택을 누릴 수 없었고, 부써의 할아버지와 아버지 모두 나무 술통을 만드는 기술로 생계를 유지해야 했기 때문에 부써의 가족은 가난을 면하기 어려웠다.

가난에서 벗어나기 위해 부써의 아버지는 시민권을 포기하지 않은 상태로 1490년에 셀러스타를 떠나게 되는데, 그럼으로써 그는 신의를 잃었고, 1501년 봄에 귀향했지만 그해 11월 23일[7]에 영원히 그 도시를 떠났다. 부써의 아버지가 언제 스트라스부르에 들어갔는지 정확하게 알 수는 없지만, 분명한 것은 그가 1508년 12월 7일에 스트라스부르 시민권을 획득했으며, 자신의 아들 부써 덕분에 도시 구빈원에서 말년을 보내다가 1540년에 사망했다는 사실이다.[8] 그리고 부써의 어머니 에바(Eva)에 대한 정보는 그녀가 산파였고 1538년에 사망했다는 것이 전부이다.[9]

---

6) Greschat, *Martin Bucer*, 10-11.
7) Eells, *Martin Bucer*, 433,각주7.
8) Greschat, *Martin Bucer*, 11.
9) Greschat, *Martin Bucer*, 12. 여기서 그레샤트는 부써의 어머니가 산파였다는 것에 대해 의문을 제기한다. 또한 부써의 아버지 클라우스는 마가레타 빈데커(Margaretha Windecker)와 재혼했다고 말한다.

교육

부써의 부모는 그가 만 10세이던 1501년에 그를 할아버지 니콜라스 부처(Nicholas Butzer)의 집에 맡기고 셀러스타를 떠났다.[10] 이 사실을 감안하면 부써는 셀러스타에서 평범하게 교육을 받았으리라고 짐작할 수 있을 뿐 그가 어린 시절 어떻게 교육을 받았는지에 대해서는 자세히 알 길이 없다. 다만 수도원에 들어갈 당시 라틴어 책들을 가지고 있었던 것으로 보아[11] 당시 알자스 지방의 관례대로 성 그레고리(Gregory)의 날인 3월 13일에 시작되는 초중등 과정 교육을 셀러스타에서 받았다고 짐작할 뿐이다. 하지만 그가 15-16세 정도인 1507년 여름에 학업을 끝냈으며, 이때 이미 자신의 의사를 정확하게 표현할 수 있을 만큼 라틴어 구사 능력이 상당히 뛰어났던 것이 분명하다.[12]

셀러스타의 상류층이 선호하는 수도원은 도니미코인 반면, 평민들이 선호하는 수도원은 프란체스코였다. 부써는 수도사가 되고 싶은 마음이 없었으나 손자를 대학에 보낼

---

10) Eells, *Martin Bucer*, 2. 부모와 어린 시절에 대한 부써 자신의 진술은 다음을 참조하라. BDS 17, 61,5-62,16.
11) BDS 1, 160,24-25.
12) Greschat, *Martin Bucer*, 12-13.

도미니코수도원 마크

만큼 경제적으로 넉넉하지 않은 할아버지 때문에 수도원에 입문하게 되었다. 그는 신분상 프란체스코수도원에 들어갔을 법하지만 1507년 도미니코수도원의 견습생으로 입문했다. 이것은 규칙엄수파(Observant)가 수도원 개혁을 단행함으로써 규칙완화파(Conventuals)의 저항을 제압하고 1507년에 규율 원칙을 근거로 수도원을 재편한 덕분에 가능했다.[13] 부써는 1년의 수습기간을 마치고 1508년에 '청빈과 순결과 복종'의 세 가지 서약을 함으로써 정식 수도사가 되었다.[14]

부써가 수도원에서 어떤 교육을 어떻게 받았는지 정확하게 알 수는 없다. 그러나 확실한 것은 아우구스티누스수도원에서 '새길'(via moderna)로 알려진 유명론(Nominalism) 전통의 교육을 받은 마르틴 루터와 달리, 부써는 도미니코수도원에서 '옛길'(via antiqua)로 알려진 토마스주의(Thomism) 전통의 교육을 받았기 때문에 토마스 아퀴나스(Thomas

---

13) Eells, *Martin Bucer*, 2; Greschat, *Martin Bucer*, 13-14. 그레샤트에 따르면 부써는 수도원의 개혁 덕분에 이전에 견습수도사에게 요구된 상당 액수의 기부를 면제받을 수 있었다.

14) Greschat, *Martin Bucer*, 15.

Aquinas, 1225-1274)의 글에 정통
했던 반면 유명론자들의 글에
는 취약했다는 사실이다.[15] 그
는 10년 동안 도미니코수도원
에 머물면서 많은 시간을 아퀴
나스의 작품을 읽는 데 소비했
다.[16]

토마스 아퀴나스

1515년 말경 25세의 부써
는 하이델베르크로 이전되었
다.[17] 그곳에는 하이델베르크대학과 연계된 도미니코수도
회의 고등교육기관(studium generale)이 있었다.[18] 하지만 무
슨 이유 때문인지 1516년 한 해 동안 부써는 대주교구인
마인츠(Mainz)에 머물렀는데, 이곳에서 신부 서품을 받았

---

15) 참고. Greschat, *Martin Bucer*, 16-18.
16) Willem van't Spijker, *The Ecclesiastical Offices in the Thought of Martin Bucer*, transl. J. Vriend & L. Bierma (Leiden: Brill, 1996), 8.
17) Eells, *Martin Bucer*, 3.
18) 13세기 초부터 사용되기 시작한 '스투디움 게네랄러'(studium generale)는 중세시대 용어의 다양한 의미 변화 때문에 규정하기가 쉽지 않다. 하지만 통상적으로 특정 지역에 속한 학교가 아닌, 모든 곳에서 학생들이 올 수 있는 일종의 대학과 동등한 전문(신학, 법학, 의학 세 개 중 하나를 반드시 전공하는) 고등교육과정, 즉 '어디서나 가르칠 수 있는 권리'(ius ubique docendi) 혹은 '어디서나 가르칠 수 있는 자격증'(licentia ubique docendi)을 부여할 수 있는 교육기관을 의미한다. 13-14세기에는 대학과 구분되었으나 15세기경에는 대학과 얼추 동의어가 되었다. 중세 '고등교육기관'과 '대학'(universitas)의 관계에 대해서는 다음을 참고하라. Hastings

다.[19] 이후 그가 하이델베르크대학에 등록한 것은 1517년 1월 31일이었다.[20] 도미니코수도회 소속 수도사였기에 입학금은 면제되었다. 교수 요원으로 파견된 부써는 입학 당시 이미 세속성직자들이 성경본문 강의 자격을 얻기 위한 전 단계로 반드시 이수해야 하는 초급철학과 인문학위 과정, 5년간의 신학과정을 모두 마친 상태였다. 학자를 배출하는 대학에 입학했다는 것은 대학 교수진의 일원이 되었다는 것을 의미한다. 따라서 그는 등록 직후 가르치기 시작했고, 1518년 말이나 1519년 초에 최하위 신학학위인 신학학사, 즉 성경학사(baccalaureus biblicus)가 되었다.[21]

Rashdall, *The Universities of Europe in the Middle Ages* I (London: Exford University Press, 1936), 1-24. 규모가 큰 중세 설교자수도회, 즉 탁발수도회는 자체 수도사들에게 대학에 준하는 높은 수준의 교육을 제공하는 자체 교육과정인 '스투디움 게네랄러'가 있었고, 이것은 대학과 밀접하게 연계되어 있었다. 그러나 엄밀한 의미에서 대학만이 수여할 수 있는 학위를 수여하지는 못했다. 하이델베르크대학에서 박사학위를 받은 베헤(Michael Vehe) 박사가 1515년부터 하이델베르크 도미니코수도회 고등교육기관의 새로운 리더가 되었는데, 1520년에는 하이델베르크대학의 교수 자리도 꿰찼다. Greschat, *Martin Bucer*, 24.

19) Greschat, *Martin Bucer*, 17.
20) Gustav Anrich, *Martin Bucer* (Strassburg: Karl J. Trübner, 1914), 5; Nicole Peremans, *Érasme et Bucer. D'après leur correspondance* (Paris: Société d'Editions "Les Belles Lettres", 1970), 29.
21) Greschat, *Martin Bucer*, 23. 엘스는 부써가 1519년 봄에 두 개의 학위, 즉 신학학사(Bachelor of Theology=baccalaureus biblicus)와 강사자격(Master of Students=Magister studentium)을 받았을 것으로 추정하지만, 그레샤트에 따르면 후자의 강사자격(Magister studentium, 학생들의 교사)은 1520년 5월에 받은 것이다. 참고. Eells, *Martin Bucer*, 4; Greschat, *Martin Bucer*, 33.

토마스주의자

도미니코 수도사인 부써가 중세 스콜라주의 옛길의 대가 아퀴나스의 저술을 읽었다는 것은 충분히 예상할 수 있는 일이다. 하지만 그가 아퀴나스의 저서 가운데 성경주석을 제외한 대부분의 주요 저술, 즉 신학과 철학 관련 저술들을 소장하고 있었다는 사실은[22] 그가 중세 옛길 스콜라주의의 대가에게 얼마나 심취했고, 그의 저서를 얼마나 열심히 탐독했는지를 잘 보여준다. 부써의 도서 목록에 들어 있는 에라스무스(Desiderius Erasmus, 1466-1536)[23]의 저서 열세 권은 아퀴나스의 저서 목록과 비교할 때 세 권이 더 많다. 로테르담의 에라스무스의 저술을 구입하

에라스무스

---

[22] BCor 1, 42-58. 이 목록은 부써가 1518년 4월 30일에 작성한 것으로 BDS 1, 281-284쪽에서도 제공된다. 42-48쪽은 책 목록 원문이고, 49-56쪽은 이 책들이 정확히 어떤 것인지에 대한 상세한 추가 정보이며, 56-58쪽은 책 목록을 알파벳순으로 정리한 것이다.

[23] *1466년(혹은 1467년) 네덜란드의 로테르담(Rotterdam)에서 태어나 1536년 스위스 바젤에서 사망한 16세기 최고의 인문주의자. 그의 저술 가운데 가장 유명한 작품은 『우신예찬』(*Moriae encominum sive stultitiae laus*)이다.

기 시작한 1516년부터 부써의 관심이 스콜라주의에서 인문주의로 옮겨졌기 때문이다. 하지만 종교개혁자가 된 이후에도 아퀴나스의 영향이 완전히 사라지지 않은 것은 사실이다.[24]

인문주의자

하이델베르크 시절,[25] 부써는 옛길의 대부 아퀴나스의 신학과 철학에 정통한 수도사였지만 또한 에라스무스에게 매료된 '기독교 인문주의자'였다.[26] 그에게 스콜라주의와 인문주의는 상충되는 것이 아니라 공존하는 것이었다.[27] 그는 셀러스타 출신의 절친 인문주의자 베아투스 레나누스

---

24) 부써는 종교개혁자가 된 이후에도 토마스 아퀴나스를 언급하거나 그의 글을 인용한다. 예컨대, BDS 1, 161,23-24; BDS 2, 313,각주39; BDS 4, 82,25. 277,11-17; BDS 8, 101,14,각주6, 208,4, 각주2.
25) 당시 하이델베르크 도시의 인구는 비텐베르크처럼 5,000명 정도였고, 시의회를 관장하는 시장은 시민들이 직접 뽑은 스위스의 도시들과 달리 팔츠 선제후가 임명했다. 시장은 시의회를 통해 선제후에게 직속된 사람들 1/4을 제외한 나머지 시민을 다스렸다. 참고. Greschat, *Martin Bucer*, 21.
26) 앙리 스트롤은 부써를 '기독교 인문주의자'로 지칭한다. 참고. Henri Strohl, *Bucer, humaniste chrétien* (Paris: Librairie Félix Alcan, 1939).
27) 참고. Greschat, *Martin Bucer*, 28: "부써의 신학적 사유는 에라스무스에게 영향을 받은 것이 명백하지만 그 속에서 우리는 또한 토마스 아퀴나스의 요소들도 발견한다."

(Beatus Rhenanus, 1485-1547)[28]에게 1520년 3월 19일 자로 편지를 보내 에라스무스의 새로운 저작이 출간되는 것을 기뻐했고, 그의 저작 전부를 사기 위해 수단과 방법을 가리지 않았다고 말했다.[29] 스콜라주의에 대해 루터와 달리 극도의 적대감을 가지고 있지 않던 그는 인문주의에 대해서도 루터의 무관심한 태도와 달리 적극적인 자세로 수용했다. 두 개혁자의 이런 자세는 결국 루터파와 개혁파의 신학적 차이로 나타나게 된다.

베아투스 레나누스

부써는 기독교 인문주의, 성경적 인문주의의 대표주자 에라스무스에게서 어떻게 얼마나 영향을 받은 것일까?[30] 20세기 부써 연구의 선구자 아우구스트 랑(August Lang, 1876-1945)

---

28) *베아투스 빌트(Bild)로 알려진 독일 인문주의자이다. 프랑스 최고의 인문주의자 르페브르 데타플에게서 수학했고, 에라스무스의 친구였다.
29) BCor 1, 104,49-50; Adalbert Horawitz & Karl Hartfelder ed., *Briefwechsel des Beatus Rhenanus* (Nieuwkoop: B. de Graaf, 1966), no. 160. 이 부분의 프랑스어 번역은 다음을 참고하라. Peremans, *Érasme et Bucer*, 30.
30) 에라스무스가 부써에게 끼친 신학적 영향에 대한 탁월한 연구는 다음을 참고하라. Friedhelm Krüger, *Bucer und Erasmus. Eine Untersuchung zum Einfluss des Eramus auf die Theologie Martin Bucers* (Wiesbaden: Franz Steiner Verlag GMBH, 1970).

은 부써의 복음서 주석을 분석하는 방법으로 그의 신학적 독특성을 연구한 자신의 책에서 부써 신학에 끼친 인문주의적 영향을 강하게 부인한다.31) 이것은 부써가 1518년 하이델베르크에서 루터의 십자가 신학을 접한 이후 철저하게 루터주의자가 되었지만, 동시에 에라스무스의 추종자로 남아 있었다고 본 구스타프 안리히(Gustav Anrich, 1867-1930)의 주장을 완전히 무시하는 것이다.32)

앙리 스트롤(Henri Strohl)은 인문주의의 영향이 부써의 성경주석 방법에 나타난다고 인정한다.33) 또한 칼 코흐(Karl Koch)에 따르면 부써 신학의 실천적·윤리적 특성은 '그리스도의 철학'(philosophia Christi) 개념을 도입하고, 그리스도의 구원 사역을 '회복'(restitutio)으로 정의한 에라스무스에게서 받은 영향의 결과이다.34) 결정적으로 프리트헬름 크뤼거

---

31) August Lang, *Der Evangelienkommentar Martin Bucers und die Grundzüge seiner Theologie* (Darmstadt: Scientia Verlag Aalen, 1972), passim. 특히 155쪽. 부써의 전기를 쓴 엘스 역시 랑과 유사하게 부써 신학에 대한 인문주의 영향을 대수롭지 않은 것으로 취급한다.

32) Anrich, *Martin Bucer*, 7: "Der Martinianer aber ist zugleich Erasmianer geblieben." 이러한 안리히의 견해를 수용한 대표적 학자로는 슈투페리히(Stupperich)와 크뤼거를 들 수 있다. 참고. Robert Stupperich, *Der Humanismus und die Wiedervereinigung der Konfessionen* (Leipzig: M. Heinsius Nachfolger, 1936), 23-26.

33) Strohl, *Bucer, humaniste chrétien*, 5-16.

34) Karl Koch, *Studium Pietatis. Martin Bucer als Ethiker* (Neukirchen Vluyn:

(Friedhelm Krüger)는 스트라스부르 종교개혁의 주역인 카피토(Wolfgang Capito, 1478-1541)[35]와 부써, 마테 첼(Mattäus Zell, 1477-1548)[36]이 루터의 제자가 되기 전에 이미 에라스무스를 존경하는 추종자들이었다는 사실을 근거로 "루터와 더불어 에라스무스도 스트라스부르 신학의 원천으로 고려해야 한다"라고 주장한다.[37] 크뤼거의 결론은 루터의 결정적 영향으로

마테 첼

Nerkirchener Verlag, 1942), 27-42. 특히 42쪽에서 코흐는 부써에게 "'경건에 대한 열심'이란 '바르고 질서 있게 살기 위한 열심' 이외의 어떤 것도 아니다."(Das "studium pietatis" ist nichts anderes als das "studium recte et ordine vivendi.")라고 결론 내린다. 이런 결론은 신학을 '선하고 복되게 사는 기술'(ars bene beateque vivendi)로 정의한 부써 자신의 진술에 기초한 것이다.

35) *1478년 혹은 1481년경에 알자스(Alsace; Elsass)의 하게나우(Hagenau)에서 태어나 1541년 스트라스부르에서 사망한 독일 인문주의자이자 스트라스부르의 종교개혁자이다. 잉골슈타트, 하이델베르크, 프라이부르크 등지에서 의학과 법학, 신학을 공부했고, 바젤의 대성당, 마인츠의 대성당 등에서 설교자로 봉사했다. 1530년에 부써와 함께 "4개 도시 신앙고백"(Confessio Tetrapolitana)을 작성했다.

36) *개신교 목사로서 알자스의 신학자요 종교개혁자이다. 1518년에 국민사제가 된 후 1521년부터 루터의 가르침에 따라 설교하기 시작했다. 1523년에 그의 첫 저술 『기독교 답변』(Christliche verantwortung)이 출간되었다.

37) Krüger, *Bucer und Erasmus*, 8: "Neben Luther ist als Quelle der Straßburger Theologie Erasmus zu berücksichtigen;…"

인해 부써 신학에서 에라스무스의 영향이 완전히 힘을 잃고 제거되었다고 볼 수 없다는 것이다.[38]

하지만 무엇보다도 인간의 구원이 오직 하나님의 의지와 은혜에 달린 것으로 간주하는 루터의 이신칭의 개념에서 부써는 에라스무스의 인문주의로부터 완전히 돌아섰다. 또한 자유의지와 예정에 대한 이해에서도 두 사람의 생각은 서로 다르다. 비록 교회일치운동과 같은 개혁의 목표에서는 두 사람 사이의 공통점을 찾을 수 있지만, 구체적인 표현 양식에서는 상호 총체적 몰이해로 인해 상충할 수밖에 없다. 에라스무스와는 반대로 "부써는 로마교황의 권위를 거절하고 감독체제를 부정하며 전통을 백지상태로 만들 각오로 철저하게 '개혁하기'를 원했다."[39] 종교개혁가로서 그는 참된 경건을 획득하기 위해서는 어떤 고난과 시련 앞에서도 물러서지 말아야 한다고 외쳤다는 점에서 인문주의의 원리와 완전히 결별한 것이다.

---

38) Krüger, *Bucer und Erasmus*, 225-227.
39) 참고. Peremans, *Érasme et Bucer*, 154: "Bucer, par contre, veut tout 〈réformer〉, quitte à faire table rase de la tradition,…"

루터주의자

1518년 4월 26일, 아우구스티누스수도회는 "95개 조항" 문제를 자체적으로 해결하기 위해 루터를 하이델베르크로 소환했다. 도미니코 수도사 부써는 하이델베르크 논쟁 자리에서 아우구스티누스 수도사 루터를 만났다. 이날 루터의 모습에 대해 부써는 이렇게 말했다. "[루터가] 대답할 때의 감미로움은 놀랍고, 청취할 때의 인내심은 비교할 수 없고, 논박할 때의 날카로움은 스코투스가 아닌, 바울의 [것임을] 당신도 [그 자리에 있었더라면] 인정했을 것이다. 그는 성경의 식량으로부터 이끌어낸 아주 간결하고도 유식한 대답으로 모든 사람을 쉽게 탄복하게 했다."[40] 젊은 도미니코 수도사에게 아우구스티누스 수도사의 말은 천사의 말과 같았다.[41] 이 논쟁에는 수많은 젊은 교수들과 학생들이 참석했는데, 그들 중 후에 종교개혁자로 전향한 대표적 인물로는 부써를 비롯하여 마르틴 프레히트(Martin Frecht, 1494-1556),[42]

---

40) BCor 1, 61,48-51(부써가 레나누스에게 보낸 5월 1일 자 편지): "Mira in respondendo suavitas, in audiendo incomparabilis longanimitas; in dissolvendo Pauli agnovisses acumen, non Scoti, adeo brevibus, adeo scitis eque divinarum scripturarum penu depromptis responsis in sui admirationem facile cunctos adduxit."
41) Eells, *Martin Bucer*, 6.
42) *독일의 신학자, 신학 교수, 울름(Ulm)의 종교개혁자로 유명하다. 하이델베르크

테오발트 빌리카누스(Theobald Billicanus, 1490-1554),[43] 요한 브렌츠(Johannes Brenz, 1499-1570)[44] 등이 있다.[45]

하이델베르크 논쟁 다음 날인 4월 27일에 부써는 루터와 개인적으로 만나서 오랜 시간 대화한 끝에 루터의 사상이 에라스무스의 정신과 내용상 차이가 없다고 판단했다. "다음 날 나는 그와 함께 의지에 대해 친근하고 친밀한 대화를 오랫동안 나누었다. 가장 잘 준비되고 선택된 저녁식

요한 브렌츠

와 울름에서 성경을 가르쳤고, 1539년에는 슈벵크펠트와 논쟁을 벌였으며, 1540년의 하게나우와 보름스 종교회의, 1541년과 1546년의 레겐스부르크 종교회의에 울름의 공식 대표와 자문으로 참석했다. 1518년 하이델베르크 논쟁 이후 루터를 신뢰했지만 성찬논쟁에서는 부써와 외콜람파디우스를 지지했다.

43) *독일 신학자이자 법률가, 종교개혁자이다. 루터의 영향으로 신학을 공부하기 시작했고, 1525년에 뇌르틀링겐 교회법인 "뇌르틀링겐 교회갱신"을 작성했다. 1530년 아우크스부르크에서 로마가톨릭 신앙을 포기했고, 1547-1548년에 팔츠의 백작 오트하인리히(Ottheinrich)가 노이부르크의 종교개혁을 시작하도록 조언했다.

44) *독일 신학자요, 뷔르템베르크 공작 영지의 종교개혁자로 유명하다. 1518년에 하이델베르크 논쟁에서 루터의 강력한 영향을 받고 종교개혁자의 길로 전향했다. 1522년에 슈바벤에 종교개혁을 도입했고, 그 이후로 교회법 작성, 신앙교육서 작성, 교육개혁 등을 추진했다. 오시안더, 아 라스코, 재세례파 등과 논쟁을 벌였으며, 일생 동안 뷔르템베르크의 교회조직과 교육개혁을 주도했다.

45) BCor 1, 95, 101-104(부써가 루터에게 보낸 1520년 1월 23일 자 편지). 참고. Greschat, *Martin Bucer*, 27.

사 [메뉴]는 잔치 음식이 아닌, 교리들이었다. 내가 질문하는 것마다 그는 아주 명료하게 설명했다. [루터가 말한] 그 모든 것은, 그가 뛰어난 것처럼 보이는 하나만 제외한다면, 에라스무스[의 견해]와 일치한다.

마르틴 루터

[그 하나는] 전자(에라스무스)가 다만 넌지시 말하는 것을 후자(루터)는 공개적이고도 자유롭게 가르친다는 것이다."[46]

1519년에 출간된 루터의 갈라디아서 주석을 읽은 도미니코 수도사 부써는 바울 사상에 대한 루터의 매우 정확한 해석과 건전한 교훈으로 가득한 그의 설명에 매우 감동을 받았는데, 그 책이 셀러스타의 출판업자 라자루스 슈러

---

46) BCor 1, 61,51-56(부써가 레나누스에게 보낸 5월 1일 자 편지): "Fuit postridie cum viro familiaris mihi procul arbitris amica confabulatio, sed et coena non dapibus, sed doctrinis longe paratissima optatissimaque. Quaecunque sciscitarer, luculentissime explicabat. Cum Erasmo illi conveniunt omnia, quin uno hoc praestare videtur, quod quae ille duntaxat insinuat, hic aperte docet et libere. O utinam mihi tempus esst de hoc tibi scribere plura!" =Horawitz & Hartfelder ed., *Briefwechsel des Beatus Rhenanus*, 107. 이 편지의 내용 때문에 부써 연구가들은 부써가 루터를 잘 이해했다고 생각하는 학자들과 그렇지 않다고 하는 학자들로 나뉜다. 참고. Brian Lugioyo, *Martin Bucer's Doctrine of Justification: Reformation Theology and Early Modern Irenicism* (Oxford & New York: Oxford University Press, 2010), 10-11.

(Lazarus Schürer)와 같은 출판업자를 통해 재출간되기를 간절히 소망할 정도였다.[47] 1518년에 하이델베르크에서의 만남 이후 부써에게 루터는 "존경 받아 마땅한 아버지요, 신학자 가운데 가장 고결한 분이고, 그리스도인 가운데 가장 용감한 분이며(reverendus pater, theologorum syncerissimus ac fortissimus christianorum), 가장 기독교적인 신학자"(Christianissimus theolgus)가 되었다.[48]

---

47) BCor 1, 88,120-89,133(부써가 레나누스에게 보낸 1520년 1월 15일 자 편지).
48) BCor 1, 91,1-2 & 95,113(부써가 루터에게 보낸 1520년 1월 23일 자 편지). 참고. BCor 1, 88,110-111(부써가 레나누스에게 보낸 1520년 1월 15일 자 편지).

2

1523년 이전의 행적

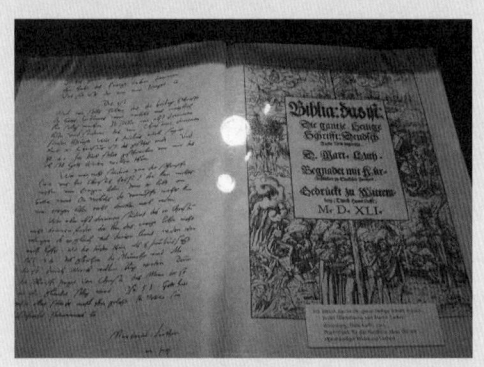

독일 보름스 박물관에 있는 루터 성경

Chapter 02

1523년 이전의 행적

부써는 용감하게도 자신의 글과 가르침이 성경을 통해 증명되지 못한다면 돌에 맞아 죽어도 좋다고 단언했다.

수도사 서약의 무효화

부써의 판단에 따르면 하이델베르크 도미니코수도원의 상급자 베르나르두스(Bernardus)[49]는 '에라스무스주의자'(Erasmiscus)인 것은 분명하지만 결코 '루터주의자'(Martinianus)는 아니었다.[50] 1519년 여름 부써는 바젤에 들렀는데, 거기서 유명한 출판업자 요한 프로벤(Johannes Proben)을 알게 되었고, 아마 카피토도 만난 것으로 보인

---

49) BCor 1, 74,44-46(부써가 레나누스에게 보낸 1518년 9월 14일 자 편지).
50) BCor 1, 78,26-27(부써가 레나누스에게 보낸 1519년 3월 10일 자 편지). 참고. Greschat, *Martin Bucer*, 32.

프란츠 폰 지킹겐

다.⁵¹⁾

1519년 여름에 벌어진 중요한 사건은 도미니코수도원과 기사 프란츠 폰 지킹겐(Franz von Sickingen, 1481-1523)⁵²⁾ 사이의 갈등과 대립이었다. 도미니코수도원장이자 종교재판관 야콥 판 호흐스트라턴(Jacob van Hoogstraten, 1460-1527)⁵³⁾이 독일의 인문주의자 요한 로이흘린(Johannes

---

51) Eells, *Martin Bucer*, 5. 여기서 엘스는 부써가 다른 사람들과 쉽게 친분 관계를 맺는 능력의 소유자라고 소개하면서 그의 그런 능력을 매우 높게 평가한다. 부써는 이미 셀러스타 시절부터 그곳의 문학회 회원이었던 것으로 보인다. 그 문학회 명단에 대해서는 다음을 참고하라. BCor 1, 109, 1-110, 9(셀러스타 문학회 회원들이 야콥 빌링거[Jacobus Villinger]에게 보낸 1520년 5월 1일 자 편지). 이 명단에는 스트라스부르의 인문주의자로 유명한 야콥 빔펠링, 부써의 절친 베아투스 레나누스, 바젤대학 출신의 신학박사 파울 자이덴스티커(Paul Seidensticker, 라틴어로는 Phrygio, Constenzer, Constantinus 등으로 명명), 셀러스타 출판업자 라자루스 슈러 등이 들어 있다.

52) *제국의 기사로서 울리히 폰 후텐(Ulrich von Hutten)과 더불어 기사혁명의 주동자로 유명하다. 황제 막시밀리아누스(Maximilianus) 1세의 기사로서 1508년 베네치아에 대항하여 싸웠고, 1519년 황제 선거에서 카를 5세의 선출을 위해 자신의 군대를 프랑크푸르트에 주둔시켜 신성로마제국의 의회의원이 되었다. 그러나 기사혁명을 일으킨 일로 파문되었고 혁명은 실패로 끝났다.

53) *호흐스트라텐(Hochstraten; Hoogstraten; Hoogstraeten)으로도 불리는 도미니코수도사 출신의 신학자요, 논쟁가다. 신학교수와 대학 학장을 지내다가 1508년에 종교재판관이 되었고, 16세기 최초의 루터파 순교자인 얀 판 에쎈(Jan van Essen)과 헨드릭 푸스(Hendrix Voes)에게 사형 판결을 내렸다.

Reuchlin, 1455-1522)[54])에게 라인 길더(Rhenish guilder)를 법적 비용으로 추징하려고 하자, 인문주의 기사 울리히 폰 후텐(Ulrich von Hutten, 1488-1523)[55])이 프란츠 폰 지킹겐을 앞세워 그 일을 저지하려 했다. 지킹겐은 로이흘린 개인

요한 로이흘린

에 대한 관심이 없었음에도 불구하고 인문주의자들의 지지를 얻고자 호흐스트라턴이 하려는 일을 멈추지 않을 경우 수도원을 파괴해버리겠다고 협박했다. 결국 1520년 5월 초에 도미니코수도회 지방대표들은 프랑크푸르트에서 회의를 열어 호흐스트라턴를 수도원장과 종교재판관 자리에서 해임하고, 교황에게 로이흘린의 추징금 면제를 청원하는 것으로 지킹겐과 합의했다. 하지만 로마교황은 1520년 6월

---

54) *독일의 인문주의자요 언어학자로, 멜란히톤이 그의 조카이다. 학생 시절인 1478년에 『라틴어 소사전』(*Vocabularius breviloquus*)을 출간하기 시작하여 성경 언어학자로 명성을 얻었으며, 잉골슈타트대학에서 히브리어와 헬라어를 가르쳤다.

55) 1488년 4월 21일, 독일 슐뤼흐테른(Schlüchtern)의 슈테켈베르크(Steckelberg)에서 태어나 1523년 8월 29일, 스위스 취리히제이(Zürichsee)의 우페나우(Ufenau)에서 사망한 제국 기사요, 독일 인문주의자다. 부써와 후텐의 관계에 대해서는 다음을 참고하라. Martin Greschaft, "Martin Bucer und Ulrich von Hutten," in Marijn de Kroon & Marc Lienhard eds., *Horizons europeens de la Reforme en Alsace. Das Elsass und die Reformation im Europa des XVI. Jahrhunderts* (Strasbourg: Librairie Istra, 1980), 177-193.

게오르크 슈팔라틴

15일에 교서를 내려 루터와 루터의 추종자들을 위협했고, 급기야 23일에는 프랑크푸르트합의문을 무효라고 선언하고 말았다.[56]

이런 일련의 사건은 에라스무스를 추종하던 하이델베르크 인문주의적인 도미니코 수도사들에게 루터를 추종할 가능성을 원천 봉쇄했다. 1520년 9월 즈음 부써는 드디어 수도원을 완전히 떠나기로 결심했다.[57] 동년 8월부터 연말까지 부써 편지의 수신자는 루터와 루터의 신실한 동료 게오르크 슈팔라틴(Georg Spalatin, 1484-1545),[58] 스트라스부르 종교개혁의 동역자가 될 볼프강 카피토, 인문주의 기사 울리히 폰 후텐 등이었고, 그중에서도 카피토에게 보낸 편지가 가장 많았다. 당시 카피토는 바젤 대성당의 설교자였고, 또한 마인츠의

---

56) Greschat, *Martin Bucer*, 31-32.
57) BCor 1, 118,21-26(부써가 슈팔라틴에게 보낸 1520년 9월 19일 자 편지).
58) *게오르크 부르크하르트(Georg Burkhardt)의 가명인 게오르크 슈팔라틴은 독일의 인문주의자, 신학자, 법률가, 종교개혁자, 작센 선제후 현자 프리드리히의 책사 등과 같은 다양한 수식어가 따라다니는 종교개혁사의 주요 인물이다. 1509년에 선제후 현자 프리드리히의 조카 요한 프리드리히의 가정교사로 고용된 이후 선제후의 특별한 신임을 얻었다. 선제후 현자 프리드리히가 1525년에 사망한 이후에도 후임 선제후인 요한과 요한 프리드리히의 조언자 역할을 지속하였다.

대주교 브란덴부르크의 알브레히트(Albrecht von Brandenburg, 1490-1545)[59]와 막역한 친구였다. 부써는 울리히 폰 후텐과 친분을 쌓았으며 그를 통해 프란츠 폰 지킹겐과도 가깝게 되었다.[60] 1520년의 부써는 "야위고 약간 검고 콜레라 환자 같은 다른 오토"였고, "거의 아무도 차별하지 않는" 사람이었으며 "유식한 사람"처럼 보였다.[61]

1520년 11월 10일에서 23일 사이에 부써는 수도원을 떠난 것으로 보인다.[62] 부써가 여러 사람들과 쌓은 두터운 친분은 수도사 신분을 벗어나는 데 결정적 역할을 했다. 그는 자신의 수도사 서약이 미성년자에게 강압적으로 가해진 것이었으므로 무효 판정을 내려달라고 부탁할 만한 사람을 찾기 시작했다. 그리하여 발견한 사람이 슈파이어(Speyer)

---

59) *브란덴부르크 가문 출신으로 마인츠의 대주교이자 선제후다. 1486-1499년의 선제후 요한의 막내아들인 그는 할버슈타트(Halberstatt)의 주교, 마그데부르크(Magdeburg)의 대주교, 마인츠의 대주교 겸 선제후, 추기경을 지냈고, 루터의 95개 논제를 교황청에 전달했다.
60) Greschat, *Martin Bucer*, 33.
61) Horawitz & Hartfelder ed., Briefwechsel des Beatus Rhenanus, 213(오토 브룬펠스[Otto Brunfels]가 레나누스에게 보낸 1520년 3월 18일 자 편지): "Depinxit mihi hominem Adolphus quidam illius collega, refert alterum esse Othonem, aridum, subnigrum, cholericum ac pene nullum esse discrimen…. Apparet hominem doctum esse." 여기서 '오토'(Otho)가 정확히 누구인지 단정하기 어렵다. 아마도 로마제국의 역사가 수에토니우스(Suetonius)가 그 외모를 묘사한 로마 황제 오토이거나 '오토 마군티누스'(Otho Maguntinus)라 불리는 수신자 베아투스 레나누스가 아닐까?
62) Eells, *Martin Bucer*, 435,각주43.

의 부주교 안톤 엥겔브레흐트(Anton Engelbrecht)[63]였다. 1521년 4월 21일 주교로부터 부써의 수도원 서약 무효화 사건을 맡도록 임무를 부여받은 엥겔브레흐트는 29일에 브루흐잘(Bruchsal) 시에서 부써를 수도사 서약에서 해방시켜주었다. 부써는 합법적으로 자유인이 되었고, 그에게 남아 있는 것은 세속 성직자 신분뿐이었다.[64]

에베른부르크와 프란츠 폰 지킹겐

부써는 인문주의자 에라스무스와 종교개혁자 루터의 제자요, 혁명적 이상주의자 울리히 폰 후텐의 동조자이면서 동시에 좋은 도미니코 수도사일 수는 없었다.[65] 그는 자신

---

[63] 엥겐디누스(Engendinus)로도 불리며, 1488-1490년 사이에 바덴(Baden)의 엥겐(Engen)에서 태어나 1557년에 스트라스부르에서 사망했다. 1503년 여름학기부터 라이프치히에서 공부하다가 바젤로 가서 1520년에 신학박사가 되었다. 1517년까지 엥겐의 사제였고 1519-1524년에는 슈파이어의 부주교였다. 종교개혁자들과의 접촉 때문에 스트라스부르로 도피하여 성 스데반교회의 목사가 되었으며, 1534년에는 신앙 문제에 대한 정부의 개입을 반대하여 면직되었다. 1544년에 쾰른으로 가서 로마가톨릭교회로 되돌아갔으나, 1556년 말에서 1557년 초에 스트라스부르로 다시 돌아왔다.

[64] BDS 1, 285; Greschat, *Martin Bucer*, 34; Eells, *Martin Bucer*, 9 & 436,각주 61. 부써의 수도원 서약이 무효하다고 선언한 공식 문서는 BDS 1, 285-290쪽에 있다.

[65] Eells, *Martin Bucer*, 5.

을 해하려는 호흐스트라턴의 계략에서 벗어나기 위해 1521년 3월부터 4월 말까지 약 두 달 동안 지킹겐의 견고한 요새 에베른부르크(Ebernburg) 성을 도피처로 삼아 그곳에 머물면서 1520년 11월에 스트라스부르에서 알게 된 후텐의 비서 역할을 수행했다. 당시 그곳은 부써와 후텐에게뿐만 아니라 바젤의 종교개혁자 요한 외콜람파디우스(Johannes Oecolampadius, 1482-1531),[66] 루터 구약성경 번역의 조력자 카스파르 아퀼라(Caspar Aquila, 1488-1560),[67] 츠바이브뤼켄(Zweibrücken)의 종교개혁자 요한 슈베벨(Johannes Schwebel, 1490-1540)[68] 등에게도 안전한 피난처였으므로 '공의의 피난처'(Herberg der Gerechtigkeit)라 불렸다.[69]

부써의 수도사 서약 무효 소송이 진행되는 동안 루터를

---

66) *바젤의 인문주의자이자 종교개혁자이다. 하이델베르크에서 신학과 고전어를 공부하고 사제가 된 그는 1513년에 튀빙겐에서 멜란히톤과 요한 로이홀린을 만났고, 1515-1516년에는 바젤에서 에라스무스의 조력자로 일했다. 1526년의 바덴논쟁과 1528년의 베른논쟁에 참여했고, 1529년에는 바젤을 종교개혁의 도시로 만들었다.

67) *1488년 8월 7일, 아우크스부르크에서 요한 카스파르 아들러(Johann Kaspar Adler)로 태어나 1560년 11월 12일, 튀링겐의 잘펠트(Saalfeld)에서 사망한 루터파 종교개혁자다. 루터의 구약성경 번역 작업을 도왔으며, 아우크스부르크 잠정안을 반대하는 독일어 저술과 라틴어 저술을 출간했다.

68) *독일 종교개혁자로 부써의 추종자였다. 1529년에 마르부르크 종교담화에 참여했고, 1530년의 아우크스부르크 신앙고백, 1536년의 비텐베르크 일치신조에 서명한 서명자였다. 1540년 츠바이브뤼켄에서 페스트로 사망했다.

69) Greschat, *Martin Bucer*, 35-36.

카를 5세

심문하기 위해 그 유명한 보름스 제국의회가 준비되고 있었다. 이것은 카를 5세(Karl V)가 황제로 등극한 후 처음으로 개최한 제국의회였다.[70] 제국의회는 3월 26일에 인쇄물로 공고된 후 그 다음 날 공개적으로 선포되었다. 4월 16일 보름스에 도착한 루터는 17-18일 양일간 황제 앞에서 결정적인 심문을 받았고, 24-25일에는 일부 제국의원들이 루터를 심문했다. 25일에 최종 결정을 공식적으로 통보받은 루터는 그 다음 날 보름스를 떠났다. 이후 제국의회는 5월 25일에 폐회되었고, 다음 날 황제가 칙령에 서명함으로써 보름스칙령이 발효되었다.

보름스 제국의회의 개최를 앞두고 어수선한 시기에 황제 카를 5세의 고해신부 글라피온(Glapion)과 외교관 파울 폰

---

70) 1521년 보름스 제국의회에 대해서는 다음을 참고하라. 라인하르트 슈바르츠, 『마틴 루터』 (서울: 한국신학연구소, 2007), 210-223; Theodor Kolde, *Luther und der Reichstag zu Worms 1521* (Halle: Verein für Reformationsgeschichte, 1883); Max Lenz, *Luther Tat in Worms* (Leipzig: Kommissionsverlag von M. Heinstus Nachfolger, 1921); Fritz Reuter ed., *Der Reichstag zu Worms von 1521. Reichspolitik und Luthersache* (Worms: Stadtarchiv Worms, 1971).

아름스토르프(Paul von Armstorff)가 지킹겐과 후텐을 설득하기 위해 에베른부르크에 방문했다. 이때 후텐이 너무 아팠기 때문에 단 몇 분밖에는 대화에 참여하지 못해 대신에 부써가 하루 종일 그들과 대화하게 되었는데, 그 긴 대화에서 글라피온은 루터가 보름스 제국의회에 참석하지 않아도 된다면서 교회개혁을 위해 안전하고 조용히 의논하자고 제안했다. 이에 부써가 동의함으로써 루터를 초대하기로 합의했다. 1521년 4월 15일 그들은 오펜하임(Oppenheim)에서 루터를 만났고, 부써는 루터에게 교회개혁의 기회를 잃지 않기 위해 부분적으로 양보할 것을 제안하면서 보름스를 향해 가던 발길을 에베른부르크로 돌리려고 했으나 실패했다.71) 오펜하임에서 돌아온 부써는 후텐의 편지를 루터의 비텐베르크 동료 유스투스 요나스(Justus Jonas)72)에게 전달하기 위해 4월 17일에 서둘러 보름스로 출발했다.73) 그러므

---

71) Greschat, *Martin Bucer*, 37-38; Eells, *Martin Bucer*, 8. 참고. BCor 1, 149-153(부써가 슈팔라틴에게 보낸 1521년 4월 9일 혹은 10일 자 편지).
72) 독일의 루터파 신학자, 법률가, 찬송 편집자, 교수이자 종교개혁자로서 루터와 멜란히톤의 저술을 번역한 번역가로 유명하다. 1493년 6월 5일 노르트하우젠(Nordhausen)에서 시장의 아들 요도쿠스 코흐(Jodocus Koch)로 태어나 1555년 10월 9일 아이스펠트(Eisfeld)에서 사망했다. 1506년부터 에르푸르트에서, 1511년부터는 비텐베르크에서 학생이었을 당시 에오바누스 헤수스(Eobanus Hessus, 1488-1540)와 무티아누스 루푸스(Mutianus Rufus, 1470-1526)가 중심인 인문주의 그룹의 일원이 되었다.
73) BCor 1, 153,각주22.

로 4월 18일에 자신의 책을 철회할 수 없는 이유에 대해 용감하게 설명하던 루터의 모습을 지켜보았을 가능성이 없지 않다.

1521년 5월 초에 부써는 팔츠(Pfalz) 선제후 루트비히 5세(Ludwig V)[74]의 동생 프리드리히 공작의 궁정예배당 목사 직무를 수행하기 위해 보름스로 돌아왔다. 공작 프리드리히(Friedrich. 1482-1556)[75]는 1544년 루트비히 5세가 사망하자 그의 뒤를 이어 팔츠의 선제후가 된 인물로, 그의 공식 거주지는 상부팔츠(Oberpfalz)의 노이마르크트(Neumarkt)였다. 그런데 1521년 11월 14일에 프리드리히는 자신의 수행원들을 대동하고 뉘른베르크(Nürnberg)로 옮겼다. 이곳은 너무나도 작은 노이마르크트와 달리 약 3만 명의 인구가 사는

---

74) 1478년 7월 2일 하이델베르크에서 독일 왕가인 비텔스바흐(Wittelsbach) 가문의 팔츠 선제후 정직자 빌립(Philipp der Aufrichtige)의 장남으로 태어나 1544년 3월 16일 하이델베르크에서 사망했다. 1508년에 아버지를 계승했고, 1518년에는 아우크스부르크 제국의회에서 팔츠에 대한 제국의 파문을 무효화했으며, 1519년에는 카를 5세를 황제로 선출했다. 1530년대에 루터의 종교개혁을 수용했다. 아들 없이 사망했기 때문에 선제후령 팔츠는 그의 동생 프리드리히 3세가 물려받았다.

75) 현자 프리드리히 2세(Friedrich II. der Weise)로 불리는 팔츠의 선제후다. 1482년 12월 9일 노이슈타트(Neustadt)의 빈징겐(Winzingen)에서 태어나 1556년 2월 26일 알차이(Alzey)에서 사망했다. 비텔스바허(Wittelsbacher) 가문 출신으로 팔츠 선제후 정직자 빌립의 네 번째 아들이었고, 형 루트비히의 뒤를 이어 1544년부터 1556년 죽을 때까지 팔츠의 백작이자 선제후였다. 1545년 12월에 새로운 신앙을 알게 된 이후 바울 파기우스(Paulus Fagius)의 도움을 받아 1546년 처음 공식적으로 팔츠에 종교개혁을 도입했는데, 이로 인해 황제에게 파문당했다.

대도시였다. 공작은 황제 부재 시에 황제 직무를 대행하는 제국통치의회의 의장을 맡게 되어 황제의 보름스칙령을 성실하게 집행할 의무를 갖게 되었다.[76]

복음에 별 관심이 없는 프리드리히 공작에게 실망한 부써는 프란츠 폰 지킹겐을 떠난 것을 몹시 후회했다. 부써는 후텐에게 부탁하여 자신이 교구를 맡을 수 있도록 지킹겐에게 간청해달라고 했는데, 지킹겐은 흔쾌히 부써의 간청을 들어주었다. 그래서 부써는 사제로서 란트슈툴(Landstuhl) 교구를 맡게 되었을 뿐만 아니라, 원한다면 비텐베르크에서 1년간 공부해도 좋다는 보너스도 받았다. 이제 뉘른베르크에 있는 프리드리히 공작에게 사의를 표명하고 그의 곁을 떠나는 일만 남았다. 하지만 공작과의 관계가 너무 친밀했던 그는 1522년 5월에야 비로소 뉘른베르크를 떠날 수 있었다.[77] 장차 팔츠의 선제후가 될 프리드리히 공작 곁에 있었던 1년이란 세월은 부써에게 특별한 의미는 없었던 것으로 보인다.

---

76) Greschat, *Martin Bucer*, 38-39. 영어 번역판 38쪽에 루트비히가 4회 언급되는데, 첫 번째 외에는 모두 오역이다. 나머지 세 번은 모두 프리드리히로 번역되어야 한다.

77) Eells, *Martin Bucer*, 10-12. 백작은 부써에게 선물을 보상으로 주었고 언제든지 필요하면 도움을 주겠다는 약속까지 해주었다. 엘스와 달리 그레샤트는 부써가 1522년 3월 중순경에 뉘른베르크를 떠난 것으로 추정한다. 참고. Greschat, *Martin Bucer*, 39.

란트슈툴과 바이센부르크

부써는 란트슈툴의 목회자로 그곳에 갔지만 오래 머물지 못했다.[78] 그곳에서 부써가 경험한 가장 강력한 사건은 결혼이었는데, 뢰벤펠트(Löwenfeld)의 한 수녀원 출신인 엘리사벳 질버라이젠(Elizabeth Silbereisen, 1495-1541)[79]을 아내로 맞이했다.[80] 그 후 1522년 7월 초에 며칠간 스트라스부르를 방문한 그는 지킹겐이 부여한 새로운 임무 때문에 그곳에 오래 머물 수 없었다. 11월에는 바이센부르크(Weißenburg)에 있었는데[81] 이미 1522년 1월 초에 프란츠 폰 지킹겐이 결혼한 부써가 란트슈툴의 목회 사역에서 벗어날 수 있도록 허락하여[82] 그는 자유의 몸이 된 상태였다. 부써는 자신이 원하던 루터와 멜란히톤(Philip Melanchthon)[83]의 강의를 듣기

---

78) Greschat, *Martin Bucer*, 40. 그레샤트에 따르면 부써가 란트슈툴에 머문 기간은 6개월이다.
79) 1495년경에 소상인 야곱 질버라이젠의 딸로 태어나 1541년 11월 16일 스트라스부르에서 페스트로 사망했다. 하일브론(Heilbronn)에서 북쪽으로 약 24km 지점, 하이델베르크에서 동쪽으로 약 35km 지점에 위치한 도시 모스바흐(Mosbach) 출신으로 어린 소녀시절(부써에 따르면 11세인 1514년)에 뢰벤펠트수도원에 들어갔고, 부써와 결혼한 1522년까지는 알려진 것이 없다. 그녀는 부써에게서 13명의 자녀를 낳았으나 12명이 일찍 죽었고, 아들 나다나엘(Nathanael)만 살아남았다.
80) Eells, *Martin Bucer*, 12-13. 그레샤트는 부써가 7-8월경에 결혼한 것으로 추정한다.
81) Greschat, *Martin Bucer*, 39.
82) BDS 1, 71.

위해 비텐베르크로 가는 길에 바이센부르크에 들렀는데 이때 요한교구교회의 목회자 하인리히 모테러(Heinrich Motherer)에게 붙잡혀 6개월 동안 그곳에 머물면서 설교 사역을 감당하게 되었다.[84]

멜란히톤

부써가 바이센부르크에서 어떤 내용으로 설교했는지 알 수 있는 자료로는 1523년에 스트라스부르에서 출간된 소책자 『바이센부르크 시의 기독교 의회와 교회에서 행한 마르틴 부써의 설교 요약』이 남아 있다.[85] 설교는 부써가 바이센부르크 사람들을 사로잡을 수 있는 가장 강력한 무기였다.[86]

---

83) *독일의 인문주의자요 종교개혁자로, 로쿠스(locus. '자리'를 뜻함)라는 인문주의 방법론을 신학 방법론으로 활용한 최초의 개신교 신학자로 유명하다. 인문주의자 에라스무스에게 영감을 받아 1520년대에 인문주의적 종교개혁신학을 전개했고, 1519년 라이프치히 논쟁 이후 공개적으로 루터 편에 섰다. 1521년에는 16세기 최초의 개신교 교의학 서적 『신학총론』(*Loci communes rurum theologicarum seu hypotyposes theologicae*)을 출간했다.

84) Eells, *Martin Bucer*, 13. 루터의 교리를 받아들여 아내를 얻고 복음을 선포하기 시작한 루터 추종자 모테러는 설교의 은사가 없었기 때문에 논적들을 상대하기 어려웠다.

85) 원제목: "Martin Butzers / an ein christlichen Rath vn / Gemeyn der statt Weissen-/burg Summary seiner / Predig daselbst / gethon." 원문은 다음을 참고하라. BDS 1, 79-147.

86) Eells, *Martin Bucer*, 14.

이곳에서 부써는 하루에 한 번, 매주 주일과 축일에는 아침과 오후에 두 번, 이전에 설교했던 본문을 이어서 하는 강해 방식으로 설교했는데, 베드로전서를 끝낸 후 마태복음으로 이어갔다.[87] 설교를 통해 부써는 성인들의 중보, 미사, 죽은 자들을 위한 기도, 방언 기도, 강제적인 독신 생활, 수도원 생활, 강제적인 십일조, 특정 음식에 대한 금지, 순례, 성직자가 갖는 세속 권력 등과 같은 전통적인 관습과 관행을 공격하고 비판했다.[88]

부써는 자신의 글을 교회 문에 붙이고 복사본을 여러 수도원의 수도사들에게 보내 부활절 전 수요일 정오나 혹은 그들이 원하는 때 언제라도 논쟁을 벌이자며 자신을 반대하는 논적들에게 도전장을 내밀었다. 그리고 용감하게도 자신의 글과 가르침이 성경을 통해 증명되지 못한다면 돌에 맞아 죽어도 좋다고 단언했다.[89] 이에 부써의 설교에 자극을 받은 많은 사람들이 폭동을 일으키고, 부써가 이 폭동의 선동자로 의심 받아 심문에 소환되자 그를 지지하던 바이센부르크 시의회는 동요했다. 이전부터 부써를 후텐보다

---

87) Greschat, *Martin Bucer*, 42.
88) Eells, *Martin Bucer*, 15. 엘스에 따르면 공격과 비난에서 부써는 '중도파'(a moderate)였다.
89) Eells, *Martin Bucer*, 15-16.

더 위험한 인물이라고 지적해오던 교황 대사 기롤라모 알레안드로(Girolamo Aleandro)[90]의 요구로 슈파이어 주교는 시의회에 부써를 추방하라고 명령했다. 하지만 시의회가 부써를 추방하지 않고 소환에도 응하지 않자 보름스칙령을 근거로 부써와 모테러를 모두 파문했다. 이후 지킹겐이 전투에서 패하고 팔츠 선제후 루트비히가 군사적 위협을 가해옴에 따라 시의회는 결국 모테러와 부써에게 도시를 몰래 떠나도록 요구했다. 그리하여 1523년 5월 어느 날, 부써와 모테러는 둘 다 임신한 아내를 데리고 야반도주했다.[91]

---

90) 그는 이탈리아 추기경 히에로니무스 알레안더(Hieronymus[=Jerome] Aleander, 1480-1452)이다. 황제 카를 5세가 소집한 1521년 보름스 제국의회에 참석한 교황 대사로서 루터 반론의 주동자요, 보름스칙령의 초안자였다.
91) Greschat, *Martin Bucer*, 44; Eells, *Martin Bucer*, 17-18.

마르틴 부써
교회연합운동의 선구자

Martin Bucer

3

1520년대 스트라스부르 종교개혁

1524년에 부써를 설교자로 선택한 스트라스부르의 아우렐리아교회

Chapter 03

1520년대 스트라스부르 종교개혁

우리의 사랑하는 형제들은 사람들이 믿음의 핵심에서 우리와 하나라면
그것으로 만족한다. 우리를 하나님께서 오직 그리스도에 의해서만 경건하게 하시고
구원하신다는 것에 동의한다면 그것으로 충분하다.

도시의 정부 구조

'거리의 성'[92]을 의미하는 스트라스부르는 라틴어로 '아르겐토라툼'(Argentoratum)으로 불리는데, 이것은 '은'이라는 뜻의 '아르겐툼'(argentum)에서 유래한 것으로 '은의 도시'를 의미한다.[93] 제국의 도시 스트라스부르는 통치권을 획득하

---

92) Stratae burgus=Burg an der Straße.
93) 스트라스부르의 라틴어 이름은 '아르겐토라툼' 외에도 매우 다양하다. Argentia, Argentum, Argentaria, Argentoria, Argentovaria, Argentuaria, Strateburgis, Stradburgo, Strazburgensis, Straceburgensis 등. 라틴어 지명에 대해서는 다음을 참고하라. Johann Gustav Theodor Graesse & Friedrich Benedict, *Orbis latinus oder Verzeichnis der wichtigsten lateinischen Orts- und Ländernamen* (Berlin: VEB Verlag für Verkehrswesen, 1980).

기 위한 전쟁에서 승리함으로써 1262년 3월 8일에 도시로 승인된 이후 곧장 자유제국도시로 간주되었고, 종교개혁 당시 3만 명 정도가 거주하는 대도시였다.[94] 이탈리아의 대도시들에 비하면 규모가 대단하지는 않지만 독일에서는 재정적으로 아우크스부르크와 뉘른베르크 다음으로 부유할 만큼 월등했다.[95] 정치적 지배권은 1482년에 20개의 장인 조합이 참여함으로써 기존의 귀족계급 및 시민계급과 함께 삼분되어 있었다.[96]

에라스무스의 수사학적 표현에 따르면 16세기 스트라스부르는 정치적으로 거의 이상적인 도시국가였다. "마침내 나는 독재적이지 않은 군주제도, 당파적이지 않은 귀족정치, 소란스럽지 않은 민주주의, 사치스럽지 않은 부, 오만하지 않은 번영을 목격했다. 누가 이런 조화로움보다 더 큰 행복을 상상할 수 있을까? 위대한 플라톤이여, 그대는 이런 공화국을 만나본 적이 있는가? 확실히 이곳에서는 그대가 말한 도시, 참으로 행복한 그런 도시를 이곳에 건설할

---

94) Johann Adam, *Evangelische Kirchengeschichte der Stadt Strassburg bis zur französichen Revolution* (Strassburg: Bruck und Verlag von J. H. Ed. Heitz, 1922), 1.
95) Eells, *Martin Bucer*, 19.
96) Thomas A. Brady, *Ruling Class, Regime and Reformation at Strasbourg 1520-1555* (Leiden: E. J. Brill, 1978), 57; Adam, *Evangelische Kirchengeschichte*, 2. 종교개혁 당시 스트라스부르의 정치적 지배구조 형성에 대한 상세한 정보는 브래디의 책 2-5장을 참고하라.

수 있었다."[97]

종교개혁 당시 스트라스부르의 정치권력 구조는 약간 복잡했지만 "귀족들의 권력을 제한하기 위한 한 가지 목적을 추구했다."[98] 이러한 "스트라스부르의 정부 조직은 1482년의 선언서(Schwörbrief)에 기초한 구성이었다. 이것은 1332년 과두정치가 전복된 후 민주주의와 귀족정치를 혼합하여 생성된 것을 개선시킨 체제였다."[99] 선언서에 기초한 혼합적 정부 형태는 프랑스혁명이 일어난 1789년까지 그 기능을 유지했다. 1482년의 선언서에 따르면, 20개 길드(Zünften), 즉 조합의 각 대표(Schöffen) 15명씩의 모임인 300인회가 있었고, 이 300인회의 대표 20명과 귀족 대표 10명으로 구성된 30명의 시의원(Ratsherren) 모임(Rat), 즉 30인회가 있었는데, 이 30인회가 시의 최고 통치기구였다. 30인회의 상임

---

[97] P. S. Allen, ed., *Opvs epistolarvm Des. Erasmi Roterodami II. 1514-1517* (Oxford: Typographeus Clarendonianus, 1910), 19, 92-97(에라스무스가 야곱 빔펠링에게 보낸 1514년 10월 11일 자 편지): "Denique videbam monarchiam absque tyrannide, aristocratiam sine factionibus, democratiam sine tumultu, opes absque luxu, foelicitatem absque procracitate. Quid hac harmonia cogitari potest foelicius? Vtinam in huiusmodi rempublicam, diuine Plato, tibi contigisset incidere: hic nimirum, hic licuisset illam tuam ciuitatem vere foelicem instituere." 일부 영어 번역은 다음을 참고하라. Eells, *Martin Bucer*, 19.

[98] Greschat, *Martin Bucer*, 49.

[99] Eells, *Martin Bucer*, 19: 여기서 엘스는 네 명의 시장(Stättmeister)을 부행정관(Vice-Ammeister)과 같은 역할을 한 것으로 설명한다.

위원회는 1명의 조합장(Ammeister, 행정장관)과 4명의 현직 시장(Stettmeister)으로 구성되었고, 30인회는 업무상 13인회(die Dreizehn), 15인회(die Fünfzehn), 21인회(XXI)로 세분되었다. 정권의 핵심이 된 두 개의 시의회는 15인회와 13인회였다.[100]

30인회는 시의 주요 업무에 대한 최고 통치기구인 상임위원회(Grosser Rat)로서 조합장은 사실상 시의 최고 통치자인 행정장관이었다. "시장의 직무는 10명의 재직 귀족의원 가운데 4명이 1년 동안 3개월씩 돌아가면서 수행했는데, 직접적인 권력보다는 오히려 명예직이었다. 정권의 실제 수장은 행정장관(조합장)이었고, 귀족들은 이 직무에서 제외되었다. 시의회와 21인회가 6명의 행정관을 선출했는데, 그들 중 한 명씩 6년의 임기 가운데 1년 동안 통치 행정장관으로 섬겼고, 나머지 5명은 상임행정관(Altammeister)으로 섬겼다. 보통 행정관은 종신직이었고 통치 행정관은 시의회와 21인회를 주재했다."[101]

---

100) 참조. Ernst-Wilhelm Kohls, *Die Schule bei Martin Bucer in ihrem Verhältnis zu Kirche und Obrigkeit* (Heidelberg: Quelle & Meyer, 1963), 28-33.
101) Brady, *Ruling Class, Regime and Reformation*, 163-164. 브래디에 따르면 'Ammeister'라는 용어는 'Magister civitatis'(시의 행정관, 즉 시장)을 의미하며, 인문주의 영향으로 'Ammeister' 대신 'consul'(집정관)이 사용되었고 'Stettmeister' 대신에 'praetor'(법무관)가 사용되었는데, 아주 드물게는 'Ammeister' 대신에 'dictator'(총통)가 사용되기도 했다.

한때 최고 권력기관이었던 30인회의 의원 임기는 2년이며, 매년 1월에 절반이 새롭게 구성되었는데, 새 귀족의원들은 전임의원들이 선출한 반면에 새 조합의원들은 각 조합의 현직 대표자들(Schöffen)이 임명했다. 21인회란 공식적으로 '시의회와 21인회'로 묶여 있어서 독립적이지 않았고, 또한 통상 15인회와 13인회의 연합 모임을 의미했으므로 28인에다가 3-4명의 21인회에만 소속된 의원이 추가되었다. 귀족대표 5명과 조합대표 10명으로 구성된 15인회는 지역교회를 포함하여 국내 정세 관련 업무를 관장한 반면에, 4명의 시장과 1명의 행정장관, 5명의 상임행정관 중 4명, 추가로 4명의 장인대표로 구성된 13인회는 스트라스부르 밖의 교회들과의 관계를 포함한 외교 문제를 담당했다. 스트라스부르 도시의 정부 조직 가운데 '하나의 의회'란 300인의 길드대표자회의(Schöffen)였는데, 위원회가 독단적으로 결정할 수 없는 중차대한 사안들을 상정하면 투표로 결정했다.[102]

---

102) Brady, *Ruling Class, Regime and Reformation*, 164-166; Greschat, *Martin Bucer*, 48. 엘스는 스트라스부르 시의 위원회가 모두 6개였다고 제시하는데, 즉 30인회, 귀족 7명과 시민 14명으로 구성된 21인회, 15인회, 13인회, 22인회, 원로원이 그것이다. 그리고 "일반적으로는 30인회가 전반적인 일상의 문제들을 처리한 것으로 보인다. 15인회는 내부적인 정치문제를 다루면서 법질서를 유지하였고, 13인회는 외교와 군사문제를 담당하였다. 이 의회들은 독단적으로 최종 결정을 내릴 수 없는 중요한 사안에 직면하면, 20개의 길드에서 15인씩 선출하여 구성

교회 조직

스트라스부르 교회의 명목상 우두머리는 주교였고, '알자스의 공작'이라는 직함과 함께 교황 직속이 아닌 마인츠의 대주교에게 속해 있었다. 그는 종교개혁이 시작되기도 전에 이 도시에서 추방되었으므로 자신을 대변할 수 있는 사람으로 주교대리를 임명했다. 교구들과 성직자들은 5개의 성당 참사회(chapters), 즉 성가대 대표들로 구성된 변칙적 위원회를 가진 대성당, 도마성당(St. Thomas), 구 베드로성당(Alt St. Peter), 신 베드로성당(Jung St. Peter) 그리고 스데반성당(St. Stephen) 등의 통제 아래 조직되어 있었다.[103] 참사회가 구성되어 있는 성당 외에도 아홉 곳에 교구교회가 있었고, 여덟 개의 수도원과 일곱 개의 수녀원 등 수도원 건물이 최소 열다섯 곳이었으며, 부속 예배당 혹은 소예배당은 100개 이상이었다. 여기에 다수의 하위직 신부, 부속 예배당 목사들, 이들을 돕는 사람들까지 성직자의 수는 상당히 많았다.[104]

된 300인 길드대표자회의에 그 문제를 상정하였고, 그러면 이 회의는 각각의 길드에게 돌아가며 맡도록 하였다." 참고. Eells, *Martin Bucer*, 19-20.
103) Eells, *Martin Bucer*, 20.
104) Greschat, *Martin Bucer*, 51.

개혁의 시작

스트라스부르 종교개혁의 선구자는 스위스 샤프하우젠(Schaffhausen) 출신으로 1471년 바젤대학에 입학하여 1475년에 신학박사가 된 요한 가일러 폰 카이저스베르크(Johann Geiler von Kaysersberg, 1445-1510)[105]이다. 그는 설교 능력이 매우 탁월하여 황제 막시밀리아누스 1세(Maximilianus I)조차도 매력을 느껴 그의 설교를 들을 정도였다. 1489년 도덕적 개혁에 대한 열정을 가지고 스트라스부르에 온 그는 이곳에서 사망할 때까지 교회와 성직자들의 타락상을 신랄하게 비판했다.[106] 가일러는 도마성당의 수석 신부 크리스토프 폰 우텐하임(Christoph von Utenheim, 1450-1527)[107]이 바젤의 주교가 되어 떠나자 자신의 친

요한 가일러 폰 카이저스베르크

---

105) *스트라스부르 인문주의자들의 지도자 야콥 빔펠링과 막역한 친구로서 수도사제가 아닌 재속사제였다. 15세기 대중 설교가 가운데 최고봉으로 인정받았으며, '독일의 교육자'(Educator Germaniae)로 불렸다.
106) Eells, *Martin Bucer*, 21.
107) *1450년경에 스트라스부르에서 태어나 1527년 3월 16일 프룬트루트(Pruntrut)에서 사망했다. 1502년부터 1527년에 사임할 때까지 바젤의 주교였다.

구 야곱 빔펠링(Jakob Wimpfeling, 1450-1528)[108]을 스트라스부르에 머물도록 하여 그곳에서 문학 활동을 하게 했다.[109] 가일러의 선지자적 외침은 거침이 없었다. "주교와 황제와 왕이 우리의 무지하고 무도하며 불신앙적인 삶을 개혁하지 않고 있기 때문에 하나님께서는 한 사람을 일으키시어 그로 하여금 반드시 개혁을 단행하여 타락한 종교를 다시 세우도록 하실 것입니다. 저는 그날을 맞이하고 싶고 그날이 곧 오게 될 것이라 기대합니다. 하지만 저는 너무 늙었습니다. 부디 내가 한 말을 기억하십시오."[110]

루터의 종교개혁 사상을 스트라스부르 시민들에게 설교한 최초의 성직자는 카이저스베르크 출신의 마테 첼인 것

---

108) 스트라스부르의 대표적 르네상스 인문주의자로서 로마가톨릭 사제이자 교육자다. 요한 가일러 폰 카이저스베르크, 세바스티안 브란트, 요한 트리테미우스(Johann Trithemius), 에라스무스 등의 친구로서 인문주의의 중심인물이었고, 주교 크리스토프 폰 우텐하임의 협력자였으며, 스트라스부르 시장 야곱 슈투름의 스승이었다.

109) Adam, *Evangelische Kirchengeschichte*, 12; Joseph Knepper, *Jakob Wimpfeling (1450-1528). Sein Leben und seine Werke* (Freiburg: Herdersche Verlagshandlung, 1902), 133-134. 빔펠링의 생애와 사역을 세밀하게 분석한 커넵퍼의 책은 16세기 초 가장 대표적인 스트라스부르 인문주의자에 관한 한 최고의 연구물이다.

110) Marc Lienhard & Jakob Willer, *Straßburg und die Reformation* (Kehl: Morstadt, 1981), 145: "Weil Bischof, Kaiser, König nicht reformieren unser geistlos, verrucht, gottloses Leben, so wird Gott einen erwecken, der es tun muß und die gefallene Religion wieder aufrichten. Ich wünsche den Tag zu erleben und sein Jünger zu sein, aber ich bin zu alt. Bitte denkt an mich, was ich sage."

으로 보인다. 프라이부르크(Freiburg)대학 학장을 지내다가 1518년에 로렌츠(Lorenz)성당 부속 수도원교회의 국민사제라는 상당히 높은 자리에 부임한 그는 스트라스부르에서 시작한 설교사역을 위해 루터의 저술들을 상당히 신뢰했다.[111] 첼의 대담한 설교에 대해 주교와 성당참사회는 해직과 추방을 외치며 노골적으로 거부한 반면, 시민들은 많게는 1,000명 이상이 모일 정도로 열광했다. 몰려드는 청중 때문에 첼은 성당 중앙의 설교단에서 설교하게 되었는데, 참사회가 그 중앙 설교단 사용을 금지하자 부써의 추종 세력 가운데 목수들이 나무로 설교단을 만들어 제공함으로써 계속 설교할 수 있었다. 양편의 갈등은 점점 심화되었다. 이에 시의회는 첼이 소란을 일으키지 않고 순수한 복음만 전한다면 오히려 그를 보호해줄 것이라고 약속했다.[112]

이후 시의회는 이런 갈등을 해소하기 위해 1523년 5월 6일 뉘른베르크법령을 통해 종교개혁에 대한 자신들의 입장을 분명하게 밝혔는데, 그 내용은 다음과 같다. "1. 독

---

[111] Lienhard & Willer, *Straßburg und die Reformation*, 146-147; Eells, *Martin Bucer*, 22. 여기서 엘스는 첼을 "스트라스부르에서 최초의 위대한 종교개혁 설교자"로 소개한다.

[112] Greschat, *Martin Bucer*, 52-53; Eells, *Martin Bucer*, 22-23. 그레샤트에 따르면 1523년에 출간된 첼의 『기독교적인 답변』(*Christliche Verantwortung*)은 스트라스부르 종교개혁의 최초 출판물로 시의회에 헌정되었다. 이 책은 그의 종교개혁 목표가 무엇인지를 분명하게 보여준다.

일 회의의 요청이 있기까지는 스트라스부르, 마인츠, 쾰른(Köln), 메츠(Metz)에서는 거룩한 복음만 설교해야 한다. 2. 그때까지 설교자들은 불복종과 선동과 실수로 보이는 모든 행동을 삼가야 한다. 3. 주교들은 복음의 진리를 억압하지 않고 성경에 따라 신부들을 감독해야 한다. 4. 결혼한 성직자들이나 수도원을 떠난 사람들의 권리는 몰수되어야 한다."[113] 더불어 시의회는 반성직주의(anti-clericalism)도 정부 시책으로 반영했다. 즉 1522년 연말에는 성직자들도 시민권을 취득할 것을 강요했고, 1523년 여름에는 교회 건물과 토지의 '영원한 임대'(ewiger Zins) 개념을 폐지했다. 또한 뉘른베르크 시가 새롭게 마련한 구제법령을 본받아 아무도 게으름을 피우거나 다른 사람의 수고로만 먹고 살지 않아야 한다는 원리에 따라 새로운 구제법령도 도입했다.[114]

도착과 정착

도망자 부써가 임신한 아내와 함께 스트라스부르의 부모님 집으로 피신한 것은 1523년 5월 중순의 어느 날이었다.

---

113) Eells, *Martin Bucer*, 23.
114) Greschat, *Martin Bucer*, 53.

부모님은 연로하시고 가난했기 때문에 그는 생계수단을 찾아야 했으나 쉬운 일이 아니었다. 부써는 파문당한 기혼자 신부요, 과격하다고 악명이 자자했기에 주교대리와 참사회가 그를 고용할 리 만무했고, 시 당국도 박해로부터 보호해 주겠다는 약속 외에는 어떤 혜택도 제공하기 어려웠다.[115] 부써는 츠빙글리(Huldrych Zwingli)에게 스위스에서 목회할 자리를 찾아달라고 간청하는 편지를 보내, 스트라스부르에도 일자리는 많지만 자신에게 일자리를 제공하려는 사람이 마테 첼 외에는 아무도 없다고 하소연했다.[116]

한편 1523년 6월 16일 스트라스부르의 주교 빌헬름 폰 혼슈타인(Wilhelm von Hohnstein, 1470-1541)[117]은 부써를 보호해주기로 약속한 5월의 시의회 결정을 철회하고 그를 추방하도록 시 당국에 통보했다. 이에 시의회가 소집되어 부써

---

115) Eells, *Martin Bucer*, 25.
116) BCor 1, 193-197(부써가 츠빙글리에게 보낸 1523년 6월 9일 자 편지). 하소연은 다음을 보라. 196, 70-71: "Et hic sane messis abunde magna est, sed praeter vnum Mathaeum nemo operatur bona fide."
117) 혼슈타인(Honstein) 혹은 호헨슈타인(Hohenstein)으로도 불리는 혼슈타인의 빌헬름 3세(Wihelm III. von Hohnstein)는 1506-1541년 사이의 스트라스부르 주교다. 혼슈타인 귀족 가문 출신으로 1470년에 태어나 1541년 6월 29일 차베른(Zabern)에서 사망했다. 1486-1494년에 에르푸르트, 파두아(Padua), 프라이부르크 등지에서 주로 법학을 공부했다. 1499년에는 마인츠의 대성당 참사회 주임 대행 신부(Domkustos)가 되었고, 1505년에는 주교총대리(Generalvikar)가 되었다. 종교개혁을 반대했는데, 특히 자유제국도시 스트라스부르의 종교개혁을 방해했다.

를 소환하고 심문하였다. 그 자리에서 부써는 결혼한 성직자를 단죄하는 뉘른베르크법령에 대해 성경을 근거로 자신의 결혼의 정당성을 변호하면서 슈파이어의 주교가 자신을 파문한 것은 성급하고 부당한 것이라고 주장하는 내용의 "답변서"(Verantwortung, 변호)를 낭독했다. 시의회는 부써가 작성하여 제출한 "답변서" 요약본[118]을 주교에게 전달하면서 부써 보호 결정을 철회하지도 않았고 부써를 추방하지도 않았다.[119]

부써는 스트라스부르에 도착한 5월부터 첼의 집에서 독일어로 사적인 성경강해를 시작했다. 1523년 6월 3일에 다수의 성직자들과 시민들은 부써에게 성경강의를 위한 적당한 공간을 할당하고, 더불어 부써의 활동도 공적으로 인정해주도록 시의회에 요청했으나 시의회는 그 청원을 거절했다. 아마도 그것은 주민들이 동요하지 않도록 하기 위한 조처였을 것이다.[120] 그러나 부써의 독일어 성경강의를 듣기 위해 시민들이 계속 모여들자 시 당국은 독일어로 설교하는 것을 금지하고 라틴어로만 설교하도록 허용했다.[121] 덕

---

118) BDS 1, 293-201.
119) BDS 1, 293; Greschat, *Martin Bucer*, 55; Eells, *Martin Bucer*, 26-27. 엘스에 따르면 당시 부써의 아버지가 스트라스부르 시민 자격으로 아들의 보호를 시의회에 요청했고 이 요청은 즉각 수용되었다.
120) BDS 1, 291.

분에 부써는 이제 첼의 집에서 '공적으로'(offentlich) 소수의 학생들에게 매일 한 시간씩 디모데서, 디도서, 빌립보서를 '라틴어로'(in latinischer sprach) 강의할 수 있게 되었다. 이후 점차 청중이 많아지자 첼이 마련해준 로렌츠성당의 넓은 방에서 주민들에게 베드로전후서와 요한복음을 '매일 한 시간씩'(alle tag ein stund) 강의했는데, 이것은 독일어로 진행된 강의였다.[122]

성직자의 결혼

뉘른베르크법령은 분명 결혼한 성직자나 수도사에게는 자신의 업무를 수행할 어떤 권리도 없다는 것을 명시했으나 부써가 도착한 후 스트라스부르의 성직자 분위기는 급반전되기 시작했다. 많은 성직자들과 신부들이 여인을 가까이하지 않기로 서약한 사람들이지만 실제로는 여인을 사랑하는 사람들이었다. 그들 중 상당수는 한 명 이상의 여자를 알고 지냈다. 그것이 사실로 드러날 경우 정도에 따라 정해진 벌금을 내면 그만이었기 때문에 성직자들과 수도사들의 여자

---

121) Eells, *Martin Bucer*, 25.
122) BDS 1, 347,4-10; Greschat, *Martin Bucer*, 55-56.

문제는 공공연한 비밀이었다. 그런데 성직자의 결혼이 아무런 문제가 되지 않는다고 주장하는 한 성직자가 용감하게 아내를 데리고 스트라스부르에 들어와서 적극적으로 설교자의 자리를 찾고 있었는데, 그는 다름 아닌 부써였다. 이런 점에서 부써는 확실히 '선구자'였다.[123]

부써의 결혼과 결혼관이 가져온 결과는 신학적 일치를 위한 그의 노력보다 훨씬 성공적이라고 평가된다.[124] 팔츠의 공작 프리드리히 곁에서 1년 동안 궁정예배당 설교자로 지낸 후 1522년 5월에 지킹겐에게 돌아와 란트슈툴의 교구 사제가 된 부써는 그해 여름에 수녀원의 질버라이젠과 결혼했다.[125] 네카(Neckar)의 모스바흐(Mosbach)에서 야곱 질버라이젠(Jacob Sibereisen)과 안나 팔라스(Anna Pallas) 사이에서 태어

---

[123] Eells, *Martin Bucer*, 28: "If Bucer was anything, he was a pioneer."

[124] Johann Wilhelm Baum, *Capito und Butzer. Straßburgs Reformatoren nach ihrem handschriftlichen Briefschatze ihren gedruckten Schriften und anderen gleichzeitigen Quellen* (Elberfeld: Verlag von R. L. Friderichs, 1860), 530: "Er war im Ganzen in dem Ehestiften, einer persönlichen" 바움의 이런 평가는 부써의 파격적인 첫 결혼보다는 오히려 유명한 미망인 비브란디스 로젠블라트(Bibrandis Rosenblatt)와의 두 번째 결혼에 대한 결론이다.

[125] Herman J. Selderhuis, *Marriage and Divorce in the Thought of Martin Bucer*, trans. by John Vriend & Lyle D. Bierma (Kirksville: Thomas Jefferson University Press, 1998), 57. 셀더하위스의 주장에 따르면, 부써의 첫 번째 결혼이 부분적으로는 칼슈타트(Karlstadt)와 츠빙글리의 영향을 받은 것으로 보이지만, 결정적 영향은 역시 1522년 2월에 출간된 루터의 저술 『수도원 서약에 대한 마르틴 루터의 판단』(*De votis monasticis Martini Lutheri iudicium*)에서 받았다. 물론 부써는 츠빙글리가 안나 라인하르트(Anna Reinhart)와 1522년에 비밀스럽

난 그녀는 1522년에 몸담고 있던 수녀원, 즉 하이델베르크 최남단의 지척에 위치한 크라흐가우(Krachgau)에 있는 수녀원을 떠나기로 결정했고, 그 후 얼마 지나지 않아 부써와 결혼했다.[126] 1523년 여름, 부써는 자신의 아내가 지극히 금욕적으로 사는 법을 익힌 사람이어서 많은 사람을 유익하게 하고 아무런 문제도 일으키지 않을 것이라고 확신했다.[127]

결혼한 사제 부써가 스트라스부르에 들어온 후, 한 가지 이상한 도미노 현상이 벌어지기 시작했다. 그것은 성직자의 공개적 결혼이었다. 이 현상의 첫 번째 주인공은 안톤 피른(Anthon Firn,=Anthonius Fernkorn)이었다. 그는 도마성당의 국민사제로서 1523년 10월 18일 주일에 마르틴 엔더린(Martin Enderlin)을 아내로 맞이하겠다고 선언했고, 한 주 뒤인 25일에 그녀를 교회로 데려갔으며, 11월 9일에는 주교의 반대에

게 결혼했다가 1524년 4월 2일에 공적으로 결혼했다는 소식을 카피토에게서 전해 듣고 뛸 듯이 기뻐한 것은 사실이다. 참고. BCor 1, 227,3-5(부써가 츠빙글리에게 보낸 [1524년] 4월 19일 자 편지): "Quod autem professum palam te maritum in literis Capitonis legi, id prae immenso gaudio me propemodum extra me posuit. Vnum enim hoc desiderabam in te."

126) Selderhuis, *Marriage and Divorce*, 116-117. 부써와 질버라이젠 사이에 태어난 자녀는 놀랍게도 1534년에 벌써 아들 7명에 딸 4명, 도합 11명이었다. 참고. Selderhuis, *Marriage and Divorce*, 120.

127) BCor 1, 196, 65-66(부써가 츠빙글리에게 보낸 1523년 6월 9일 자 편지): "Nihil autem vereare ab vxore mea; et ea continentissime viuere nouit, quae aedificationi multis, scandalo nulli futura est."

도 불구하고 스트라스부르 대성당에서 첼의 주례로 그녀와 결혼식을 올렸다. 피른은 스트라스부르의 시민이자 성직자의 일원이었기 때문에 그의 결혼은 충격적인 사건이었다. 뉘른베르크법령을 위배한 사건이므로 처벌이 불가피했고, 결국 참사회는 시의회의 동의를 얻어 그를 해임시켰다. 하지만 그는 그 다음 주일에 자신의 설교단에 선 다른 신부를 밀어내고 그 자리를 차지함으로써 참사회의 처벌을 무력화했다.[128]

당황한 시의회는 피른의 결혼 사건에 더 이상 개입하고 싶지 않았다. 그리하여 1523년 12월 1일에 설교단에서는 복음만 순수하게 설교되어야 하고 모든 설교자는 소요나 분란을 삼가야 한다는 명령을 발표하는 정도로 마무리하려고 했다. 주교와 참사회가 중심에 있는 보수 세력과 시민들이 주도적인 개혁 세력 사이에서 시의회가 갈팡질팡하고 있는 동안 두 개의 사건이 더 터졌는데, 하나는 아우구스티누스 수도사 출신 볼프강 슐트하이스(Wolfgang Schultheiß)가 11월 16일 대성당에서 결혼한 후 곧장 '신 베드로성당'(Jung St. Peter)의 보좌신부가 된 것이었고, 다른 하나는 12월 3일에 첼이 결혼식을 올린 것이다.[129] 첼의 아내는 종교개혁의 역

---

[128] Eells, *Martin Bucer*, 28; Adam, *Evangelische Kirchengeschichte*, 59-61.
[129] Adam, *Evangelische Kirchengeschichte*, 62.

사에서 남편만큼 유명한 인물이 된 카타리나 슈츠(Katharina Schütz)였다.[130] 부써가 주례한 이 결혼식에는 성찬식이 거행되었고 2천 명의 하객이 참석했다.[131] 한마디로 부써는 "성직자들을 결혼하도록 주선하는 열정적 주동자"였다.[132]

봇물이 터지듯 연쇄적으로 일어나는 스트라스부르 성직자들의 결혼은 아무도 막을 수 없었다. 첼에 이어서 1524년 1월 5일에는 콘라트 슈파칭거(Konrad Spatzinger)가 결혼했고, 1월 6일에는 한스 로니처(Hans Lonitzer)가, 20일에는 루카스 하크푸르트(Lukas hackfurt)가, 26일에는 요한 니블링(Johannes Niebling)이, 또한 볼프강 슐트하이스(Wolfgang Schultheiss)도 그 행보를 따라 결혼했다.[133] 첼이 결혼하자 주교는 어김없이

---

130) 참고. Elsie Anne McKee, Katharina Schütz Zell, 2 vols. (Leiden: Brill, 1999). Katharina Schütz Zell, *Church Mother: The Writings of a Protestant Reformer in Sixteenth-Century Germany*, trans. by Elsie McKee (Leiden: Brill, 2006). 박경수, 『인물로 보는 종교개혁사』, 서울: 장로회신학대학교출판부, 2019, 143-176.
131) Selderhuis, *Marriage and Divorce*, 67.
132) Baum, *Capito und Butzer*, 236: "…, Butzer, der eifrige Treiber zum Ehestand der Gesistlichen,…"
133) Adolf Baum, *Magistrat und Reformation in Strassburg bis 1529* (Strassburg: Heitz & Mündel, 1887), 38. 슈파칭거는 성모마리아예배당(Liebfauenkapelle) 보좌신부였고, 요한 로니커(Johannes Lonicer)로도 불리는 로니처는 1523년 여름에 스트라스부르로 들어온 아우구스티누스 수도사였다. 바토디우스(Bathodius)로도 불리는 하크푸르트는 이전에 오버엔하임의 구호원예배당 전속 사제(Oberehnheimer Spitalkaplan)였는데, 1522년에 루터에게 경도된 후 스트라스부르의 라틴어학교에서 일하게 된 성직자였고, 니블링은 에르하르트예배당(Erhardskapelle) 사제였다. 참고. Adam, *Evangelische Kirchengeschichte*, 62-63 & 100.

시의회에 결혼한 성직자들을 처벌해야 한다고 요청했다. 시의회는 주교의 요청을 거부할 아무런 법적 근거가 없었기 때문에 그 요청을 수용했다. 하지만 몰래 간음하고 축첩하는 신부들에 대해서는 처벌하지 않으면서 하나님께 순종하려는 사람들만 공공연하게 결혼했다는 이유로 처벌하는 것은 부당한 처사이므로 다가오는 제국의회가 결론을 내릴 때까지 기다려보자는 것이 시의회의 입장이었다.[134]

시의회의 연기 작전에 굴하지 않고 빌헬름 폰 혼슈타인 주교는 부써 이외의 모든 결혼한 성직자들을 자신이 거주하는 차베른(Zabern)으로 5일 안에 출석하라고 명령했다. 이에 시의회가 소환 일자를 연기하도록 요청하자 1524년 3월 14일까지 연기해주었다. 그러나 그날까지 아무도 나타나지 않았기 때문에 주교는 그들 모두를 파문했다. 이 파문교서(Bannbrief)는 4월 3일 스트라스부르교회에서 처음 출간되었고, 여기에 대해 결혼한 성직자들은 4월 10일 시의회 앞에서 결혼의 정당성을 변호했다.[135]

이후 뉘른베르크 제국의회가 개최되었고, 그 자리에서 주교 측과 시의회 측은 충돌했다. 양측 모두 그곳에 참석한 교

---

134) Eells, *Martin Bucer*, 29.
135) Baum, *Magistrat und Reformation*, 47-48. 참고. Eells, *Martin Bucer*, 440,각주27.

황 특사 로렌초 캄페기오(Lorenzo Campeggio, 1474-1539)[136]에게 자신들의 입장을 설명했다. 주교는 스트라스부르 시의회가 신부들을 시민으로 받아들이면서 결혼한 성직자들을 보호했다고 불평했고, 야곱 슈투름(Jacob Sturm, 1489-1553)[137]이 이끄는 도시 사절단은 신부가 시민이 되는 것은 오랜 관습이며 간음을 저지른 신부부터 먼저 처벌해야 한다고 반박했다. 그리고 도시 사절단은 이 모든 논쟁을 1524년 슈파이어 제국의회로 넘겨야 한다고 주장했다. 이 회의에서 비록 교황 특사가 양쪽 모두 동의하는 합의안, 즉 결혼한 신부뿐만 아니라 몰래 간음하고 축첩하는 신부들도 처벌해야 한다는 내용의 합의안을 만드는 데 성공하긴 했지만, 그것은 실천하기 어려운 제안에 불과했다. 결국 슈파이어 제국의회는 개최되지 않았고 주교도 결혼한 신부를 처벌하려고 시도하지 않았기 때문에 짐포리안 알트비써(Symphorian Altbiesser)[138]

---

136) *캄페기(Campeggi)로도 불리며 법률가이자 추기경이다. 1517년 7월 1일에 교황 레오 10세(Leo X)에 의해 추기경이 되었고, 황제 막시밀리아누스 1세(Maximilianus I)에 의해 신성로마제국의 추기경-호국경이 되었으며, 1523년 1월 22일에는 영국의 추기경-호국경으로 임명되었다.
137) 스트라스부르 귀족 가문 출신인 그는 1524년 1월 19일에 처음으로 자신의 형제 베드로 슈투름(Peter Sturm)과 함께 시의원에 선출된 후, 1525년에는 15인회 의원, 1526년에는 13인회 의원이 되어 외교적으로 막중한 임무를 수행했다. 1526년부터 계속 시장이었지만, 그가 스트라스부르 대내외 정치에 결정적인 지도자 역할을 한 것은 사실상 13인회 의원 자격으로 그렇게 한 것이었다. 참고. Kohls, *Die Schule bei Martin Bucer*, 193,각주61.
138) 그는 자신의 라틴어 이름 '폴리우스'(Pollius)에서 유래한 '폴리오'(Pollio)로

와 대성당 설교자 카스파르 헤디오(Caspar Hedio, 1494-1552)[139] 그리고 8월에는 드디어 도마성당의 참사회장 볼프강 카피토까지 어려움 없이 결혼한 신부 대열에 동참할 수 있었다.[140] 이 결혼 도미노 현상의 원인은 마르틴 부써였다.

설교 목사

부써가 도마대성당 참사회 관할에 속한 아우렐리아(St. Aurelia,=Aurelien)교회의 공적 설교자가 되는 과정은 결코 순

도 불린다. 1522년부터 대성당 설교자 베드로 비크람(Peter Wickram)의 자리에 오름과 동시에 첼을 견제할 임무를 맡았으나 곧장 첼을 지지함으로써 두 번의 소환을 명령한 주교의 소환장을 과감하게 따르지 않았고, 주교의 공격을 방어하기 위해 1523년 11월에 시민권을 취득했다. 참고. Adam, *Evangelische Kirchengeschichte*, 29.

139) 1494년 칼스루헤(Karlsruhe)의 에틀링겐(Ettlingen)에서 태어났으며, '카스파르 하이트'(Kaspar Heyd) 혹은 '카스파르 보크'(Kaspar Bock)나 '뵈켈'(Böckel)로도 불린다. 1513년 프라이부르크대학에 입학하여 1516년에 철학석사를 받았으며, 1518년에 바젤대학의 학생이자 테오도르(St. Theodor)성당 대리사제가 되었다. 1519년에 카피토의 지도로 신학석사를 받았고, 1520년 10월에는 카피토의 추천으로 마인츠 대성당의 설교자가 되어 여기서 히브리어 공부를 시작했다. 1523년 가을에 짐포리안 알트비써가 복음주의자가 되었다는 이유로 대성당참사회 설교자 자리에서 해임되자 그 자리에 오라는 스트라스부르의 제안을 받아들였다. 스트라스부르 대성당참사회 수석 사제(Dekan)로 오기 전, 마인츠에서 신학박사 학위를 받았다.

140) Eells, *Martin Bucer*, 30; Baum, *Magistrat und Reformation*, 48-49. 카피토의 결혼을 위한 중매자로서 부써의 노력에 대해서는 다음을 참고하라. Selderhuis, *Marriage and Divorce*, 129-134.

탄하지 않았다. 1524년 1월 초순에 주일 오후와 축일의 예배를 위해 복음을 설교할 사람, 즉 부써를 설교자로 세워달라는 아우렐리우스교회 일부 교인들의 요청에 따라 이 교회를 후원하는 정원사길드(Gärtnerzunft)[141]가 청원서를 작성하여 시의회에 제출했으나 시의회는 이 요구를 거절했다. 포기를 모르는 정원사들이 1524년 1월 28일에 동일한 내용의 청원서를 다시 제출하자 고민에 빠진 시의회가 참사회와 정원사대표 양측을 소환하여 조율한 결과, 참사회가 추천하는 후보자 가운데 한 명을 교회가 선택하는 것으로 합의했다.[142]

참사회가 추천할 적당한 후보를 찾는 동안 정원사들은 자신들의 청원서 원안, 즉 부써를 자신들의 설교자로 세우는 것을 수락해달라고 고집했다. 그리고 2월 20일, 자신들을 위해 설교해달라는 정원사들의 부탁을 받은 부써는 동료들에게 자문을 구한 후 수락했고, 다음 날 2월 21일에 처음 공식적으로 설교했다. 설교 후 그는 전임 행정관 클라우

---

[141] 이들은 스트라스부르에서 회원이 가장 많은 최대 규모의 단체였으나 가장 가난하고, 가장 급진적인 장인길드 가운데 하나였다. 참고. Brady, *Ruling Class, Regime and Reformation*, 204.

[142] Eells, *Martin Bucer*, 30-31. 그레샤트에 따르면 2월 3일에 시의회는 아우렐리아교회 교인 가운데 120가정이 오후의 설교자를 원하고 있고, 그를 위해 자신들의 호주머니에서 돈도 지불하여 마련해 놓은 상태라고 보고했다. 참고. Greschat, *Martin Bucer*, 59.

스 크니비스(Klaus Kniebis)[143]에게 자신의 일을 시의회 앞에서 변호해달라고 부탁했다.[144] 3월 29일 정원사들은 참사회의 추천 권한을 고려하지도 않고 시의회와 사전 협의도 없이 일방적으로 부써를 자신들의 목사로 선출했다. 그러나 시의회는 그들의 소동을 예방하기 위해 4월 4일에 그 선출을 재가할 수밖에 없었다.[145]

"이제 부써는 스트라스부르에 등록된 최초의 복음주의 목사가 되었다."[146] 물론 공식적으로 아우렐리아교회의 목사가 된 것은 드물게 소집되던 300인 길드대표자회의가 복음을 고수하고 교구 설교자를 임명하는 시의회의 결정을 승인한 1524년 8월 24일이었다.[147] 이때부터 스트라스부르에서는 지금까지 참사회만의 고유 권한, 즉 설교자 임면과 임금 지불에 관한 권리를 정부도 행사할 수 있게 되었다. 아우렐리아교회에서는 부써의 설교 영향으로 교회 안에 있는 무덤이 파헤쳐지기도 하고 성상이 제거되기도 하는 등 과격한 일들이 벌어지기 시작했다.[148]

---

143) 3명의 스트라스부르 학교 이사 가운데 주도적 인물로서 1526년부터 임시로, 1528년부터는 최종적으로 그 직무를 맡았다. 1493년경에 프라이부르크에서 공부하여 1495년에 학사학위를 받았다. 참조. BDS 7, 533.
144) Greschat, *Martin Bucer*, 60.
145) BDS 1, 366.
146) Eells, *Martin Bucer*, 31.
147) Greschat, *Martin Bucer*, 60.

성경의 진리만을 추구하는 복음주의적 개혁 세력과 로마교의 교리와 전통을 지키려는 보수적 수구 세력 사이에 팽배하던 긴장감과 불안감은 점점 커져갔다. 스트라스부르 성직자들 가운데 복음주의적 설교의 대표주자 첼과 카피토, 헤디오의 대열에 부써도 가세했다. 부써는 신분상 그들보다 훨씬 낮은 지위로 시작했지만 스트라스부르 종교개혁의 최고 지도자로 부상하기까지 오랜 세월이 걸리지는 않았다.

신학 논쟁

종교개혁 지지자들이 로마교회의 교리와 조직 및 관습을 맹렬히 공격하자 윤리적·도덕적 타락을 신랄하게 비판하던 인문주의자들은 그들과 자신들을 구분하기 시작했다. 루터와 에라스무스가 인간의 의지 문제로 갈라선 것처럼 스트라스부르에서도 비슷한 일이 벌어졌다. 그 첫 번째 인물로는 풍자가 토마스 무르너(Thomas Murner, 1475-1537)[149)]를 꼽을 수 있는데, 1522년에 출간한 『무르너 박사

---

148) Eells, *Martin Bucer*, 32.
149) *독일의 프란시스코 수도사 사제로서 풍자가, 시인, 번역가, 설교자, 작가, 법률

토마스 무르너

가 관찰한 대로 루터의 엄청난 어리석음에 관하여』(*Von dem grossen Lutherischen Narren wie ihn Doctor Murner beschworen hat*)라는 저술로 루터의 종교개혁을 풍자한 그는 이 작품으로 '무르나르'(Murnarr, 바보 무르너)라는 별명도 얻었다. 그는 또한 1524년 6월 24일에 미사를 옹호하는 책 『독일 미사와 세례, 이것이 지금 스트라스부르에서 어떻게 시행되고 있는지』(*Teutsche Mess und Tauf, wie sie jetzund zu Strassburg gehalten wird*)를 출간하여 스트라스부르 종교개혁자들에게 성찬에 대한 자신의 주장을 성경적으로 반박해보라고 주문하기도 했다.[150] 이 당돌한 도전에 응답하기 위해 부써는 펜을 들어 1524년 8월 초에 출간된 『주님의 성찬에 관하여』

가, 로마가톨릭의 논쟁 신학자다. 종교개혁에 대한 풍자, 특히 마르틴 루터에 대한 풍자로 유명하다. 황제 막시밀리아누스 1세는 1505년에 그에게 '최고 시인'(poeta laureatus, 계관 시인)이라는 영예를 주었다.

150) Eells, *Martin Bucer*, 33. 엘스는 무르너를 "글재주가 전혀 없는 저자"(a writer of no little skill)로 평가한다. 무르너의 책은 너무 노골적인 어조 때문에 스트라스부르에서는 출판이 금지되었다.

(*De caena Dominica*)를 저술했는데, 여기서 미사가 제사라는 사상을 날카롭게 비판했다.[151]

스트라스부르 종교개혁을 격렬하게 반대한 두 번째 논쟁적인 인물은 콘라트 트레거(Conrad Treger, 1480/1483-1543)[152]이다.[153] 개혁의 필요성을 인정하면서도 1521년에는 자신의 스트라스부르수도원에서 모든 루터 추종자들을 퇴출시킨 특이한 인물이다.[154] 트레거는 1524년 3월 12일에 교회 권위와 공의회 권위에 관한 소논문 『100가지 역설』(*Paradoxa centum*)을 스트라스부르에서 출간하면서 토론을 제안했다. 이 글에 대해 카피토가 4월 초에 『스트라스부르 말씀 사역자들의 경고』(*Verwarnung der Diener des Worts zu Strassburg*)로 반박하자, 그는 8월 20일에 『권면』(*Vermanung*)을 출간하여 응수했다.[155] 이 책에서 그는 스트라스부르가 "고약한 냄새를 풍기는 이단에 집착"한다고 비난했고, 이 책과 함께 출

---

151) 본문은 다음을 참고하라. BOL 1, 17-58.
152) *아우구스티누스 은둔수도원의 수도사로서 종교개혁에 반대한 로마가톨릭의 논쟁 신학자다. 1521년에 스트라스부르수도원에서 예정론과 칭의론 논쟁을 개최하였다.
153) Adam, *Evangelische Kirchengeschichte*, 29. 그의 이름은 Cunrad Treger로 기록되었고, Konrad Treger 혹은 Träger로도 불린다. 1518년에 이미 그는 라인 지역과 슈바벤 지역의 아우구스티누스 은자수도회 지방관구장으로 선택되었다. 참고. Lienhard & Willer, *Straßburg und die Reformation*, 179.
154) Eells, *Martin Bucer*, 34.
155) Adam, *Evangelische Kirchengeschichte*, 78.

간한 편지에서는 다시 한 번 토론을 제안하면서 토론장에서 회개하지 않는 이단을 제거해야 한다고 주장했다. 이에 부써와 카피토, 프랑수아 랑베르(François Lambert)[156]가 제안한 라틴어 토론회가 마련되어 9월 5일부터 세 차례의 토론이 진행되었으나 심판관이 부재하여 승패 선언 없이 종결되었다.[157]

이 토론회 결과에 만족하지 못한 과격한 시민들이 수도원에 난입하여 성상을 파괴하고 트레거와 그의 동료들을 붙잡아 시의회에 넘겼다. 그러나 시의회는 트레거만 수감했다. 1524년 10월 12일, 트레거는 석방된 후 수도원 자산에 관여하지 않겠다는 맹세와 함께 도시를 떠났다.[158] 부써는 트레거와 복음주의 설교자들 사이에 벌어진 논쟁에 대한 일종의 보고서를 작성하여 1524년 10월 20일에 출간했는데, 그것은 『콘라트 트레거와의 사건』(*Handel mit Cunrat Treger*)으로 알려진 『아우구스티누스수도회 지방관구장 콘라트 트레거와 스트라스부르 복음 설교자들 사이에 벌어진 논쟁과 전체 사건에 대한 짧고 진실한 보고서』이다.[159]

---

156) *1485-1487년 사이에 태어나 1530년에 사망한 아비뇽(Avignon) 출신의 종교개혁자. 프란체스코 수도사였으나 로마가톨릭에서 돌아선 후 헤센의 종교개혁자가 되었다.
157) Eells, *Martin Bucer*, 34-35.
158) Eells, *Martin Bucer*, 35-36; Greschat, *Martin Bucer*, 62.

이 논문은 제목에 '짧은 보고서'라고 되어 있지만 결코 짧지 않은, 상당히 긴 분량의 보고서이다. 여기에서 부써는 이전에 출간된 트레거의 논문 전부를 꼼꼼하게 분석하고 비판했다.

성상 제거

스트라스부르의 개혁은 복음 설교에서부터 시작되었지만 수도원 폐지와 성상 제거 및 예배 개혁 등의 과정을 통해 점진적으로 완성되어갔다. 도시 당국은 수도원을 전부 폐쇄하는 방향으로 가닥을 잡았지만 수도원에 남기 원하는 남녀 수도사들을 아무런 대책 없이 쫓아낼 수는 없었다. 이 난제를 해결하기 위해 시의회는 1524년 4월 13일 담당관을 임명하여 남기를 희망하는 사람들이 숫자 감소로 해체될 때까지 수도원에 머물 수 있도록 허가하되, 시에서 재산을 인수하는 절차를 밟고, 그 이후에는 살아갈 다른 장

---

159) "Ein kurtzer warhaffiger bericht von Disputationen und gantzem handel, so zwischen Cunrat Treger, provincial der Augustiner, und den predigern des Evangelii zu Straβburg sich begeben hat." 본문은 다음을 참고하라. BDS 2, 37-173.

소를 마련해야 한다는 정책을 시행하도록 했다. 그동안 수도원은 엄격한 관리를 받아야 하고 아무도 새로운 수도사를 받지 못했다. 결과적으로 1526년까지 수도원에 남은 수도사는 극소수에 불과했다.[160] 1525년 3월 9일 법령은 남아 있는 세 개의 수녀원 막달레넌(St. Magdalenen), 마가레턴(St. Margareten), 니콜라우스(St. Nikolaus)를 14일 내에 폐쇄하도록 명령했지만 이루어지지 않았고, 결국 오랜 논의 끝에 1525년 9월 2일, 이 세 개의 수녀원은 존속하여 조용히 미사를 드리도록 하되 반드시 '기독교적 설교자'(christliche Prädikanten)를 세워야 하고, 새로운 회원은 받지 못하도록 금하는 결정을 내렸다.[161]

수도원의 철폐는 곧 의무적인 독신제도의 철폐를 의미하는 것이었다. 13세기부터 설립되기 시작하여 중세 후기에는 거의 모든 수도회의 전형이 된 탁발수도회는 스트라스부르에서 심각한 생존 위기에 봉착하게 되었는데, 그 이유는 시의회가 1523년 8월 4일에 승인하고 9월 29일에 공적으로 시행한 빈자 법안(Almosenordnung)을 근거로 무분별하게 난립한 자선단체들을 없애고 구걸 즉 탁발을 금지했기 때문이다. 또한 1525년에는 구빈원(ein Haus für die

---

160) Eells, *Martin Bucer*, 39.
161) Adam, *Evangelische Kirchengeschichte*, 92.

Almosenpflege[=Armenpflege])을 설립하여 다양한 교회 수입을 가난한 사람들에게 분배하기 시작했는데, 이것은 구걸 금지에 대한 일종의 대안이었다.[162]

1524년 10월 시정부가 대성당에서 특별히 추앙받던 성상들을 제거하자, 아우렐리아교회 소속의 과격한 무리가 자극을 받아 모든 성상의 그림과 조각을 파괴했다. 그들은 심지어 프레스코 벽화를 지워버리고 재단 위에 걸려 있던 십자가를 끌어내릴 만큼 과격했다.[163] 스트라스부르는 모든 성상을 깨끗이 철거한 바젤과 베른, 취리히와 더불어 1530년 1월 5일에 체결한 '기독교 도시연맹'(Christliches Burgrecht)을 얼추 비슷하게 실행하기로 했다. 급기야 1530년 2월 14일에는 시의회와 21인회가 '교회의 모든 성상과 십자가상과 그림'을 제거해야 한다고 결정한 후, 임명된 시의원들로 하여금 그 결정을 즉각 실행하도록 했을 때 비로소 성상 제거 문제는 마무리되었다.[164]

이 문제와 관련하여 부써는 성상파괴주의자(iconoclast)도 아니요, 성상숭배주의자(idolater)도 아니었다.[165] 그는 스트

---

162) Adam, *Evangelische Kirchengeschichte*, 96-97.
163) Eells, *Martin Bucer*, 38.
164) Adam, *Evangelische Kirchengeschichte*, 148; BDS 4, 163.
165) Eells, *Martin Bucer*, 37. 여기서 엘스는 츠빙글리가 취리히의 성상들을 1523년 1월까지 모두 철거하도록 하면서 스트라스부르 종교개혁자들에게도 성상 철거

라스부르 정부가 과감하게 모든 성상을 제거하도록 결정하고 성공적으로 조처한 일을 축하하기 위해 성상 제거의 의미를 설명하는 소책자를 1530년 3월 6일에 스트라스부르교회 설교자들의 이름으로 출간했는데, 『신자들에게 있는 어떤 형상이 그들이 예배하는 곳에서는 허용되지 말아야 하는지에 관한 성경의 명확한 지적과 고대 교부들의 가르침과 몇몇 공의회의 결정』이 그것이다.[166] 이 소책자는 모두 세 부분으로 나누어지는데, 제목에서 짐작할 수 있는 것처럼 1부에서는 성상 금지에 대한 성경의 증거 구절들을, 2부에서는 성상 금지에 대한 교부들의 가르침을, 마지막 3부에서는 성상 금지를 결정한 교회공의회와 몇몇 로마황제들을 제시하고 간단하게 해설하는 구조다. 여기서 성상 금지의 가장 중요한 근거로 제시되는 것은 '십계명의 처음 두 계명' (die zwey ersten gebot von den Zehen)이다.

부써는 이미 1524년에 동일한 이유로 성상 제거를 주장

에 동참할 것을 독려한 사실을 언급한다. 그러면서 성상 철거에 앞장선 츠빙글리의 진보적이고 동적인 입장과 이와 같은 과격한 행동을 비판한 루터의 보수적이고 정적인 입장 사이의 중간 위치, 즉 중도(via media)가 부써의 입장이었다고 주장한다.

166) "Das einigerlei Bild bei den Gotglaubigen an orten, da sie verehrt, nit mogen geduldet werden, helle anzeyg auß Gottlicher Schrifft, der alten heili[gen] Vatter leer und beschluß etlicher Concilien." 원문은 다음을 참고하라. BDS 4, 165-181.

했다.167) 부써에 따르면 성상이 숭배되지 않는다면 무해하지만, 그렇게 되지 않기란 거의 불가능하기 때문에 성상을 제거하는 것이 신앙생활에 훨씬 유익하다. 또한 가장 먼저 자기 자신 속에 있는 우상을 제거한 후에 가정의 우상을 제거하고, 그런 다음 공공장소의 우상을 제거하는 것이 바른 순서다.168) 1523년에 츠빙글리가 취리히에서 교회의 성상들이 모두 우상이므로 철폐해야 한다고 강력하게 주장하면서 스트라스부르 종교개혁자들에게도 이 철폐 운동에 동참하도록 권면하는 편지를 보냈을 때, 한 답장에서 부써는 열두 가지의 지적 사항을 제시하면서 성상 제거에 대한 스트라스부르 설교자들과 자신의 입장이 무엇인지 그 원리를 분명하게 밝혔다. "하나님의 말씀에 따라 나는 성상들의 정죄 받은 남용만 알고, 그리스도인을 위한 허용에 대해서는 모른다."169) "만일 성령께서 내적으로 가르치시지 않는다면 성경조차도 죽이는 문자다."170) 즉 교회 내의 성상을 제거하는 일은 분명 성경의 가르침과 일치하는 천만번 옳

---

167) BDS 1, 269ff.
168) Eells, *Martin Bucer*, 38.
169) BCol 1, 232,230-231(부써가 츠빙글리에게 보낸 [1524년] 4월 19일 자 편지): "Verbo Dei abusum damnatum idolorum scio, vsum christianis scio."
170) BCol 1, 233,230-231(부써가 츠빙글리에게 보낸 [1524년] 4월 19일 자 편지): "…; nam et scriptura litera occidens est, nisi internus doceat spiritus."

은 행동이지만, 만일 먼저 자신의 마음이 성령을 통해 변화되지 않고 자신 속에 있는 우상이 제거되지 않는다면, 외적 행동은 모두 무용지물일 수밖에 없다는 것이다. 여기서 우리는 부써 신학의 강력한 윤리적 특징이 성경과 성령에 대한 그의 균형 잡힌 이해와 불가분의 관계라는 사실을 발견할 수 있다.

예배 개혁

도미니코 수도사 출신으로 1523년 이후 첼의 조력자가 된 스트라스부르의 시민 테오발트 슈바르츠(Theobald Schwarz)[171]는 1524년 2월 16일에 대성당 세례요한 예배당에서 라틴어로 예배하는 로마 예전 대신에 자신이 번역한 『독일 미사』(*Die Teutsche Messe*)를 사용하여 성찬과 세례를 시행

---

[171] '테오발트'는 '디오볼트'(Diobold[=Diobolt]) 혹은 '디오발트'(Diobald)로도 사용되고, 라틴어는 '테오발두스'(Theobaldus)이다. '슈바르츠'의 라틴어 이름은 '니게르'(Niger)인데, 연구자에 따라 '니게리누스'(Nigrinus)나 '니그리'(Nigri)로도 불린다. 스트라스부르의 철물상 한스 슈바르츠(Hans Schwarz)의 아들로 태어나 1501-1502년에 빈(Wien)에서 공부하고, 그곳에서 도미니코 수도사가 되었다. 1523년에 스트라스부르로 와서 마테 첼을 돕는 대성당의 부사제가 되었으며, 1524년 2월 16일에는 최초로 스트라스부르 『독일 미사』를 편찬했다. 이틀 뒤 시민권을 획득했고, 28일에는 구 베드로교회의 목사가 되었다. 1531년 7월 24에는 아우크스부르크의 성 울리히교회 설교자로 일하기 시작했다.

했다. 이것은 스트라스부르에서 예전 개혁, 즉 예배 개혁의 첫 걸음이었다.172) 슈바르츠의 『독일 미사』는 설교와 회중이 함께 부르는 찬송을 빠뜨렸지만 모든 예배 순서를 라틴어가 아닌 독일어로 진행하도록 했다. 이 독일어 예전은 스트라스부르에서 다양하게 편집 출간되었는데, 다소 변화는 있지만 본래의 형식은 그대로 유지되었다.

그 첫 번째 변형은 『독일 미사의 순서와 내용』(*Ordnung und inhalt Teutscher Messe*)이라는 제목으로 출간되었고, 두 번째 변형은 『현재 스트라스부르에서 사용되고 있는 독일 미사와 세례. 1524년 6월 24일에 볼프강 카피토가 스트라스부르에서 인쇄함』(*Teutsche Mesz und Tauff, wie sye yetzund zu Straszburg gehalten werden. Getruckt zou Straszburg durch Wolffgang Kopphel, am xxiiij tag Brachmonds (June) im jar MDxxiiij*)이었고, 세 번째 변형은 출간된 날짜를 알 수 없는 『독일 교회직분. 스트라스부르교회가 부르는 찬송과 경건한 시편 포

---

172) Gerrit Jan van de Poll, *Martin Bucer's Liturgical Ideas: The Strasburg Reformer and His Connection with the Liturgies of the Sixteenth Century* (Assen: Van Gorcum, 1954), 10. 여기서 판 더 폴은 슈바르츠가 만든 독일 예전의 의의를 네 가지로 제시한다. 가장 중요한 첫 번째 의미는 독일어 사용인데, 단순히 라틴어 미사를 몇몇 부분 생략한 독일어 번역 수준에 머물지 않고, 로마교회의 희생제사 교리와 연관된 모든 것을 버렸기 때문이다. 두 번째로는 만인제사장직을 강조한다는 점이고, 세 번째로는 성찬 참여자에게 빵과 포도주 모두를 제공함으로써 성직자만의 특권을 깨뜨려버렸다는 점이며, 마지막 네 번째는 처음부터 스트라스부르의 복음적 미사가 낭독 미사를 변경한 말씀 예배였다는 점이다.

함. 또한 이전에 인쇄된 그리스도의 완전한 기도도 포함』
(*Teutsche Kirchenampt mit lobgesangen unn gotlichen psalmen wie es die gemein zu Strassburg singt unn halt mit der gantz Christlichen gebetten dann vorgetruckt*)이었다.[173)]

스트라스부르 예배 개혁에 관한 일종의 청사진과 같은 부써의 저술은 『사람들이 모일 때 스트라스부르에서 하나님의 말씀에 의해, 말씀 위에서 거행되는 주의 만찬 즉 미사와 세례, 축일 그리고 그리스도의 교회 안에 있는 성상과 노래 등에 대한 개혁의 성경적 근거와 이유』[174)]였다. 이 책의 출간일은 카피토의 증언에 따르면 1524년의 마지막 날인 12월 31일이지만 책 서문의 작성일은 1524년 12월 26일로 되어 있다.[175)] 부써는 이 글을 팔츠의 공작 프리드리히에게 헌정함으로써 교회개혁을 독려했다.[176)] 또한 글 마지막에 "볼프강 카피토, 카스파르 헤디오, 마테 첼, 짐포리안 알트비써, 테오발트 슈바르츠, 요한 라토무스(Jo. Latomus),

---

173) Van de Poll, *Martin Bucer's Liturgical Ideas*, 12-13.
174) "Grund und ursach auβ gotlicher schrifft der neüwerungen an dem nachtmal des herren, so man die Mess nennet, Tauff, Feyrtagen, bildern und gesang in der gemein Christi, wann die zusammenkomt, durch und auff das wort gottes zu Straβ burg fürgenommen." 본문은 다음을 참고하라. BDS 1, 194-278.
175) BDS 1, 190-191.
176) BDS 1, 194.

안톤 피른, 마르틴 하흐(Martinus Hag), 마르틴 부써" 등을 거명함으로써 이 책에서 주장한 내용이 결코 부써 자신만의 개인적 생각이 아님을 분명하게 밝혔다.[177]

여기서 부써는 예전의 네 가지 기초를 제시했는데, 성경, 이웃 사랑, 성령, 기독교 자유가 그것이다.[178] 세례와 미사를 위한 사제의 성례의복과 성체와 성배의 거양과 같은 사제의 몸동작에 대해 슈바르츠의 『독일 미사』는 침묵한 반면에, 부써의 『근거와 이유』는 둘 다 기독교 신앙과 사랑의 원리에 반하는 것이요, 불필요한 것이므로 폐지해야 한다고 목소리를 높였다. 또한 부써는 용어 사용도 바꾸어야 한다고 주장했다.[179]

예배 개혁의 핵심은 사실상 미사의 폐지였다. 미사가 십자가 위에서 인류를 구원하신 그리스도의 단번의 희생을 계속해서 반복 재생하는 것이요, 심지어 그 유익을 인간의 공로로 돌리는 불신앙적인 것일 뿐만 아니라, 성경적 근거가 전혀 없는 것이었기 때문이다. 이에 스트라스부르 설교자들은 농민전쟁이 끝난 1525년 초여름에 마치 합창이라도

---

[177] BDS 1, 278.
[178] Van de Poll, *Martin Bucer's Liturgical Ideas*, 16-17.
[179] 예컨대 '미사'는 주의 '만찬'(nachtmal. 저녁식사), '제단'은 주의 '식탁'(tisch)으로 바꾸어 사용해야 한다.

하듯이 함께 목소리를 높여 미사 폐지를 주장하였다.[180] 하지만 시 당국은 여전히 전통적인 교회의 관습을 지키려는 수구 세력이었다. 그래서 1524년 4월까지 미사의 시행 횟수가 지속적으로 감소했음에도 불구하고 네 번의 장엄미사를 남겨두도록 결정하였다.[181] 야곱 슈투름은 1525년 8월에 전통적 예배 형식을 바꾸려는 시도에 대해 강력한 비난으로 대응했는데, 지난 몇 달 동안의 신속한 개혁은 농민전쟁과 같은 불안과 부조화와 심각한 상처만 남겼을 뿐이며 수세기에 걸친 타락을 단 1년 안에 고칠 수 있다고 생각하는 것이야말로 양심을 거스르는 일이라는 것이 그의 확신이었다.[182]

1526년 5월 6일 부써는 "지금까지 오랜 세월 시행되어온 미사는 반기독교적 왕국을 유지하는 가장 중요한 것이었다."[183]라고 주장함으로써 개혁에 대한 시 당국의 수동적이고 부정적인 자세를 정면으로 반박하고, 다음과 같이 미사 폐지를 강력하게 촉구했다. "아주 분명한 것은 그리스도인들이 온 교회에서 그리스도의 죽음에 관하여 믿음을 증거

---

180) Greschat, *Martin Bucer*, 83.
181) Eells, *Martin Bucer*, 50.
182) Greschat, *Martin Bucer*, 82.
183) BDS 2, 472,15-16: "Die meß, wie sy bißher gehalten ist, nun ein langen zyt, ist die gröste vnderhaltung des wider christlichen rychs gewesen."

하고 감사를 표현하기 위해 그리스도의 식탁 교제가 공동으로 거행되는 것과 다른 미사를 결코 허용하지 말아야 한다는 점이다. 그것(성찬)은 바로 유카리스트, 즉 감사의 표현이요, 코무니오, 즉 교제이기 때문이다."[184]

1525-1526년의 스트라스부르는 종교개혁자들의 영향으로 설교 중심의 예배가 자리를 잡아가고 있었다. 프랑스 모(Meaux) 인문주의 그룹의 일원 제라르 루셀(Gérard Russel)은 당시 스트라스부르를 방문했을 때 그곳의 예배 모습을 다음과 같이 기록했다. "각각의 성전(성당)에서는 새벽 5시에 설교와 공동 기도 모임이 있고, 7시에 동일하게 [반복된다]. 그리고 8시에는 사람들이 대성전에서만 함께 모이는데 그곳에서 설교가 백성에게 선포된다. 하나님의 말씀을 읽기 전과 후에는 히브리어 시편에서 공동 언어로 번역된 찬송을 부른다. 확실히 그들은 은혜를 받고 싶어 하는데, 그 은혜로 신령한 말씀을 받기에 합당한 사람이 되기를 원한다. 또다시 아침 식사 후 네 시간 만에 백성이 동일한 성전에 모이고, 동일한 과정으로 그리스도의 사역이 수행된

---

[184] BDS 2, 474, 10-14: "Vß welchem ie klar ist, das die christen kein andere Meß dulden mögen, dann so in gantzer gemein, zu bezeügen den glouben vnd danck zu sagen vmb den todt christi, gemeinschafft des tisch christi gemeinlich gehalten würdt, das es also eucharistia, das ist dancksagung, vnd communio, das ist ein gemeinschafft, sye."

다. 찬송할 때 여성들은 남성들과 함께 노래하는데, 그 소리는 듣기에 아주 유쾌하다. 또한 그로 인해 많은 사람들이 자극을 받아 그리스도를 숭배하게 된다는 [사실을] 나는 주저하지 않고 [인정한다]."[185]

시 당국을 향해 미사의 완전 폐지를 외치는 목소리는 점점 커져갔다. 1528년에는 설교자들뿐만 아니라 상류층과 장인길드의 사람들도 미사 폐지를 주장하는 탄원서를 시의회에 제출하기에 이르렀다. 그러자 시의회는 그 문제를 길드장인 모임인 300인회에 맡겼다. 하지만 야콥 슈투름의 입장은 변함없이 보수적인 반면에, 설교자들을 대표하는 카피토는 모든 수단을 동원해서라도 미사를 반드시 폐지해야 한다는 강경한 입장이었다. 이에 시의회는 1529년 1월 9일

---

185) Aimé Louis Herminjard, ed., *Correspondance des réformateurs dans les pays de langue française* I (Genève: Imprimerie Ramboz et Schuchardt, 1866), 411-412(제라르 루쎌이 니콜라 르 슈외르[Nicolas le Sueur]에게 보낸 1525년 12월의 편지): "Quinta matutina suam habet contionem et communes preces, itemque septima hora, idque in singulis templis. Octava quoque convocatur populus, sed duntaxat in majus templum, ibique fit sermo ad populum, adjunctis cantionibus è psalterio bebraico in linguam communem transfusis, quae praecurrunt et subsequuntur verbum Dei, videlicet ut impetrent gratiam qua fiant idonei sementi divino excipiendo, et susceptum prosequantur suis gratiarum actionibus. Rursus, quarta a prandio, in idem templum fit concursus populi, et pari tenore negocium Christi peragitur. In cantionibus illis tam assonant mulieres viris, ut jucundum sit audire, indeque plures, nihil hesito, provocantur ac pelliciuntur in Christi ardorem." 영어 번역은 다음을 참고하라. Eells, *Martin Bucer*, 49.

300인회 소집을 결정했고, 드디어 2월 20일에 300인회가 투표를 위해 모였다. 21명이 불참한 300인회의 참석자 279명 가운데 1명이 반대했고, 94명은 슈파이어 제국의회가 끝날 때까지 결정을 연기하자는 쪽에 투표했음에도 불구하고 184명의 압도적인 숫자가 미사의 즉각 폐지에 찬성하였다. 그리하여 오랫동안 해결되지 못하고 있던 미사 폐지 문제는 확실하게 일단락되었다.[186] 이 결정이 이루어진 하루 뒤, 즉 슈파이어 제국의회 소집이 발표된 1529년 2월 21일 주일에 시의회는 미사를 완전히 폐지하는 법령을 공포함으로써 스트라스부르는 개신교 도시의 대열에 동참하게 되었다.[187]

스트라스부르가 오랫동안 지지부진하던 미사 폐지 문제를 일소할 수 있었던 것은 1528년 1월 6-26일에 개최된 베른논쟁의 결과와 무관하지 않다.[188] 베른 시의회가 주최한 이 토론회는 250여 명이 참석한 가운데 프란체스코수도원에서 3주간 진행된 신학 논쟁이었다. 이 자리에 부써와 카피토가 스트라스부르의 대표로 초대받았는데, 토론회에서 부써는 107회 발언한 츠빙글리 다음으로 가장 열렬한 토론

---

186) Greschat, *Martin Bucer*, 84-85; BDS 4, 186.
187) Eells, *Martin Bucer*, 53.
188) 베른논쟁에 관한 상세한 자료는 다음을 참고하라. BDS 4, 15-160.

하인리히 불링거

자요 웅변가였다.[189] 로마교회의 대표자로는 트레거와 알렉시우스(Alexius)만이 참석했다. 반면에 복음주의 진영에서는 스트라스부르의 카피토와 부써 외에 취리히의 츠빙글리와 하인리히 불링거(Heinrich Bullinger, 1504-1575),[190] 바젤의 외콜람파디우스, 베른의 베르흐홀트 할러(Berchtold Haller, 1492-1536),[191] 콘스탄츠(Konstanz)의 블라러(Ambrosius Blaurer, 1492-1564)[192] 등 토론에 능한 학자들이 대거 참석했다. 따라서

---

189) Greschat, *Martin Bucer*, 79. 1528년 1월 22일 부써가 이 토론회의 세 번째 설교자로서 행한 설교는 다음을 참고하라. BDS 2, 277-294.
190) *츠빙글리 종교개혁의 계승자요, 취리히의 종교개혁자다. 취리히교회의 수장으로 대성당의 목회자였다. 루터의 저술들을 접한 후 루터주의자가 되었고, 1524년 9월에 츠빙글리를 만난 후 츠빙글리의 추종자가 되었다. 1531년 12월 9일 츠빙글리의 후임으로 선출되어 취리히의 목사가 되었고, 1549년에는 칼빈과의 성찬론 합의서 "취리히 일치신조"를 수용했다. 1566년에 출간된 『제2 스위스 신앙고백』의 저자로서 부써와 함께 영국의 성공회 종교개혁에 가장 영향을 많이 끼친 대륙의 종교개혁자로 간주된다. 특히 영국 청교도에게 끼친 그의 영향력은 엄청나다.
191) *스위스 베른의 종교개혁자로서 토마스 비텐바흐(Thomas Wyttenbach, 1472-1526)에게서 종교개혁의 영향을 받았고, 멜란히톤, 츠빙글리, 외콜람파디우스와 교제했다. 1526년의 바덴논쟁과 1528년의 베른논쟁에 참여했으며, 1532년에 베른교회의 지도자가 되었다.
192) *블라우러(Blaurer)로도 불리는 스위스 콘스탄츠의 종교개혁자로, 1512년에 튀빙겐대학에서 멜란히톤을 만나 평생 친구가 되었다. 1522년에 종교개혁으로 전

토론의 결과는 명약관화하게도 복음주의 진영의 완전한 승리였다. 이 승리의 핵심 내용 가운데 하나는 베른 시에서 모든 미사와 제단, 성상뿐만 아니라 하나님의 말씀에 위배되는 모든 미신의 원천이 철저하게 제거되어야 하며, 교회에서는 하나님의 순수한 말씀만 선포되어야 한다는 것이었다.[193]

교육 개혁

종교개혁은 '일종의 지성적 혁명'(an intellectual revolt)이었다.[194] 종교개혁이 지성을 깨우는 교육운동이었다는 통찰은 종교개혁이 세상의 패러다임을 변화시킨 사건이라 볼 수 있는 핵심 요소 가운데 하나이다. 16세기 교육의 혁신이 종교개혁만의 결과물이라고 할 수는 없다. 근대적 헌신(devotio moderna) 운동으로 정의되는 중세 공동생활형제단(Fratres Vitae Communis)과 르네상스 그리고 16세기 인문주의가 교육에 끼친 영향을 간과하기 어렵기 때문이다. 그럼에

향한 후 콘스탄츠의 설교자이자 다른 제국자유도시들의 종교개혁 교회 건설의 설립자, 1534-1538년에는 뷔르템베르크 종교개혁의 핵심 인물로 활발하게 활동했다. 1548년 이후에는 스위스로 피신하여 활동했다.

193) Eells, *Martin Bucer*, 51-52.
194) Eells, *Martin Bucer*, 46.

도 불구하고 새로운 근대적 교육제도와 체계의 형성은 확실히 종교개혁자들의 공로라고 보아야 할 것이다. 왜냐하면 교육 혁신과 혁명의 중심에는 종교개혁자들의 '카테키스무스'(Cathechismus, 교리교육/교리문답) 즉 '신앙교육'이 자리 잡고 있었기 때문이다.[195] 수많은 신앙교육서들이 봇물처럼 쏟아져 나온 16세기는 가히 신앙교육서 형성의 최고 전성기였다. 이런 '카테키스무스'는 종교개혁 시대에 설립된 교회교육과 가정교육, 학교교육의 공통분모이기도 했다. 이처럼 종교개혁은 중세 학교의 개편운동과 새로운 학교의 설립운동을 동반했는데, 스트라스부르도 예외는 아니었다.

16세기가 시작될 무렵 스트라스부르의 교육은 거의 네 곳의 참사회 학교가 담당했으나 그다지 썩 좋은 교육을 제공하지 못했으며, 부써가 그 도시에 도착한 1523년에는 모두 사라지고 말았다. 그는 스트라스부르에 도착하자마자 라틴어로 강의를 시작하여 최초로 공식 임금을 지불받는 강사가 되었다. 1523년 12월부터는 다른 동료의 도움을 받기 시작했는데, 강의 진행은 가장 먼저 도움을 준 카피토가 구약을 하루 가르치면 그 다음 날 부써가 신약을 가르치

---

195) 16세기 신앙교육서에 관해서는 다음을 참고하라. Johann Michael Reu, ed., *Quellen zur Geschichte des Katechismus-Unterrichts I. Süddeutsche Katechismen* (Gütersloh: C. Bertelsmann, 1904).

는 방식이었다. 카피토 다음으로는 카스파르 헤디오와 프랑수아 랑베르가 교수진에 합류했다. 처음 강의는 카피토의 집에서 시작했고, 사람들이 점점 많아져 장소를 카르멜수도원으로 옮겼으나 다시 도미니코수도원으로 옮겨야 했다. 부써는 목회서신과 골로새서, 에베소서, 마태복음, 요한복음, 시편, 출애굽기를 차례로 강의했고,[196] 성인은 물론이고 어린이들의 교육과 훈련도 중요하게 생각했기 때문에 도미니코수도원[197]에서 매일 한 시간씩 성경 강의를 했다. 1526년 여름부터는 정기적으로 교회에서 신앙교육을 시작했는데, 그와 동료들, 즉 신 베드로성당과 구 베드로성당, 아우렐리아성당의 목사 세 사람이 매 주일 오후에 어린이들을 위한 카테키스무스, 즉 신앙교육 시간을 마련했다. 1527년에는 카피토가 최초의 스트라스부르 신앙교육서를 출간했다.[198] 스트라스부르에서 부써의 첫 행보는 도시 교육 개혁의 출발점이었다.[199]

1524년 8월 31일 스트라스부르 설교자들과 목사들은 스

---

196) Eells, *Martin Bucer*, 46-47. 엘스는 이것을 미약한 시작이었지만 대단히 중요한 의미를 지닌 것으로 평가하는데, 이로부터 지금의 스트라스부르대학이 발전했다고 보기 때문이다.
197) 이곳에는 오늘날 '요한 슈투름 김나지움'(Gymnase Jean Sturm)이 서 있다.
198) Adam, *Evangelische Kirchengeschichte*, 94.
199) 참고. Kohls, *Die Schule bei Martin Bucer*, 54-55.

트라스부르 교육 문제와 관련하여 "처음으로 우리에게 알려진 청원서"(die erste uns bekannte Eingabe)[200]를 시의회에 제출했다.[201] 이 청원서의 목적은 사실상 교육 개혁이었다. 즉 도시를 경건하게 유지하는 일이란 시민의 의무이자 그리스도인의 의무인데, 이를 위해서는 청소년들을 경건하고 유능한 교사들에게 맡겨 하나님 앞에서는 그리스도인답고 세상에서는 유익한 사람이 되도록 교육하고 훈련하는 일이 무엇보다도 필요하다는 것이었다.[202] 1524년 9월 3일 그들은 청소년들을 훌륭한 그리스도인과 유능한 시민으로 교육할 수 있는 학교가 반드시 설립되어야 한다고 다시 한 번 탄원했다.[203]

동일한 문제를 다룬 마지막 청원서는 1525년 2월 8일에

---

200) Kohls, *Die Schule bei Martin Bucer*, 50.
201) BDS 1, 373-376. 마지막에 서명한 설교자들과 목사들의 명단이 다음과 같이 첨부되어 있다. "E.g. vnderthenige predicanten und pfarher Doct. Wolffgang Capito, M. Anthonius Furn(=Firn), Doct. Capaar Hedio, Martinus Butzer, M. Mathes Zeell(=Zell), Diebolt Schwartz, M. Symphorianus altbiesser." 하지만 콜스의 주장에 따르면, 이 청원서의 저자는 서명자 모두가 아니라 부써이다. 참고. Kohls, *Die Schule bei Martin Bucer*, 194,각주74.
202) BDS 1, 376, 10-15: "Auch g.h. so syn wir vß burgerlicher vnd Christlicher pflicht schuldig euwern vnd gemeyner stadt frommen zewerben vnd schaden zewarnen, Darum so seygen wir an, wie von nötten ist, das die jungheytt mit frommen gelerten schulmeistern versehen vnd ordenong gegriffen wurde, wie vnd was gestalt vnd wyß sy Christlich gegen gott vnd auch nützlich zur welt möchten gelernet vnd gezogen werden."
203) BDS 2, 397-398.

제출되었는데, 문제 해결을 위한 네 가지 구체적인 방법을 시의회에 제안했다. 네 가지 제안이란 시의원 3-4명을 '학교이사'(Schulherren)로 선출하고 목사나 설교자 가운데 2명과 더불어 학교이사회를 구성할 것, 독일어로 교육하는 6개의 공립소년학교와 6개의 공립소녀학교를 설립할 것, 폐쇄된 4개의 수도원학교와 성당학교(구 베드로성당학교, 신 베드로성당학교, 도마성당학교, 스데반수도원학교)를 다시 개교하여 경건하고 유능한 사람들로 4명의 담임교사(fier preceptoren)와 4명의 보조교사(fier helffern)를 임명하고 이들에게 학교를 맡겨 3개의 언어(라틴어, 그리스어, 히브리어)를 가르치도록 할 것, 학교의 설립 및 유지비용은 성당과 수도원의 수입과 빈 성직록 수입으로 충당할 것 등이었다.[204]

이와 같은 청원에 대해 시 당국이 반응한 1525년 8월 15일부터 1526년 1월 6일까지의 회의록에서는 교사 임용, 학교 부지의 마련, 교사의 급료 문제까지 고민했다.[205] 하지만 시의회가 3명의 의원, 즉 야곱 슈투름과 클라우스 크니비스

---

204) BDS 2, 399-404; Kohls, *Die Schule bei Martin Bucer*, 53-54. 첫 번째 제안을 제외한 2-4번째 제안은 1524년에 비텐베르크에서 출간된 루터의 저술, 『독일 영토의 모든 도시의 시의원들에게: 기독교학교가 설립되고 유지되어야 하는 [이유.]』 (*An die Ratsherren aller Städte deutsches Lands. das sie Christliche schulen auffrichten vnd halten sollen*)의 내용과 유사하다. 참고. WA 15, 27-53.
205) BDS 2, 406-409.

와 야곱 마이어(Jacob Meyer)를 학교이사(Scholarchen)로 임명하고 학교설립과 교육에 관한 전반적인 책무를 위임함으로써 학교운영 이사회가 최종 조직된 것은 1528년에야 가능했다. 헤디오와 야곱 베드로투스(Jacobus Bedrotus, 1495-1541)[206]는 학교 감독의 임무를 맡았는데, 모든 업무를 학교이사들에게 보고해야 했다. 학교이사들은 오토 브룬펠스(Otto Brunfels, 1488-1519)[207]의 라틴어학교를 없애는 대신에 두 개의 라틴어학교를 카르멜수도원과 도미니코수도원에 각각 하나씩 세웠는데, 카르멜수도원에 세워진 학교는 브룬펠스에게 양도되었고, 도미니코수도원에 세워진 학교는 요한 사피두스(Johannes Sapidus, 1490-1561)[208]에게 위임되었다.[209]

---

206) *부써의 동료이자 조수로서 베드로(Jakob Bedrot) 혹은 플루덴티우스(Pludentius)로도 불린다. 1524년에 스트라스부르의 종교개혁에 가담했고, 1541년 3월에 부목사(Diakon, 부제; 집사)가 되었으나, 그해에 역병으로 사망했다.

207) 오토 브룬펠스는 1488년에 브룬펠스 출신인 술통제조공의 아들로 태어나 마인츠의 카르투시오수도원에 입문하여 1519년에는 스트라스부르의 카르투시오수도원에 있었고, 루터와 멜란히톤, 외콜람파디우스의 저술들을 탐독함으로써 복음주의자로 전향하였다. 1521년 울리히 폰 후텐에게 피신했다가 1522-1523년에는 바덴의 노이엔부르크(Neuenburg)에서 목사로 사역했고, 1524년 봄에 스트라스부르로 들어와 부활절 토요일에 시민으로 등록했다.

208) 한스 비츠(Hans Witz)로도 불리는 사피두스는 1490년에 슐레트슈타트에서 시민의 아들로 태어나 1561년에 스트라스부르에서 사망한 인문주의자요 시인이다. 인문주의 라틴어학교를 다닌 후 1506-1509년에 파리에서 공부했고, 1511년부터 셀레스타의 인문주의 사립학교를 지도했다. 하지만 종교개혁에 가담함으로써 빔펠링과 갈등을 빚어 결국 스트라스부르로 이주할 수밖에 없었으며, 1525년 종교개혁의 영향으로 도시에 해고 바람이 불고 있던 1526년에 스트라스부르의 교사가 되었다. 1528년에는 그곳의 설교자수도원에 있는 라틴어학교를 맡게 되었다.

이것은 불완전하지만 최초의 공립학교의 설립으로 간주될 수 있는 획기적인 교육 개혁의 결과였다. 스트라스부르가 이와 같은 새로운 교육 체계를 구축하고 교사들까지 확보할 수 있었던 것은 대부분 부써 덕분으로, 그가 제시한 교육 개혁은 학교가 교회의 통제에서 벗어나 정부의 통제 아래 운영되는 새로운 길로 안내했다. 이런 의미에서 부써는 교육의 새로운 길을 열어준 선구자였다.[210]

재세례파

1525년 봄에 알자스 지역을 강타한 농민봉기에 대해 부써는 몹시 못마땅하게 생각했다. 그가 보기에 농민봉기는 주님께서 군주들을 경멸하시는 수단인 동시에 악마가 농민들을 동원하여 마치 종교개혁자들의 복음 설교가 그들을 지지하는 것처럼 잘못된 주장을 하게 함으로써 복음을 비난하는 수단이었다.[211] 농민봉기는 종교개혁에 상처를 남겼을 뿐만 아니라 종교개혁을 지지하는 사람들을 안

---

209) Adam, *Evangelische Kirchengeschichte*, 95.
210) Eells, *Martin Bucer*, 48.
211) BCor 2, 33,52-34,78(부써가 레나누스에게 보낸 1525년 8월 하반기의 편지).

정적 개혁을 추구하는 '보수파'(Established)와 근본적 개혁을 추구하는 '분리파'(Separatists)로 양분시켰다. 신분상 보수파는 대개 중상층 사람들이었던 반면에 분리파는 하층민이었다.[212]

실패한 농민봉기에 가담한 수많은 사람들은 종교적 박해가 없는 곳으로 피신할 수밖에 없었는데, 이때 스트라스부르는 좋은 피난처였다. 왜냐하면 지리적으로는 중간 지대였고, 경제적으로는 부유했으며, 상업적으로는 성장일로에 있었을 뿐만 아니라, 무엇보다도 종교적으로 관용적이었기 때문인데, 스트라스부르 설교자들도 시의원들의 무관심한 태도만큼이나 관용적이었다.[213] 재세례파에 대한 부써의 태도가 처음부터 적대적인 것은 아니었고 다른 종교개혁자들에 비해 오히려 동정적이었다.[214]

---

212) Eells, *Martin Bucer*, 55-56.
213) Eells, *Martin Bucer*, 56-57. 여기서 엘스는 "그리스도를 자신의 주님과 구원자로 인정하는 자는 누구든지 나의 식탁에 동석할 것이요, 나도 천국에서 그와 함께 있게 될 것이다"라는 첼의 말을 인용한다. 오이어는 자신의 논문에서 재세례파가 스트라스부르로 몰려든 원인을 세 가지로 제시하는데, 도시의 중간이라는 지리적 위치, 의도하지 않게 다른 지역의 반체제 인사들까지도 초대하는 결과를 초래한 1520년대 스트라스부르의 유동적 종교 상황, 인문주의 전통의 영향으로 종교 다원성(religious pluralism)을 허용하는 입장 등이 그것이다. 참고. John S. Oyer, "Bucer and the Anabaptists," in Christian Krieger & Marc Lienhard, eds., *Martin Bucer and Sixteenth Century Europe*. Actes du colloque de Strasbourg, 28-31 août 1991 I-II (Leiden: E.J.Brill, 1993), 604.

스트라스부르의 급진적 개혁파를 일반적으로는 재세례파(Anabaptists)와 신령파(Spiritualists)로 나눌 수 있지만, 실제로는 많은 경우 두 성향이 공존하기 때문에 엄밀하게 구분하기는 어렵다. 제일 먼저 스트라스부르에 유입된 재세례파는 아마도 재세례파의 발생지이자 거리가 멀지 않은 스위스 취리히에서 온 사람들이었으리라 추정할 수 있다. 하지만 그들은 자신들의 정체를 공공연하게 밝히려고 하지 않았다. 그 다음으로 유입된 재세례파의 대표적 인물은 영성주의자 한스 뎅크(Hans Denck, 1495-1527)와 그의 추종자 루트비히 헤처(Ludwig Hätzer, 1500-1529)[215]였다. 부써는 뎅크를 사기꾼으로 간주했기 때문에 이것을 밝히기 위해 1526년 11월 22일 도미니코수도원교회에서 그의 책 『하나님의 율법에 관하여』(*Vom Gesetz Gottes*)를 주제로 공개토론을 벌이기도 했다.[216]

---

214) John S. Oyer, "Bucer and the Anabaptists," in Krieger & Lienhard eds., *Martin Bucer and Sixteenth Century Europe*, 603-613. 오이어는 여기서 부써의 태도 변화를 네 단계로 구분하면서 전체적으로는 부써가 다른 종교개혁자들, 특히 불링거와 멜란히톤에 비해 재세례파를 동정적으로 보았다는 입장을 지지한다.

215) 독일어 이름은 'Hetzer'이고 드물게는 'Hatzer'로도 불렸다. 스위스 투르가우(Thurgau)의 비쇼프스첼(Bischofszell)에서 태어났으며, 예수 그리스도를 일종의 지도자와 선생으로만 인정하고 예배의 대상으로 간주하지 않았다. 재세례파 극단주의자라는 이유로 1529년 2월 4일, 콘스탄츠에서 참수되었다.

216) Greschat, *Martin Bucer*, 69.

헤처는 재세례파라는 이유로 취리히, 아우크스부르크, 바젤 등지에서 추방된 화려한 추방 경력의 소유자였다. 그는 1526년 가을에 스트라스부르에 도착했는데, 이 도시의 설교자들, 특히 카피토가 그를 환영했다. 도착한 지 몇 주 만에 설교자들이 주목하고 1526년 12월 22일의 공개토론회에 초대될 만큼 그의 영향력은 대단했다. 공개토론회에서 그는 네 가지 교리, 즉 자유의지, 부정적 죄성, 참된 그리스도인의 죄 없음, 우주적 구원 등의 교리를 성공적으로 방어했다. 여기서 헤처의 주요 토론 상대자 부써는 그의 생각이 주요 교리에서 설교자들과 별 차이가 없지만 바울을 무시하는 극단으로 치우친다는 점을 집요하게 물고 늘어졌다. 결국 토론회가 끝날 무렵 헤처는 추방당했고 보름스로 갔다.[217] 이후 시의회는 12월 25일에 뎅크를 도시에서 쫓아내고, 12월 31일에는 드디어 재세례파를 반대하는 명령을 선포했다.[218]

한스 뎅크와 루트비히 헤처 외에도 다양한 급진파 지도자들이 스트라스부르로 몰려들었는데, 예컨대 묵시적 선지자 멜키오르 호프만(Melchior Hoffman, 1500-1543),[219] 중도파

---

217) Eells, *Martin Bucer*, 58. 헤처는 1527년 1월 말까지 스트라스부르에 머무른 것으로 보인다. 참고, BDS 2, 231.
218) Greschat, *Martin Bucer*, 69.

필그람 마르펙(Pilgram Marpeck, 1495-1556),[220] 규칙 제정자 미카엘 자틀러(Michael Sattler, 1490-1527),[221] 미가엘 켈라리우스(Michael Cellarius, 1499-1564)[222] 등이었다. 비텐베르크에서 추방되기도 하고 프로이센(Prussia)에서는 투옥되기도 한 켈라리우스 즉 켈러(Keller)는 1526년에 스트라스부르로 왔는데, 부써는 그의 깊은 경건에 감동을 받았고, 재세례파에 동정적이던 카피토는 그를 자신의 집에 머물게 했으며, 1527년 7월 12일에 출간된 그의 저서 『하나님의 일들에 관하여』(*De Operibus Dei*)의 서문을 써주기도 했다.[223] 카피토는 그의 신

---

219) *평신도 설교자요, 재세례파 지도자다. 1530년부터 네덜란드의 재세례파 운동에 가담했고, 스트라스부르를 '새 예루살렘'이라고 예언한 것 때문에 1533년에 스트라스부르에서 수감되기도 했다. 메노 시몬스와 다윗 요리스(David Joris)가 그의 영향을 받았다.

220) *마르벡(Marbeck)이나 필그림(Pilgrim)으로도 불리는 재세례파의 지도자, 목회자, 교회 조직가다. 12년간 스위스에서 방랑자로 살며 재세례파 공동체를 세웠다. 부써와 슈벵크펠트와 논쟁을 벌였고, 멜키오르 호프만의 성육신 교리를 비판하기도 했다. 신구약 성경을 하나님의 말씀으로 믿었으나 신약성경을 그리스도인의 신앙과 삶을 위한 하나님의 법으로 구별했다.

221) *초기 재세례파 지도자 가운데 한 명이다. 취리히에 살면서 재세례파 운동에 가담했는데 이것 때문에 1525년 11월 18일에 추방되었다. "슐라이트하임 신앙고백"(Schleitheimer Bekenntnis)의 저자이며, 유아세례를 부인했고, 맹세와 병역을 거부했으며, 세상과 분리된 자유교회를 주장했다.

222) *'마르틴 켈라리우스'(Martin Cellarius)로도 알려져 있다. 메노나이트 백과사전은 그의 독일어 이름이 '보르하우스'(Borrhaus) 혹은 '부레스'(Burres)라는 것뿐만 아니라 그에 대한 상세한 정보를 제공하는데, 그가 취리히 재세례파와 일시적으로 관계했을 뿐이고 실제 재세례파가 아니었다고 결론 내린다. 참고. *The Mennonite Encyclopedia: A Comprehensive Reference Work on the Anabaptist Mennonite Movement 1* (Scottdale: The Mennonite Publishing House, 1955), 538-539.

령주의 종말론에 매료되어 1528년에 출간한 자신의 호세아서 주석에서 켈라리우스의 천년왕국설을 지지했을 뿐만 아니라, 심지어 유아세례가 비성경적이지는 않지만 지혜롭지 못하다는 입장을 표명했다.[224] 이것을 염려스럽게 생각한 부써는 취리히의 츠빙글리와 콘라트 펠리칸(Konrad Pellikan, 1478-1556),[225] 바젤의 외콜람파디우스, 콘스탄츠의 블라러에게 카피토가 재세례파에 가담하지 않도록 최선을 다해줄 것을 간청했는데, 다행스럽게도 동료를 위한 부써의 노력은 헛되지 않았다.[226]

자틀러는 한스 뎅크와 비슷한 시기에 스트라스부르에 들어왔는데 오랫동안 부써와 카피토 모두와 좋은 관계를 유지하며 지냈다.[227] 마르펙은 1528년에 처음 도시에 올 때 엄청난 양의 나무를 가져와 연료난을 해결해주었기 때문

---

223) Eells, *Martin Bucer*, 61.
224) Eells, *Martin Bucer*, 62; Douglas H. Shantz, "The Crautwald-Bucer Correspondence, 1528: A Family Y Feud Within the Zwingli Circle," in Krieger & Lienhard, ed., *Martin Bucer and Sixteenth Century Europe*, 636.
225) *독일어로는 콘라트 퀴르스너(Conrad Kürsner; Kurscherer), 라틴어로는 콘라두스 펠리카누스(Conradus Pellicanus), 영어로는 종종 콘래드 펠리칸(Conrad Pellican)으로 불리는 취리히의 종교개혁자다. 1519년부터 바젤에서 루터의 지지자가 되어 1523-1526년에 바젤대학에서 구약을 가르쳤고, 1526년부터 1556년까지는 취리히 '예언회'(Prophezei)의 교수였다.
226) Greschat, *Martin Bucer*, 70.
227) Eells, *Martin Bucer*, 60.

에 시의원들이 그를 좋아했다.[228] 카스파르 폰 슈벵크펠트(Kaspar von Schwenckfeld, 1489-1561)[229]는 1529년 5월에 도시로 들어올 때 격하게 환영받았고, 2년 동안 카피토에게 숙식을 제공받았으며, 1531년부터는 첼의 집에 머물면서 숙식을 제공받았다. 첼의 아내 카타리나 슈츠 첼(Katharina Schütz Zell, 1497-1562)[230]은 그를 존경했으나 부써는 그의 신비주의적 성향 때문에 처음부터 그와 가깝게 지내지 않았다.[231] 스트라스부르의 재세례파 지도자들 가운데 단연 최고였던 모피 가공사 호프만은 도시를 세 번 방문했는데, 첫 번째 방문은 철저한 츠빙글리주의자로 환영받은 1529년 6

---

228) Eells, *Martin Bucer*, 130.
229) 재세례파로서 영성주의 신학자다. 1490년에 니더슐레지엔(Niederschlesien)의 루빈(Lubin; Lüben) 부근 오시크(Ossig)에서 하급 귀족 한스 슈벵크펠트(Hans Schwenkfeld)의 아들로 태어나 1561년 12월 10일 울름에서 사망했다. 쾰른과 프랑크푸르트에서 공부했고, 신학은 독학했다. 1521년에는 리그니츠(Liegnitz)의 공작 프리드리히 2세의 궁정에서 궁정자문으로 일하면서 종교개혁을 슐레지엔 전지역으로 확장했다. 1529년에는 남부 독일(Oberdeutschland)로 가서 스트라스부르, 아우크스부르크, 울름 등지를 다니며 자신의 종교개혁 교리를 가르쳤다.
230) 여성 신학자요 종교개혁자다. 1497년(혹은 1498년) 7월 15일, 슈트라스부르크에서 아버지 야콥 슈츠(Jacob Schütz)와 어머니 엘리사벳 게르스터(Elisabeth Gerster)의 딸로 태어나 1562년 9월 5일 고향에서 지병으로 사망했다. 위로 언니가 두 명, 오빠가 두 명 있었고 아래로 다섯 명의 동생이 있었다. 교육 과정을 명확하게 알기는 어렵지만 독일어를 유창하게 할 수 있었고, 라틴어에 대한 기본 지식도 있었다. 1523년 12월 3일 오전 6시에 스트라스부르의 성직자 마테 첼과 결혼했는데, 주례자는 부써였다.
231) Adam, *Evangelische Kirchengeschichte*, 202.

월이고, 두 번째 방문은 1531년 11월 혹은 12월로 짧게 머물렀으며, 1533년 초에 세 번째로 방문해서는 이렇게 예언했다. "그가 한 번 더 스트라스부르에 와야 하는데, 그때 그는 반 년 동안 투옥된 후에 풀려나서 세상을 바꾸게 될 것이다."[232]

셀러스타와 스트라스부르 사이에 있는 작은 마을 벨펠트(Benfeld) 출신의 직공 한스 볼프(Hans Wolff)는 1526년 봄 어느 날, 첼이 설교하고 있을 때 단상에 뛰어올라 그를 밀쳐대고는 저주를 퍼부으며 1533년 승천일 정오에 세상의 종말이 온다고 선언했다. 부써는 이 사건에서 종교적 환상 이상을 감지했다. 재세례파들을 상대하면서 부써는 단순히 형식적 대화가 아닌 근본적인 신학적 문제에 대해 심각한 토론을 시도했다. 마침내 첫 번째 기회가 1526년 겨울에 찾아왔다. 여러 차례에 걸친 논쟁 중 이 첫 번째 논쟁에서 부써와 카피토는 미카엘 자틀러와 맞붙었다. 그리고 오래지 않아 결정적 차이점이 드러났다. 스트라스부르 신학자들이 사람들에 대한 사랑은 모두의 이익을 도모할 수 있는 정치적 책임을 전제로 해야 한다고 주장한

---

232) Eells, *Martin Bucer*, 134.

반면, 자틀러는 기독교인들은 부르심에 조건 없이 응답해야 한다고 가르친 산상설교를 가장 중요하게 생각했다. 그러나 그와의 논쟁은 부써와 카피토에게 깊은 인상을 남겼고, 몇 주 후 그가 로텐부르크의 네카(Neckar) 강가에서 오스트리아 당국자들에게 잔인하게 처형되었다는 소식을 듣고는 그를 '그리스도의 순교자'라고 불렀다.233)

극단적 종말사상은 과격한 재세례파를 만나면 곧장 무장 혁명으로 치닫기 쉬웠다. 그런데 1528년 전반기에만 약 100명의 아우크스부르크 재세례파들이 스트라스부르로 들어왔고, 이들 무리 중에는 토마스 뮌처(Thomas Müntzer)의 추종자 한스 후트(Hans Hut)의 사상으로 무장한 혁명적 인물들도 있었다.234) 부써는 극단적 종말사상을 가진 재세례파를 민감하게 경계했을 뿐만 아니라, 그들에 대한 대처가 좀 더 단

토마스 뮌처

---

233) Greschat, *Martin Bucer*, 68-69. 부써는 자신의 소논문 "진심어린 경고"(Getrewe Warnung)에서 자틀러를 "하나님의 사랑하는 친구요, 재세례파의 수장 가운데 한 명으로서 그의 위치에도 불구하고 여전히 다른 사람들보다 능력 있고 존경스러운 인물"이라고 평가했다. 참고. Eells, *Martin Bucer*, 60.
234) Greschat, *Martin Bucer*, 70.

호하고 강력해야 한다고 시의회에 호소했다. 어쩌면 부써는 이때 이미 1534년에 일어나게 될 재세례파의 뮌스터혁명과 같은 무장 혁명을 예감했는지도 모른다. 이런 과정을 통해 부써는 명실상부하게 스트라스부르 종교개혁의 신학적 선두주자로 자리매김하게 되었다.

1527년 6월 7일 오순절 전 금요일, 보름스의 설교자 야곱 카우츠(Jakob Kautz)가 7개 논제를 수도원교회 문에 붙였는데, 거기서 그는 자신이 믿는 신앙 주제들을 요약 정리하면서 공개토론회를 제안했다. 그는 내적 말씀이 외적 말씀보다 우위에 있다고 주장했으며, 성례와 유아세례와 성찬의 실제적 임재를 거부했고, 그리스도의 대속사역의 효력은 그리스도를 본받음과 사람의 내적 순종에 달린 것이라고 주장했다. 그리하여 이 글에 대한 토론회가 6월 13일로 예정되어 비공개적으로 개최되었으나 이는 토론회라기보다는 주교 측의 일방적인 성명서 발표였고, 이 성명서는 같은 날 팔츠의 선제후 루트비히에게 보내졌다. 이처럼 보름스의 설교자들은 카우츠와의 공개토론회를 거절하고 일방적으로 성명서를 공포했다.[235] 이 성명서가 스트라스부르에 들어왔을 때, 부써는 보름스 혼란의 선동자들인 재세례

---

235) BDS 2, 227-228.

파에 대해 스트라스부르 설교자들이 반대 입장을 분명하게 표명하고 설명하는 것이 바람직하다고 판단했다.[236] 따라서 그는 펜을 들었고, 1527년 7월 2일에 "보름스 설교자 야곱 카우츠가 간단하게 게시한 조항들에 관한 스트라스부르 복음주의 설교자의 진심어린 경고"라는 소논문을 출간했다.[237] 이 논문은 부써가 재세례파 교리, 특히 카우츠와 뎅크에 대한 공개적이고 원칙적인 반대 입장을 표명한 최초의 독립적인 글이었다.[238]

스트라스부르 시정부는 1527년 7월 27일에 재세례파와 그 추종자들에게 피난처와 음식을 제공하는 것을 금하는 명령을 공포했다. 이 명령은 강제적 실효성이 거의 없었지만 시정부가 종교를 탄압하는 일종의 신호탄이었다. 그 명령이 공포된 지 약 1년 후에 스트라스부르에 들어온 카우츠는 한때 추방되었으나 순종하기를 거부하여 1528년 10월 22일에 투옥되었다. 이후 카우츠는 공개토론회를 요청했으나 시의회가 서면 합의하에 개인적 면담만 허락했다. 결과

---

236) BDS 2, 232.
237) "Getrewe Warnung der Prediger des Evangelii zu Straβburg uber die Artickel, so Jacob Kautz, Prediger zu Wormbs, kürtzlich hat lassen auβ gohn..." BDS 2, 234-258. 이 글에서 부써는 헤처가 더 이상 재세례파가 아니라고 언급했지만 이 언급은 헤처가 재세례파가 되지 않겠다는 자신의 약속을 다시 철회했기 때문에 거짓으로 판명되었다. 참고. Eells, *Martin Bucer*, 58.
238) BDS 2, 232-233.

적으로 그는 1529년 1월 15일에 자신의 신념과 스트라스부르교회의 잘못에 대한 진술서를 작성하여 시의회에 제출할 수 있었고, 설교자들과 개인적 면담도 했으나 면담은 양쪽 모두 시의회에 공개토론회를 호소함으로써 별 소득이 없었다. 시의회는 공개토론회를 거절했고, 대신 카우츠를 한동안 감옥에 가두었다가 결국 방면해주었다.[239]

기존 교회를 경멸하는 교만한 자세 등 여러 가지 이유로 마르펙을 극단적으로 혐오했던 부써는 마르펙이 1531년 가을에 출간한 두 개의 소책자로 물의를 일으켜 투옥되었다. 그 후 12월 9일, 그는 전체 시의회 앞에서 마르펙의 이단성을 증명했는데, 이 증명은 마르펙을 제외한 모든 사람이 만족할 정도였다. 결국 시의회는 마르펙에게 자신의 잘못을 시인하고 도시에 머물지, 아니면 추방될지 둘 중 하나를 선택하도록 했는데, 그는 추방을 선택했다.[240]

스트라스부르에 들어온 분리주의자 가운데 가장 독특한 인물은 역사가 세바스티안 프랑크(Sebastian Franck, 1499-1542)[241]이다. 그는 1531년에 스트라스부르에 들어와 출간

---

239) Eells, *Martin Bucer*, 59.
240) Eells, *Martin Bucer*, 130-131.
241) *16세기 영성주의의 대표자로서 인문주의자, 철학자, 신학자, 저술가, 번역가, 지리학자, 지도 제작자, 출판업자 등으로 알려져 있다. 1518년 하이델베르크 논쟁 이후 루터파 설교자가 되었고, 1525년에 뉘른베르크에서 개혁파로 넘어갔다.

한 자신의 책『연대기』(*Chronica*)를 통해 다양한 공격적 신념을 발전시켰을 뿐만 아니라 종교적 개인주의의 극단을 달렸고, 성경을 종이 교황으로 간주함으로써 성경의 권위를 공격하였다. 그리하여 1531년 12월에 잠시 투옥된 그는 결국 추방당했다.[242]

세바스티안 프랑크

1529년 이래로 스트라스부르에는 새로운 망명객들이 대거 유입되었다. 이들 가운데 많은 수가 재세례파와 신령주의자들이었는데, 이들의 수는 한때 약 2,000명에 달할 정도로 많았다.[243] 그래서 1527년에 공포된 재세례파에 대한 법령이 1530년 9월 24일에 다시 공포되었으나 이 법령으로 이단적 분파주의자들의 세력이 약화되기는커녕 오히려 다른 도시들보다 더욱 강화되는 형국이었다. 여기에는 이단의 지도자들이 스트라스부르에 머문 것이 주요 원인으로 작용했다.[244]

하지만 종교개혁을 수용한 스트라스부르가 부써가 추구

---

242) Eells, *Martin Bucer*, 131-132. 반삼위일체론자 세르베투스(Servetus)의 스트라스부르 방문 사건에 대해서는 엘스의 책 132-133쪽을 참조하라.
243) Greschat, *Martin Bucer*, 118.
244) Adam, *Evangelische Kirchengeschichte*, 199.

하는 교회 중심의 도시가 되기 어려웠던 이유는 이단적 분파주의자들 때문만은 아니었다. 분파주의자들이 득세하게 된 것은 스트라스부르교회 내에 있는 두 부류의 사람들 때문이기도 했는데, 도덕적 의식이 약하거나 개인주의적인 쾌락주의자들(Epicureans)과 소란을 싫어하는 관용주의자들(tolerationists)이 그들이었다.245) 이들은 모두 재세례파와 같은 분파주의자들의 교리에 대해서는 반대했지만 종교적 이견을 관용해야 한다는 입장이었다.

성찬논쟁과 마르부르크 종교회담

1529년 3월 15일에 개최되어 4월 22일까지 진행된 제2차 슈파이어 제국의회는 종교적 관용을 결의한 1526년의 제1차 슈파이어 제국의회 결정을 철회하고 1521년의 보름스 제국의회 결정으로 회귀하였다. 그러자 4월 19일에 복음주의 신앙을 지지하는 6명의 군주와 14개 자유제국도시

---

245) Eells, *Martin Bucer*, 137. 여기서 엘스는 에피쿠로스주의자, 즉 쾌락주의자들을 도덕적 기준이 해이한 소수의 귀족 그룹인 안톤 엥겔브레흐트와 볼프강 슐트하이스 그리고 개인주의자인 오토 브룬펠스, 사피두스, 지글러(Clemens Ziegler)로 분류하고, 관용주의자로는 카피토와 첼, 카타리나 슈츠 첼을 꼽는다.

의 대표들은 그와 같은 결정에 반대하는 항의서를 작성하여 서명했다. 이 항의서의 골자는 제국의 각 정부가 하나님의 영광과 영혼의 지복을 위해 하나님 앞에서 분연히 일어나 스스로 대답해야 한다는 것으로, 종교의 자유를 보장하라는 요구였다.[246] 여기서 '항의자들'을 의미하는 '프로테스탄트'(Protestant[s]), 즉 '개신교'라는 이름이 유래했다. 하지만 당시 개신교는 성찬에 관한 이견 때문에 두 진영으로 분열되어 있어 복음주의를 지지하는 정치 지도자들 입장에서는 힘 있는 저항을 위해 이 문제를 해결하는 것이 급선무였다. 이 문제를 해결하기 위해 정치적 중재자로 나선 헤센의 영주 빌립은 신학적 중재자로 멜란히톤과 부써를 내세웠는데, 이 전략은 통했고, 결국 마르부르크 종교회담이 성사되었다.

---

246) Franz Lau & Ernst Bizer, *A History of the Reformation in Germany to 1555*, trans. by Brian A. Hardy (London: Adam & Charles Black, 1969), 77-78. 6명의 군주는 작센의 선제후 요한 프리드리히, 브란덴부르크-안스바흐(Brandenburg-Ansbach)의 영주 호헨촐레른(Hohenzollern) 가문 출신의 경건자 게오르크(Georg), 고백자(Bekenner)로 불리는 브라운슈바이크-뤼네부르크(Braunschweig-Lüneburg)의 공작 에르네스트(Ernest)와 그의 동생 프란츠(Franz) 공작, 헤센의 영주 빌립(Landgraf Philipp von Hessen), 아스카니아(Ascania) 가문 출신의 안할트-쾨텐(Anhalt-Köthen)의 군주 볼프강(Wolfgang) 등이었고, 14개 도시는 스트라스부르, 아우크스부르크, 콘스탄츠, 울름, 린다우(Lindau), 메밍겐(Memmingen), 켐프텐(Kempten), 뇌르들링겐(Nördlingen), 하일브론(Heilbronn), 로이틀링겐(Reutlingen), 이스니(Isny), 성 갈렌(St. Gallen), 바이센부르크, 빈데스하임(Windesheim) 등이었다. 참고. 인터넷 위키피디아사전: Diet of Speyer(1529); Protestation at Speyer.

안드레 칼슈타트

1520년대 성찬논쟁의 발단은 사실상 루터와 다른 성찬론을 주장한 안드레 칼슈타트(Andreas Karlstadt, 1486-1541)[247]였다. 그가 1524년 10월에 스트라스부르를 방문할 때까지 부써는 성찬에서 그리스도의 육체적 임재에 대해 고민하지 않았으며, 루터가 1519-1520년 사이에 주장한 성찬론을 지지하는 입장이었다.[248] 1523년 5월에 오를라뮌데(Orlamünde)교회의 초청을 받아 그곳에서 목사로 재직하면서 교회음악과 성상을 제거하고 유아세례를 거

---

[247] 본명은 안드레 루돌프 보덴슈타인 폰 칼슈타트(Andreas Rudoph Bodenstein von Karlstadt)이며, 'Carlstadt' 혹은 'Karolostadt'로도 불린다. 루터의 비텐베르크대학 동료 교수로서 루터가 부재했던 1522년도에 비텐베르크 종교개혁의 선두주자였다. 그러나 과격한 개혁 성향 때문에 결국 루터와 다른 길을 가게 되었다. 유아세례를 반대했음에도 불구하고 재세례파와 달리 그것을 단순히 할례와 같은 외적 표지로 간주하여 선한 것도 악한 것도 아니라는 입장이었다. 칼슈타트에 대한 자세한 정보는 다음을 참고하라. The Mennonite Encyclopedia 1, 519-521; Ronald James Sider, *Andreas Bodenstein von Karlstadt: The Development of His Thought 1517-1525* (Leiden: E. J. Brill, 1974).

[248] Eells, *Martin Bucer*, 71; Ian Hazlettt, "The Development of Martin Bucer's Thinking on the Sacrament of the Lord's Supper in Its Historical and Theological Context 1523-1524" (diss. Westfälischen Wilhelms Univerität, 1975), 76.

부하는 등 급진적인 종교개혁을 추진하던 칼슈타트가 스트라스부르에 오자 재세례파들이 그의 주변으로 몰려들었다. 그뿐만 아니라 복음주의 설교자들 중에서도 그를 지지하는 사람들이 나타났다. 이런 상황에서 그의 책 『그리스도의 말씀에 대한 해설』(Auslegung dieser Wort Christi)이 1524년 11월 초에 출간되었는데, 이것으로 한바탕 소동이 벌어졌다. 시의회는 이 책을 인쇄하지 못하도록 금하고, 인쇄된 모든 사본을 몰수한 후 그에게 도시를 떠나도록 요구했다.[249]

부써를 포함한 스트라스부르의 종교개혁자들은 칼슈타트의 저술에 나타난 성찬 사상을 그대로 수용하지도 않았지만 그의 상징 이론을 전혀 근거 없는 것으로 치부하지도 않았다. 그렇기에 성찬에 관한 루터와 칼슈타트 사이의 견해 차이를 어떻게 극복해야 할지 고민하지 않을 수 없었다. 그런데 마침 네덜란드 출신의 '경건하고 유식한 사람' 히네 로드(Hinne Rode, 1468-1537)[250]가 1524년 11월에 스트라스부르에 나타났다. 1520년경에 우트레흐트(Utrecht)에 있

---

[249] Adam, *Evangelische Kirchengeschichte*, 122-123. 아담은 설교자들 가운데 칼슈타트를 지지한 인물로 클레멘스 지글러와 오토 브룬펠스 두 명을 거명한다.

[250] *요한 로디우스(Johannes Rhodius)로도 불리는 네덜란드 인문주의자다. 1520년경 베셀 한스포르트의 저술들과 코넬리우스 훈의 성찬에 관한 서신을 독일과 스위스를 여행하면서 종교개혁자들에게 소개했는데, 특히 루터, 외콜람파디우스, 츠빙글리, 부써 등에게 소개했다. 이 여행으로 인해 성찬론에 대한 종교개혁자들의 견해는 찬반으로 양분되기 시작하여 뜨거운 논쟁으로 발전했다.

는 공동생활형제단 학교의 교장이었던 그는 코넬리우스 훈(Cornelis Hoen, 1440-1525)251)과 그의 친구들의 요청으로 복음에 관한 일로 자주 독일에 왔는데, 이 여행은 베셀 한스포르트(Wessel Gansfort, 1419-1489)252)의 작품들과 훈의 저술에

---

251) 라틴명은 코르넬리우스 호니우스(Cornelius Honius)이고 네덜란드 본명은 코르넬리스 헨릭스 훈(Cornelis Henricxz Hoen)이다. 영어로는 크리스토프 호니우스(Christopher Honius[=Hoon])로도 알려져 있는 훈은 덴하흐(Den Haag), 즉 헤이그(Hague)에서 1440년경에 태어나 1524-1525년 겨울에 노환으로 사망했다. 참고. Bart Jan Spruyt, *Ketter aan het Binnenhof: Cornelis en zijn trantaat tegen de transsubstantieatieleer* (Heerenveen: Groen en Zoon, 1997), 10.
252) 네덜란드 신학자요, 초기 인문주의자로서 종교개혁 전의 종교개혁자로 유명하다. 본명은 베셀 하르멘스 한스포르트(Wessel Harmensz Gansfort)이며 독일에서는 '요한 베셀'(Johann Wessel)로도 불린다. 1419년에 흐로닝언(Groningen)에서 태어나 1489년 10월 4일 고향에서 사망했다. 공동생활형제단의 '근대적 경건'의 영향을 받았다. 루터는 자신의 신학적 관점 형성에서 한스포르트의 영향이 엄청나다고 기록했다. 그의 제자 중 한 명이 독일의 인문주의자 요한 로이힐린이다. 그의 생애와 신학, 작품에 대해서는 다음을 참고하라. Carl Christian Ullmann, *Reformatoren vor der Reformation, vornehmlich in Deutschland und Niederlanden II. Band: Johann Wessel, der Hauptrepräsentant reformatorischer Theologie im 15ten Jahrhundert nebst den Brüdern vom gemeinsamen Leben, namentlich Gerhard Groot, Florentius Radewins, Gerhard Zerbolt und Thomas von Kempen und den deutschen Mystikern, Rusbroek, Suso, Tauler, dem Verfasser der deutschen Theologie und Staupitz in ihrer Beziehung zur Reformation* (Gotha: Friedrich Andreas Perthes, 1866); Wessel Gansfort, *Opera*, ed. Petrus Pappus à Tratzberg (Groningen: Iohannes Sassius, 1614 (fasc. of the edition of Groningen, 1614; Nieuwkoop: De Graaf, 1966). 한스포르트에 대한 최초의 전기는 16세기 엠던의 종교개혁자 알베르트 하르덴베르크(Albert Hardenberg)가 저술했다. 하르덴베르크에 대해서는 다음을 참고하라. Wim Janse, *Albert Hardenberg als Theologe: Profil eines Bucer-Schülers* (Leiden: E. J. Brill, 1994).
253) Spruyt, *Ketter aan het Binnenhof*, 47-48.

대한 평가를 받기 위한 것이었다.253) 그는 가장 먼저 비텐베르크의 루터를 방문했는데, 그곳을 떠난 날짜가 1521년 4월 2일인 것으로 보아 도착일은 1521년 3월 혹은 그 이전이었을 것이고, 이때 루터는 베셀 한스포르트의 저술을 읽었다는 사실을 알 수 있다. 하지만 훈의 편지와 그의 성찬론에 대해서 알고 싶은 마음은 없었다.254) 반면에 부써는 자신을 찾아온 히네 로드가 훈의 성찬론에 대해 설명하는 것을 진지하게 경청했을 뿐만 아니라, 그의 도움으로 루터와 칼슈타트 둘 다의 성찬 이해와 다른, 새로운 성찬론에 도달하게 되었다.255)

훈은 1522년에 '루터 이단'이라는 이유로 교장에서 해임된 후 1523년 1월에 바젤의 외콜람파디우스를 찾아갔고, 1524년 연말에 다시 한 번 그에게 들렀으며, 1523-1524년 사이에는 취리히의

외콜람파디우스

---

254) Albert Eekhof, *De avondmaalsbrief van Cornelis Hoen (1525) in facsimile uitgegeven en van inleiding voorzien* ('s-Gravenhage: Martinus Nijhoff, 1917), XIV-XV.
255) 부써의 초기 성찬론 발전에 대한 다양한 평가는 다음을 참조하라. Eells, *Martin Bucer*, 447,각주18; Hazlett, "The Development of Martin Bucer's Thinking," 32-330.

츠빙글리를 만났다. 그리고 마인츠에 머문 후 쾰른을 거쳐 1524년 11월에는 스트라스부르에 있는 부써를 찾아왔다.[256] 이 시기에 부써와 그의 스트라스부르 동료들은 자신들이 고민하고 있던 칼슈타트 문제에 대해 츠빙글리와 루터에게 각각 편지로 호소했다.[257] 이에 츠빙글리는 답신을 보내면서 자신이 로이틀링겐(Reutlingen)의 루터파 사제 마태 알버(Matthäus Alber, 1495-1570)[258]에게 한 달 전 11월 16일자로 보낸 공개서한을 동봉했다.[259] 반면 루터는 1525년 1월에 자신의 논문 『천상의 선지자들에 대항하여』(*Wider die himmlischen Propheten*)를 출간함으로써 칼슈타트뿐만 아니라

---

256) Spruyt, *Ketter aan het Binnenhof*, 48-53.
257) 각각의 편지 내용은 다음을 참조하라. BCor 1, 281-286(카피토와 부써가 바젤과 취리히의 설교자들에게 보낸 1524년 11월 중순경의 편지); BCor 1, 288-287(스트라스부르 설교자들이 루터에게 보낸 1524년 11월 23일 자 편지).
258) *뷔르템베르크의 종교개혁자다. 1521년 프라이부르크대학에서 인문주의 연구뿐만 아니라 루터의 저술들을 공부했고, 그해 11월에 콘스탄츠에서 사제가 되었다. 그의 설교는 루터의 가르침에 충실했으며, 성찬에서도 루터의 견해를 따랐다. 1549년에 뷔르템베르크 공작 울리히(Ulrich)에 의해 슈투트가르트의 본당 설교자이자 최고 감독관(Generalintendent)으로 임명된 후 죽을 때까지 뷔르템베르크의 종교개혁을 위해 헌신했다.
259) BCor 1, 298-314(츠빙글리가 스트라스부르 설교자들에게 보낸 1524년 12월 16일 자 편지). 동봉된 츠빙글리의 공개서한은 칼슈타트의 견해에 대해 츠빙글리는 어떻게 생각하는지를 질문한 알버의 편지에 대한 답장이다. 이것은 츠빙글리가 자신의 논문 『참 신앙과 거짓 신앙에 대한 주석』(*De vera et falsa religione commentarius*)을 1525년 3월에 출간하면서 함께 인쇄했다. 참고. Spruyt, *Ketter aan het Binnenhof*, 51.

상징적 성찬론을 가진 모든 사람을 공격했다.[260] 이런 과정을 통해 부써는 성찬에 대한 코르넬리스 훈의 상징적 이해가 옳다는 확신을 갖게 되었다.

훈은 빵을 떼어 제자들에게 주며 "이것은 내 몸이다!" (Hoc est corpus meum!)라고 하신 예수님의 말씀에서 '이다'(est)는, 요한복음 6장의 "나는 생명의 떡이다"라는 말씀에서처럼, '의미한다'(significat)라는 뜻으로 이해되어야 한다고 주장했다.[261] 이런 훈의 성경해석학적 주장을 부써는 적극적으로 지지했다. 부써는 츠빙글리의 답장을 통해 그 역시 자신과 같이 훈의 해석학적 설명을 지지한다는 사실을 알고는 몹시 기뻐했다.[262] 성찬론을 위한 훈의 요한복음 6장 해석은 루터와 츠빙글리, 루터와 부써 사이의 성찬론을 갈라놓았을 뿐만 아니라, 후대 역사에서도 루터파와 개혁파 사

---

260) Eells, *Martin Bucer*, 73.
261) 히네 로드가 소개한 코르넬리우스 훈의 성찬론 1525년판 전문을 에이크호프가 원본 그대로 복사하여 재출간했다. 참고. Eekhof, *De avondmaalsbrief van Cornelis Hoen*.
262) Greschat, *Martin Bucer*, 72; BCor 2, 50-54. 부써가 퓌어펠트(Fürfeld)의 마르틴 게르마누스(Martin Germanus)에게 보낸 1525년 10월 말에서 12월 초 사이의 편지. 폴레(Pollet)는 이 편지의 발신 날짜를 1526년 초로 추정한다. 참고. Jacques Vincent Pollet, *Martin Bucer. Études sur la correspondance I* (Paris: Presses Universitaires de France, 1958), 9-18. 게르마누스에게 보낸 편지 초두에 부써는 자신이 성찬의 빵에 그리스도께서 육체적으로 임재하신다는 것을 믿은 적이 없다고 고백했다. "…, me nunquam credidisse praesentiam carnalem Christi in pane eucharistiae,…"

이의 성찬론적 루비콘강이 되었다. 비록 부써가 루터와 츠빙글리 사이에서 성찬에 대한 후자의 해석이 옳다고 생각한 것은 사실이지만, 그렇다고 부써와 츠빙글리의 성찬론이 전적으로 일치하는 것은 아니었다.[263] 부써는 자신의 독특성을 성찬에 대한 이해에서도 나타냈지만 오히려 성찬에 대한 자세에서 더욱 분명하게 보여주었다. 왜냐하면 츠빙글리와 루터 둘 다 참된 종교개혁이 성찬에 대한 바른 이해에 달렸다고 생각한 반면에 부써는 그리스도의 구원과 이신칭의 외에 성찬론을 포함한 다른 신학적 문제들을 부차적인 것으로 간주했기 때문이다.[264]

스트라스부르 종교개혁자들은 성찬 문제를 해결하기 위해 젊은 히브리어 강사 그레고리우스 카셀리우스(Gregorius Caselius)를 비텐베르크로 보냈다.[265] 그는 비텐베르크에서 공부했기 때문에 그곳 종교개혁자들을 잘 알고 있었다. 하지만 카셀리우스가 성찬에 대한 스트라스부르의 입장을 비텐베르크 종교개혁자들에게 설명할 때, 마치 스트라스부르 설교자들이 칼슈타트와 츠빙글리의 견해를 지지하는 것처

---

263) 두 종교개혁자 사이의 차이점에 대해서는 다음을 참고하라. Eells, *Martin Bucer*, 86-87.
264) Greschat, *Martin Bucer*, 73-74.
265) Jacques Vincent Pollet, *Martin Bucer. Études sur la correspondance II* (Paris: Presses Universitaires de France, 1962), 60-61.

럼 소개했기 때문에 루터는 세례뿐만 아니라 성찬에 대해서도 칼슈타트와 츠빙글리의 견해가 동일한 것으로 오해하여 신랄하게 비판했다. 그는 결국 두 사람뿐만 아니라 이들을 지지하는 사람들까지도 모두 교황주의자와 같은 '악마'(diabolus)로 간주했다.[266]

설상가상으로 부써는 1526년 1월에 루터의 비텐베르크 동료 요한 부겐하겐(Johannes Bugenhagen, 1485-1558)[267]이 라틴어로 쓴 시편 주석을 독일어로 번역하면서 자신의 견해를 첨가한 것과,[268] 1526년 7월에 루터의 독일어 설교 가운

요한 부겐하겐

---

266) 이에 대한 카셀리우스의 보고서는 다음을 참고하라. BCor 2, 71-78. 루터의 결론적 악평은 이러했다. BCor 2, 78,219-220: "Doctrina ex vita, ut Carolostadius et prophete, Zwinglius et alii item pauci: diabolus se transformat in angelum lucis."
267) *16세기 독일 북부와 스칸디나비아 반도에 루터교회를 설립하기 위해 헌신한 독일의 종교개혁자로서 '북쪽의 두 번째 사도'로 불린다. 비텐베르크교회 최고의 목회자였던 그를 루터는 포메라니아 박사(Doctor Pomeranus)라 불렀다. 포메라니아는 오늘날 발트해협 남쪽의 독일과 폴란드에 걸쳐 있는 지역인데, 독일어로는 포메른(Pommern), 폴란드어로는 포모르제(Pomorze)이다. 1523년 비텐베르크의 교구 목사로 선출되었고, 1524년부터 비텐베르크대학에서 강의를 시작하여 루터교회 목사를 세우는 데 힘썼다. 루터가 죽은 후 그의 미망인과 자녀들을 돌보았다.
268) BDS 2, 175-223 & 259-275.

데 성찬 교리가 다루어진 마지막 네 번째 부분을 라틴어로 번역하면서 루터의 잘못된 성경 해석을 수정한 사건 때문에 비텐베르크 종교개혁자들에게 오직 상대방을 속이기 위해서만 평화와 이해를 외치는 사기꾼과 위선자라는 낙인이 찍히고 말았다.[269] 루터 진영과 츠빙글리 진영 사이에 1520년대 중반부터 시작된 성만찬을 둘러싼 지상논쟁은 후반으로 갈수록 더욱 치열하게 진행되어갔다. 1528년 6월 21일 부써는 가상의 두 상인 아르보가스트(Arbogast)와 체볼트(Zebolt)가 대화하는 형식의 저술『그리스도의 만찬에 관한 루터 박사와 그의 반대자들의 [견해] 비교. 대화 즉 다정한 대화』를 출간함으로써 자신의 입장을 다시 한 번 분명하게 밝혔다.[270]

루터의 성찬 해석을 거부한다는 이유로 루터 진영의 종교개혁자들로부터 온갖 치욕을 겪어야 했음에도 불구하고 부써는 결코 자신의 화해 정신을 포기하지 않았다. "우리는 루터가 아닌 하나님을 믿어야 한다. 하지만 동시에 루터가

---

269) Greschat, *Martin Bucer*, 75.
270) "Vergleichung D. Luthers und seins gegentheyls vom Abentmal Christi. Dialogus Das ist eyn freündtlich gesprech." BDS 2, 295-383. 그레샤트는 '비교'를 의미하는 단어 'Vergleichung'이 16세기 초반에는 주로 '화해'(consiliation) 혹은 '합의'(agreement)라는 의미를 내포했다고 지적하면서 그 단어를 '화해'로 번역했다. 참고. Greschat, *Martin Bucer*, 227,각주51. 독일어 원문에는 이런 설명이 없다.

그리스도 예수께서 우리의 유일한 구원자라고 설교하는 한 우리는 그를 우리의 형제로 받아들일 것이고, 이러한 그의 오류에 대해 인내할 것이다. 왜냐하면 우리가 아닌 하나님만이 그를 그 [오류로부터] 자유롭게 하실 수 있기 때문이다. 하지만 그와 그의 무리가 우리를 완전히 소외시키길 원할지라도 우리는 성부께서 루터도, 세례 요한도 아닌 그의 아들 그리스도께 마지막 심판을 내리셨다는 것으로 기뻐한다. 우리의 사랑하는 형제들은 사람들이 믿음의 핵심에서 우리와 하나라면 그것으로 만족한다. 즉 우리 모두는 아무것도 아니고 우리를 하나님께서 오직 그리스도에 의해서만 경건하게 하시고 구원하신다는 것에 [동의한다면 그것으로 충분하다]."271)

부써에게 무엇보다 중요한 것은 그리스도를 통해서만 구원하시는 하나님에 대한 확실한 '믿음'이었다. 이외의 다른 요소들은 그가 누구든 결코 하나님의 사랑에서 제외시

---

271) BDS 4, 82,36-83,9: "Wie wir ouch Gott und nit Luter glougub sin sollend. Darneben aber, so lang er predigt, das Christus Jesus unser einiger heylland sye, wellend wir in für unseren bruder halten und im disen irthum vertragen, dann Gott allein und nit wir in des entledigen mogen. Wil er aber und sin huff uns gar verwerffen, so frowen wir uns des, das der vatter sinen sun Christo und nit dem Luter, wie ouch nit dem Bapst, das endtlich urteyle zugestellet hat. Unsere lieben bruder, genugt wol, wo man in der summ des gloubens mit uns eins ist, namlich das wir alle nichts sind und uns Gott durch Christum allein fromm und salig machen wil."

마르부르크 종교회담

킬 수 없었다. 이러한 부써의 신학적 화해 정신은 헤센의 영주 빌립의 정치적 화해 정신을 만남으로써 마르부르크 종교회담이라는 열매를 맺게 되었다. 1529년 10월 1–4일 사이에 마르부르크에서 벌어진 토론회는 루터 진영과 츠빙글리 진영 사이의 성찬논쟁이었다. 부써는 이 토론회에 직접 초대받지 못했으나 헤센의 영주가 스트라스부르 시장 야콥 슈투름에게 두 명의 스트라스부르 설교자와 함께 토론회에 참석해달라고 부탁했는데, 그중 한 명을 부써로 지목했다.[272] 부써 외에 참석자로 선택된 다른 한 사람은 카스파르 헤디오였다.[273]

---

272) Eells, *Martin Bucer*, 92; S VIII, 332(외콜람파디우스가 츠빙글리와 스트라스부르의 기독교 교사와 그의 사랑하는 형제에게 보내는 1529년 7월 30일 자 편지): "Verum de profectione, scis quid Landgrafio scripserim. Nihil doli suspicor a Principe. Quantum enim intellexi ex Sturmio, colloquium, paucissimis praesentibus, erit, ita ut ostentandi contendendique morbo locus adimatur. Vocavit autem et Sturmium, et cum eo Bucerum, et alium quendam ex symmistis ejus."
273) Greschat, *Martin Bucer*, 93. 헤디오는 멜란히톤과 좋은 관계를 유지하고 있었고, 스트라스부르 설교자 가운데 철저한 루터 신봉자 니콜라우스 게르벨(Nicolaus Gerbel, c.1485–1560)과 친한 사이였다.

사실상 부써는 1528년 4월 16일 이전 어느 날 외콜람파디우스에게 보낸 서신[274]에서 루터의 성찬 이해가 자신을 포함한 츠빙글리 진영의 이해와 다르지 않다는 내용을 전했다. 즉 부써에 따르면 루터가 주장하는 그리스도의 육체적 임재란 빵과 그리스도의 몸이 동일하다는 의미가 아니라 성찬을 통해 '빵과 그리스도의 몸의 연합', 즉 '빵과 그리스도의 몸 사이의 성례전적 연합'을 의미하는 것이었다.[275] 루터에 대한 이런 이해에 따라 부써는 1529년 9월에 출간된 자신의 『스바냐 주석』에서 성찬에 대한 별반 차이도 없는 이견 때문에 심각한 갈등을 겪고 있는 현실을 슬퍼했다.[276]

마르부르크 토론회에 참석하기 위하여 츠빙글리 일행은 1529년 9월 3일 저녁에 조용히 취리히를 빠져나와 바젤로 가서 외콜람파디우스 일행과 합류했다. 그런 후 배를 타고 라인강을 따라 13시간을 항해하여 9월 6일 저녁에 스트

---

274) 부써가 외콜람파디우스에게 보낸 이 편지는 보존되어 있지 않다.
275) S VIII, 164(외콜람파디우스가 츠빙글리에게 보낸 1528년 4월 17일 자 편지): "*Bucerus* significat in haec verba. "Re nobis consentit Lutherus, quantum quidem ad praesentiam corporis Christi attinet.. Nam asserit in pane esse corpus Christi definitive, non circum. Item, quod haec praedicatio: Panis est corpus Christi, non est identica, neque panis et corporis Christi ea est unio,⋯ Inter panem autem et corpus Christi vult esse unionem sacramentalem, ob quam unionem alterum de altero praedicetur⋯""
276) Eells, *Martin Bucer*, 90.

라스부르에 무사히 도착했다.[277] 그들이 8-9일간의 여행 끝에 마르부르크에 도착한 날은 9월 27일 월요일이었는데, 일행은 취리히에서 온 츠빙글리와 콜리누스(Collinus)와 시장 울리히 풍크(Ulrich Funk), 바젤에서 온 외콜람파디우스와 시의원 루돌프 프라이(Rudolf Frey), 스트라스부르에서 온 부써와 카피토, 시의원 야곱 슈투름이었다.[278] 루터는 1529년 여름에 슈바바흐(Schwabach)에서 작성한 슈바바흐 17개 조항을 마르부르크 종교회담을 위해 가져왔으나 스트라스부르 대표들이 이 조항을 거부했고, 부써도 그 조항의 성찬론을 비판했다.[279]

---

277) Eells, *Martin Bucer*, 92; Greschat, *Martin Bucer*, 93. 엘스는 츠빙글리와 외콜람파디우스 일행이 스트라스부르에 도착한 날을 9월 9일이라고 적고 있으나 인용된 각주를 감안하면 아마도 오타인 것으로 보인다. Max Lenz, ed., *Briefwechsel Landgraf Philipp's des Grossmüthigen von Hessen mit Bucer* I (Osnabrück: Otto Zeller, 1965), 6(부써가 영주 빌립에게 보낸 1529년 9월 7일 자 편지): "…, daß gestern zu Oben [Abend] hie ankomen synd myne lieben Brüder Zwingly und Öcolampadius, der Meinung, hie zu verziehen, bis uf angesetzten Tag von hynnen sampt Dr. Hedio und myr zu reiten,…"=BCor 3, 328. "나의 사랑하는 형제들인 츠빙글리와 외콜람파디우스가 어제 저녁에 이곳에 도착했다"라고 기록하고 있기 때문에 그들이 도착한 날은 9월 6일인 것이 분명하다. 스트라스부르에서 "떠난 날"(uf angesetzten Tag)을 부써 서신 편집자들은 친절하게도 각주에서 9월 18일이라고 가르쳐준다. 반면에 엘스는 93쪽에서 일행의 일부가 9월 19일 주일 아침 일찍 도시를 떠난 것으로 기록하고 있다.
278) Gottfried Wilhelm Locher, *Die Zwinglische Reformation im Rahmen der europäischen Kirchengeschichte* (Göttingen: Vandenhoeck & Ruprecht, 1979), 323; BDS 4, 330.
279) Eells, *Martin Bucer*, 97-98.

마르부르크 종교회담의 주요 토론자는 단연 루터와 츠빙글리였으며, 이들의 담화는 접점을 찾기 어려운 평행선을 달리다가 10월 3일에 사실상 결렬로 마무리되었다.[280] 역할이 미미했던 부써는 협상의 기미가 사라져버린 10월 3일 오후에야 겨우 담화에 가담했으나 루터의 굳은 마음을 돌이킬 수 없었고, 오히려 루터의 무시무시한 영적 폭언에 시달려야 했다. 부써가 자신들의 성찬 교리에 어떤 오류가 있는지 말해달라고 요청했을 때 루터는 이렇게 말했다. "나는 당신들의 주인도 아니고 당신들의 재판장도 아니며 당신들의 선생도 아니다. 그러므로 우리의 영과 당신들의 영은 일치하지 않는다. 오히려 우리가 동일한 영을 가지고 있지 않다는 것이 명백하다. 왜냐하면 사람이 한곳에서는 그리스도의 말씀을 확실하게 믿는데 다른 곳에서는 동일한 믿음을 비난하고, 반대하고, 거짓으로 책망하고, 온갖 신성모독적인 방법으로 악담을 퍼붓는다면 그것은 [결코] 동일한 영혼일 수 없기 때문이다. 그러므로 내가 이전에 말한 것과

---

[280] 쾰러는 여러 자료를 종합하여 마르부르크 토론회를 재구성했는데, 원본이 소실된 헤디오 보고서(Hedios Itinerarium)가 주요 자료로 활용되었다. Walther Köhler, *Das Marburger Religionsgespräch 1529. Verzuch einer Rekostruktion* (Leipzig: M. Heinsius Nachfolger Eger & Sievers, 1929). 마르부르크 종교회담에 관한 유사한 자료는 다음을 참고하라. BDS 4, 321-364; 필립 샤프, 『교회사전집 7권: 독일종교개혁』, 박종숙 역 (고양: 크리스챤다이제스트, 2004), 522-546.

같이 우리는 당신들을 하나님의 심판에 맡긴다. 우리가 하나님 앞에서 책임지기를 원하는 것과 같이 [그렇게] 가르치라."281)

마르부르크 종교회담은 10월 3일에 루터가 작성한 초안을 약간 수정한 15개 조항의 합의문서에 양측이 서명 날인하는 성공적인 토론회282)로서 정치적으로는 어느 정도 성과가 있었다. 하지만 궁극적으로 성찬에 관한 양측의 이견을 좁히거나 실제적 합의를 이끌어내지는 못했다. 이와 같이 아쉽고 안타까운 결과를 초래한 원인은 날카롭고 민감한 루터의 배타적이고 공격적인 태도만이 아니었다. 츠빙

---

281) Köhler, *Das Marburger Religionsgespräch 1529*, 129: "Sagt Luther: ich bin Euer herr nicht, Euer Richter nicht, Euer lerer auch nicht, so reymet sich unser gayst und Euer gayst nichts zusamen, sonnder ist offenbar, das wir nicht ainerley gayst haben dann das kann nicht ainerley gayst sein, da man an einem ort die wort Christi ainfeltigklich glaubt unnd am anndern denselben glauben tadelt, widersichtet, lügstraffet und mit allerley frefeln lesterworten antasstet. Darumb wie ich vor gesagt hab, bevelhen wir Euch dem urteyl gottes, leret, wie Irs vor got wölt verantwurten."=BDS 4, 355,11-18.

282) 15개 조항 가운데 처음 7개 조항은 기독교 신앙에 관한 내용이고, 8번째 조항은 외적인 말씀, 9번째 조항은 세례, 10번째 조항은 선행, 11번째 조항은 회개를 다룬다. 12-14번째 조항은 정부에 관한 내용이고, 마지막 15번째 조항은 성찬을 다룬 내용으로 15개 조항 가운데 가장 길다. 마르부르크 조항에 서명한 사람은 서명 순서대로 츠빙글리 진영에서는 요한 외콜람파디우스, 훌드리히 츠빙글리, 마르틴 부써, 카스파르 헤디오이고, 루터 진영에서는 마르틴 루터, 유스투스 요나스, 필립 멜란히톤, 안드레 오시안더, 스데반 아그리콜라, 요한 브렌츠였다. BDS 4, 360-364.

글리와 외콜람파디우스의 닫힌 마음도, 신학적 중재자 역할을 제대로 감당하지 못한 부써의 소극적 태도도 문제였다. 합의문서, 즉 마르부르크 15개 조항에 서명한 루터와 츠빙글리는 각자 자신이 승리했다는 확신을 가지고 헤어졌다. 이후 멜란히톤은 한 편지에서 "루터와 츠빙글리 사이의 과격하고 적대적인 싸움"을 기뻐하지 않는다며 양쪽의 성찬논쟁과 관련하여 하나님께서 언젠가는 교회의 평화를 허락하실 것이라고 낙관했다.[283]

루터가 초안을 작성한 마르부르크 조항의 마지막 15번째 조항 외에는 사실상 이견 없이 수용되었다. 의견일치를 보지 못한 마지막 조항은 성찬에 관한 내용으로 다음과 같이 끝을 맺고 있다. "우리가 이번에 일치하지 못한 것은 그리스도의 참된 몸과 참된 피가 육체적으로 빵과 포도주 안에 있는지에 대한 문제다. 그럼에도 한편은 다른 편에 대해 각자의 양심이 견딜 수 있는 한 그리스도의 사랑을 보여주어야 하고, 양편 모두 전능하신 하나님께 우리가 바르게 이해하는지 그분의 영으로 입증해주시길 기도해야 한다."[284]

---

283) BCor 6, 1-2(멜란히톤이 부써에게 보낸 1531년 5월의 편지): "Nunquam enim placuit mihi haec violenta et hostilis digladiatio inter Lutherum et Cinglium. …[2]… Sed dabit Deus aliquando et in hac re ecclesiae suae pacem."
284) BDS 4, 365,27-32: "Vnnd wiewol aber wir vnns, Ob der war leyb vnnd plut Christj leiplich Im prot vnnd wein sey, diser Zeit nit vergleicht

여기서 분명 양측은 모두 '그리스도의 사랑', 즉 기독교적인 사랑으로 서로를 인내할 수 있어야 한다는 데 동의했지만 사실상 이 조항에 서명한 열 명 가운데 부써 외에는 아무도 서로에 대해 인내하는 사랑을 보여주지 못했다.

부써는 자신의 중재 노력에 대해 한 편지에서 이렇게 회고했다. "나의 노력이 철저하게 지향하는 바는, 비록 [내가] 항상 필수적인 따뜻함과 신중함을 가지고 그렇게 하진 못하지만, 그리스도인들이 서로를 존중하고 사랑 안에서 [서로를] 품어야 한다는 것이다. 왜냐하면 모든 도덕적 결함과 판단 부족이란 악한 화합의 결과로 그리스도의 영이 효력을 발휘하지 못하는 곳으로 되돌아가기 때문이다. 사랑이 얼마나 대단한 것인지, 또한 증오까지는 아니라도 적어도 미움이 얼마나 대단한 것인지 나는 개인적으로 아주 분명하게 경험했다. 루터와 멜란히톤과 다른 사람들을 반대하던 나의 신념이 좀 더 순수하게 된 지금, 나는 내가 이전에 너무 많이 포기해야만 했던 당신의 경건한 저술들을 아주 잘 이해하게 되었다. 그러나 [그때] 나는 내가 철저하

---

haben, So soll doch ein theil gegen dem anndern Christliche lieb, so fern Iedeß gewissen ymmer leiden kan, ertzeigen, vnnd bede theyl Gott der Allmechtigen vleissig bitten, das er vnns durch seinen Geist den rechten verstandt bestetigen woll, Amen."

게 편견 없이 저들을 판단하고, 그들을 반대한 츠빙글리와 외콜람파디우스와는 완전히 다르며, 오직 진리를 위해서만 그들과 싸우는 것이라고 생각했다. 이전에 내가 너무 무지해서 행했던 비방을 지금 나는 심히 부끄러워한다. 참된 사랑이 빗나갔다."[285] 부써의 이런 마음이 맺게 된 아름다운 결실이 바로 1536년의 비텐베르크 합의서(Wittenberger Concordie, 일치신조)였다.

---

285) Traugott Schieß, ed., *Briefwechsel der Brüder Ambrosius und Thomas Blaurer 1509-1548*, Band I. 1509 – Juni 1538 (Freiburg: Verlag von Friedrich Ernst Fehsenfeld, 1908), 742(부써가 토마스 블라러와 마르가레테 블라러[Thomas und Margareta Blaurer]에게 보낸 1535년 10월 초의 편지): "Mein Trachten geht durchaus, freilich nicht immer mit der nötigen Wärme und Umsicht, dahin, daß die Christen sich gegenseitig anerkennen und in Liebe umfassen; denn alle Mängel in Sitten und Urteil gehen darauf zurück, daß infolge schlechter Eintracht der Geist Christi seine Wirkung verfehlt. Wie deutlich habe ich an mir erfahren, was Liebe und was, wenn nicht Haß, doch Abneigung vermag! Wie gut verstehe ich jetzt, wo meine Gesinnung gegen Luther, Philipp und andere reiner ist, ihre frommen Schriften, in denen ich vorher so viel zu verwerfen hatte! Und doch meinte ich, durchaus unparteiisch über jene zu urteilen, ganz anders als Zwingli und Oekolampad gegen sie zu sein und allein sie nur um der Wahrheit willen zu bekämpfen. Wie schäme ich mich jetzt so mancher unwissend vorgebrachter Verleumdung! Die wahre Liebe fehlte."

마르틴 부써
교회연합운동의 선구자

4

독일 남부의 종교개혁

16세기 제국의회의 개최지인
독일의 자유제국도시 아우크스부르크

Chapter 04

독일 남부의 종교개혁

대적들의 모든 논제에 대해 답할 수 있도록 주님께서 얼마나 많은 은혜를 부써에게 베푸셨는지 보고 들었기를! 이전에는 부써의 이름을 듣는 것조차 전혀 할 수 없던 많은 사람들이 이제는 진심으로 그를 존경하기 시작했다.

아우크스부르크 제국의회

16세기에 개최된 서른다섯 번의 제국의회 가운데 열두 번이 아우크스부르크에서 개최되었는데, 1530년의 아우크스부르크 제국의회는 1521년 보름스 제국의회를 제외하면 1517년에 시작된 독일 종교개혁 운동을 위협하는 최대의 사건이었다.[286] 반면 황제 카를 5세에게 1530년은 기념비적인 해였다. 왜냐하면 1530년 2월 24일에 볼로냐(Bologna)에서 교황 클레멘트 7세(Clementius VII)의 집전으로 성대한

---

286) Lau & Bizer, *A History of the Reformation in Germany to 1555*, 80.

대관식이 거행되었기 때문이다. 이처럼 카를 5세가 공식적으로 황제의 자리에 오른 것은 만 30세가 채 되지 않은 나이였지만 황제로 선출되고서 10년도 훌쩍 넘는 험악한 세월을 보낸 후에야 가능했다. 그는 황제로 선출된 후 10년 동안 외부적으로 오스만 투르크의 위협적인 침공을 막아야 했고, 내부적으로는 유럽을 떠들썩하게 만든 루터의 면죄부 논쟁을 잠재워야 했으며, 교황의 제왕적 권세도 꺾어야 했고, 프랑스 왕 프랑수아(François) 1세의 도발적 전쟁에도 맞서 싸워야 했다. 이 모든 복잡한 문제들이 1529년에 일단락되었는데, 황제는 1529년 6월 28일에 바르셀로나(Barcelona) 평화조약을 통해 교황과 화해했고, 8월 3일에는 캉브레(Cambrai) 평화조약을 통해 프랑스 왕 프랑수아 1세와의 전쟁을 일단락 지었으며, 9월 26일에 비엔나(Vienna)를 포위했던 투르크 군대가 10월 14-15일 밤에 철수함으로써 투르크제국의 위협에서도 해방되었던 것이다.[287]

황제의 파문으로 인해 작센의 제후국을 벗어날 수 없었던 루터는 4월 말부터 10월 초까지 코부르크(Coburg)에 머물면서 제국의회의 진행 상황에 간접적으로 개입하기 위해 멜란히톤과 비밀리에 연락을 주고받았다. 그리고 이 과정

---

287) Lau & Bizer, *A History of the Reformation in Germany to 1555*, 75-76.

을 통해 아우크스부르크 신앙고백(Confessio Augustana)이 완성되었다. 한편 황제는 6월 15일에 도착했는데, 작센의 선제후 요한이 황제를 알현할 때 1529년 10월 16일에 출간된 슈바바흐 조항을 가지고 갔다.[288] 스트라스부르 시의원인 야콥 슈투름과 마태 파러(Matthis Pfarrer, 1489-1568)[289]는 신학자들을 대동하지 않고 1530년 5월 26일에 도착했다가 신학 전문가의 조언이 필요하다는 것을 알고 급히 부써와 카피토를 불렀다. 그리하여 부써가 제국의회 개회 3일 전, 즉 성 요한의 날 전날인 6월 23일 목요일 낮에 아우크스부르크에 도착했고, 카피토는 이보다 3일 후인 일요일에 도착했다.[290]

루터 진영이 아우크스부르크 신앙고백을 준비한 것과 달리 아무런 준비 없이 도착한 스트라스부르 사절단은 아우크스부르크 신앙고백을 받아들일 수 없었기 때문에 자신들

---

288) Lau & Bizer, *A History of the Reformation in Germany to 1555*, 81.
289) 1489년 2월 24일에 태어나 1568년 1월 19일 스트라스부르에서 사망한 스트라스부르 시의원이자 외교 사절이다. 시의원으로서 1523년에 뉘른베르크의 양식을 따라 스트라스부르의 자선규정을 작성했다. 1525년부터 시의 외교 업무를 담당하는 13인회 일원이 되었고, 1527, 1533, 1539, 1545, 1551, 1557, 1563년에는 대표를 지냈으며, 야콥 슈투름과 함께 아우크스부르크 제국의회(1530)에 대표로 참석했다. 1543년 이후 자신의 외교업무로 돌아갔으며, 1547년에는 황제에게 스트라스부르의 항복을 전달하기 위해 사절단의 일원으로 파견되었다.
290) Eells, *Martin Bucer*, 99; Melchior Schuler & Johannes Schulthess, eds., *Huldrichi Zuinglii Opera 8* (Zurich: Friedrich Schulthess, 1842) 8, 472(아우크스부르크에서 부써가 츠빙글리에게 보낸 날짜 미상의 편지): "…, Venimus huc ego pridie solennitatis Divi Joannis, Capito die dominica sequenti."

의 신앙을 대변할 독자적인 신앙고백이 필요했다.[291] 이 업무를 담당하게 된 부써와 카피토는 급하게 23개 항으로 구성된 신앙고백을 작성했다. 슈투름과 파러는 가능한 많은 자유제국도시들이 신앙고백을 받아들일 수 있도록 메밍겐, 린다우, 콘스탄츠, 울름, 비베라흐(Biberach), 이스니(Isny), 켐프텐(Kempten), 하일브론(Heilbronn), 프랑크푸르트, 바이센부르크 등을 초대하여 6월 30일에 모임을 가졌으나, 부써와 카피토가 작성한 신앙고백에 서명한 독일 남부 도시는 스트라스부르 외에 콘스탄츠, 린다우, 메밍겐뿐이었다. 그리하여 그것은 "4개 도시 신앙고백"(Cofessio tetrapolitana)으로 알려지게 되었다.[292] 이 신앙고백은 7월 9일에 황제에게 제출되었다.[293]

츠빙글리는 아우크스부르크에 오지 않았고 "카를 황제

---

291) 이후 부써가 아우크스부르크 신앙고백과 이것에 대한 해설서인 멜란히톤의 변증을 수용하게 된 이유와 과정에 대해서는 다음을 참조하라. Wolfgang Simon, "Die Überschreitung der Grenze: Bucers Annahme der *Confessio Augustana* und deren Apologie," in *Martin Bucer zwischen den Reichstagen von Augsburg (1530) und Regensburg (1532)*, ed. Wolfgang Simon (Tübingen: Mohr Siebeck, 2011), 108-124.

292) Eells, *Martin Bucer*, 99-100; Greschat, *Martin Bucer*, 95. 1530년에 황제에게 제출된 "4개 도시 신앙고백"의 필사본은 독일어와 라틴어로 작성되었다. 독일어와 라틴어 필사 원본의 비평편집 대조 인쇄판은 다음을 참조하라. BDS 3, 36-185.

293) Lau & Bizer, *A History of the Reformation in Germany to 1555*, 81.

에게 보내는 신앙해설"(Fidei ratio ad Carolum imperatorem)[294] 이라는 제목의 문서만 보냈는데, 이 문서는 1530년 7월 8일에 발트교회(Waldkirch)의 수석 사제를 통해 황제에게 전달되었다.[295] 멜란히톤이 작성하여 6월 25일에 황제에게 제출한 아우크스부르크 신앙고백은 슈바바흐 조항과 일치하는 1부(1-21조항)와, 5월 20일에 작성된 토르가우(Torgau) 조항과 일치하는 2부(22-28조항)로 구성되었다.[296] 그것은 종교개혁 진영의 세 가지 문서 가운데 황제가 아우크스부르크 제국의회 석상에서 낭독하도록 허락한 유일한 복음주의 신앙고백이었지만, 제국의회의 최종 결과에는 아무런 영향도 주지 못했다. 결국 황제 카를 5세는 자신의 의도대로 아우크스부르크 신앙고백서를 반박한 로마교회 측의 문서

---

294) 'Fidei ratio'에서 'ratio'는 '내용, 해설, 법칙, 이유' 등으로도 번역이 가능하다.
295) Ernst Friedrich Karl Müller, ed., *Die Bekenntnisschriften der reformaierten Kirche. In authentischen Texten mit geschichtlichr Einleitung und Register* (Leipzig: A. Deichert'sche Verlagbuchhandlung, 1903), XXIV. 로허의 책에는 그 문서가 황제에게 전달된 날짜가 "1531년 7월 8일"(am 8. Juli 1531)로 기록되어 있는데 연도는 오타로 보인다. 참고. Locher, *Die Zwinglische Reformation*, 512.
296) 루터가 1528년에 개인적으로 작성하여 사용하던 신앙고백(1528년)이 1528년의 슈바바흐 조항으로 발전했는데, 아우크스부르크 신앙고백의 1부, 즉 1-21조항은 내용상 이러한 슈바바흐 조항에 기초하여 작성되었고, 아우크스부르크 신앙고백 2부의 22-24항은 토르가우 조항의 1-3항에, 25, 26, 27항은 각각 6-8항에, 28항은 4항에 해당한다. 이와 관련하여 아우크스부르크 신앙고백서 조항들의 신학적·역사적 기원과 배경에 대한 상세한 분석은 다음을 참고하라. Wilhelm Maurer, *Historischer Kommentar zur Confessio Augustana I. Einleitung und Ordnungsfragen* (Gütersloh: Gütersloher Verlagshaus Gerd Mohn, 1979), 27-51.

"논박"(Confutatio)을 선택함으로써 복음주의를 단호하게 거절했다. 이것은 마치 1521년의 보름스 제국의회처럼 예상 가능한 계획의 실행에 불과했다.[297]

1530년 6월 20일에 개회하여 9월 22일까지 진행된 아우크스부르크 제국의회를 통해 황제는 복음주의 진영이 1531년 4월 15일까지 로마교회로 돌아와야 한다는 결론을 내렸다. 이후 부써는 코부르크 성에 머물고 있던 루터를 찾아가 26일부터 28일까지 성찬에 대해 논의했는데, 둘 사이의 이견을 좁히지는 못했지만 합의를 위한 노력을 중단하지 말아달라는 격려의 소리를 루터에게서 들을 수 있었다. 10월에는 독일 남부와 스위스를 돌면서 합의를 이끌어내기 위한 수고를 아끼지 않았는데, 실제로 독일 남부의 울름, 메밍겐, 이스니, 린다우, 콘스탄츠뿐만 아니라 스위스의 바젤과 취리히도 부써를 따뜻하게 맞이해주었다. 그러나 정작 츠빙글리는 4개 도시 신앙고백의 성찬을 변호하는 부써의

---

297) Lau & Bizer, *A History of the Reformation in Germany to 1555*, 81-82. 복음주의 진영이 사분오열된 모습이었던 반면에 로마교회는 요한 에크가 404개의 이단 명제를 작성하는 등 철저하게 준비했고, 황제도 교황의 사절 캄페기오(Campeggio)가 아우크스부르크 신앙고백의 답변을 작성할 수 있도록 도울 20여 명의 신학자를 준비했다. 그리하여 루터가 황제에게 품었던 일말의 기대는 다시 한 번 물거품이 되고 말았다. 아우크스부르크 제국의회를 위해 중재했던 인물들과 역할에 대해서는 다음을 참조하라. Rolf Decot, ed., *Vermittlungsversuche auf dem Augsburger Reichstag 1530* (Stuttgart: Franz Steiner Verlag Wiesbaden GMBH, 1989).

설명에 어떤 지지와 동의도 보이지 않았다.[298]

슈말칼덴 군사방어동맹

아우크스부르크 제국의회를 전후로 복음주의 진영의 연합을 위해 최선을 다해 루터와 화해하려던 부써의 행보는 1520년대의 성찬논쟁으로 루터 진영과 벌어진 틈을 메우기는커녕 그에게 두 얼굴을 가진 인물이라는 낙인뿐만 아니라, 그의 가장 가까운 신학적 동료 츠빙글리와 완전히 갈라서는 상처를 남겼다. 황제 카를 5세의 군사행동에 대비하기 위해서는 복음주의 진영의 정치 지도자들이 똘똘 뭉쳐야 했음에도 불구하고 그것은 요원한 일이었다. 그 이유는 신학적 불일치, 그것도 성찬에 대한 이견이라는 단 하나의 걸림돌을 제거하지 못했기 때문이다. 그럼

슈말칼덴 동맹
400주년 기념우표(1925)

---

298) Greschat, *Martin Bucer*, 96-97.

에도 불구하고 종교개혁 진영에서는 황제 카를 5세의 군사 행동에 대비해야 했기 때문에 헤센의 영주 빌립과 작센의 선제후 요한이 1530년의 마지막 날인 12월 31일에 슈말칼덴에서 만나 토르가우 동맹의 정신을 잇는 군사방어동맹을 서면으로 체결했다. 이 동맹은 아우크스부르크 신앙고백에 서명한 지역들과, 4개 도시 신앙고백에 서명한 도시를 포함하여 독일 남부의 7개 도시가 동참하기로 서명한 1531년 2월 27일에서야 비로소 공식적인 방어동맹이 되었다.[299]

1531년 3월과 4월의 두 번째 슈말칼덴 동맹 모임의 주요 사안은 루터와 스트라스부르 사이의 일치를 확인하는 것이었는데, 그 자리에서 루터주의자들이 아우크스부르크 신앙고백의 수용을 이 동맹에 가입하는 필수 전제조건으로 내세웠기 때문에 츠빙글리의 성찬론을 지지하는 스위스 도시들의 가입 문제는 더 이상 논의되기 어려웠다.[300] 하지만 황제에 저항하는 세력이 슈말칼덴 군사방어동맹으로 뭉쳤기 때문에 황제가 1530년 아우크스부르크 칙령을 통해 개

---

299) 스콧 헨드릭스, 『마르틴 루터: 새 시대를 펼친 비전의 개혁자』, 손성현 역 (서울: IVP, 2017), 456-457; Dietrich Köhler, *Reformationspläne für die geistlichen Fürstentümer bei den Schmalkaldenern. Ein Beitrag zur Ideengeschichte der Reformation* (Berlin: Emil Ebering, 1912). 스트라스부르와 슈말칼덴 동맹의 관계에 대해서는 다음을 참고하라. Alcuin Hollaender, *Strassburg im schmalkaldischen Kriege* (Strassburg: Verlag von Karl J. Trübner, 1881).
300) BDS 4, 410; Greschat, *Martin Bucer*, 98.

신교도들에게 옛 신앙으로 복귀할 수 있도록 허용한 마지막 날짜 1531년 4월 15일은 아무 일 없이 그냥 지나갔다. 또한 아우크스부르크 제국의회의 결정으로 발생한 복음주의 진영의 정치 지도자들과 황제 사이의 긴장과 대립 역시 오래가지 않았는데, 1531년 여름에 투르크 군대가 다시 침공해 들어왔기 때문이다. 프랑스뿐만 아니라 한동안 영국도 자신들이 당연히 슈말칼덴 동맹국이라고 생각했고,[301] 덴마크도 슈말칼덴 동맹에 가입하기를 희망했는데, 이것으로 슈말칼덴 동맹은 황제의 합스부르크 가문에 대한 반대 세력이라는 것이 분명해졌다.

1531년 연말에는 스위스의 신교도와 구교도 사이에 엄청난 사건, 즉 전쟁이 벌어졌다. 이것은 16세기 최초의 스위스 종교전쟁이었는데, 여기서 종교개혁 진영의 취리히 군대가 로마교회를 지지하는 5개 주 연합군에 패배하고, 10월 11일 카펠(Kappel) 인근의 전투에서 츠빙글리가 사망했다.[302] 부써에 따르면, 옛 신앙을 고수하는 5개 지역 루체른(Luzern), 우리(Uri), 슈바이츠(Schwyz), 운터발덴(Unterwalden), 추흐(Zug)가 종교개혁을 지지하는 지역, 특

---

301) Lau & Bizer, *A History of the Reformation in Germany to 1555*, 85.
302) 츠빙글리의 죽음에 대해서는 다음을 참고하라. Locher, *Die Zwinglische Reformation*, 532-533.

히 취리히와 베른을 극도로 싫어함에도 불구하고 스위스의 다른 도시들과 스트라스부르의 중재로 협정을 통해 무력충돌을 평화롭게 해결했다. 하지만 이후 5개 주와 취리히가 의견 일치를 보지 못하자 로마교회 진영이 협정을 위반하고 복음주의자들을 박해하고 취리히 지역을 침공했기 때문에 츠빙글리는 용감하게 싸우다 전사한 것이다.303) 부써는 츠빙글리의 죽음을 애도하며 다음과 같이 추모했다. "그는…참으로 경건한 사람, 그리스도를 믿는 사람, 말씀을 최고로 사랑하는 사람, 말씀 옆에서 재건하는 사람이었다.… 그리고 의심의 여지없이 그는 그리스도의 영광과 조국의 안녕 이외의 다른 것을 추구하지 않았다."304)

취리히의 패배로 인해 종교개혁을 지지하는 대표적인 4개 지역, 스위스 캔톤 취리히와 베른, 바젤, 성 갈렌이 종교개혁을 포기하고 옛 신앙으로 돌아가지는 않았으나 종교개혁을 확장하기도 어렵게 되었다. 또한 취리히 중심의 "기독교 도시연맹"에 가입한 독일 남부의 콘스탄츠와 스트라스부르는 정치적 긴장의 끈을 늦출 수 없는 상황이었다. 게

---

303) BCor 6, 235-248(부써가 멜란히톤에게 보낸 1531년 10월 24일 자 편지).
304) BCor 6, 246,4-6(부써가 멜란히톤에게 보낸 1531년 10월 24일 자 편지): "Fuit,…, homo vere religiosus et Christo credens, litterarum summus amator et apud suos instaurator… At indubie aliud non spectauit quam gloriam Christi et patriae salutem."

다가 츠빙글리가 사망한 지 약 한 달쯤 뒤, 외콜람파디우스가 흑사병으로 11월 23일 밤에 죽었다[305]는 소식이 들려왔다. 이 소식은 부써에게 몹시 충격적이고 절망적이었다. 왜냐하면 단순히 친한 동료를 잃은 슬픔 정도가 아니라, 그의 연합운동을 지지하는 든든한 신학적 후원자요, 스위스의 종교개혁 진영을 루터와 협상하도록 설득할 유일한 중재자를 잃어버린 것이었기 때문이다.[306] 부써는 바젤의 종교개혁자 외콜람파디우스를 최고의 신학자로, 또한 교회의 건강한 건설을 위한 독보적 인물로 회고했다.[307] 그러므

---

305) Greschat, *Martin Bucer*, 98. 외콜람파디우스의 사망 시간이 조금 다르게 기록되어 있다. BCor 7, 71, 각주 4(부써가 블라러에게 쓴 1531년 11월 29일 자 편지); Ernst Staehelin, *Das theologische Lebenswerk Johannes Oekolampads* (Leipzig: M. Heinsius Nachfolger, 1939), 637. 부써 왕래서신 편집자는 11월 23일 "밤"(in die Nacht)이라고 기록하고 있는데, 그 이유는 부써의 29일 자 편지에서 바젤 종교개혁자의 죽음을 "8일 전"(octauo die)이라고 말했기 때문이다. 반면에 외콜람파디우스 연구의 최고 권위자 슈테헬린은 1531년 11월 31일 "이른 아침"(in der Morgenfrühe)이라고 기록한다. 외콜람파디우스의 죽음 일자에 대한 상이한 기록들을 모아 놓은 곳은 다음을 참조하라. Ernst Staehelin, ed., *Brief und Akten zum Leben Oekolampads: Zum vierhunderjährigen Jubiläum der Basler Reformation II. 1527-1593* (Leipzig: M. Heinsius Nachfolger, 1934=New York & London: Johnson Reprint Corporation, 1971), 714-717(no.958).

306) Eells, *Martin Bucer*, 139. 여기서 엘스가 외콜람파디우스의 사망일을 1531년 11월 24일로 기록한 것은 잘못이다.

307) BCor 7, 106,5-7(부써가 블라러에게 보낸 1531년 11월 11일 자 편지): "Oecolampadij casum quod defles, merito facis; vere enim maiorem eo thelogum non habuismus, qui etiam saniorem ecclesiae instaurationem promotam vnice cupiebat."

로 1532년 새해를 맞이하는 부써에게 두 진영으로 갈라진 종교개혁자들 사이의 일치와 평화는 거의 기대하기 어려워 보였을 것이다.

1532년 초에 슈말칼덴 동맹자들 사이의 신뢰 문제가 악화일로에 있었기 때문에 스트라스부르와 관계된 복음주의 제국도시들은 독일 중부와 북부의 아우크스부르크 신앙고백 추종자들이 황제와 협상할 때 자신들을 제외시키지나 않을까 걱정했다.[308] 또한 독일 남부의 지역들 사이에 벌어진 틈, 즉 선제후 지역들과 스트라스부르를 비롯한 자유제국도시들 사이의 불화도 시급히 해결해야 할 문제였다. 이와 관련한 문제를 의논하고 해결하기 위해 독일 남부의 도시들은 울름에서 1532년 3월 23일과 24일에 모였는데, 이것은 개신교도들과 로마교 통치자들이 모이기로 예정된 슈바인푸르트(Schweinfurt) 회담을 준비하기 위한 모임이었다. 논의의 결론은 아우크스부르크 신앙고백과 1531년에 출간된 그것의 변증(Apologia)을 수용하는 것 외에 불화를 해결할 다른 방법이 없다면 그렇게 해야 한다는 것이었다.[309]

아우크스부르크 신앙고백에 서명한 자들에게만 종교 평

---

308) BDS 4, 410.
309) BDS 4, 411. 이때 스트라스부르가 아우크스부르크 신앙고백에 대해 평가한 내용은 다음을 참조하라. BDS 4, 416-427.

화를 보장하겠다는 황제의 제안 때문에 독일 남부 도시들은 슈바인푸르트 회담에서 4개 도시 신앙고백과 함께 그것을 받아들이기로 결정했다.[310] 1532년 4월 1일 슈바인푸르트 회담에 참석한 부써는 루터주의자들을 성찬에서 형제로 받아들이지 못할 이유가 없다고 보았고, 결국 아우크스부르크 신앙고백과 변증 두 문서 모두에 부써와 헤디오와 첼이 서명했다.[311] 다만 스트라스부르는 마인츠의 선제후 알브레히트(Albrecht von Brandenburg)와 팔츠의 선제후 루트비히가 작성한 평화협정 조항에서[312] 츠빙글리주의자들과 교제하지 말아야 한다는 제안은 받아들일 수 없었기 때문에, 그 결론적 조항에 부써의 견해가 반영된 스트라스부르 신학자들의 "권면"(Rattschlag)이 새롭게 작성되었다.[313] 한편 슈바인푸르트 회담에서 아우크스부르크 신앙고백에 서명한 사실 때문에 부써는 외콜람파디우스의 후계자 오스발트 미코니우스(Oswald Myconius, 1488-1552)[314]와 츠빙글리의

---

310) BDS 4, 412.
311) Eells, *Martin Bucer*, 140-141.
312) BDS 4, 428-431.
313) BDS 4, 412-413. 슈바인푸르트 조항에 대한 평가, 즉 권면은 다음을 참조하라. BDS 4, 432-439.
314) *스위스 인문주의자요, 바젤의 종교개혁자로서 외콜람파디우스의 동역자이자 후계자다. 최초의 츠빙글리 전기 작가로 유명하며, 1534년의 바젤 신앙고백은 실제로 그의 작품이었다.

후계자 불링거에게 배신자로 여겨져 불신과 분노의 대상이 되었고, 자신의 계획이 공공연하게 의심을 받아야만 했다.315) 하지만 이런 오해와 불신에도 불구하고 부써는 종교개혁 진영의 화해와 일치를 위한 자신의 신념을 굽히지 않았다.

한편 위기에 처한 황제는 외세의 침입을 막고 전쟁을 승리로 이끌기 위해 자신의 적대 세력인 슈말칼덴 동맹의 '항의자들'(Protestantes)에게 도움을 요청하지 않을 수 없었다. 그리하여 1532년 8월 뉘른베르크 제국의회를 통해 2년 전 아우크스부르크 제국의회의 결정을 무기한 유예하겠다는 종교적 휴전, 즉 뉘른베르크 평화협정(Nürnberger Anstand)을 선언했다. 이것은 슈말칼덴 방어동맹의 유의미한 성취, 즉 신성로마 황제가 처음 공식적으로 항의자들을 파트너로 대우한 사건으로 평가되기도 한다.316) 1532년의 뉘른베르크 평화협정은 황제의 군대와 개신교 연합군 사이에 벌어진 슈말칼덴 전쟁까지 유효했다.

---

315) Greschat, *Martin Bucer*, 100.
316) Greschat, *Martin Bucer*, 99: "Nevertheless, this settlement represented a meaningful success for the Schmalkaldic League: for the first time the holy Roman emperor officially treated Protestants as partners."

울름 종교개혁

울름은 16세기 독일 남서부의 자유제국도시로 인구가 약 1만 5,000명 정도였는데, 1529년의 슈파이어 항의서에 서명한 14개 도시 가운데 하나가 된 이후부터 종교개혁의 수용 문제를 본격적으로 고민하기 시작한 것으로 보인다. 이 도시는 1530년 아우크스부르크 제국의회의 최종 결론, 즉 개혁신앙을 버리고 로마교회로 복귀하라는 황제의 명령을 받아들일 것인지 결정해야 했기 때문에 1530년 11월 3일에 길드를 소집하여 황제 칙령의 수용 여부를 찬반 투표에 붙였다. 그 결과 총 1,820표 가운데 찬성 244표, 반대 1,576표로 칙령 거부를 결정했는데, 이것은 황제의 무력 진압이라는 위협을 감수한다는 의미였다.[317] 도시는 1531년 1월 15일에 개신교도들의 슈말칼덴 방어동맹에 가입하는 문제를 위해 1월부터 '특별위원회'(Sonderausschuß) 즉 7인 위원회를 구성했고, 4월에는 종교개혁을 도입하고 시행하기 위해 새롭게 확대된 '종교개혁위원회'(Reformationsausschuß)를 구성했다. 베른하르트 베세러(Bernhard Besserer)와 그의 아들 외르크 베세러(Jörg Besserer)가 수장이 되었는데, 외르크는

---

317) Greschat, *Martin Bucer*, 107.

1531년에 시장으로 선출되었다.[318]

복음주의 설교자이자 츠빙글리의 친구 콘라트 잠(Konrad Sam)[319]이 시작한 울름 종교개혁을 완수하기 위해 시의회는 부써를 외콜람파디우스와 블라러, 비베라흐의 밀러(Miller), 메밍겐의 쉥크(Schenk)와 함께 초청했다.[320] 부써를 초청한 편지는 4월 16일 자였고, 스트라스부르 13인회에 보낸 공식 초대 편지는 4월 18일 자였다.[321] 스트라스부르에서 온 부써와 바젤에서 온 외콜람파디우스와 콘스탄츠에서 온 블라러, 이 세 종교개혁자가 울름에서 만난 것은 5월 21일, 성령강림절 전 주일이었다.[322] 츠빙글리파로 분류되고 서로 친분이 두터운 이 세 사람은 콘라트 잠의 저택에 머물

---

318) BDS 4, 193.
319) *'자인'(Sain), '좀'(Som), '자움'(Saum)으로도 불리는 울름 종교개혁의 선구자요, 바르퓌써교회(Barfüßer-Kirche)의 설교자였다. 루터의 성찬론을 지지하지 않았고, 베른논쟁 이후 츠빙글리와 친밀하게 되었다. 슈바바흐 조항에 대한 부써의 평가와 아우크스부르크 신앙고백을 비판했다. 참고. BCor 6, 297; BCor 7, 466-467. 콘라트 잠의 울름 종교개혁에 대해서는 다음을 참조하라. Konrad Hoffmann, "Konrad Sam und die Reformation in Ulm," in *Reformations-geschichte Württembergs in Portraits*, ed. Siegfried Hermle (Holzgerlingen: Hänssler, 1999), 93-109.
320) Adam, *Evangelische Kirchengeschichte*, 246.
321) Eells, *Martin Bucer*, 120. 부써 서간문 편집자는 공식적인 편지의 날짜를 4월 19일이라 제시하고, 개인적인 초대 편지와 공식적인 초대 편지에 대해서는 전혀 언급하지 않는다. 참고. BCor 5, 357-358(울름 시장과 시의회가 부써와 요한 외콜람피디우스와 암브로시우스 블라러에게 보낸 1531년 4월 19일 자 편지).
322) BDS 4, 194; BCor 5, 358,각주8.

면서 울름 종교개혁을 위한 방안에 대해 심도 있게 논의했다.[323] 그 결과 일종의 신앙고백 문서가 1531년 6월 2일에 승인되었다.[324] 그것은 개혁 신학의 근본 개념을 요약한 18개의 조항이었다.[325] 이후 1531년 6월 5-7일, 월요일부터 수요일까지 울름과 인근 지역의 성직자들이 그것을 심사하는 자리가 마련되었는데, 여기서 옛 신앙을 선호하는 가이슬링겐(Geislingen)의 목사 게오르크 오스발트(Georg Oßwald) 박사가 이의를 제기하고 18개 조항에 반대하는 18개 대립 조항을 작성하는 바람에 뜻밖의 신학 논쟁이 벌어졌다. 하지만 시의 개혁 의지가 꺾이지는 않았다.[326]

6월 16일에 울름에서는 처음으로 미사가 폐지되고 미사 참여가 금지되었는데, 미사 폐지는 종교개혁의 정점이었다. 며칠 후에는 시의회가 교회에서 성상들과 제단을 제거하도록 규정했고, 종교개혁의 가르침에 일치하는 성찬 예

---

323) Greschat, *Martin Bucer*, 107.
324) BDS 4, 194.
325) BDS 4, 301-304. 아렌트는 "부써를 18개 조항의 결정적 발의자, 실제 작성자" (Bucer als maßgeblichen Initiator und eigentlichen Verfasser der 18 Artikel)로 간주하는데, 내용과 형식에서 '4개 도시 신앙고백'과의 유사성을 그 근거로 제시한다. 참고. Sabine Arend, "Martin Bucer und die Ordnung der Reformation in Ulm 1531," in *Martin Bucer zwischen den Reichstagen von Augsburg (1530) und Regensburg (1532)*, ed. Wolfgang Simon, 68.
326) 이 논쟁에 대한 상세한 분석은 다음을 참고하라. BDS 4, 194-209.

식을 집행하도록 했다.327) 1531년에는 울름 종교개혁을 위한 3대 문서가 출간되었는데, 7월 31일에 출간된 울름 시의 『공동 선언문』(*Gemain außschreiben*),328) 8월 6일에 출간된 『울름 교회법』(*Ulmer Kirchenordnung*)329) 그리고 9월 27일에 출간된 『소책자』(*Handtbüchlein*)330)가 그것이다. 첫 번째 문서는 부써가 작성한 것이고, 두 번째 문서는 외부에서 초청받은 종교개혁자 세 명이 준비한 초안에 기초한 것이지만 역시 부써가 주요 작성자였다. 세 번째 문서는 예배 형식의 안내서로 블라러와 잠이 주요 편집자였다.331) 6월 말에 울름을 떠난 부써는 스트라스부르로 돌아오는 길에 외콜람파디우스와 함께 메밍겐과 비베라흐의 교회들을 방문했고, 또한 로이틀링겐에 들러 두 목사 마태 알버와 요한 슈라딘(Johannes Schradin)을 중재하기도 했다.332)

울름 종교개혁의 청사진과 같은 울름의 『공동 선언문』과 『울름 교회법』의 교리와 개혁 방안은 부써가 이미 1524년의 『근거와 이유』에서 밝힌 내용과 대동소이한 것으로, 제단과

---

327) Greschat, *Martin Bucer*, 109.
328) BDS 4, 273-304. 이 문서에 18개 조항이 부록으로 첨부되어 있다.
329) BDS 4, 212-273.
330) 이것의 전체 제목은 다음을 참고하라. BDS 4, 208,각주121.
331) Greschat, *Martin Bucer*, 109-110.
332) Adam, *Evangelische Kirchengeschichte*, 246.

오르간 및 성화와 성상 제거, 예배의 복음적 개혁, 주일 이외의 모든 축일 폐지, 정기적으로 교인 심방, 학교를 통한 교리 교육, 결혼 법정 구성, 목사와 교인 대표로 구성된 노회 1년에 두 번 개최, 미사 폐지 등이었다.[333] 그리고 성직자들의 직무수행과 목회를 통제하기 위해 임명된 시의회의 '조사관들'(Examinators)과 '교회감독관'(Kirchenpfleger)이 설교자와 목사의 임명과 임직을 관장하도록 하고, 설립된 학교 운영을 위해서는 교회감독관처럼 시의회의 '학교감독관'(Schulpfleger)을 두도록 했다. 이 학교감독관의 역할은 스트라스부르의 학교이사회(Behörde der Scholarchen)와 같은 것이었다.[334]

아우크스부르크 종교개혁

부써는 잠의 동역자요 후계자인 마르틴 프레흐트(Martin Frecht)[335]와도 친밀한 관계를 유지하면서 울름 종교개혁

---

333) Eells, *Martin Bucer*, 120-121.
334) BDS 4, 206-207.
335) *1494년경 울름에서 태어나 하이델베르크대학에서 교육을 받았으며, 1531년에 신학박사가 되었고, 그해 10월에 고향 울름으로 돌아와 성경강독자로 사역했다. 그러다가 1533년에 콘라트 잠이 죽자 그를 계승하여 울름 종교개혁을 이끌었다.

을 위해 지속적인 도움을 주었다.336) 울름뿐만 아니라 아우크스부르크 종교개혁337)을 위해서도 부써의 영향력은 크게 작용했다. 아우크스부르크가 복음주의 설교자를 원하자 338) 부써는 1531년 1월에 자신의 비서 볼프강 무스쿨루스(Wolfgang Musculus)339)를 보내주었다.340) 그곳에 도착한 무

1548년의 아우크스부르크 잠정안 때문에 울름에서 추방된 뉘른베르크와 블라우보이런(Blaubeuren)을 거쳐 1550년 연말에 튀빙겐신학교의 책임자가 되었고, 신학교수와 교장을 역임하다가 1556년 9월 24일에 사망했다. 참고. BCor 7, 437. 프레흐트의 울름 종교개혁에 대해서는 다음을 참조하라. Hans-Marin Kirn, "Martin Frecht und die Reformation in Ulm," in *Reformations-geschichte Württembergs in Portrats*, 111-142.

336) Greschat, *Martin Bucer*, 110.

337) Karl Wolfart, *Die Augsburger Reformation in den Jahren 1533/34* (Leipzig: Dieterich'sche Verlags-Buchhanlung, 1901). 볼파르트의 평가에 따르면, 아우크스부르크 시는 1533년 이전에는 루터주의자들과 츠빙글리주의자들의 영향을 받았으나 이후에는 부써와 그의 제자 볼프강 무스쿨루스(Wolfgan Musculus,=Mäuslin) 보니파키우스 볼프하르트(Bonifacius Wolfhart,=Lycosthenes) 그리고 세바스티안 마이어(Sebastian Maier) 등의 영향으로 종교개혁을 수용했다. 특히 1530년대 아우크스부르크 종교개혁에는 부써의 영향이 가장 크고 결정적이었다. 아우크스부르크 정부의 신뢰를 얻게 된 부써의 주장은 당시 수적으로 다수인 영성주의 재세례파가 그 도시에 끼치는 영향력을 최소화하는 데 주효했다.

338) 아우크스부르크 시장과 시의원들과 각별한 사이였던 의사 게레온 자일러(Gereon Sailer[=Sayler])가 1530년 11월 30일 자로 부써에게 편지를 보내 아우크스부르크에 설교자가 부족하다는 소식을 전하면서 추천을 의뢰했다. 참고. BCor 5, 94-99.

339) 1497년 9월 10일에 로트링겐의 두스(Duss=불. Dieuze)에서 '뮈슬린'(Müslin) 또는 '마우슬라인'(Mauslein)이라는 이름으로 태어나 1563년 8월 30일에 베른에서 사망한 개혁파 종교개혁자다. 베네딕투스 수도사였으나 1527년에 수도원을 떠나 스트라스부르의 노트르담 대성당에서 집사로 봉사하며 마테 첼의 설교 사역을 도왔다. 1531년에 아우크스부르크로 가서 17년 동안 그곳의 종교개혁자로 도시개혁에 헌신했고, 아우크스부르크 잠정안이 도시에 강요되자 그곳을 떠나 스위

스쿨루스는 거룩한 십자가교회(Heilig Kreuz Kirche)의 설교자가 되었으며 자신보다 조금 늦게 도착한 보니파티우스 볼프하르트(Bonifatius Wolfhart)[341]와 함께 아우크스부르크교회를 개혁해 나갔다.[342] 하지만 아우크스부르크가 신성로마제국의 북쪽과 남쪽의 중간에 위치한 만큼이나 시의회도 신학적으로, 즉 성찬론에서 루터파와 츠빙글리파 사이의 중립을 선호했으며, 또한 급진적인 재세례파도 많았기 때문에 개혁파 중심의 개혁지가 되기는 어려웠다.

스로 가서 1549년에 베른에서 신학교수가 되었다. 부써의 제자로 알려져 있다.

340) 비록 소실되어 지금은 없지만, 한 편지를 통해 부써와 카피토는 볼프강 무스쿨루스와 보니파티우스 볼프하르트를 아우크스부르크의 새로운 설교자로 추천했다. 이에 아우크스부르크 시의회는 그 추천에 대한 감사의 답장을 보냈다. 참고. BCor 5, 116-118(아우크스부르크 시의회가 부써에게 보낸 1530년 12월 27일 자 편지). 이 편지는 무스쿨루스의 초빙을 위해 아우크스부르크 시의회의 법률 고문인 발타자르 랑그나우어(Balthasar Langnauer)를 스트라스부르로 보냈다고 전한다. 아우크스부르크 종교개혁자 무스쿨루스에 대해서는 다음을 참조하라. Rudolf Dellsperger & Rudolf Freudenberger & Wolfgang Weber, eds., *Wolfgang Musculus (1497-1563) und die oberdeutsche Reformation* (Berlin: Akademie Verlag, 1997); Craig S. Farmer, *The Gospel of John in the Sixteenth Century: The Johannine Exegesis of Wolfgang Musculus* (New York: Oxford University Press, 1997); Jordan J. Ballor, *Covenant, Causality, and Law: A Study in the Theology of Wolfgang Musculus* (Göttingen: Vandenhoeck & Ruprecht, 2013).

341) 보니파키우스 볼파르트(Bonifacius Wohlfahrt) 혹은 리코스테네스 볼파르트(Lycostenes Wolfart)로도 알려진 그는 1485년 혹은 1490년에 태어나 1543년에 아우크스부르크에서 사망한 아우크스부르크의 복음주의 설교자이다. 바젤에서 공부했고 그곳에서 성 마틴(St. Martin)교회 부속 예배당 사제(Kaplan)로 섬겼다. 부써와 카피토의 추천으로 1531년 2월에 아우크스부르크의 부름을 받았고, 3월 4일에 성 모리츠(St. Moritz)교회의 설교자가 되었다. 참고. BCor 6, 304.

342) Adam, *Evangelische Kirchengeschichte*, 246.

1531년 6월, 울름에 머물고 있던 부써가 잠시 아우크스부르크에 들러 며칠 지냈는데, 6월 17일에는 "화해 설교"(Versönungspredigt)로 잘 알려진 내용의 설교를 했으나 그 성과는 미미했던 것으로 평가된다.343) 한편 1534년 1월에 새로운 의원들로 구성된 아우크스부르크 시의회는 종교개혁자들과 교황주의자들 사이에 대대적인 토론회를 개최하려고 했다. 그러나 양측 모두 아무런 반응이 없었다. 이후 부써의 절친이자 아우크스부르크의 시립병원 의사 게레온 자일러(Gereon Sailer)가 4월에 부써를 초청했는데, 11월 6일에야 아우크스부르크에 도착한 그는 한 달 정도 머물면서 성찬에 관한 상이한 이해 때문에 루터파와 츠빙글리파로 나누어진 그곳의 설교자들을 일치시키기 위해 최선을 다했다. 시의회의 초대로 1535년 2월 26일부터 4월 22일까지 다시 아우크스부르크에 머무른 부써는 5월에 재차 방문했을 때, 자신의 10개 조항이 그 지역 목사들의 서명으로 수용되는 획기적인 발전을 경험했다.344)

아우크스부르크의 복음 설교자들과 직분자들을 설득하여 서명하게 하는 데 성공한 부써의 10개 조항은 부써가 로

---

343) Greschat, *Martin Bucer*, 112. 이 설교에 대한 설명과 설교 내용의 요약 원문은 다음을 참고하라. BDS 4, 399-408.
344) Greschat, *Martin Bucer*, 113.

마 교회의 잘못된 교리와 관행을 바로잡기 위해 1535년 3월 말부터 4월 말까지 그들에게 설교한 내용의 결정체였다.[345] 2항에서는 그리스도께서 참 하나님이심과 참 사람이라는 양성론에 대한 니케아공회의 결정을 재천명하고, 3항에서는 누구든 원죄의 영향 때문에 오직 그리스도의 죽으심과 부활하심을 통해서만 은혜를 누리고 성령과 교제할 수 있다고 고백한다. 4항은 오직 그리스도를 믿는 믿음으로만 받는 구원과 죄 용서, 5항은 사랑으로 역사하는 믿음, 즉 선행, 6항은 설교와 성례를 통해 전달되고 강화되는 믿음, 7항은 중생의 씻음과 성령의 갱신으로서 세례, 8항은 성찬, 9항은 교회, 10항은 정부를 다룬다. 특히 성찬에서 그리스도의 "참된 몸과 참된 피"(der ware leib und das ware blut)를 주고받는다고 고백함으로써 루터주의자들을 만족시켰다.

그동안 아우크스부르크 시는 루터와 루터의 추종자들이 종교개혁의 수용을 의심해왔기 때문에 슈말칼덴 동맹에 가입할 수 없었다. 그러나 부써의 10개 조항 덕분에 길이 열렸고, 드디어 1536년 1월 20일에는 동맹에 가입할 수 있었다.[346] 이로 인해 부써는 '아우크스부르크교회의 실질적 총감독관'이라 평가된다.[347] 아우크스부르크의 또 다른 고민

---

345) 10개 조항의 원문은 다음을 참조하라. BDS 6/1, 77-82.
346) Greschat, *Martin Bucer*, 113.

거리는 과연 시 정부에 종교개혁을 수행할 수 있는 권리가 있는가 하는 문제였다. 재세례파 영성주의자들은 교회개혁이 영적인 믿음의 문제이므로 시 정부의 개입이 부당하다고 주장했다. 반면에 부써는 로마서 13장을 근거로 종교개혁을 위한 정부의 역할이 필요하다고 주장했다.[348] 정부는 하나님께서 친히 세우신 기관이므로 칼의 권세로 사회정의를 세울 뿐만 아니라 교회를 보호해야 할 의무도 있다는 것이다. 그러므로 그리스도인은 위정자들의 명령이 하나님의 명령과 말씀에 위배되지 않을 경우 반드시 그의 명령에 복종해야 한다.

16세기에 독일 남서부 슈바벤의 제국도시 아우크스부르크는 정치적으로뿐만 아니라 종교개혁을 위해서도 매우 중

---

347) Wolfart, *Die Augsburger Reformation*, 116: "Der eigentliche Superattendent der Augsburger Kirche war aber Buzer. Nach ihm ging das Sehnen der Augsburger von dem Tage der Reform an."
348) 참고. BDS 6/2, 17-188. 여기에는 1535년에 출간된 두 종류의 부써 글이 있다. 하나는, 주교(감독) 아우구스티누스(Augustinus)가 아그립바의 로마 총독 보니파키우스(Bonifacius)에게 보낸 편지를 아우크스부르크 설교자 무스쿨루스가 독일어로 번역하여 출간한 『종교와 예배 문제에 있어 정부의 임무에 관하여』(*Vom ampt der oberkait in sachen der religion und Gotsdiensts*)라는 책자가 있는데 여기에 첨부된 부써의 서문과 통지문이고(17-38쪽), 다른 하나는 부써가 세 명의 친구, 하르트무트(Hartmut, 열정적인 츠빙글리 견해의 대변자)와 진프레흐트(Synnprecht, 세바스티안 프랑크와 같은 열광주의의 대변자)와 프리트립(Fridlieb, 부써 견해의 지지자)이 서로 주고받는 가상 토론 형식의 글 『대화』(*Dialogi oder Gesprech*)라는 제목의 책이다(39-188쪽).

아우크스부르크 제국의회(1555년)

요한 도시였다. 저 유명한 1548년의 잠정협약이 작성된 곳도, 1555년 종교화의를 통해 개신교, 특히 루터교회가 종교의 자유를 보장받은 곳도 바로 이 도시였다. 놀랍게도 아우크스부르크는 1530년에 이 도시에서 작성되고 낭독된 루터교회의 대표적 신앙고백 "아우크스부르크 신앙고백"을 곧장 수용하지 않다가 1536년에 가서야 정치적 이유 때문에 비로소 수용하게 되었다.[349] 이렇게 한 것은 이 도시가 독일 북부의 루터보다는 오히려 독일 남부의 부써와 스위스

---

[349] James Thomas Ford, "Unter dem schein der concordien und confession: Wolfgang Musculus and the Confessional Identity of Augsburg, 1531-1548," in *Wolfgang Musculus* (1497-1563), 111.

독일 남부의 종교개혁

의 츠빙글리에게 더 많은 영향을 받고 있었기 때문이다. 부써의 주장처럼 1537년까지 아우크스부르크 시가 종교개혁을 위해 할 수 있는 조처는 대부분 시도했음에도 불구하고 종교개혁을 수용했다고 할 만한 확고부동한 근거는 여전히 매우 부족한 상태였다.[350]

1530년대 스트라스부르 종교개혁

스트라스부르 시의회가 1529년 2월에 미사를 완전히 폐지한다는 법령을 공표했지만 교회의 성상들과 측면 제단을 제거하기로 결정한 것은 1530년 1월 5일, 즉 스트라스부르가 바젤과 베른과 취리히와 함께하는 방어연합인 '기독교 도시연맹'에 가입한 날이었다.[351] 스트라스부르는 겉으로는 종교개혁을 위한 완벽한 조건을 갖춘 것같이 보였지만 실제로는 재세례파를 비롯하여 해결해야 할 문제가 많았다. 도시의 종교개혁자들은 아이들과 청소년들을 교육하고, 시민들의 교회 출석을 강화하며, 시민법과 교회법을 준수할 수 있도록 강력한 수단이 마련되어야 한다고 강하게

---

350) Wolfart, *Die Augsburger Reformation*, 123.
351) Adam, *Evangelische Kirchengeschichte*, 148.

주장했다. 반면에 시의회는 너무 관대한 자세로 수많은 이단적 분파들에게 그 도시를 안전한 피난처로 제공했다. 이로 인해 도시의 종교개혁은 일관성이 없고 혼란스러웠다. 따라서 부써가 보기에 기독교 교리나 믿음에 대한 시의회의 관대한 태도는 하나님의 명령에 불순종하는 게으름에 불과한 것이었다.

그와 같은 시의회의 관대함을 부써는 '뒤집힌 관용'(praepostera indulgentia) 즉 '잘못된 관용'이라 불렀다.352) 부써를 비롯하여 스트라스부르의 설교자들은 무질서와 혼란을 야기하는 분파들과 토론하기를 선호했다. 마침내 1531년 12월 9일, 부써와 마르펙의 논쟁이 시청에서 비공개로 진행되었다.353) 이것은 유아세례에 관한 논쟁으로 부써가 구약의 할례와 세례의 유비를 강조한 반면에 마르펙은 개인의 믿음을 세례의 선행조건이라고 주장했다.354) 이틀 후 시의회는 마르펙에게 금언 명령을 내렸다.355) 다시 이틀 후인

---

352) BCor 9, 39,11 (부써가 암브로시우스 블라러에게 보낸 1532년 11월 11일 자 편지).
353) Greschat, *Martin Bucer*, 120.
354) Manfred Krebs & Hans Georg Rott, eds., *Quellen zur Geschichte der Täufer VII. Elsaß*, I. Teil. *Stadt Straßburg 1522-1523* (Gütersloh: Verlagshaus Gerd Mohn, 1959), 351-354.=TAE 1. 마르펙과 부써의 논쟁에 대한 연구는 다음을 참조하라. D. J. Ziegler, "Marpeck versus Butzer: A Sixteenth Century Debate over the Uses and Limits of Political Authority," *Sixteenth Century Journal 2* (1971): 95-107.
355) TAE 1, 355,20-26.

13일 수요일에는 마르펙과 다른 한 명의 제세례파가 네 명의 설교자와 논쟁을 벌였는데 이 논쟁은 구약과 신약의 차이에 관한 것이었다.[356] 이러한 재세례파들에 대해 부써는 한 편지에서 이렇게 주장했다. "이단이란 이러저러한 환상이나 견해가 아니라 일종의 육체의 욕망이다. 그래서 그런 사람들은 교리 혹은 삶에서 보편교회의 거룩한 전통보다 자신들이 훨씬 낫다고 여긴다."[357]

울름 교회법을 통해 세워진 울름 도시의 교회감독관(Kirchenpfleger)처럼, 스트라스부르에서도 시의회와 21인회가 1531년 10월 30일의 교회법을 통해 21인의 교구감독관(Kirchspielpflegern)을 공식적으로 임명했다. 이들 21인은 명망이 높고 사리분별이 뛰어난 남자들로서 시의 7개 교구교회에서 각각 세 명씩 선출되었는데,[358] 여기서 세 명이란 주요 시의원 1인과 300인회 위원 1인, 교구위원 1인을 의미

---

356) TAE 1, 356,23-36.
357) BCor 6, 125,4-6(부써가 마르가레테 블라러에게 보낸 1531년 9월 19일 자 편지): "Haeresis ist gar nit die oder jene fantasy oder meynung, sonder eyn sucht des fleysches, auß deren sich eins ym scheyn an ler oder leben etwas bessers, dann der gemeynen kirchen gottlicher brauch ist,…"
358) Adam, *Evangelische Kirchengeschichte*, 177; Jaques Courvoisier, *La notion d'église chez Bucer dans son développement historique* (Paris: Librairie Félix Alcan, 1933), 25; 두 용어, '키르켄플레거'(Kirchenpfleger)와 '키르크스필플레거'(Kirchspielpfleger)는 동의어이다. 참고. François Wendel, *L'église de Strasbourg: Sa constitution et son organisation 1532-1535* (Paris: Presses Universitaires de

하는 것이었다. 21인의 교회감독관에게 주어진 임무는 이중적인 것으로, 목사와 목사의 조력자들의 생활과 가르침을 감시하는 일 그리고 교구에서 발생하는 모든 목회 문제를 해결하기 위해 목사들의 모임인 목사회(Kirchenconvent)와 의논하고 목사들을 돕는 일이었다.[359] 교회감독관은 교인들이 정기적으로 예배에 참석하여 설교를 듣고 성례에 참여함으로써 그리스도인다운 삶을 살도록 감시 감독하는 임무를 부여받았으나 24명의 시민감시단보다 강제력이 약했다.[360]

스트라스부르 설교자들과 교회감독관들은 부써가 카피토, 헤디오, 첼과 공동으로 작성한 7개 조항의 탄원서를

France, 1942), 45. 각주 58. 방딜(Wendel)에 따르면, 울름과 스트라스부르가 부써의 영향으로 교회감독관에 관한 교회법을 마련하게 된 것인데, 이와 같은 교회법 제정에 대한 부써의 개념은 바젤 시로 하여금 1530년 12월 14일에 교회를 위해 교회법을 제정하도록 한 외콜람파디우스의 영향을 받은 것이다. 교회 치리에 관한 바젤의 교회법 제정에 대해서는 다음을 참조하라. Staehelin, ed., *Briefe und Akten II*, 536-541(no.809 & 810).

359) Jean Rott, "The Strasbourg Kirchenpfleger and parish discipline: theory and practice," in *Martin Bucer: Reforming Church and Community*, ed. David F. Wright (Cambridge: Cambridge University Press, 1994), 123.

360) Rott, "The Strasbourg Kirchenpfleger and parish discipline," 124. 이 글에서는 교회감독관들의 활동이 미미할 정도로 소극적이었고 그들의 결정도 공정하지 못했다는 점이 잘 드러난다. 이것에 대한 증거로는 시의원이자 뉘우침이 없고 적극적인 로마가톨릭교도 야곱 베첼(Jacob Wetzel)을 몇 차례 소환했음에도 불구하고 나타나지 않아 처벌하지 못한 점, 성 도마교회 교구 사람들이 힘없는 청소년들과 노인들과 종들만 소환된다고 불평한 점, 그리고 성 도마교회 교구에서 슈넬(Schnell) 목사가 한 아이에게 세례 주기를 거부했음에도 불구하고 그가 옳다고 결정하여 그를 처벌하지 못한 점 등을 들 수 있다.

1532년 11월 30일 시의회에 제출함으로써 참 교리가 공식적인 구속력을 가지고 전파되어야 하고, 재세례파와 영성주의자들을 공개적으로 반박할 수 있어야 한다고 주장했다.361) 한편 1533년 4월 중순 바젤에 있던 부써는362) 거기서 5월 12일에 개최된 종교회의인 바젤 노회에 참석했다. 그리고 카피토와 헤디오와 첼을 수신인으로 하는 서신을 보냈는데, 이 편지에는 22개 조항의 신앙고백이 첨부되어 있었다.363) 이후 1533년 5월 31일 직전 혹은 6월 5-10일 직전에 부써가 작성한 16개 조항의 교리 요약과 더불어 종교회의인 노회(Synodus) 시행 계획안이 스트라스부르 시의회에 제출되었다.364) 스트라스부르 노회, 즉 종교회의는 6월 3일

---

361) BDS 5, 365-377; Adam, *Evangelische Kirchengeschichte*, 178. 아담은 탄원서를 29일에 제출한 것으로 본다.

362) 부써는 1533년 4월 1일에 스트라스부르를 떠나 바젤로 갔고 거기서 성찬에 관한 일치 문제를 해결할 해결책을 제시했을 뿐만 아니라, 치리라는 주제를 다루는 글도 쓰기로 약속했다. 바젤 외에도 여러 도시를 방문한 그는 5월 초순에 취리히에 도착하여 그가 1528년 베른에서 옹호했던 교리를 저버리지 않았다는 사실을 증명해야 했다. 동시에 루터가 실제로 일치를 원한다는 점과 성찬에 관한 근본적인 일치가 가능하다는 점 또한 취리히 설교자들에게 설득력 있게 증명해야 했다. 그리하여 그는 최선을 다해 설명했으나 그들을 설득하는 데 실패했다. 이후 그는 베른으로 가서 취리히에서 성공하지 못한 교회의 연합과 일치에 대한 문제를 설명했고 여기서는 좀 더 성공적이었다. 이곳에서 최소 5일 정도 머문 후, 그가 5월 17일에 베른을 떠나 스트라스부르에 도착한 것은 5월 25일이었다. 참고. Eells, *Martin Bucer*, 144-145.

363) BDS 5, 378-382.

364) BDS 5, 383-401.

로 확정되었고, 시의회는 회의를 인도할 네 명의 의장을 임명했으며, 부써는 6월 3-6일의 예비 모임에 참석하기 위해 급히 스트라스부르로 돌아와야 했다.365)

스트라스부르 노회는 성령강림절이 지난 6월 3일 화요일 오전 6시에 막달라수도원교회(Kirche des Magdalenenklosters)에서 첫 모임을 가졌다. 여기에는 네 명의 의장 외에 21명의 교회감독관, 설교자들, 조력자들 그리고 학교 교사들이 참석했다.366) 6월 6일에 종결된 노회 전 예비 모임은 부써가 작성한 16개 조항을 심도 있게 논의한 후, 소수의 반대가 있었으나 대다수가 승인하기로 최종 합의함으로써 분파들에 대항할 수 있는 필수 교리의 기초를 마련했다.367) 6월 10일에는 두 번째 노회368) 즉 본회로 다시 막달라교회에 모였다.369) 노회 첫날은 도시 주변의 교회들을 위해 할당되었

---

365) BDS 5, 17-18. 임명된 네 명의 의장은 야곱 슈투름, 마르틴 헤를린(Martin Herlin), 안드레 뮤크(Andereas Mueg), 세바스티안 에르프(Sebastian Erb)였다.
366) Wendel, *L'église de Strasbourg*, 69; BDS 5, 18; Greschat, *Martin Bucer*, 121. 16세기에는 독일어로 '막달라교회'였던 것이 현재는 프랑스어로 '에글리즈 쌩뜨-마들렌'(Église Sainte-Madeleine) 즉 '성 마들렌교회'로 불린다.
367) Wendel, *L'église de Strasbourg*, 84.
368) BDS 5, 394.
369) BDS 5, 20. 방덜은 6월 3-6일의 모임을 '도시 노회'(le synode urbain)라 부르고, 6월 10-14일의 모임을 '총노회'(le synode general)라 부른다. 엘스도 전자를 '도시 노회'(Stadt-Synode)로, 후자를 '지역 노회'(Land-Synode)라 부른다. 참고. Wendel, *L'église de Strasbourg*, 69-96; Eells, *Martin Bucer*, 147.

는데, 예비 모임에 대한 카피토의 보고 후에 도시 주변 시골교회의 목사들에 대한 검열을 진행했고, 이어서 교회법에 대한 그들의 제안을 제출하도록 요청했다. 그 다음에는 부써가 16개 조항을 설명하여 1-13번 조항은 곧바로 수용되었고, 14-16번 조항도 약간의 논란이 있었지만 결국 받아들여졌다.[370]

6월 11-14일에는 재세례파 즉 분리주의 지도자들인 클레먼스 지글러(Clemens Ziegler),[371] 멜키오르 호프만, 카스파르 슈벵크펠트에 대한 심문과 그들과의 토론이 주된 회의 내용이었다.[372] 지글러는 1533년 초에 두 편의 논문을 작성했는데, 거기서 악마의 존재와 영원한 저주인 영벌을 반박했다.[373] 그는 비록 극단적인 만인구원론을 주장했고, 대부분의 재세례파처럼 정부가 종교를 통제하는 것과 종교적 신념에 대한 시의 처벌을 반대했음에도 불구하고 유아세례 자체를 비난하지는 않았기 때문에 그의 이단성이 아주 심각한 것으로 간주되지는 않았다.[374] 한편 호프만은 네

---

370) Wendel, *L'église de Strasbourg*, 84-86; BDS 5, 20.
371) 지글러는 스트라스부르 정원사길드의 일원으로서 평신도 설교자였고 칼슈타트의 추종자였다. 참고. Adam, *Evangelische Kirchengeschichte*, 105, 123.
372) Greschat, *Martin Bucer*, 121.
373) Adam, *Evangelische Kirchengeschichte*, 205.
374) Eells, *Martin Bucer*, 147-148.

가지 논지, 즉 그리스도의 인성이 마리아로부터 오지 않았다는 것, 하나님의 선택이 원죄만 제거할 뿐이고 개인의 자발적 수용여부에 따라 만인에게 적용된다는 것, 그리스도를 알고 그분의 영을 받아들인 후에 짓는 죄는 결코 용서받지 못한다는 것, 유아세례가 악마의 발명품이므로 허용될 수 없다는 것 등을 주장했다.[375]

12일 오전에는 슈벵크펠트에 대한 조사와 심문을 시작했는데, 설교와 성례는 구원에 필수적인 것이 아니며, 외적 봉사와 내적 성령은 결코 서로 섞여서는 안 되고, 그리스도께서는 어디에서도 유아세례를 가르치고 베풀라고 명령하지 않으셨다고 그는 주장했다.[376] 오후에는 슈벵크펠트가 아파서 출석하기 어려워 호프만이 다시 증인으로 소환되었고, 호프만과의 논쟁과 매우 급진적인 재세례파 클라우스 프라이(Klaus Frey)[377]와의 논쟁이 오후 내내 지속되었다. 13일 금요일 오후에 다시 소환된 슈벵크펠트가 자신의 성찬

---

375) Eells, *Martin Bucer*, 148.
376) Adam, *Evangelische Kirchengeschichte*, 205.
377) Adam, *Evangelische Kirchengeschichte*, 206. 프라이는 바이에른의 도시 빈트스하임(Windsheim) 출신으로 아내와 8명의 자녀를 그곳에 남겨둔 채 고향에서 쫓겨나 뉘른베르크로 갔다. 거기서 과부 엘리자베스 페르스텔더(Elisabeth Pferstelder)를 만나 결혼했는데, 전 부인과는 독단적으로 결별을 선언했다. 그는 새 부인과 1532년에 스트라스부르로 왔다. 엘스는 그의 새 부인 이름을 '엘리자베스 페르스펠더린'(Elizabeth Pfersfelderin)으로 소개한다. 참조. Eells, *Martin Bucer*, 148.

론에 대한 설명으로 시작한 논쟁은 유아세례와 기독론, 교회와 국가의 관계 등의 주제를 다루면서 토요일 오전까지 계속되었고, 남은 오전 시간에는 다시 호프만과 논쟁이 벌어졌다.[378] 14일 오후에는 마지막으로 마르틴 슈퇴르(Martin Stör)가 등장했는데, 특이하게도 그는 자신의 의견을 제시하지 않았고 성찬과 세례 외에는 16개 조항을 수용했다.[379]

1533년의 스트라스부르 노회 즉 종교회의에서 재세례파 지도자들에 맞서 그들의 견해를 반박한 대표적 인물은 단연 부써였다. 그는 뛰어난 언변과 토론의 재능 덕분에 새롭게 작성한 16개 조항의 교리를 방어하는 데 별 어려움 없이 성공했다.[380] 하지만 노회가 길고도 치열한 교리 논쟁을 벌이고도 신학적 합의를 만들어내지는 못했기 때문에 교회와 신앙의 문제에 대한 신학자들의 목소리보다는 시정부 즉 시의회의 목소리만 강화되었다. 이후 마르틴 슈퇴르와 클레멘스 지글러는 추방되었으나 호프만은 모호한 이유로 수감되었다. 수감 이유는 그의 급진적인 교리보다는 그의 체제 전복적인 예언이 폭동과 혁명을 일으킬 것을 염려한 시정부의 두려움 때문이었다.[381] 노회에서 가장 크게 활약한

---

378) Adam, *Evangelische Kirchengeschichte*, 206; Eells, *Martin Bucer*, 149.
379) Eells, *Martin Bucer*, 149.
380) Greschat, *Martin Bucer*, 122.

슈벵크펠트는 이후 별다른 반응이 없었다. 다만 그가 자신의 잘못이 무엇인지 말하라고 부써에게 요구했을 때, 부써는 그와 그의 동료들이 참된 복음을 설교했다는 증거를 제시하라며 반격했다.[382]

시의회는 두 번째 회기의 노회를 연기하다가 드디어 1533년 10월 23일과 29일에 두 번에 걸쳐 개최했다.[383] 이번 노회의 주요 안건 역시 유아세례를 거부하는 재세례파 분리주의자들에 대한 교리적·행정적 처리 문제였다. 스트라스부르를 떠난 호프만과 슈벵크펠트에 대해서는 그들의 저술들을 조사하기로 했다. 10월 27일에는 스데반교회 목사 엥겔브레흐트가 면직되었는데, 그 이유는 교회문제에 대한 정부의 불간섭 원칙을 강하게 주장했기 때문이다.[384]

---

381) Eells, *Martin Bucer*, 150.
382) Eells, *Martin Bucer*, 151. 슈벵크펠트는 1533년 9월 1일에 스트라스부르를 떠나 10월 3일에 아우크스부르크에 도착했는데, 그곳의 종교개혁자 보니파키우스 볼프하르트의 환영을 받았다. 볼프하르트는 츠빙글리의 성찬론을 강력하게 지지하는 입장이었기 때문에 기념설주의자였다.
383) BDS 5, 20; Wendel, *L'église de Strasbourg*, 100-101. 부써의 독일어 저술 편집자 쉬투페리히(Robert Stuperich)는 방델을 따라 이 노회를 '두 번째 회기'(dieser zweiten Session)로 간주하는 반면에 그레샤트는 '세 번째 노회 회집'(die dritte Tagung der Synode)으로 기술하는데, 영어 번역자가 '회집'(Tagung)을 '회기'(Session)로 오역한 듯하다. 참고. Wendel, *L'église de Strasbourg*, 97-107; Greschat, *Martin Bucer*, 122.
384) BDS 5, 21. 엥겔브레흐트의 보고서에 대한 부써의 반박 자료는 다음을 참조하라. BDS 5, 432-501.

하지만 이런 것들 외에 별다른 조처를 취하지 않는 시의회의 태도에 대해 부써는 이렇게 불평했다. "시의회는 이중으로 과오를 범했다. 먼저 분파들뿐만 아니라, 심지어 모든 사악한 자들조차도 지나치게 관용하였다. 두 번째로는 중요한 질문을 무시하고 넘어가는 자들의 과도한 열정 때문에 시의회가 선하고 충실한 동료들의 사소한 일조차도 책임을 물은 것이다."[385]

엥겔브레흐트는 위험천만하게도 호프만의 추종자들을 의미하는 멜키오르파(Melchiorites)인 뮌스터(Münster)의 재세례파와 유대관계가 강했다. 1534년 2월[386] 재세례파가 뮌

---

[385] Schieß, *Briefwechsel der Brüder Ambrosius und Thomas Blaurer I*, 459(부써가 암브로시우스 블라러에게 보낸 1534년 1월 8일 자 편지): "Senatus peccat duobus: nimia in sectarios clementia, imo in omnes scelerosos; deinde bonos et gnavos collegas gravat adeo negociis mediocribus, ut optima negligantur et diferantur." 그레샤트도 당시 부써의 자세에 대해 다음과 같이 평가한다. "부써가 다른 사람들과의 적당한 거리 유지를 중시함으로써 [청중을] 사로잡는 인물이었다는 것은 의심의 여지가 없다. 그가 이때만큼 대중들에게 호소하는 데 무관심한 적도 없었다. 하나님의 분명한 진리를 거스르는 사람이나 조직을 상대한다고 판단하는 순간 그의 도덕적 엄격성은 냉정하고 가차 없을 정도였다. 하지만 동시에 그는 멋지고 열정적인 모습으로 사람들의 마음을 사로잡았다. 그렇게 한 것이 이기적인 행동이었다고 보는 것은 옳지 않다. 개인적 이득이나 편의 추구는 부써의 성격과 전혀 어울리지 않았다. 초기의 성품, 즉 사교성뿐만 아니라 마음 맞는 사람들이나 친구들과 생각을 나누기 좋아하는 강력한 열망도 그는 결코 잃지 않았다." 참고, Greschat, *Martin Bucer*, 127.

[386] 이날 재세례파는 독일 서북부의 도시 뮌스터 시청사를 점령하고 자신들의 지도자 베른하르트 끄닙뻬르돌링(Bernhard Knipperdolling)을 시장 자리에 세움으로써 뮌스터 시를 재세례파 왕국으로 만들었다.

스터 도시를 장악했다는 소식을 접한 스트라스부르 정부는 이제 더 이상 재세례파에 대한 조처를 미루기 어렵게 되었다. 그리하여 스트라스부르 시의회는 결국 1534년 3월 4일 [387]에 16개 조항을 4개 도시 신앙고백과 더불어 공식적으로 수용했을 뿐만 아니라, 동시에 아우크스부르크 신앙고백 역시 이 신앙고백에 반하는 어떤 것도 장차 허용되지 않을 것이라는 법령과 더불어 받아들였다.[388] 4월 13일에는 스트라스부르 내의 모든 제세례파들이 위의 신앙 문서들에 근거하여 교회와 화해하지 않을 경우 8일 이내에 도시를 떠나도록 요구하는 법령이 공포되었고, 6월에는 모든 영아는 즉시 유아세례를 받아야 하며, 새로 제정된 교리에 찬성하는 맹세를 거부하는 분파들을 14일 내에 추방하라는 명령이 내려졌다.[389]

재세례파의 뮌스터 혁명으로 재세례파에 대한 반박글을 작성할 수 있는 기회를 얻게 된 부써는 1533년 11월에 쓰기 시작한 성례에 관한 글을 1534년 3월에 "성경에 근거한 보고서"(Bericht auß der heyligen geschrift…)라는 제목으로 출간

---

387) BDS 5, 11; Greschat, *Martin Bucer*, 123. 시의회가 4개 도시 신앙고백과 16개 조항을 받아들인 날을 부써 독일어 저술편집자와 그레샤트는 3월 4일로 보는 반면에, 엘스는 3월 3일이라고 말한다.
388) Eells, *Martin Bucer*, 153.
389) Greschat, *Martin Bucer*, 123.

했다.390) 서두와 28장의 본론 그리고 호소문 형식의 짧은 결론으로 구성된 이 글은 제목에서 유추할 수 있듯이 성례에 대한 설명이 대부분인데, 특히 신약성경에서 유아세례에 대한 그리스도와 사도들의 가르침을 집중 조명함으로써 유아세례의 정당성을 변호했다.391) 이 글은 뮌스터의 재세례파 지도자 베른하르트 로트만(Bernhard Rothmann)이 1533년 8-9월에 보내온 편지에 부써가 답한 1533년 12월 18일자 반박 글, "유아세례에 관하여 하나님의 성경에 따른 의미가 무엇인지"(Qvid de baptismate infantivm ivxta scripturas Dei sentiendum)392)의 후속 작품으로서 판 데르 베이크(Van der Wyck)393)의 요청에 대한 응답이었다.

1533-1534년 사이에 벌어진 두 회기의 스트라스부르 노

---

390) 상당히 긴 내용의 이 논문에 대한 소개와 원문은 다음을 참조하라. BDS 5, 109-258.
391) 본론의 28장 가운데 무려 9장부터 23장까지 모두 15장을 유아세례 문제에 할애했다. 참고. BDS 5, 77-241.
392) BDS 14, 363-412.
393) 네덜란드 출신으로 보인다. 네덜란드어로 'y'는 '에이'(ei)로 발음되는 'ij'와 같기 때문에 '베이크'(Wyck)로 발음한 것이다. 독일어 이름은 요한 폰 데어 비크(Johann von der Wyck)인데, 사실상 네덜란드어로는 판 데르 비크(Van der Wick)와 판 데르 비이크(Van der Wieck), 라틴어로는 비쿠스(Viccus)와 판데르비쿠트(Vanderbicus)로 알려져 있다. 뮌스터의 법률가이자 정치가였던 그는 1498년에 쾰른대학에서 학사학위를 받았고, 1515년경에는 로마에서 요한 로이힐린의 법정대리인으로 활동했으며, 1533년 3월 이후 뮌스터의 법률자문위원으로 외교업무를 담당했다. 참고. BDS 14, 370,각주2.

회를 통해 부써는 그 도시에서 가장 영향력 있는 목회자이자 신학자로 인정받게 되었다. 스트라스부르의 설교자 테오발트 슈바르츠는 한 편지에서 6월 노회에 대해 이렇게 기록했다. "이전에 슈벵크펠트 편에 섰던 많은 사람들, 즉 여기서 공격하는 자들이 이전만큼 그렇게 심하게 그를 공격하지 않았다는 것은 참으로 주님의 은혜였다. 하지만 무엇보다도 원컨대 대적들의 모든 논제에 대해 답할 수 있도록 주님께서 얼마나 많은 은혜를 부써에게 베푸셨는지 보고 들었기를! 이전에는 부써의 이름을 듣는 것조차 전혀 할 수 없던 많은 사람들이 이제는 진심으로 그를 존경하기 시작했다. 지금까지 복음에 대해 최악의 감정을 가지고 있던 상당수의 교황주의자들까지도 그에게 동조하여 자신들의 생각을 포기하기 시작했다. 주님께 찬양과 영광이 돌아가기를!"394)

---

394) TAE 2, 118,8-15(슈바르츠가 아우크스부르크 종교개혁자 볼프강 무스쿨루스에게 보낸 1533년 7월 8일 자 편지): "Verum domini gratia factum est, ut multi, qui prius a parte Schvenkfeldii steterant, hic offensi, non plus tanti ut antea, eum faciant. Velim porro ante omnia te vidisse et audivisse, quantam gratiam dominus dederit Bucero ad omnia inimicorum argumenta respondere, ita ut multi (scio me verum dicere), qui nunquam prius nomen Buceri audire potuerunt, hominem incipiant ex animo colere. Item papistae nonnulli, hactenus de evangelio pessime sentientes, dicunt sibi satisfactum et incipiunt sua derelinquere. Domino sit laus et gloria!" 참고. Greschat, *Martin Bucer*, 124.

1533-1534년의 두 회기에 걸친 스트라스부르 노회의 긍정적인 결과는 4개 도시 신앙고백과 16개 조항을 도시의 공적 신앙고백으로 수용한 것 이외에도 세 가지 정도 더 꼽을 수 있다. 먼저 재세례파에 대한 카피토의 태도 변화였다. 카피토는 그동안 제세례파 분리주의자들에 대해 온정적이었으나 이 노회의 결과로 그들을 싫어하는 극단적인 반대자가 되었다.[395] 또 다른 결과물은 시의회가 교회교육의 중요성을 분명하게 인정했다는 것이다. 그 증거로 1534년 봄에 종교개혁 정신을 반영한 스트라스부르 최초의 교리교육(Catechismus)이 출간된 것을 들 수 있는데, 이것은 사도신경과 주기도문, 십계명 해설을 포함한 문답식 신앙교육서였다.[396] 마지막으로 이 노회의 가장 중요한 세 번째 결과물은 부써가 작성한 교회법을 시의회가 1534년 6월에 새로운 교회법으로 제정하고 12월에 출간하도록 했다는 것이다.[397]

새롭게 제정된 교회법은 모두 7개의 소제목으로 나누어

---

395) Eells, *Martin Bucer*, 152.
396) BDS 6/3, 51-173. 이 신앙교육서는 제목이 "간단한…해설"(Kurtze… erklarung)이지만 사실상 내용이 너무 방대하고 어려워 아이들을 위한 신앙교육 교재로는 적합하지 않았던 것으로 보인다. 이후 1537년과 1543년에 이보다 훨씬 짧은 내용의 신앙교육서가 출간되었다.
397) BDS 5, 24-41.

져 있다. 서론에서는 교회법의 발생 역사를 간략하게 다루고, 첫 항목에서는 교리의 통일성을 위해 4개 도시 신앙고백과 16개 조항을 수용한다는 내용이다. 두 번째로는 목사와 목회 조력자의 직무를 설명하고, 세 번째로는 성찬을 다루는데, 아기는 태어난 지 6주 안에 거주지 교회에서 유아세례를 받아야 하고, 모든 교회가 연중 네 번의 성찬을 베풀어야 한다는 내용이다. 네 번째로는 어린이 교육을, 다섯 번째로는 주일성수를, 여섯 번째로는 결혼을, 일곱 번째로는 예배를 다룬다. 1532-1535년 사이에 조직된 스트라스부르교회 체제를 세밀하게 연구한 방덜은 다음과 같이 평가했다. "1534년에 법을 제정하기까지 스트라스부르교회는 환경에 따라 결정되는 유동적인 악한 정치체제로 인해 사실상 모든 불확실성에 노출된 조직체였다. 그러나 1534년의 규정은 권리와 어느 정도의 자율이 보장된 법적 지위를 확보했다."[398]

---

398) Wendel, *L'église de Strasbourg*, 241.

마르틴 부써
교회연합운동의 선구자

Martin Bucer

5
종교개혁의 내부적 교회연합운동

루터 동상이 세워져 있는 비텐베르크 광장

Chapter 05

종교개혁의 내부적 교회연합운동

그의 범교회적 활동은 종교개혁을 이해하는 열쇠 가운데 하나로서 교회일치운동, 즉 교회연합운동의 효시였다. 부써는 당대 가장 뛰어난 소통과 대화의 신학자였다.

신앙고백서의 목적

스트라스부르 종교개혁 외에도 부써는 1530년부터 10년 동안 루터 세력과 츠빙글리 세력 사이의 대립적인 성찬 견해 문제를 해결하기 위해 동분서주했다.[399] 1534년 10월부터 1535년 1월까지 독일 남부 도시들을 거쳐 독일 중부 헤센의 카셀(Kassel)에 이르는 부써의 여행은 1,600km가 넘었고, 1535년 2월부터 6월까지 독일 남부 지역을 재방문한 여행도 1,100km가 넘었다. 또한 1536년 4월부터 6월까

---

399) Eells, *Martin Bucer*, 166.

지 두 달 동안 독일 남부와 중부를 지나 북부의 비텐베르크까지 간 여행은 약 2,000km 정도였다. 그는 1537년 1월에서 3월까지는 슈말칼덴에서 열린 동맹회의에 참석해야 했고, 5월에서 8월까지는 독일 남부와 스위스를 여행했으며, 1538년 4월과 5월에도 스위스를 방문했다. 1539년 10월부터 11월까지는 헤센과 작센을 다시 방문했다. 따라서 1534년부터 1539년까지 약 6년 동안 부써가 여행한 거리는 족히 12,000km가 넘었다.[400]

16세기 종교개혁자들에게 여행이란 오늘날의 여행과 달리 상당히 위험한 일이었다. 단지 여행 수단과 과정의 험난함만이 아니라, 때론 목숨까지도 위협하는 요소가 산재해 있었기 때문이다. 이와 같은 위험천만한 여행은 스트라스부르의 종교개혁자 부써에게도 예외일 수 없었다.[401] 1529년부터 시작되었다고 볼 수 있는 부써의 여행 목적은 종교개혁의 확산뿐만 아니라 교회연합을 위한 것이었다. 특히

---

400) Greschat, *Martin Bucer*, 131.
401) 그레샤트는 예흐슐레겔(Jechschlegel)이라는 가명을 가진 사람이 베드로 부츠(Peter Butz)에게 보낸 1528년 2월 마지막 날 서신을 통해, 1528년 베른논쟁에 참여하고 스트라스부르로 돌아오게 된 카피토와 부써의 여정이 그들의 목숨을 노리는 자들에게 미리 알려졌더라면 그들은 목숨을 부지하기 어려웠을 것이라고 실감나게 알려준다. 참고. Greschat, *Martin Bucer*, 130; Hans Virck, ed., *Politsche Correspondenz der Stadt Straßburg im Zeitalter der Reformation I. 1517-1530* (Straßburg: Verlag von Karl J. Trübner, 1882), 284-285.

1534-1539년의 여행이 독일 내의 개신교를 하나로 연합하기 위한 것이었다면, 1539-1541년의 여행은 개신교와 로마교를 연합하기 위한 것이었다.[402] 이 기간에 부써는 교회가 그리스도의 한 몸이라는 성경적 가르침을 증명하기 위해 지칠 줄 모르고 동분서주했다. 이러한 그의 범교회적 활동은 종교개혁을 이해하는 열쇠 가운데 하나로서 교회일치운동, 즉 교회연합운동의 효시였다. 부써는 당대 가장 뛰어난 소통과 대화의 신학자였다.

헤센의 종교개혁

헤센은 신성로마제국의 중심부에 위치한 제후국이었다. 1504년 11월 13일에 태어난 헤센의 영주 빌립은 소년이던 1518년에 그곳의 최고 통치자가 되었다.[403] 사실상 그는 종

---

402) 부써의 교회연합운동에 관한 탁월한 연구서는 다음을 참조하라. Volkmar Ortmann, *Reformation und Einheit der Kirche: Martin Bucers Einigunsbemühungen bei den Religionsgesprächen in Leipzig, Hagenau, Worms und Regensburg 1539-1541* (Mainz: Verlag Philipp von Zabern, 2001).

403) Walter Sohm, *Territorium und Reformation in der hessischen Geschichte 1526-1555* (Marburg: Elwersche Verlagsbuchhandlung, 1915), 4-9. 이 책의 저자 좀은 4쪽에서 헤센의 영주가 스트라스부르의 종교개혁자 부써의 영향을 받아 복음주의의 중도적 신앙고백을 선호한 것으로 주장한다.

교개혁을 지지하는 정치인 가운데 세 명의 작센 선제후를 포함한 그 누구보다도 큰 영향력을 발휘한 인물이었다.[404] 1524년부터 헤센에 종교개혁을 도입하기 위해 고군분투한 결과, 영주 빌립은 1524-1526년의 헤센 정치규정과, 1526년 10월에 귀족들과 도시대표들 및 신학자들을 초청한 홈베르크(Homberg) 회의에 종교개혁을 반영할 수 있었다.[405] 또한 그는 1525년 8월 15일에 자신의 궁정목사가 된 풀다의 아담 크라프트(Adam Krafft von Fulda)를 통해 1527년에 작센 선제후의 종교개혁 모델을 따라 헤센의 교회개혁에 성공하여 모든 수도원 재산을 자신의 통제 아래 두었다. 그뿐 아니라 교회를 조직적으로 감독하고 구제기금을 관리하는 일까지 통제하게 됨으로써 헤센을 정부 중심의 '기독교 공동체'(christlichen Gemeinde/christlichen Körper)로 만들었다.[406]

---

404) 헤센의 영주 빌립에 대한 연구는 많지 않지만 슈말칼덴 전쟁에서 개신교 연합군이 패배한 주요 원인으로 그의 이중결혼이 꼽힌다. 이 이중결혼에 대한 최고의 연구서는 다음을 참조하라. William Walker Rockwell, *Die Doppelehe des Landgrafen Philipp* (Marburg: Elwert'sche Verlagsbuchhandlung, 1904).

405) Sohm, *Territorium und Reformation*, 20-28. 헤센교회의 종교개혁을 위해 홈베르크 회의에서 1526년 10월 20일에 작성된 헤센의 교회법 원문은 다음을 참조하라. Aemilius Ludwig Richter, ed., *Die evangelischen Kirchenordnungen des sechszehnten Jahrhunderts I. Vom Anfange der Reformation bis Begrundung der Consistorialverfassung im J. 1542* (Nieuwkoop: B. de Graaf, 1967. Nachdruck der Ausgabe Weimar, Landes-Industriecomtoir, 1846), 56-69. 헤센 교회법의 작성자는 프랑수아 랑베르로 알려져 있다.

406) Sohm, *Territorium und Reformation*, 31-56.

따라서 1527년 이후로는 정부가 헤센의 모든 교회 목사를 세웠고, 목사의 급료와 구제기금은 수도원 재산으로 충당하도록 했다. 또한 1527년 8월의 구제기금 명령에는 목사가 언급되지 않았지만 헤센 지역 최

마르부르크대학 로고

초의 기독교 치리규정인 1530년 구제기금규정에는 항상 목사가 기금관리의 수장이라고 명시했다.[407] 헤센의 영주 빌립이 1527년에 설립한 마르부르크대학(Marburger Universität)은 16세기 최초의 개신교 대학이었다. 페라리우스 몬타누스(Ferrarius Montanus)로도 불린 이 대학의 첫 학장 요하네스 아이저만(Johannes Eisermann, 1486-1558)[408]은 창립 공신으로서 그 대학의 초대학장이 되었다.[409] 1558년까지 다섯 번이나 학장 자리에 오른 아이저만은 교회와 세상을 상호 불가분의 통일체로 보았다. 즉 말씀은 믿음을 선포함으로써 사

---

407) Sohm, *Territorium und Reformation*, 56-67.
408) *독일의 법률가요, 신학자요, 철학자다. 비텐베르크대학의 철학부 교수가 되어 아리스토텔레스와 퀸틸리아누스를 가르쳤고, 1521-1522년에는 비텐베르크대학 학장을 지냈다. 1527년 5월 19일에 마르부르크대학의 초대학장이 되었고, 마르부르크대학에서 최초의 법학박사 학위를 받았다.
409) Sohm, *Territorium und Reformation*, 42.

회를 섬기고, 사회는 이웃을 사랑함으로써 말씀을 섬기는 관계라고 가르쳤다.[410]

16세기 헤센영방 교회는 6개의 감독교구, 즉 마르부르크, 카셀, 로텐부르크(Rotenburg), 알스펠트(Alsfeld), 다름슈타트(Darmstadt), 성 고아(St. Goar)로 나누어져 있었다.[411] 헤센의 모든 교회는 종교개혁의 영향으로 1530년이 시작되기 전에 이미 교황의 지배를 벗어나 영주의 지배 체제로 전환되었다. 교회는 더 이상 로마교회가 아니라 정부의 보호와 통제 아래 있는 국가교회가 되었다. 목사 역시 정부의 일원으로 간주되어 모든 목회 사역은 정부와 긴밀한 협조를 통해서만 수행될 수 있었다. 교회에 불순종하는 교인들을 출교할 수 있는 치리 규정인 교회법이 마련되어 있었지만 목사들이 독립적으로 누군가를 출교하는 일은 사실상 불가능했다. 하지만 이와 같은 국가교회 체제를 철저하게 반대하는 재세례파의 존재가 헤센에서는 확실히 위협적이었기 때문에 영주가 부써에게 도움을 요청하자 부써는 헤센 지역의 재세례파 문제를 성공적으로 해결해주었다.[412]

---

410) Sohm, *Territorium und Reformation*, 82-92. 아이저만이 추구한 기독교 사회(Corpus christianum)란 사실상 사회의 교회화로 보인다. 그러므로 세상에서 이웃 사랑을 실천해야 하는 그리스도인은 사회의 공익을 추구하는 유익한 시민으로서 정부에 순종해야 한다.

411) Greschat, *Martin Bucer*, 153.

카셀 종교회담

1534년 1월 종교개혁 지지 연합세력인 슈말칼덴 동맹에 유리한 새로운 정치 국면이 전개되었다. 그것은 황제 카를 5세의 합스부르크가에 대해 적대적 감정이 깊었던 프랑스 왕 프랑수아 1세가 슈말칼덴 동맹을 지원함으로써 헤센의 영주가 1519년에 중세 슈바벤 동맹에서 추방된 뷔르템베르크 공작 울리히(Ulrich)에게 그의 도시 뷔르템베르크를 되찾아준 사건이었다.[413] 오스트리아 군대를 이끄는 황제의 동생 독일 왕 페르디난트가 1534년 5월 13일에 라우펜(Lauffen)에서 대패하자 6월 29일에는 보헤미아 북쪽의 카덴(Kaden)에서 평화협정을 체결하게 되었는데, 이 평화협정에 의해 울리히 공작은 황제의 봉신으로 신분을 회복하고 뷔르템베르크를 봉토로 돌려받을 수 있었다. 하지만 도시는 황제의 영토인 오스트리아에 편입되었다.[414] 울리히 공작은 루터 개혁과 츠빙글리 개혁 가운데 어떤 것을 수용해야

---

412) Greschat, *Martin Bucer*, 154-155. 그레샤트는 부써가 마르부르크에서 1538년 10월 30일부터 11월 1일까지 재세례파 지도자들 다수와 가진 장시간의 공개 토론으로 성공적인 결과를 얻었다고 주장한다.
413) Ernst Bizer, *Studien zur Geschichte des Abendmahlsstraits im 16. Jahrhundert* (Darmstadt: Wissenschaftliche Buchgesellschaft, 1972²), 65.
414) Greschat, *Martin Bucer*, 132.

시몬 그리네우스

할지 고민하지 않을 수 없었다. 이것은 결코 쉬운 문제가 아니었다.

당시 뷔르템베르크에는 이미 루터 지지파와 츠빙글리 지지파가 공존했기 때문에 상호 충돌의 위험이 높았다. 충돌을 막기 위해 부써는 시몬 그리네우스(Simon Grynaeus, 1493-1541)[415]와 암브로시우스 블라러를 추천했는데, 이들의 학식과 재능에 대해 상세하게 소개하면서 성찬론에서 두 사람 모두 "한쪽으로 치우지지 않는다"(unpartheiisch)라는 점을 특징으로 제시했다.[416] 울리히 공작은 뷔르템베르크에 종교개혁을 도입하기 위해 하일브론(Heilbronn) 출신의 루터주의자 마르부르크의 에르하르트 슈네프(Erhard Schnepf, 1495-1558)[417]와 콘

---

415) *스위스 인문주의자이자 바젤의 종교개혁자, 개혁파 신학자다. 제2 바젤 신앙고백의 작성자로 동참했고, 보름스 종교회담(1540)에 스위스교회의 유일한 대표자로 참석했다. 특히 그는 스트라스부르에서 사역하던 칼빈이 1539년 10월에 자신의 첫 주석인 로마서 주석을 헌정한 뛰어난 성경 주석가였다. 더 자세한 내용은 다음을 참조하라. 한병수, "시몬 그리네우스의 생애와 학문적 여정,"『칼빈 시대 유럽대륙의 종교개혁자들』(부산: 개혁주의학술원, 2014), 87-105.

416) Lenz, ed., *Briefwechsel Landgraf Philipp's* I, 36-37(스트라스부르 설교자들이 헤센의 영주 빌립과 뷔르템베르크의 공작 울리히에게 보낸 1534년 5월 18일 자 편지). 이 편지에서는 바젤의 학장 그리네우스를 논쟁적인 성찬 문제에 대해 아직까지 아무것도 공식적으로 표명한 적이 없는 인물로 소개하고 있다.

417) *뷔르템베르크의 루터파 종교개혁요, 공작령 뷔르템베르크의 총감독관이다. 1529년 슈파이어 제국의회와 1530년 아우크스부르크 제국의회에 영주 빌립의

스탄츠의 암브로시우스 블라러를 초청했다.[418] 울리히 공작과 두 종교개혁자는 몇 번의 회의를 거친 후에 슈투트가르트 합의서(Stuttgarter Concordie)로 알려진 문서에 서명했는데, 이 문서가 지지하는 성찬론은 이러했다. "우리는 성찬에서 그리스도의 몸과 피가 참으로, 즉 실질적이고 실제적으로 임재하고 제공되는 것이지, 양적으로, 질적으로, 장소적으로 [그런 것은] 아니라고 고백한다."[419]

1534년 8월 2일에 작성된 슈투트가르트 합의서 이후 뷔르템베르크 공국의 신학적 기류는 슈투트가르트에 남은 슈네프 지지 그룹과 튀빙겐으로 간 블라러 지지 그룹으로 양분되었다. 이 분열의 가장 큰 이유는 역시 성찬에 대한 이견이었다. 이런 개신교 내의 분열이 개신교 연합인 슈말칼덴 방어동맹에는 악재일 수밖에 없었다. 1534년 8월 헤센

동반자로 참석했고, 1534년에는 암브로시우스 블라러와 함께 슈투트가르트 일치신조를 작성했으며, 하게나우, 보름스, 레겐스부르크(1541; 1546) 종교대화에 참석했다. 성찬론에서 외콜람파디우스와 츠빙글리를 반대하고 루터를 지지했고, 오시안더 논쟁과 마요르 논쟁에 참여한 후 신학적으로 고립되었다.

418) Bizer, *Studien zur Geschichte des Abendmahlsstraits*, 66.
419) Lenz, ed., *Briefwechsel Landgraf Philipp's* I, 39(스트라스부르 설교자들이 헤센의 영주 빌립에게 보낸 1534년 8월 16일 자 편지): "wir bekennen, daß der Leib und das Blut des Herren im Abendmahl wahrhaftig, das ist substantive und essentialiter, nit aber quantitative, qualitative und localiter gegenwärtig seie und dargereicht werde." 이것은 이 편지가 슈투트가르트 합의서의 일부를 그대로 인용한 내용이다. 참고. BDS 6/1, 18-19; Eells, *Martin Bucer*, 163.

의 영주는 비텐베르크를 방문하여 그곳에서 멜란히톤과 성찬 교리의 합의 문제를 논의할 때, 부써와의 만남을 주선해 달라는 멜란히톤의 제안에 따라 크리스마스 시즌에 두 신학자를 카셀로 초대했다. 이에 대해 루터도 승낙했고 부써도 환영했다.[420] 카셀로 가기 전에 부써는 츠빙글리 추종자들의 의견을 듣고 그들이 가능한 호의적일 수 있도록 암브로시우스 블라러, 하인리히 불링거, 레오 유트(Leo Jud, 1482-1542),[421] 요한 츠비크(Johannes Zwick, 1496-1542),[422] 시몬 그리네우스 등을 초청하여 모임을 가질 계획을 세웠다.[423]

이 계획을 실행하기 위해 부써는 1534년 10월 28일에 스트라스부르를 떠나 10월 31일에는 튀빙겐에서 블라러를 만

---

420) Eells, *Martin Bucer*, 173.
421) *유다(Juae) 혹은 켈러(Keller)로도 불리는 취리히 종교개혁자요, 성경번역자다. 1523년 2월 취리히 성 베드로교회의 목사가 된 이후 죽을 때까지 츠빙글리와 불링거의 신실한 종교개혁 동역자로 사역했다. 에라스무스의 라틴어 작품들과 루터의 작품을 번역했고, 1540년의 취리히 독일어성경과 1543년의 라틴어번역 구약성경의 편집자였다.
422) 스위스 콘스탄츠 종교개혁자다. 1496년경 콘스탄츠에서 태어나 1542년 10월 23일 비쇼프첼(Bischofszell)에서 사망했다. 프라이부르크, 볼로냐, 바젤에서 법학을 공부했다. 먼저 에라스무스의 영향으로 인문주의자가 되었으나 루터의 영향을 받아 종교개혁으로 전향했고, 1522년 이후부터 리들링겐(Riedlingen)에서 목사로서 설교했다. 농민봉기로 인해 1525년에는 콘스탄츠로 돌아가 암브로시우스 블라러와 더불어 도시 종교개혁을 주도했다.
423) 이 계획에 대해서는 다음을 참조하라. Schieß, *Briefwechsel der Brüder Ambrosius und Thomas Blaurer I*, 584-585(부써가 암브로시우스 블라러에게 보낸 1534년 10월 15일경 편지).

났고, 11월 3일에는 슈투트가르트에서 그리네우스를 만난 후 에슬링겐(Esslingen)과 울름과 아우크스부르크를 차례로 방문했다. 아우크스부르크에는 1개월 정도 머물면서 당면한 교회 문제의 해결을 도왔고 자신의 모임 계획을 점검했다.[424] 부써가 비밀리에 모이길 원한 담화 모임은 1534년 12월 15일에 콘스탄츠에서 개최되었는데, 여기에는 아우크스부르크, 울름, 메밍겐, 이스니, 린다우, 비베라흐, 켐프텐, 콘스탄츠의 대표들이 참석했고, 가장 영향력 있는 도시 취리히는 건강과 날씨를 핑계로 사절단을 파견하지 않은 채 성 갈과 바젤과 샤프하우젠의 지지를 받은 자신들의 성찬 교리를 대변하는 문서만 보냈다.[425] 하지만 콘스탄츠 담화는 12월 21일 해산할 때까지 성찬에 대한 합의를 이루어 내지 못했다. 이렇게 된 결정적인 이유는 불링거의 불참과 반대였다.[426]

부써는 콘스탄츠 담화에서 "받아서 먹으라, 이것은 내 몸이다"라는 말씀을 설명하는 10개 조항을 제시했는데, 그 내용은 성찬의 빵과 포도주를 통해 그리스도의 참된 몸과 피가 제공된다고 고백하는 것이었다.[427] 회담이 한창이던

---

424) Eells, *Martin Bucer*, 173.
425) Eells, *Martin Bucer*, 174-175.
426) Eells, *Martin Bucer*, 175.
427) BDS 6/1, 50-53.

12월 18일에 콘스탄츠를 떠난 부써는 27일에 카셀에 도착하여 28-29일 사이에 헤센의 영주가 동석한 자리에서 멜란히톤과 토론하였다. 그런 후 30일에는 가능한 빨리 스트라스부르로 돌아가기 위해 카셀을 떠났다.[428] 이 회담을 위해 루터는 멜란히톤을 통해 자신의 합의 지침을 부써에게 제시했는데,[429] 루터의 지침에 대해 부써는 조목조목 친절하게 답변했다.[430] 1534년 12월 30일 부써와 멜란히톤은 카셀 문서에 서명함으로써 카셀 담화를 마무리했는데, 이 자리에서 멜란히톤 역시 뮌스터 제세례파를 반박한 1534년 부써의 글 "성경에 근거한 보고서"(Bericht auß der heyligen geschrift…)에 동의했다.[431]

이 글에 나타난 부써의 성찬 교리는 다음과 같다. "주님 자신과 사도가 말씀하신 것처럼, 주님께서 자신의 참된 몸과 참된 피를 제공하시되 배를 위한 음식으로 [주시는 것

---

428) Ernst Ludwig Enders, ed., *Dr. Martin Luther's Briefwechsel* 10 (Calw & Stuttgart: Verlag der Vereinsbuchhandlung, 1903), 96; Baum, *Capito und Butzer*, 500; Bizer, *Studien zur Geschichte des Abendmahlsstraits*, 71-72; BDS 6/1, 22.
429) 루터의 지침에 대해서는 다음을 참조하라. Enders, ed., *Dr. Martin Luther's Briefwechsel* 10, 91-94; Eells, *Martin Bucer*, 176. 엔더스의 책에는 "멜란히톤을 위한 루터의 지침"(Luthers Instruction für Melanchthon)이라는 제목이 붙어 있고 작성일이 1534년 12월 17일로 표시되어 있다.
430) BDS 6/1, 54-61. 부써의 답변에 대해 루터도 만족했다.
431) Eells, *Martin Bucer*, 177.

이] 아니므로 다른 육체의 음식처럼 육신적인 방법으로가 아니라, 주님께서 참으로 우리 안에 살아 계시고 우리도 그분 안에 살고 그분의 몸과 지체의 참여자가 [되어] 그분의 성품과 본성에 참여하는 것과 같이 일종의 신적인 방법으로 [제공하시는] 것을 우리는 믿고 고백한다."432) 이와 같은 성찬론을 부써는 카셀 문서에서뿐만 아니라 1536년 비텐베르크 합의서에서도 유지했다. 즉 부써는 성찬에서 빵과 함께 그리스도의 몸이 실제로 제공된다(praesentia corpris Christi cum pane)는 그리스도의 실제적 임재 교리에 대해서는 인정하지만, 그리스도의 몸과 빵의 '물질적 결합'(coniunctio physica)이나 '성례전적 연합'(unio sacramentalis)의 확장과 같은 교리에 대해서는 단호하게 거부했다.433)

부써와 멜란히톤이 카셀 회담에서 합의한 내용은 그리스도의 몸이 '실제로 그리고 참으로'(wesentlich vnd warhaffigklich) 제공된다는 것과 빵과 포도주가 '제시된 표

---

432) BDS 5, 245,38-246,3: "…, wie auch der Herr selb seinen waren leib und wares blut gibt, nit zur bauchspeiß und darumb auch nit[246] fleischlicher weiß wie andere leipliche speiß, aber einer solichen gotlichen weiß, das der Herr warlich in uns und wir in im leben, sein leib und seine glider und also seiner art und naturen warlich teylhafft sind,…"

433) BDS 6/1, 60,6-61,4. 카셀 담화에서 불신자의 성찬 문제인 '불경건한 자들의 먹음'(manducatio impiorum)에 대해서는 논의하지 않은 것으로 보인다. 참고. BDS 6/1, 24.

지'(signa exhibitiua)라는 것, 그리고 빵과 몸이 하나가 되지만 '그들이 본질의 혼합이라는 방식으로가 아니라'(nit mit vermischung yheres wesens) 성례전적인 방식으로 결합된다는 것이었다.434) 부써가 보기에 '성찬에서 그리스도의 참된 임재'(die ware gegenwertigkeit christi)를 옹호하면서 동시에 성찬에서 빵과 포도주만 제공된다는 것을 반대하는 루터와 루터주의자들을 만족시킬 수 있는 유일한 해결책은 '빵과 주의 몸 사이의, 포도주와 주의 피 사이의 성례전적 연합'(die sacramentliche vereynigung zwischen dem brott vnd leib des herren, dem wein vnd blut des herren)이었다. 왜냐하면 빵과 포도주의 본질이 변하는 것도 아니고, 빵이 그리스도의 몸과 혼합되는 것도 아니기 때문이다.435)

카셀을 떠나 스트라스부르로 오던 부써는 1535년 1월 2일에 프랑크푸르트를 들러 울름의 마르틴 프레흐트에게 카셀 담화와 문서를 설명하는 편지를 보낸 후, 드디어 1535년 1월 5일에 목적지에 도착할 수 있었다.436) 멜란히톤이 바이마르(Weimar)에 있던 선제후 요한 프리드리히(Johann Friedrich, 1503-1554)437)를 찾아가 부써와의 연합 문서를 작성

---

434) BDS 6/1, 74,19-24.
435) BDS 6/1, 66,22-27.
436) Eells, *Martin Bucer*, 177-178.

하도록 회담을 소집해달라고 요청했으나 선제후는 루터의 생각을 알 때까지 자신의 판단을 유보하기로 했다.[438] 멜란히톤의 의중도 알고 카셀 문서도 읽은 루터는 카셀 담화 결과에 대해 대체로 만족하는 편이었다.[439] 하지만 여전히 루터는 부써를 츠빙글리주의자로 의심하고 있었기 때문에 그의 의중을 믿지 않았다.[440] 스트라스부르에 도착하자마자 부써는 곧장 카셀 담화의 희소식을 불링거에게 전하기 위해 카피토를 자신의 대변인으로 취리히에 보냈지만 불링거를 비롯한 스위스 사람들의 반응은 냉랭하고 회의적이었다.[441]

---

437) 종교개혁을 지지한 작센의 선제후 요한 프리드리히 1세로 대용맹자 프리드리히(Friedrich der Großmütige)로도 불린다. 1503년 6월 30일 토르가우에서 작센의 선제후 불변자 요한(Johann der Beständige)의 장남으로 태어나 1554년 3월 3일 바이마르에서 사망했다. 아버지의 사후 1532년부터 선제후 직위를 물려받아 1547년에 슈말칼덴 전쟁에서 패배하여 선제후 직위를 빼앗길 때까지 선제후와 공작이었으나 이후로 죽을 때까지 에르네스티네른(Ernestinern) 작센의 공작으로만 지냈다. 예나대학의 설립자였다.
438) Enders, ed., *Dr. Martin Luther's Briefwechsel* 10, 118-119(선제후 요한 프리드리히가 루터에게 보낸 1535년 1월 5일 자 편지).
439) Enders, ed., *Dr. Martin Luther's Briefwechsel* 10, 123-124(루터가 잘펠트[Saalfeld]의 카스파르의 아크빌라[Caspar Aquila]에게 보낸 1535년 1월 20일 자 편지).
440) 카셀 담화에서 부써가 제안한 것을 루터가 어떻게 생각했는지에 대해서는 다음을 참조하라. Enders, ed., *Dr. Martin Luther's Briefwechsel* 10, 124-126.
441) BDS 6/1, 25. 부써는 불링거에게 보낸 1535년 1월 29일 자 편지와 2월 15일 자 편지를 통해 카셀 담화 결과와 합의한 성찬 내용에 대해 설명했고, 이에 대해 불링거는 3월 28일에 답장했다. 참고. Reinhold Friedrich, *Martin Bucer - 'Fanatiker der Einheit'? Sein Stellungnahme zu theologischen Fragen*

바울 파기우스

이런 상황에서도 부써는 꿋꿋하게 연합과 일치를 위한 걸음을 멈추지 않았다. 1535년 2월 초에 아우크스부르크 종교개혁을 돕기 위해 다시 스트라스부르를 떠난 것이다.[442] 4월 말 아우크스부르크에 머물던 부써는 성찬론으로 인한 분열을 막기 위해 메밍겐과 린다우, 콘스탄츠와 이스니로 짧은 여행을 다녀왔다. 콘라트 프리크(Konrad Frick)[443]와 바울 파기우스(Paul[us] Fagius, 1504-1549)[444]의 종교개혁을 돕기 위해 이스니에 며칠 머문 후 콘스탄츠와 린다우를 거쳐 돌아

---

seiner Zeit (Abendmahls- und Kirchenverständnis) insbesondere nach seinem Briefwechel der Jahre 1524-1541 (Bonn: Verlag für Kultur und Wissenschaft, 2002), 109, 356-357.

442) Friedrich, *Martin Bucer - 'Fanatiker der Einheit'?*, 110.
443) 그는 1518년에 이스니의 설교자가 되었다.
444) 1504년 라인차베른(Rheinzabern)에서 태어나 1515년에 하이델베르크대학에 입학했고, 1518년에 루터의 하이델베르크 논쟁에 참여했다. 1522년에 스트라스부르로 가서 그곳의 종교개혁자들과 교제했으며, 1527년에 자유제국도시 이스니에서 교사가 되었고, 1528년 베른 논쟁에 참석하여 츠빙글리를 알게 되었다. 1544년 스트라스부르에서 구약학 교수로 임명되었고, 1546년에는 하이델베르크로 돌아가 프리드리히 2세의 하이델베르크대학 개혁을 돕다가 강한 반대로 실패한 후 스트라스부르로 돌아갔다. 슈말칼덴 전쟁 패배 후 스트라스부르에서 부써와 함께 추방되어 영국으로 건너갔으며, 1549년에 케임브리지대학의 히브리어 강사로 임명되었으나 그해 페스트의 희생자가 되고 말았다.

왔는데, 이 여행을 통해 그는 그 도시들의 설교자들과 시민들을 만나 성찬에 대한 의견을 나눔으로써 내용상 아우크스부르크 신앙고백과 일치하는 10개 조항의 문서를 작성할 수 있게 되었다.[445] 아우크스부르크 10개 조항으로 알려진 이 문서는 『우리 주 예수 그리스도의 살과 피의 성례에 대한 짧고 간결한 보고서』(*Ain kurtzer einfeltiger bericht vom hailigen Sarament leibs vnd bluts vnsers Herren Jesu Christ*)라는 제목으로 1535년 5월에 출간되었다.[446]

10개 조항 가운데 성찬을 다루는 제8항에서 부써는 '우리 주 예수 그리스도의 참된 몸과 참된 피'를 수여하는 목적을 믿음의 강화와 그리스도와의 연합이라고 설명하면서 이 연합을 "그리스도의 공로 덕분에 우리 모두가 그분 안에서 하나의 빵과 하나의 몸이 되고, 그분이 우리 안에 사시고 우리가 그분 안에 [사는] 것"이라고 표현한다.[447] 또한 동시에 두 가지 주장, 즉 성찬의 표지인 빵과 포도주가 그리스도를 전달할 수 없는 "단지 빈 표지에 불과하다"(nur lare zaichen)

---

445) Eells, *Martin Bucer*, 180.
446) BDS 6/1, 77-82.
447) BDS 6/1, 80,13-17: "Das im hailigen Abentmal vns überraichet geben vnd empfangen wirt der ware leib vnd das ware blut vnsers Herren Jesu Christi, das… vnnsern glauben an in, vnsern Herren, zu stercken vnd ymmer fürzubringen, das wir alle in jm ain brot vnd ain leib seyen zu seinem preyß vnd er in vns lebe vnd wir in jm."

라는 주장과 "믿음 없이, 그리스도와의 참된 교제 없이 성례전적 참여나 먹는 행위(die Sacramentlich gegewertigkait oder niessung on den glauben vnd ware gemainschafft Christi)만으로 충분하다"라는 주장을 잘못된 설명으로 간주한다.[448] 이것은 성찬의 표지인 빵과 포도주를 단순한 상징으로 보는 자들과, 불신자도 성찬에 참여하면 그 효력을 얻는 것으로 보는 자들을 동시에 반대하는 부써의 자구책이었다.

비텐베르크 합의서

1535년 5월 16일에 아우크스부르크를 떠난 부써가 스트라스부르로 돌아왔을 때 발견한 두 통의 편지, 즉 불링거와 유트(Jud)가 각각 보내온 편지에는 온통 루터와 루터주의자들의 성찬론에 대한 비난으로 가득했다. 그들은 1535년 6월 이후에는 부써의 친절하고 솔직한 자세에도 불구하고 그를 적대시했을 뿐만 아니라 연합을 위한 그의 노력을 적극적으로 반대했고, 동일한 이유로 콘스탄츠의 블라러 형제도 부써를 멀리했다.[449] 그들은 모두 부써의 노력 덕분에

---

448) BDS 6/1, 80,13-81,3. 첫 번째 주장은 츠빙글리 성찬론의 문제점이고 두 번째 주장은 루터 성찬론의 문제점이다.

프랑크푸르트, 보름스, 란다우, 에슬링겐, 울름, 아우크스부르크, 메밍겐, 비베라흐, 이스니, 린다우 등이 부써의 성찬론을 전적으로 지지하는 사실뿐만 아니라 멜란히톤이 부써의 신앙고백을 옹호하는 것도 완전히 무시했으며, 부써와의 개인적 논의조차 거부했다.[450] 이런 상황에서 1536년 3월에 테오도르 비블리안더(Theodore Bibliander)[451]가 츠빙글리와 외콜람파디우스의 교환서신을 출간함으로써 사태를 더욱 악화시켰다.[452]

카셀 담화가 끝난 지 얼마 지나지 않아 루터의 친구 니콜라우스 폰 암스도르프(Nikolaus von Amsdorf, 1483-1565)[453]는 츠빙글리주의자들과 재세례파를 비난하는 글에서 부써의 연합 자세가 마치 위선인 것처럼 비아냥거렸다.[454] 이것

---

449) Eells, *Martin Bucer*, 180-181.
450) Eells, *Martin Bucer*, 181-182.
451) *바젤의 종교개혁자요 언어학자로서 아랍어와 동양 언어에 능통했다. 콘라트 펠리칸과 요한 외콜람파디우스에게서 신학과 동양 언어를 깊이 배웠고, 1556년 7월 베드로 마터 버미글리와 예정 논쟁을 벌이기도 했다. 1564년 취리히에서 페스트에 걸려 사망했다.
452) Greschat, *Martin Bucer*, 136. 부써는 이 글의 서문을 써주었는데 이 출간으로 개신교 연합이 방해받지 않기를 원했다. 부써의 서문은 다음을 참조하라. BDS 6/1, 97-100.
453) *독일 신학자요 교회정치 종교개혁자다. 라이프치히와 비텐베르크에서 교육을 받았으며, 루터의 가장 가까운 친구 가운데 하나였다. 루터가 바르트부르크 성에서 숨어 지내는 동안 비텐베르크 종교개혁을 이끌었고, 멜란히톤의 사상을 적대시하는 정통루터파운동(Gnesio-Lutheran Movement)의 선두주자였다.
454) Greschat, *Martin Bucer*, 135.

은 개신교 내의 교회 연합이 결코 쉽지 않을 것이라는 예고편과 같았다. 부써는 암스도르프의 공격 때문에 크게 낙담했지만 불굴의 의지로 지체 없이 1535년 4월 1일에 "변증의 원칙"(Axiomata apologetica)이라는 제목의 짧은 글로 응수했다.[455] 그런데 협상의 희망은 뜻밖에도 1535년 7월에 아우크스부르크의 게레온 자일러와 카스파르 휴버(Caspar Huber)가 뤼네부르크(Lüneburg)의 우르바누스 레기우스(Urbanus Rhegius)[456]를 자신들의 일원으로 초대하면서 싹트기 시작했다. 이것을 계기로 그들은 루터와 회합하여 일치 문제를 논의할 수 있는 기회를 잡게 되었고, 결국 1535년 7월 1일에 비텐베르크를 방문하여 다음 날 루터를 만날 수 있게 되었다.[457]

아우크스부르크 대표들은 루터의 편지 두 통을 가지고 돌아왔는데 하나는 아우크스부르크 시의회에, 다른 하나는 그 도시의 성직자들에게 보내는 것이었다.[458] 이 편지에서 루터는 다음과 같이 말했다. "나는 저 확고한 연합에 대

---

455) BDS 6/1, 83-93.
456) *독일의 종교개혁자로 독일 이름으로는 우르반 리거(Urban Rieger)이다. 아우크스부르크 대성당의 설교자였으나 루터를 옹호하는 글을 써서 해고되었다. 이후 복음을 설교하는 목사로 사역했고, 1530년에 켈레에 가서 교회개혁을 이끌었다.
457) Eells, *Martin Bucer*, 190.
458) Enders, ed., *Dr. Martin Luther's Briefwechsel* 10, 175-178(루터가 아우크스부르크 성직자들에게 보낸 1535년 7월 20일 자 편지).

해 기쁘고 즐거운 마음으로 격하게 환영할 것이다. '주님, 이제 주의 종을 평화롭게 떠나게 하소서!' 왜냐하면 나는 교회를 위해 내 뒤에 평화를 남겨두고 떠날 것이기 때문이다. 즉 [이 평화는] 하나님께 영광이요, 마귀에 대한 처벌이요, 모든 적과 원수에 대한 복수이다. 그리스도께서 당신들을 통치하시고 저런 의미로 완수하셔서 내게 기쁨이 가득하게 되길!"459) 이 소식을 접한 부써는 기쁜 마음으로 루터에게 쓴 답장에서 자신이 어떻게 아우크스부르크 10개 조항을 작성했는지, 또한 어떻게 독일 남부의 많은 도시들이 10개 조항을 승인하게 되었는지를 설명하고, 그 문서에 서명하지 않은 많은 사람들이 자신들의 교리를 고수하길 원한다는 소식도 전했다.460)

---

459) Enders, ed., *Dr. Martin Luther's Briefwechsel* 10, 178,23-29(루터가 아우크스부르크 성직자들에게 보낸 1535년 7월 20일 자 편지): "Nam firmata ista concordia gaudens et lachrymans suaviter cantabo: Nunc dimittis servum tuum, Domine, in pace, nam post me relinquam ecclesiis pacem, hoc est, gloriam Dei, poenam Diaboli et ultionem omnium hostium et inimicorum. Christus gubernet vos et perficiat in ista sententia, ut gaudium plenum mihi fiat,…"

460) Enders, ed., *Dr. Martin Luther's Briefwechsel* 10, 193-196(스트라스부르 성직자들이 루터에게 보낸 1535년 8월 19일 자 편지). 이것은 부써가 스트라스부르 설교자들의 이름으로 루터에게 보낸 편지인데, 루터의 답장은 다음을 참조하라. Enders, ed., *Dr. Martin Luther's Briefwechsel* 10, 237-238(루터가 스트라스부르 성직자들에게 보낸 1535년 10월 5일 자 편지). 같은 날에 루터는 여러 편지를 써서 아우크스부르크 성직자들에게, 아우크스부르크 시의회에, 아우크스부르크의 게레온 자일러에게, 아우크스부르크의 카스파르 휴버에게, 울름의 성직자들에게, 에슬링겐

스위스 종교개혁자들은 부써와의 담화 모임을 반대했음에도 불구하고 1535년 4월에 브루크(Brugg)에서 모였고, 12월 1일에 다시 아라우(Aarau)에서 모였다. 여기서 모두가 성찬식에서 그리스도의 임재를 주장하는 내용에 동의했으나 베른이 수용하지 않았다.461) 그래서 1536년 1월 30일부터 2월 4일까지 바젤에서 또다시 신학자 모임을 갖게 되었는데, 이번에는 의미 있는 성과를 얻게 되었다. 그것은 바로 제1 스위스 신앙고백(Confessio Helvetica prior)으로 알려진 제2 바젤 신앙고백의 작성이다.462) 2월 1일에 제시된 라틴어 초고에 대해 부써가 루터 성찬론을 덜 공격적인 말로 표현할 것을 제안하자 참석자들은 토론에 돌입하였고, 2월 4일에 공식적 수용을 합의했으나 사실상 베른의 반대로 바젤에서 다시 모여야 했다.463) 결과적으로 스위스 도시들이 공식 수용한 제1 스위스 신앙고백은 라틴어와 레오 유트가 번역한 독일어 두 가지 다였다.

시의회에 각각 보냈다. 이 편지들은 다음을 참조하라. Enders, ed., *Dr. Martin Luther's Briefwechsel* 10, 238-244.
461) Eells, *Martin Bucer*, 192; Greschat, *Martin Bucer*, 136.
462) BDS 6/1, 29. 원문은 다음을 참조하라. Müller, ed., *Die Bekenntnisschriften der reformierten Kirche*, 101-109.
463) Eells, *Martin Bucer*, 194-195. 부써는 2월 초에 작성된 제1 스위스 신앙고백의 내용을 루터에게 알렸다. 참고. Enders, ed., *Dr. Martin Luther's Briefwechsel* 10, 302-304(부써와 카피토가 루터에게 보낸 1536년 2월 초반 편지).

3월에 자신의 역작 『로마서 주석』을 출간하자마자 루터를 만나기 위해 스트라스부르를 떠난 부써는 아우크스부르크에 도착했을 때 루터가 보내온 짧은 답장을 4월 11일에 받았다. 거기에는 회의 장소와 날짜가 아이제나흐(Eisenach)에서 부활절이 지난 5월 14일 주일로 결정되었다는 소식이 들어 있었다.[464] 부써가 이 소식을 독일 남부와 스위스의 도시들에 전했을 때 반응은 다양했다. 특히 취리히의 불링거는 그 회의 참석을 완강하게 거부했고, 콘스탄츠는 우여곡절 끝에 요한 츠비크를 보냈으며, 아우크스부르크는 부써와 동행하도록 4월 27일에 볼프하르트와 무스쿨루스를 대표로 파송했다.[465] 5월 17일에 고타(Gotha)로 간 부써 일행은 거기서 프리드리히 미코니우스(Friedrich Myconius)[466]를 만나 병으로 아이제나흐에 올 수 없다는 루터의 편지를 받고 그림마(Grimma)로 향했다. 부써 일행이 그림마를 지나 에르푸르트(Erfurt)를 거쳐 비텐베르크에 도착한 것은 5월

---

464) Enders, ed., *Dr. Martin Luther's Briefwechsel* 10, 312(루터가 부써에게 보낸 3월 25일 자 편지); Baum, *Capito und Butzer*, 505.
465) Eells, *Martin Bucer*, 197. 아라우 시의회는 루터와의 모임이 성공적이길 바라지만 대표단을 파견하지 않기로 결정했다는 1536년 5월 1일 자 편지를 루터에게 보냈다. 그리고 같은 날 취리히 시는 그 회의가 군주들에 의해 소집된 공식 회의가 아니라 신학자들의 사적 회의이므로 참석하지 않겠다는 의사를 스트라스부르의 13인회에 전달했다. 참고. Eells, *Martin Bucer*, 472-473,각주51.
466) 'Mykonius'로도 불리며 독일어 본명은 메쿰(Mekum)이다. 루터의 동료로서 고타의 종교개혁자다.

21일 주일 저녁이었다.[467]

다음 날 아침에 부써와 카피토는 루터의 집에 찾아가 그동안 주고받은 편지들과 토론한 여러 자료들을 그에게 보여주었다. 그리고 오후 3시부터는 토론의 선두주자로 나선 루터가 악인도 성찬식을 통해 그리스도의 몸과 피를 실제로 받을 수 있다고 강력하게 주장하면서 부써를 공격하여 분위기가 냉랭해졌다.[468] 다음 날인 23일 화요일 오후에는 드디어 부써가 나서서 악인의 성찬 참여에 대한 자신의 견해를 설명했는데, 여기서 그는 먼저 자신이 저지른 잘못을 철회한다고 언급한 다음, 악인을 무자격자와 불신자라는 두 종류로 구분하면서 무자격자는 그리스도의 몸을 받을 수 있지만 불신자는 받을 수 없다고 주장했다.[469] 이는 불신자의 성찬 참여는 불가능하다는 의미였다. 부써와 그 일행이 성찬의 빵을 그리스도의 몸이라고 말한 것에 루터가 만족하여 그들을 형제로 인정하자 부써와 카피토는 기쁨의 눈물을 흘렸고, 의견 일치의 문구를 작성하는 임무는 멜란히톤에게 위임되었다.[470]

---

467) Eells, *Martin Bucer*, 198.
468) Eells, *Martin Bucer*, 198-200; Greschat, *Martin Bucer*, 137.
469) Baum, *Capito und Butzer*, 511-512; Eells, *Martin Bucer*, 200.
470) Eells, *Martin Bucer*, 201. 루터가 부써와 그 일행을 형제로 받아들인다는 내용은 다음을 참조하라. BDS 6/1, 154,7-8: "…, so seind wir eins, erkennen vnd

수요일에는 세례, 면벌, 학교 등의 주제에 대해 논의했고, 목요일에는 루터가 병이 나서 의미 있는 회의를 진행할 수 없었다. 26일 금요일에는 독일고지대 목사들이 성상, 미사예식, 사제의 복장, 양초 사용, 성례의 거양 등의 문제로 부겐하겐과 토론을 벌였으며, 부써에게 전달된 멜란히톤의 초안이 점검을 받았다. 이어서 27일 토요일에는 부써와 카피토가 루터에게 제1 스위스 신앙고백인 제2 바젤 신앙고백을 상세하게 설명했는데, 루터는 그것에 대해 어떤 이의도 제기하지 않았고 다만 비텐베르크 합의서가 스위스 대표들의 지지를 얻을 수 있기를 당부했다.[471] 주일에는 오전에 로이틀링겐의 마태 알버, 오후에 부써가 설교했으며, 월요일에 드디어 멜란히톤이 작성한 문서에 양쪽 대표들이 서명하였다.[472] 그럼으로써 저 유명한 비텐베르크 합의서(Wittenberger Concordie, 일치신조)가 탄생하게 되었다. 사실상 이 문서의 기초는 츠빙글리주의자들의 신앙고백이었다.[473]

---

nemen eüch an als vnsere lieben bruder im Herren,…" "그래서 우리는 한마음으로 당신들을 주님 안에서 우리의 사랑하는 형제로 인정하고 받아들이는 것입니다."

471) Eells, *Martin Bucer*, 201.
472) 콘스탄츠의 요한 츠비크는 이 문서에 서명하지 않았다. 서명 명단은 다음을 참조하라. BDS 6/1, 126-131, 134.
473) Eells, *Martin Bucer*, 202-203. 비텐베르크 합의서로 불리는 '루터와 부써의 일치문서'(Formula Concordiae Lutherj et Bucerj), 즉 합의서의 라틴어와 독일어 원문은 다음을 참조하라. BDS 6/1, 114-134.

부써 일행은 합의서에 서명한 1536년 5월 29일에 비텐베르크를 떠나 돌아가다가 나움부르크(Naumburg)에서 헤센의 영주를 만났는데, 영주는 함부르크와 마르부르크의 신학자들에게 합의서를 설명해줄 것을 요청하였다. 그리하여 부써와 카피토가 남고 나머지 일행은 프랑크푸르트로 직행하여 6월 1일 목요일에 도착했다. 두 종교개혁자는 하루 뒤 그곳에 도착하여 회의를 개최한 후 소위 프랑크푸르트 협정(Punctation of Frankfurt)이라 불리는 것을 도입했다.[474] 이 합의에는 스위스 사람들의 승인이 확보되기 전에 합의서를 출간하지 않아야 한다는 내용과, 교회 합의가 필요할 때 오직 아우크스부르크 신앙고백과 변증을 기초로만 결정해야 한다는 내용 등이 들어 있었다.[475] 부써가 이곳에 머물면서 비텐베르크 합의서 조항들을 해설한 것으로 보이는데, 스위스 도시들이 합의서를 승인하도록 하기 위해 그들에게 해설서를 보낼 것을 계획하였다.[476]

---

474) Eells, *Martin Bucer*, 205. 이와 관련된 내용은 다음을 참조하라. BDS 6/1, 135-174.
475) Eells, *Martin Bucer*, 206. 다른 일행은 6월 5일 월요일에 각자 집으로 떠났으나 부써와 카피토는 최소 1주일 정도 프랑크푸르트에 남아 있었다. 부써는 설교를 했을 뿐만 아니라 시의회가 루터에게 보내는 편지도 확보했는데, 이 편지의 내용은 도시가 비텐베르크 합의서에 만족하고 아우크스부르크 신앙고백과 변증에 일치하는 예배의식을 만들겠다는 것이었다.
476) BDS 6/1, 177-201. 라틴어와 독일어를 대조한 본문이 제시되어 있다.

부써와 카피토는 집으로 돌아오는 길에 보름스, 란다우, 바이센부르크를 방문하여 비텐베르크 합의서를 제시했다. 그런데 그 도시들이 그것을 기쁘게 승인하자 그들은 스트라스부르에 도착하면 곧바로 루터와의 협상 결과를 공개적으로 설교하려 했다. 그러나 6월 24일에 먼저 보고서를 시의회에 제출한 후, 이웃 도시들과의 협상 진행 결과를 확인할 때까지 공개 선언을 유보해야만 했다.[477] 에슬링겐, 아우크스부르크, 메밍겐, 켐프텐은 파송한 사절이 돌아오자마자 합의서를 승인했고, 성 갈의 요아힘 바디안(Joachim Vadian)[478]도 개인적으로 수용한다는 편지를 루터에게 보냈다. 반면에 울름은 합의서에 서명한 마르틴 프레흐트가 귀환했음에도 불구하고 승인을 연기하다가 결국 거부했고, 콘스탄츠도 요한 츠비크가 귀환 길에 한 달을 스트라스부르에 머물면서 스위스의 승인을 얻을 수 있을 것이라 자신하고 약속했음에도 불구하고 합의서 승인을 완강히 거부했다.[479]

의외로 우호적 반응을 보인 바젤은 스트라스부르 시의원들이 승인 요청을 위해 보낸 1536년 7월 5일 자 편지를 받

---

477) Eells, *Martin Bucer*, 207.
478) *독일어 본명은 요아힘 폰 바트(Joachim von Watt)이며 스위스 인문주의자요, 성 갈의 종교개혁자다. 츠빙글리의 친구로서 1522년부터 성 갈 종교개혁을 지지하였고, 1526년에 성 갈의 시장으로 선출되어 도시 개혁에 앞장섰다.
479) Eells, *Martin Bucer*, 207-208.

고, 그 문제를 논의하도록 7월 17일에 그리네우스와 칼슈타트를 사절로 스트라스부르에 보냈다. 이들이 루터에 대해 적대적이고 부써에게 호의적이지 않았음에도 불구하고 부써는 비텐베르크에서 진행된 협상 과정이 어떠했는지, 합의서의 의미가 무엇인지 상세하게 그들에게 설명했을 뿐만 아니라 그들의 반대에 대해서도 설득력 있게 대답하였다. 그 결과 그들에게서 합의서를 홍보하겠노라는 약속을 받을 수 있었다.[480] 슈투트가르트 문서가 발간된 이후로 연합을 위한 부써의 노력을 계속 반대해오던 그리네우스의 태도 변화는 대단한 성과였고, 부써의 보고에 대한 칼슈타트의 긍정적 반응 역시 예상 밖의 일이었다. 또한 취리히 설교자들 가운데 한 명인 콘라트 펠리칸(Konrad Pellikan)도 합의서를 승인했다. 그러나 그의 다른 동료들은 예상한 대로 반대했다.[481]

회의를 개최하여 비텐베르크 합의서 승인 문제를 논의하도록 부써가 스위스 도시들을 종용한 결과, 바젤이 1536년 9월 24일에 회의를 개최하기 위해 이웃 도시들의 사절을 초청했다.[482] 하지만 1536년 10월, 스위스에서 가장 영향력이

---

480) Eells, *Martin Bucer*, 208.
481) Eells, *Martin Bucer*, 208-209.
482) Enders, ed., *Dr. Martin Luther's Briefwechsel* 11, 69,58-60(부써가 루터에게 보낸 1536년 9월 6일 자 편지): "Tandem Basileenses effecerunt, ut ad 24.

큰 두 도시, 취리히와 베른이 각각 노회를 개최하여 비텐베르크 합의서에 서명하지 않기로 결정했다. 그 이유는 제1 스위스 신앙고백만으로 충분하다고 생각했기 때문이다.[483] 이어서 11월 12-14일에 다시 한 번 개최된 바젤 회의에는 불링거를 포함한 소수의 스위스 신학자들이 참석했는데, 여기서 불링거는 비텐베르크 합의서에 서명하지 못하는 두 가지 이유를 제시했다. 그것은 제1 스위스 신앙고백으로 충분하다는 것과, 합의서에 대한 부써의 설명은 만족스럽지만 그 내용이 루터의 성찬론과 동일하지 않다는 것이었다.[484] 스위스 도시들인 취리히와 베른, 바젤, 성 갈렌, 뮬하우젠(Mulhausen), 비엘(Biel, 비일)은 편지로 합의서 서명 거부 의사와 이유를 루터에게 상세하게 밝혔다.[485]

Septembris sint Basileae iterum conventuri ecclesiastae Helvetiorum et legati rerumpublicarum Helveticarum." 참고. Enders, ed., *Dr. Martin Luther's Briefwechsel* 11, 130,2-15(요아힘 바디안이 루터에게 보낸 1536년 11월 23일 자 편지).

483) Eells, *Martin Bucer*, 213. 참조. Enders, ed., *Dr. Martin Luther's Briefwechsel* 11, 158(스위스 성직자들이 루터에게 보낸 1537년 1월 12일 자 편지).

484) Eells, *Martin Bucer*, 213: "Bullinger advanced two objections to signing the Wittenberg Concord: the First Swiss Confession was sufficient, and Bucer's explanation of the Concord, satisfactory as they found it, was probably not the same as Luther's."

485) Enders, ed., *Dr. Martin Luther's Briefwechsel* 11, 157-171(스위스 성직자들이 루터에게 보낸 1537년 1월 12일 자 편지). 엘스는 루터에게 보낸 이 편지를 '제2 스위스 신앙고백, 제3 바젤 신앙고백'(the Second Swiss, or Third Basel Confession)이라 부른다. 참고. Eells, *Martin Bucer*, 214.

부써는 1537년 2월 7일에 개최되는 슈말칼덴 동맹 모임에 참석하기 위해 한겨울에 여행을 떠났다.[486] 이 모임에서 탄생한 슈말칼덴 조항은 교황이 소집한 만투아(Mantua) 교회공의회[487]를 위해 선제후 요한 프리드리히의 요구로 루터가 초안을 작성했다. 1536년 12월 28일부터 1537년 1월 3일까지 토르가우에 머물던 일곱 명의 루터파 신학자들, 즉 유스투스 요나스, 요한 부겐하겐, 카스파르 크루치거(Caspar Cruciger),[488] 필립 멜란히톤, 니콜라우스 폰 암스도르프, 게오르크 슈팔라틴, 스데반 아그리콜라(Stephan Agricola)[489]는

---

486) Schieß, *Briefwechsel der Brüder Ambrosius und Thomas Blaurer* I, 839(부써가 암브로시우스 블라러에게 보낸 1537년 1월 14일 자 편지).

487) 교황 바울 3세는 카를 5세가 1536년 초에 로마를 방문했을 때 황제의 요청에 따라 교회공의회를 소집하겠다고 약속했다. 따라서 교황은 1536년 6월 2일 자 교황교서를 통해 1537년 5월 23일에 이탈리아의 만투아에서 교회공의회를 개최할 것이라는 계획을 밝히고, 모든 고위 성직자들(총대주교, 대주교, 주교, 수도원 원장 등)에게 소집 명령을 통보했으며, 황제와 군주들도 그 자리에 참석하도록 요청했다. 이것이 종교개혁을 교황의 방식으로 처리하겠다는 트렌트 교회공의회의 출발점이었다. 교황은 1537년 4월 20일 자 교서를 통해 만투아 교회공의회를 11월 1일로 연기했다. 참고. Lau & Bizer, *A History of the Reformation in Germany to 1555*, 123, 136-137.

488) *독일명은 크로이치거(Creuziger)이며, 독일의 인문주의자이자 종교개혁자다. 비텐베르크대학의 교수요, 비텐베르크 성교회(Schlosskirche)의 설교자였고, 루터의 비서이기도 했다.

489) 대략 1491년에 아벤스베르크(Abensberg)에서 태어나 슈말칼덴 전쟁이 한창이던 1547년 4월 10-11일에 아이슬레벤에서 사망한 루터파 종교개혁자다. 볼로냐와 베니스의 대학에서 공부했고, 1519년 베니스대학에서 신학박사가 되었다. 1520년에 성경 전체를 설교하기 시작했고, 아우구스티누스 연구를 통해 루터파가 되었다. 1522년에는 루터와 무관하다고 주장했음에도 불구하고 퓰도르프

성인에게 기도하는 것을 반대하는 조항을 첨가한 후 서명했다.[490] 슈말칼덴에 모인 사람들은 제후 15명, 백작 6명과 그 수행원들, 도시 대표 28명, 신학자 42명, 황제와 교황과 프랑스 왕과 덴마크 왕이 보낸 사절단 등 상당히 많았고, 루터와 멜란히톤

스데반 아그리콜라

과 부겐하겐은 선제후 일행과 함께 개최 당일에야 도착할 수 있었다.[491]

2월 24일에는 슈말칼덴에 참석한 신학자들 대다수가 루터의 슈말칼덴 조항에 서명했으며, 모두가 승인한 멜란히톤의 "항변에 대한 그리고 교황의 수위권에 대한 논문"(Tractatus de protestate et primate papae)은 최종 휴회 후에 슈말칼덴 동맹의 공식 문서가 되었다.[492] 2월 26일에 슈말칼덴을 떠난 루터 일행이 비텐베르크에 도착한 것은 3월 14일이었다.[493] 귀환 중이던 루터 일행이 루터의 발병으로 고타

(Mühldorf)에서 체포되어 수감되었다. 1523년에 도주하여 아우크스부르크로 갔으며, 거기서 우르바누스 레기우스와 함께 종교개혁을 완전히 수용했다. 마르부르크 담화 때 루터 편이었고, 1532년에 호프(Hof)의 목사가 되었으며, 1537년 슈말칼덴 모임에 참석하여 슈말칼덴 조항에 서명했다.

490) 헨드릭스, 『마르틴 루터』, 506.
491) 헨드릭스, 『마르틴 루터』, 507.
492) Lau & Bizer, *A History of the Reformation in Germany to 1555*, 130.

(Gotha)에 머물고 있던 3월 1일에 부써는 고타로 가서 루터를 만나 대화하면서 새로운 희망을 품게 되었다.[494] 그리하여 부써는 고타에서의 토론 내용을 보고서로 작성하여 4월 1일 자 편지로 스위스 종교개혁자들에게 보냈고, 이 보고서가 취리히 의회에서 낭독되었다. 하지만 불링거와 비블리안더를 비롯한 극단적 츠빙글리주의자들의 반응은 냉담했다.[495] 두 부분으로 구성된 보고서의 1부는 루터와의 대화 내용이고, 2부는 비텐베르크 합의서가 수용 가능하다는 전제로 세 가지 핵심을 설명하는 것이었다.[496]

스위스 신학자들이 부써에 대해 노골적으로 반대한 이유 가운데 하나는 부써가 1536년에 출간한 『복음서 주석』 3판에서 마태복음 26장 26절과 요한복음 6장 63절을 설명하면서 삽입한 것으로, 성찬에 관한 이전의 주장을 비판적으로 철회한다는 내용인 '취소'(Retractationes) 때문이었다. 베른 신학자들은 부써의 '취소'가 1528년의 베른 논제(Bern Theses of 1528)를 왜곡하는 것이라고 여긴 것이다.[497] 1537

---

493) 헨드릭스, 『마르틴 루터』, 509-510.
494) BDS 6/1, 274. 고타에서 부써가 루터, 미코니우스, 볼프하르트 등과 토론한 회의록 수기(Protokoll)는 다음을 참조하라. BDS 16, 179-187.
495) Eells, *Martin Bucer*, 216-217.
496) BDS 6/1, 276-293.
497) Greschat, *Martin Bucer*, 141.

년 9월 10-23일에 열린 베른노회⁴⁹⁸⁾에 카피토와 함께 참석한 부써는 그들의 오해가 풀리도록 자신을 잘 방어했고, 그 결과 노회 둘째 날인 9월 23일에 대다수가 오해를 풀고 부써를 신뢰할 수 있었다. 그러나 부써는 이런 개인적인 신뢰 정도로 만족하지 않고, 그 도시가 루터를 반대하는 자들의 주장을 극복하고 비텐베르크 일치신조를 확고한 기초로 삼을 수 있길 원했다. 그리하여 최선을 다해 토론한 결과, 그는 승리의 기쁨을 안고 9월 25일에 떠날 수 있었다.⁴⁹⁹⁾

루터는 스위스 목회자들이 자신에게 보낸 1537년 1월 12일 자 편지에 대한 답장을 12월 1일에야 비로소 보냈는데, 답장에는 스위스 측에서 비텐베르크 합의서에 동의해준 것을 기뻐한다는 내용과, 말씀과 세례와 성찬, 열쇠직분 등에 대해 좀 더 상세하게 설명하는 내용이 담겨 있었다.⁵⁰⁰⁾ 하

---

498) 부써는 먼저 1537년 6월 8일에 교회연합과 일치에 대한 자신과 카피토의 입장을 표명한 편지를 베른 시의회에 보냈고, 자신의 성찬 교리에 대해 베른노회에서 상세하게 해명했다. 베른 시의회에 보낸 부써의 편지는 다음을 참조하라. BDS 16, 189-207.

499) Eells, *Martin Bucer*, 218-219.

500) Enders, ed., *Dr. Martin Luther's Briefwechsel* 11, 294-296(루터가 개혁한 스위스 지역에 보내는 1537년 12월 1일 자 편지). 여기서 편집자 엔더스는 편지 내용이 아닌 편지에 대한 정보만 제공하고 편지 내용을 짧게 소개한다. 루터의 이 편지에 대한 답장은 1538년 5월 4일 자이고, 이 답장에 답하는 루터의 편지는 1538년 6월 27일 자이다. 참고. Enders, ed., *Dr. Martin Luther's Briefwechsel* 11, 325-357, 375-377.

지만 루터가 부써에게 전한 내용은 최소한 성례에 관해서만큼은 라틴어 제1 스위스 신앙고백이 4개 도시 신앙고백보다 못하다는 것이었다.[501] 이에 부써가 루터의 12월 1일 자 편지에 답장해야 한다고 주장하여 스위스 도시들의 대표단은 취리히에 모여 1538년 4월 29일부터 5월 4일까지 회의를 가졌다. 이 회의에는 제네바에서 추방된 칼빈과 파렐도 참석했다.[502] 부써와 카피토는 가고 싶지 않았지만 스트라스부르 시의회가 참석하도록 명령했기 때문에 참석했는데 환영받지 못한 불청객이었다.[503] 여기서 부써는 성실하게 자신의 입장을 변호했으나 결과는 비관적이었다.[504]

결국 부써의 의도와 달리 비텐베르크 합의서는 루터 진영과 츠빙글리 진영의 분열을 막지 못했다. 그렇다면 과

---

501) Enders, ed., *Dr. Martin Luther's Briefwechsel* 11, 300(루터가 스트라스부르의 부써에게 보낸 1537년 12월 6일 자 편지): "Latinam Helvetiorum confessionen paulo minus probo, quam Germanicam civitatum, praesertim de sacramento altaris."
502) Carl Pestalozzi, *Heinrich Bullinger. Leben und ausgewählte Schriften nach handschriftlichen und gleichzeitigen Quellen* (Elberfeld: Verlag von R.L. Friederichs, 1858), 207. 취리히 회의 기간을 4월 28일부터 5월 3일까지로 보기도 한다. 참고. BDS 8, 293; Bizer, *Studien zur Geschichte des Abendmahlsstraits*, 219.
503) Eells, *Martin Bucer*, 221-222.
504) 5월 1일에 시작된 성찬논쟁에서 취리히 대표자들이 부써에게 제기한 질문에 대해 부써는 다음 날 자신의 성찬론이 결코 성경과 베른 논제와 제1 스위스 신앙고백에 반하지 않는다고 주장함으로써 격론의 포문을 열었다. 취리히 대표들과 부써의 논쟁에 대해서는 다음을 참조하라. BDS 8, 293-313.

연 비텐베르크 합의서, 즉 성찬일치의 가치는 무엇이며 그 의미는 어디에 있는 것일까? 분명한 사실은 그것이 단지 아우크스부르크 신앙고백의 대체물(substitute)이나 보조물(supplement)이 아닌 '유일무이한 자료'(a unique document)이며, 서로 다른 견해를 하나로 만든 "융합이지 혼합이 아니며, 합의적 일치이지 획일적 단일화가 아니다"[505]라는 것이다. 비텐베르크 합의서를 통해 대립적인 양 진영이 서로를 형제로 인정함으로써 극단적인 소수를 제외한 다수는 평화의 가능성을 보았다. 그것은 양 진영 모두 성찬에서 그리스도의 참된 임재를 인정하는 성찬 교리의 합의였기 때문에 순전히 교회연합을 위한 신학적 노력의 산물로 간주되어야지, 정치적 연합을 위한 수단이나 결과물로 간주될 수 없다. 합의서를 사장시킨 원인은 서로에 대한 깊은 불신이었다.

---

505) Eells, *Martin Bucer*, 203: "It was an amalgamation not a compound-a consensus not a concord." 이런 점에서 엘스는 'Wittenberg Concord'라는 명칭을 '부적절한'(misnomer) 것으로 간주한다.

마르틴 부써
교회연합운동의 선구자

Martin Bucer

6
종교개혁의 외부적 교회연합운동

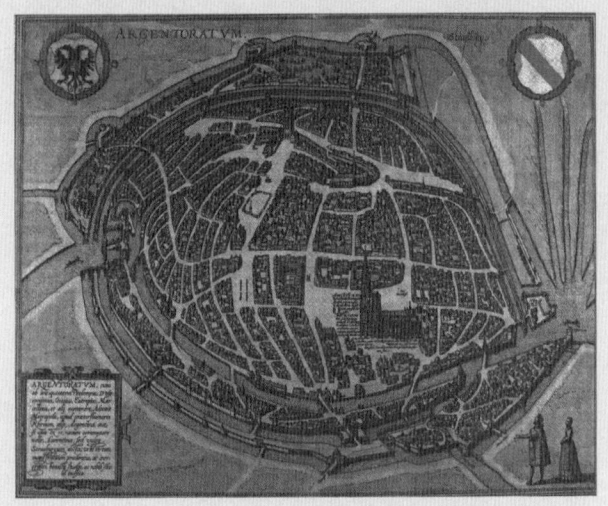

16세기 스트라스부르 전경

Chapter 06

종교개혁의 외부적 교회연합운동

부써는 누구보다 교회 연합을 간절히 원했다. 왜냐하면 그리스도의 몸인 교회는 하나뿐이며 결코 둘이나 셋일 수 없다고 믿었기 때문이다.

1540년 전후의 스트라스부르

부써는 스트라스부르를 그리스도가 통치하시는 사회로 만들고 싶었다. 따라서 그는 교회에 대한 정부의 책임과 의무를 강조하면서 스트라스부르 설교자들과 함께 한목소리로 매춘행위와 같은 도시의 부도덕을 단속할 수단을 마련하고 교회의 규율을 강화하도록 위정자들에게 요청하였다. 그러나 시의회는 오히려 1535년부터 이러한 요구를 묵살했다.[506] 교회감독관들의 임무 수행도 설교자들의 기대에 부

---

506) Greschat, *Martin Bucer*, 143.

응하지 못했다. 예전에 도미니코수도원이었던 곳에서 열린 1539년 5월 26-28일의 스트라스부르노회에서는 시의회가 도시를 그리스도께서 통치하시는 사회로 만들어가는 일에 별반 도움이 되지 않는다는 것만 확인되었다.[507] 교회와 정부는 예배 중에 주요 장소에서 유아세례를 주기로 합의했으나 교회의 치리 문제를 다루게 되자 시의회는 어떤 양보도 하려 하지 않았고, 심지어 1540년 5월 18일에는 공식적인 입교조차도 거부했다. 사실 입교는 1538년 이후 이미 여러 교구에서 시행되고 있었다.[508]

부써는 도시를 하나님의 거룩한 도성으로 만드는 일에 시정부가 주도적 역할을 감당해야 한다는 생각에는 변함이 없었지만 교회가 정부의 시녀로 전락할 가능성에 대해서는 경계했다. 교회감독관들이 시민들의 영적 삶을 감독하는 일에 충실하지 못했기 때문에 부써를 비롯한 목회자들의 설교는 시민들의 나태한 영적 생활을 책망하고 도덕적인 삶을 요구하는 내용이었던 반면에, 도시 행정을 책임진 시장과 소의회 의원들은 그와 같은 설교를 못마땅하게 여겼다. 따라서 목회자들과 시의원들 간의 갈등은 불가피했

---

507) 1539년 노회에 대해서는 다음을 참조하라. BDS 6/2, 191-249.
508) Greschat, *Martin Bucer*, 144. 당시 시행되고 있던 입교식은 아이들이 교리문답을 완벽하게 마치고 시험에 통과한 후 개인적으로 신앙을 고백하고 나면, 목사가 그들에게 축복하고 머리에 손을 얹는 형식의 안수례를 하는 것이었다.

고 점점 커져만 갔다. 부써는 도시민들의 영적이고 도덕적인 삶을 위해서 교육이 필수적이라고 생각했다. 그래서 어린이를 위한 '카테키스무스'(Catechismus), 즉 신앙교육서를 1534년부터 만들기 시작하여 1537년에 개정판을, 1543년에는 또 다른 수정판을 출간했는데, 이것은 그리스도인의 삶을 위한 교리와 윤리뿐만 아니라 교회 치리에 순종하도록 가르쳤다.[509]

부써의 영향으로 스트라스부르는 이미 1530년대에 교육체계를 획기적으로 발전시킬 수 있었다. 1530-1533년 사이에 도시는 재세례파와의 논쟁 때문에 학교개혁을 신속하고 지속적으로 추진하기 어려웠으나[510] 1534년 3월에 부써가 미래의 신학교육을 위한 학교 설립 계획을 제안했다.[511] 이 제안에 대해 학교 이사 클라우스 크니비스가 4월에 입장을 표명했다.[512] 부써의 기획 요점에는 동의하지만 대학을 설립하여 운영하기 위해서는 매년 금화 3,000냥 이상의 비용이 필요한데 지금 그런 자금이 없다는 지적이었다.[513] 그

---

509) 스트라스부르 신앙교육서에 관해서는 다음을 참조하라. BDS 6/3.
510) Kohls, *Die Schule bei Martin Bucer*, 74.
511) BDS 7, 522-532.
512) BDS 7, 533-535.
513) BDS 7, 534,35-36: "Dann solte das syn, wyr dorfften alle jor mehr den 3000 g.[ulden] geltz, die wir niet haben." 부써의 대학 설립 제안에 대한 자세한 분석은 다음을 참조하라. Kohls, *Die Schule bei Martin Bucer*, 77-82.

리하여 1535년에는 독일어로 수업하는 8개의 학교(남학교 6개와 여학교 2개)와 기존의 2개 도립 라틴어 학교에다가 세 번째 라틴어 학교를 구 성베드로교회에 하나 더 설립하는 데 그쳤다.[514] 이 당시 부써가 제안한 것은 학업과 연구의 자율성과 독립성을 위한 학교를 설립하는 것이었는데, 그것은 일종의 대학을 설립하려는 계획이었다.[515]

1538년 초에 스트라스부르는 라틴어 학교들을 통합하는 문제를 논의했다.[516] 이것은 그 도시의 김나지움(Gimnasium) 설립을 위한 최종적이고도 결정적인 단계였다. 3월 22일 시의회는 8학년을 의미하는 8학급 학제의 새로운 통합 김나지움 설립을 인가했다.[517] 새로운 김나지움은 1538년 9월 30일에 공식 개교했는데,[518] 개교 장소는 이전의 맨발수도원(Barfüßerkloster)이었고, 1539년 부활절에 도미니코수도원으로 이전했다.[519] 1537년 1월 초순이나 중

---

514) Greschat, *Martin Bucer*, 146; Kohls, *Die Schule bei Martin Bucer*, 83.
515) Kohls, *Die Schule bei Martin Bucer*, 82.
516) BDS 7, 553-568.
517) BDS 7, 554. 개교할 당시에는 6학급의 학제로 시작했다. 참조. BDS 7, 568.
518) Eells, *Martin Bucer*, 228.
519) BDS 7, 555; Kohls, *Die Schule bei Martin Bucer*, 89. 여기서 부써 독일어 작품집 7권의 편집자이기도 한 콜스는 새로운 스트라스부르 김나지움 개교일자가 '1538년 9월 20일 어간'(am 29. September 1538 zunächst)이며 '임시로'(provisorisch) 개교한 것이라고 주장한다. 반면에 그레샤트는 아무런 자료 제시도 없이 라틴어 학교 통폐합을 통한 김나지움 설립이 1539년에 이루어진 일인 것처럼 말한다.

순경에 스트라스부르에 도착한[520] 김나지움의 첫 학장 요한 슈투름(Johannes Sturm, 1507-1589)[521]은 1538년 6월 24일에 공적으로 학장 혹은 학감에 임명되어 1581년 은퇴할 때까지 그 자리를 지켰다.[522] 임용될 당시에 이미 그는 바젤과 비텐베르크에서 초청할 정도로 수사학과 변증학을 가르치는 실력으로 명성이 높았다.[523] 김나지움은 1545년 10월 1일에 학생수가 644명으로, 당시 거의 모든 독일의 대학을 능가할 정도로 급성장했다.[524]

요한 슈투름

---

520) 학자들 사이에 의견이 분분한 슈투름의 스트라스부르 도착 날짜에 대해서는 다음을 참조하라. Eells, *Martin Bucer*, 227, 478,각주25.

521) 라틴어 이름은 '이오아네스 스투르미우스'(Ioannes Sturmius)이고, 1507년 10월 1일에 슐라이덴(Schleiden)에서 태어나 1589년 3월 3일에 스트라스부르에서 생을 마감한 종교개혁가요 교육자다. 1521년 혹은 1522년에 리에쥬(liège)의 히에로니무스학교에서 공부를 시작하여 1524년경에 루뱅대학에 진학했고, 1527-1529년에는 가정교사로서 박봉의 삶을 연명했다. 1533년부터 부써와 편지를 주고받기 시작하면서 그의 영향을 받아 결국 1537년부터 스트라스부르에 정착하여 부써의 종교개혁을 도왔다. 보다 상세한 그의 생애와 업적에 대해서는 다음을 참조하라. Lewis W. Spitz & Barbara Sher Tinsley, *Johann Sturm on Education* (St. Louise: Concordia Publishing House, 1995), 19-44.

522) Eells, *Martin Bucer*, 228. 슈투름의 학장 임명에 대해서는 다음을 참조하라. Kohls, *Die Schule bei Martin Bucer*, 88.

523) Spitz & Tinsley, *Johann Sturm on Education*, 23.

524) Anton Schindling, *Humanistische Hochschule und freie Reichsstadt. Gymnasium und Akademie in Strassburg 1538-1621* (Wiesbaden: Franz Steiner Verlag, 1977), 32. 이 책은 1538년에 설립된 스트라스부르 김나지움이 1566년에

칼빈의 스트라스부르 체류

부써와 칼빈의 첫 만남이 언제 이루어졌는지 단정하기는 어렵다.525) 칼빈이 부써에게 쓴 첫 편지의 작성 연도 또한 미상이다.526) 1536년 10월에 칼빈은 로잔(Lausanne) 회의와

칼빈

베른 회의에 참석하고 10월 말경 제네바 귀환 길에 프랑스 피난민의 일로 스트라스부르를 방문했지만 이때 부써를 만나지는 못했다.527) 이후 부써는 칼빈에게 쓴 첫 편지, 즉 1536년 11월 1일 자 편지에서 그를 만나지 못한 것을 후회한다고 밝히

황제 막시밀리아누스 2세의 특권 덕분에 아카데미로 승격되고, 1621년에는 황제 페르디난트 2세의 특권 덕분에 대학으로까지 발전하게 된 과정에 대해 철저하게 분석한 박사학위 논문이다.

525) 칼빈이 1528년 봄에 스트라스부르에서 학생이었다는 로마교 신학자 캄프슐테의 주장은 근거가 희박하다. 하지만 이것이 사실이라면 두 종교개혁자의 첫 만남은 최소한 1528년까지 앞당겨질 것이다. 참고. Franz Wilhelm Kampschulte, *Johann Calvin. Seine Kirche und sein Staat in Genf I* (Leipzig: Verlag von Duncker & Humblot, 1869), 231.

526) CO 10b, 22-24; 황대우, "칼빈과 부써," in 이상규 편, 『칼빈과 종교개혁자들』(부산: 고신대출판부, 2012), 33-34. 이 편지는 작성 연도 없이 단지 "9월 4일에"(pridie nonas septembres)라고만 밝히고 있는데, 학자들은 그 편지가 1532년 혹은 1534년에 작성된 것으로 추정한다.

527) Eells, *Martin Bucer*, 230. 참조. CO 10b, 68-69.

고 있다.528) 따라서 부써와 칼빈이 1530년대 중반까지 서로 만난 적은 없을지 모르지만 그 이전에 이미 서로 알고 지내는 사이였다는 것을 부정하기는 어렵다. 부써에게 보낸 칼빈의 첫 편지가 작성된 추정 연도를 감안하지 않을 수 없는데, 이 편지의 주요 내용이 사적인 부탁이었다는 점과 "정말 박식한 분이시여, 안녕하시길… 당신의 칼빈이 진심으로"529)라는 마지막 인사말을 볼 때 그들이 서로 아는 사이였다고 추정하는 것은 타당해 보인다.

부써와 칼빈이 언제 처음 만났는지는 모르지만 1537년 9월의 베른노회에서 만났을 개연성이 높다.530) 1538년 4월 23일에 제네바에서 추방당한 칼빈과 파렐(Farel)531)은 베른에 들러 자신들의 억울함을 호소한 후 취리히로 갔는데, 그

---

528) CO 10b, 66-66(1536년 11월 1일 자). 참조. CO 10b, 75(카피토가 칼빈에게 보낸 12월 1일 자 편지); 황대우, "칼빈과 부써," 34-36.
529) CO 10b, 24: "Vale, eruditissime vir… Tuus ex animo Calvinus."
530) CO 10b, 124-125(칼빈이 카피토에게 보낸 1537년 9월 1일 자 편지); 125-126(베른 시의회가 제네바 시의회에 보낸 1537년 9월 14일 자 편지). 후자에서 베른 시의회는 칼빈과 파렐을 베른 회의에 보내달라고 제네바 시의회에 요청한다.
531) 파렐의 이름은 '기욤'(Guillaume)으로 영어 'William', 독일어 'Wilhelm'에 해당한다. 제네바의 칼빈 추종자들을 '기에르맹'이라 부른 것은 사실상 파렐 추종자라는 의미였다. 1489년 갑(Gab)에서 태어난 그는 프랑스 인문주의자들의 모임인 모(Meaux) 그룹의 일원이었고, 1535년에 제네바가 종교개혁을 수용하도록 만든 일등공신으로 1536년에는 칼빈을 자신의 동료 개혁자로 삼았다. 칼빈과 함께 제네바에서 추방된 후 1538년 7월에 뇌샤텔(Neuchâtel)에서 종교개혁자로 활동하다가 은퇴했고, 1565년에 그곳에서 죽음을 맞이했다.

곳에는 비텐베르크 합의서에 대한 입장 문제를 논의하기 위해 스위스 개혁 도시들의 대표들이 모여 있었다. 그 대표들은 부써의 제안으로 5월 2일에 제네바 문제를 논의하였다.[532] 부써는 칼빈이 제네바에서 추방되기 3개월 전쯤 자신에게 제법 긴 편지를 보내 성찬에 관한 문제로 자신을 아주 혹독하게 비판하고 비난했음에도 불구하고,[533] 추방당해 5월 말 바젤에 도착한 칼빈을 6월 초순에 스트라스부르로 초청했다. 그리고 스트라스부르의 프랑스 피난민 교회를 맡아 목회하도록 제안했다.[534] 칼빈은 다시 바젤로 돌아갔지만 부써의 설득은 멈추지 않았다.[535] 결국 칼빈이 부써에게 설득당한 것은 파렐이 자신을 붙잡을 때 사용한 것과 동일한 방법 때문이었다.[536]

---

532) Bruce Gordon, *Calvin* (New Haven & London: Yale University Press, 2009), 82.=브루스 고든, 『칼뱅』, 이재근 역 (서울: IVP, 2018), 164.
533) CO 10b, 137-144(칼빈이 부써에게 보낸 1536년 1월 12일 자 편지); 황대우, "칼빈과 부써," 36-39. 부써가 이미 비난 받는 일에 익숙해져 있었기 때문에 칼빈의 편지 내용을 혹독한 비판으로 여기지 않았다고 파우크는 주장한다. 참조. Wilhelm Pauck, *The Heritage of the Reformation* (Chicago: The Modern Franklin, 1950), 82.
534) Eells, *Martin Bucer*, 232. 참조. CO 10b, 209-210(칼빈이 비레[Pierre Viret]와 코랄두스[Coraldus]에게 보낸 1538년 6월 14일 자 편지); Herminjard, *Correspondance V*, 30. 에르맹자르는 이 편지의 발신자를 파렐과 칼빈 두 사람으로 본다. 코랄두스는 '엘리 꼬로'(Elie Coraud), '꾸로'(Courault; Couraud) 등으로 알려진 인물로 1534년에 바젤로 도망갔고, 1536년에 제네바에서 파렐과 칼빈의 동료가 되었다.
535) 참조. CO 10b, 228-230(칼빈이 파렐에게 보낸 1538년 8월 4일 자 편지).
536) 칼빈은 자신의 『시편 주석』 서문에서 부써가 자신을 하나님의 명령에 순종하

1538년 9월 초에 스트라스부르에 도착한 칼빈은 카피토의 집에 잠시 머물다가 부써의 집으로 임시 거처를 옮겼고, 9월 8일에 프랑스 피난민들에게 첫 설교를 시작했다. 첫 4개월 동안에는 스트라스부르 김나지움에서 가르치는 일을 했는데, 이 일을 위해 연봉으로 금화 52냥을 받았다.[537] 칼빈이 독립적인 목회 사역과 김나지움에서 성경을 강해하는 교수 사역, 거기에 저술 사역까지 동시에 할 수 있었던 최초의 장소는 스트라스부르였다. 500명 정도의 프랑스 피난민들은 칼빈과 함께 니콜라(Nicolas)교회당에서 예배하기 시작했으나, 이후 예배 장소를 막달라(Magdalena)교회당으로 옮겼고, 다시 도미니코교회당으로 옮겼다.[538] 성경 교사로서 그는 스트라스부르 김나지움에서 요한복음과 고린도전서를 강의했다. 또한 저술가로서는 1539년에 『기독교강요』

지 않기 위해 도망친 '요나'와 같은 인물로 간주하며 위협했다고 고백한다. 참조. Jaques Courvoisier, "Bucer et Calvin," in *Calvin à Strasbourg, 1538-1541* (Strasbourg: Fides, 1938), 43; François Wendel, *Calvin, sources et évolution de sa pensée religieuse* (Paris: Presses universitaires de France, 1950), 36.

537) Eells, *Martin Bucer*, 233. 유럽의 화폐 '플로렝'(florin)은 '굴덴'(Gulden) 혹은 '길더'(guilder)로도 불리는 '금화'를 의미한다. 플로렝은 중세 지중해 무역이 성행하면서 '플로렌스'(Florence), 즉 이탈리아의 '피렌체'(Firenze)에서 사용하기 시작한 것으로, 순금으로 만든 최초의 유럽 금화다. 13세기부터 16세기까지 거의 디자인 변화 없이 사용된 것으로 알려져 있다.

538) Willem van't Spijker, *Calvin. Biographie und Theologie*, trans. by Hinrich Stoevesandt (Göttingen: Vandenhoeck & Ruprecht, 2001), J146.=빌렘 판 엇 스페이커르, 『칼빈의 생애와 신학』, 박태현 역 (서울: 부흥과개혁사, 2009), 109.

증보판을, 1540년에는 자신의 첫 성경 주석인 『로마서 주석』을 출간했다.[539]

칼빈은 1539년 7월 29일에 합법적이고 공적으로 스트라스부르 시민권을 획득했고 재단사 길드에 가입했다.[540] 이것은 그가 그 도시로 온 지 10개월 정도 지난 때였는데, 1559년에야 비로소 제네바 시민권을 획득한 사실과는 확연히 대조적이다. 스트라스부르는 제네바에 비해 두세 배 정도 크고 훨씬 부유한 도시였다. 시정부뿐만 아니라 그곳의 목회자들도 대부분 칼빈에게 우호적이었는데, 특히 부써와 카피토의 호의가 매우 인상적이었을 것이다. 프랑스 피난민들의 목회자로서 칼빈은 매 주일 두 번, 주중에는 네 번 설교했고, 1538년 10월에 처음 시작한 성찬을 매월 시행했다. 처음에는 세례교인이라면 누구나 자유롭게 성찬에 참여하도록 허용했으나 1540년 부활절 전, 성찬 참여 여부를 자신에게 승인받아야 한다고 선언했다.[541] 1539년 9월 1일에는 추기경 사돌레토(Sadoleto)에 대한 답장에서 교회의

---

539) 칼빈의 스트라스부르 시절 사역에 대한 상세한 정보는 다음을 참조하라. Jean-Daniel Benoît, "Calvin à Strasbourg," in *Calvin à Strasbourg*, 11-36; Van't Spijker, *Calvin.*, J142-155.=『칼빈의 생애와 신학』, 103-126.

540) Wendel, *Calvin*, 41; 고든, 『칼뱅』, 171; Van't Spijker, *Calvin.*, J152.=『칼빈의 생애와 신학』, 121. 판 엇 스페이커르는 시민권 취득일을 7월 30일로 제시한다.

541) Van't Spijker, *Calvin.*, J146-J147. =『칼빈의 생애와 신학』, 109-110.

분리주의란 천주교의 권력 남용이 빚은 결과라고 반박했다.[542]

부써는 칼빈을 위해 최선을 다했다. 그는 자신의 집을 칼빈이 독립할 때까지 머물 수 있는 임시 거처로 제공했다. 또한 1540년 8월에 제네바 종교개혁자 칼빈은 프랑스 피난민이자 재세례파였던 남편 스토르되르(Stordeur)의 죽음으로 과부가 된 여인 이델레트 드 뷰러(Idelette de Bure)를 아내로 맞았는데, 이것도 부써의 중매로 성사된 결혼이었다. 칼빈은 스트라스부르의 교회감독관 제도를 통해 제네바의 교회 치리회인 '콘시스토리움'(Consistorium=Consistoire)을 세우고 운영하는 법을 체득할 수 있었을 뿐만 아니라, 부써가 1538년에 저술한 『참된 목회에 관하여』(*Von der waren Seelsorge*)를 통해서는[543] 교회 직분자의 목회 사역이 무엇인지 구체적이고 상세하게 배울 수 있었다. 시편 찬송에 관심이 많던 칼빈은 1538년 말경에 프랑스 피난민 교회에서 시편 찬

---

542) CO 5, 385-416. 추기경 사돌레토가 제네바 정부와 의회 및 시민들에게 보내는 편지 원문은 다음을 참조하라. CO 5, 369-384. 멜란히톤을 통해 루터에게 전달되길 원했던 칼빈의 『성찬 소고』(*Petit traicté de la Saincte Cene*)가 저술된 곳도 스트라스부르였다. 참조. CO 6, 537-588.

543) BDS 8, 67-245. 칼빈은 독일어를 읽지 못했기에 이 책을 읽어볼 수 없었을 것이고, 저자인 부써에게 직접 그 내용에 대해 들었을 가능성이 높다. 이 책에 나타난 부써의 목회 사상에 대해서는 다음을 참조하라. 황대우, "목회자 부써와 그의 목회지론," 「고신신학」 19호(2017), 173-208.

송을 부르기 시작했는데, 1539년에는 스트라스부르 곡조를 사용하여 편집한 시편 찬송가를 출간했다.[544]

개신교와 천주교의 연합, 즉 화합을 위해 종교개혁자들과 로마가톨릭 신학자들이 1539-1541년 사이에 모인 몇 번의 연합모임에 부써는 칼빈을 대동하여 참석했다. 칼빈은 자신의 첫 주석서인 『로마서 주석』 서문에서뿐만 아니라 『시편 주석』과 『공관복음서 주석』 서문 등에서도 부써를 위대한 주석가로 칭송한다. 이것은 아마도 그가 부써의 주석에서 상당한 영감과 영향을 받았다는 뜻일 것이다. "특별히 나는 거룩한 기억력의 소유자요, 하나님 교회의 탁월한 교사인 부써를 모방하고 싶었다. 내 생각에 그는 이 분야[성경 주석]에서 다른 누구에게도 결코 부끄럽지 않은 업적을 성취한 분이다. 그가 자신보다 앞서 여행한 선조들의 수고를 통해 도움을 받은 것과 동일하게 그는 자신의 근면함과 성실함으로 내가 아주 편하게 작업하도록 해주었다. 비록 내가 어디선가 그와 의견을 달리한다 해도 (필요한 경우 나는 자유롭게 그렇게 했다) 만일 그가 지금도 이곳에 살아 있었다면 결코 그는 그것을 불쾌하게 생각하지 않았을 것이다."[545]

---

544) Van't Spijker, *Calvin.*, J147.= 『칼빈의 생애와 신학』, 110-111.
545) CO 45, 4: "Bucerum praesertim sanctae memoriae virum et eximium ecclesiae Dei doctorem sum imitatus, qui prae aliis non poenitendam hac

라이프치히 모임

추기경단의 의장 알레산드로 파르네세(Alessandro Farnese)는 클레멘스 7세(Clemens VII)의 뒤를 이어 1534년 10월 13일에 교황 바울 3세(Paulus III, 바오로)[546]가 되었다.[547] 새 교황은 1536년 6월 2일에 신앙적 갈등 문제를 해결하기 위해 1537년 5월 23일 만투아(Mantua)에서 교회공의회를 소집한다는 계획을 공포했다. 그러나 곧 이 계획을 무산시키고 연기하도록 했는데, 그 결정적 이유는 개신교도들의 강한 반발이 아니라 프랑스 왕 프랑수아 1세의 반대와 만투아 공작의 비협조였다.[548] 물론 이 기간에 슈말칼덴 동맹을 결성하고 결의를 다지고자 모인 종교개혁 지지자들도 교황의 공

---

in re operam meo iudicio navavit. Quemadmodum autem ipse veterum labore adiutus fuit, qui in hoc stadio eum praecesserant, ita mihi sua industria et sedulitate non parum levationis attulit. Sicubi autem ab eo dissentio (quod mihi libere, quoties necesse erat, permisi), ne ipse quidem, si superstes ageret in terra, moleste ferret." 이것은 칼빈의『공관복음서 주석』서문의 마지막 부분인데, 그 주석이 출간된 1555년은 이미 부써가 이 세상을 떠난 후였다. 주석 서문의 마지막 문장에서 부써를 향한 칼빈의 존경심과 그리움을 엿볼 수 있다.

546) *로마가톨릭 교황으로 본명이 알레산드로 파르네즈(Alessandro Frnese)이다. 1534년 10월 13일에 교황이 되어 죽을 때까지 15년간 교황 자리에 있으면서 교회 개혁과 쇄신에 힘썼다.
547) 루돌프 피셔-볼페르트,『교황사전』, 안명옥 역 (서울: 가톨릭대학교출판부, 2001), 143-145.
548) 토마스 카우프만,『종교개혁의 역사』, 황정욱 역 (서울: 도서출판 길, 2017), 628.

의회에 참석할 의사가 없었다.

교황은 1537년 4월 20일에 교령을 내려 공의회 소집 연기를 선언했는데, 이 교령에는 프랑스의 반대에 대한 언급은 전혀 없었다. 공의회 소집 날짜는 1537년 11월 1일로 연기되었다가 10월 8일에는 1538년 5월 1일로 다시 연기되었다. 그리고 이런 반복된 연기 선언으로 교황은 명성을 잃게 되었다.[549]

오토만(Ottoman) 제국과 프랑스 연합군에 맞서야 했던 황제는 영국 왕 헨리 8세를 포함하여 다른 군주들과 귀족들의 지원이 절실했다. 그러나 이들이 신앙 문제로 분열되어 있었기 때문에 이 문제를 해결하는 것이 급선무였다. 하지만 교황의 도움을 기대할 수 없던 황제는 가톨릭 측과 개신교 측의 대표 신학자들이 공적 협상을 통해 합의에 도달하도록 하기 위해 노력했다. 그리고 그 노력의 결과물이 1539년 4월의 프랑크푸르트 평화협정(Frankfurter Anstand)이었다. 이 휴전협정이 유효하던 6개월 동안 두 번의 모임이 있었는데, 한 번은 오토만 제국에 대항하는 황제에게 군사적으로 지원하는 문제를 논의하기 위해 5월에 보름스에서 모였고, 다른 한 번은 구교와 신교 양측의 신학적 차이점이 극복될 가능성이

---

[549] Lau & Bizer, *A History of the Reformation in Germany to 1555*, 136-137.

있는지 논의하기 위해 8월에 뉘른베르크에서 모였다.550)

1538년 10월 중순에 부써는 헤센으로 갔는데,551) 그곳의 교회재산 문제를 해결하기 위해서였다. 교회재산 문제는 종교개혁의 주요 원인 가운데 하나였다. 부써는 스트라스부르 대표자들이 1538년 7월 24일 아이제나흐에서 슈말칼덴 동맹에 제출한 견해를 그 문제의 해결책으로 헤센의 빌립 공작에게 제시했으나, 공작의 유능한 재상 요한 파이게(Johann Feige, 1482-1543)552)가 불만족스러워하여 문제가 쉽게 해결되지 않았다. 이에 문제 해결을 위해 작센 공작 게오르크(Georg, 1471-1539)553)의 재상 게오르크 폰 칼로비츠(Georg von Carlowitz, 1471-1550)554)가 라이프치히에서 1539년 1월 1일에 모임을 갖자고 제안하자 부써는 곧장 비텐베르크로

---

550) Greschat, *Martin Bucer*, 167-168. 프랑크푸르트 평화협정은 1532년의 뉘른베르크 평화협정을 강화한 내용으로, 이미 종교개혁을 수용한 지역만 인정하고 이후 종교개혁에 가담하는 것 자체를 불법으로 간주했다.
551) Ortmann, *Reformation und Einheit der Kirche*, 47.
552) *헤센의 리히테나우(Richtenau)에서 태어나 카셀에서 생을 마감한 헤센의 법률가요 정치인이다. 헤센 지역이 종교개혁을 수용하도록 하는 일에 일등공신이었고, 마르부르크대학 설립을 위해서도 특별한 재능을 발휘하여 그 대학의 첫 재상을 지냈다.
553) *선제후국인 작센과 다른 작센공국의 군주로서 수염이 많은 자(der Bärtige)로 불린 알베르트 작센 공작(Herzog des albertinischen Sachsens)이다. 철저한 로마교 신자였으며, 살아생전에 루터의 종교개혁으로부터 자신의 공국을 지켰으나 결국 작센공국이 루터주의로 넘어가는 것을 막지는 못했다.
554) 작센의 재상 칼로비츠(Carlowitz=Karlowitz)는 율리우스 플룩(Julius Pflug)과 함께 1534년에 이미 작센의 공작 게오르크에게 라이프치히 종교회담을 소집하자

달려가 루터의 생일축하연에 참석하고, 1538년 11월 17일 일요일에는 루터의 설교대에서 설교도 했다. 그러나 선제후의 눈치를 살펴야 하는 루터와 멜란히톤은 쉽게 답변을 내놓지 못했다. 기다리다 지친 부써는 헤센으로 떠나기 직전에야 겨우 멜란히톤이 작성한 작센의 입장을 확보할 수 있었다.[555]

교회재산 문제에 관한 멜란히톤의 생각은 부써와 크게 다르지 않았다. 헤센으로 돌아온 부써는 멜란히톤의 견해를 영주에게 전하면서 그를 설득하여 라이프치히 회의 전에 의견을 달라는 요청서를 작센의 선제후에게 보내도록 했다. 이후 부써는 곧장 스트라스부르로 돌아와 작센의 선제후에게서 분명한 입장을 밝히는 소식을 기다렸다. 그러나 허사였다. 그가 슈팡겐부르크(Spangenburg)에서 헤센의 영주 빌립과 그의 책사 파이게를 함께 만난 크리스마스 날까지도 감감무소식이었다. 1538년 마지막 날, 부써와 파이게는 라이프치히에 도착했고, 1539년 1월 1일에는 게오르크 공작이 보낸 게오르크 폰 칼로비츠와 게오르크 비첼

고 제안했던 인물이다. 후에 그는 황제 카를 5세에 의해 선제후가 될 작센의 모리츠(Moritz) 공작 밑에서 영향력 있는 정치 고문으로 활동했다. 라이프치히 모임을 위한 그의 활약상에 대해서는 다음을 참고하라. Ortmann, *Reformation und Einheit der Kirche*, 49-53.
555) Eells, *Martin Bucer*, 243-245.

(Georg Witzel, 1501-1537)556)을 만났다. 부써와 파이게는 새해 첫날 오후에 도착한 작센의 대표 그레고르 폰 브뤽(Gregor Brück, 1483-1557)557)과 멜란히톤을 만나서 라이프치히 모임 이후에 어떻게 처신할지는 작센의 선제후에게 묻기로 결의했다.558)

사실 부써는 한 달 전인 1538년 12월 1일까지도 자신이 라이프치리 모임에 참석해야 하는지 전혀 몰랐다.559) 1539년 1월 2일에 개최된 라이프치히 회의에는 모두 6명이 참가했는데, 칼로비츠와 알베르트 작센의 의원 라이프치히 대표자 루트비히 파흐스(Ludwig Fachs, 1497-1554),560) 부써, 파

---

556) *독일의 신학자로, 루터의 가르침에 매력을 느껴 로마교 신앙을 버렸으나 다시 로마교로 돌아갔다. 한때 루터의 제자이자 추종자였지만 1532년에 배반자가 된 후 루터의 등에 신랄한 독설로 비수를 꽂았다.
557) 본명은 그레고리우스 헤니쉬(Gregorius Henisch)이고 하인제(Heinse), 하인츠(Heintz), 하이니스(Heinis)로 불리며, 라틴어 이름은 폰타누스(Pontanus)이다. 시장의 아들로 태어났고, 그의 형 시몬 하인스(Simon Heins)는 가톨릭 신학자였다. 비텐베르크대학이 설립된 해에 이곳에 입학하여 1505년 12월 22일에 학부를 졸업했다. 1506년에 프랑크푸르트로 옮겨 공부하다가 1508년에 비텐베르크로 돌아왔고, 1509년 3월 29일에 법학박사 학위를 받았다. 1519년에는 비텐베르크 시의원으로 선출되었고, 작센의 선제후 현자 프리드리히의 궁정에 고문으로 들어가 1520년에 궁정 재상이 되었다. 1540년대 후반에 예나(Jena)로 가서 김나지움 설립을 위한 법학교수로 재직했는데 그가 죽은 해에 김나지움은 대학으로 승격되었다.
558) Eells, *Martin Bucer*, 245-246.
559) Lenz, ed., *Briefwechsel Landgraf Philipp's* I, 54-55(부써가 시몬 빙[Simon Bing]에게 보낸 1538년 12월 1일 자 편지).
560) 독일의 법률가로서 1534-1552년 사이에 수차례 라이프치히의 시장으로 선출되

이게, 멜란히톤, 브뢱이었다.561) 회의는 칼로비츠의 연설로 시작되었다. 그는 세속 군주들의 동맹으로 종교적 협상을 이루는 것이 독일의 유일한 희망이라고 주장하면서 황제에게 제국의회를 소집하여 그것을 수용하도록 요구하자고 제안했는데, 그런 방법으로 교회 군주들인 대주교들을 제압하는 것이 유일한 해결책이라고 보았기 때문이다.562) 그리하여 이 문제를 논의하는 데 이틀을 소비했다. 그런 다음 신앙과 행위 문제 등과 같은 교리를 다루기 시작하자 부써와 비첼 사이에 불꽃 튀는 논쟁이 벌어졌다. 파울리눔(Paulinum)에서 시작된 논쟁은 이후 약 8일간 루트비히 파흐스의 집에서 진행되었다.563)

부써와 비첼 사이의 사적이고도 공적인 공방은 논쟁적 교리들에 대해서는 다음 기회에 다루기로 연기함으로써 끝

었다. 1512년부터 라이프치히대학에서 공부했고, 1522년부터는 법학부의 일원이 되었으며, 1542년에는 교수로 임용되었다. 1548년 여름부터 모리츠 공작의 자문관 즉 재상으로 일했다. 1524년부터 라이프치히 시의원이었는데, 1541년에 라이프치히가 종교개혁을 수용할 당시 옛 신앙을 대변하는 대표적 인물이었다.

561) BDS 9/1, 14; Cornelis Augustijn, *De godsdienstgesprekken tussen roomskatholieken en protestanten van 1538 tot 1541* (Haarlem: De Erven F. Bohn N.V., 1967), 18.
562) Eells, *Martin Bucer*, 246.
563) BDS 9/1, 15. 부써와 비첼 사이의 논쟁이 1539년 1월 7일에 종식된 것으로 제시하는 그레샤트와 달리 오르트만은 그 논쟁이 1월 8-10일 사이에 끝난 것으로 추정한다. Ortmann, *Reformation und Einheit der Kirche*, 56.

이 났다. 마무리 협상 자리에는 대화에서 일찍 빠진 멜란히톤과 브뢱을 제외하고 부써와 비첼, 칼로비츠, 파흐스, 파이게만 참석했다.[564] 양측이 합의한 15개 항목의 라이프치히 조항[565]에서 부써는 결코 루터의 칭의론을 희생하지 않았다.[566] 선제후 작센 당국과 헤센 당국에 전달된 라이프치히 조항은 죄의 유전, 구원, 자유의지, 참회, 치리, 성례, 입교, 임직, 금식, 음식, 수도원, 성자숭배, 성일, 교회의 세속 권력 등의 문제를 다루었다. 비록 라이프치히 회의가 본래 계획한 목적을 달성하지 못한 것은 사실이지만 쓸데없는 시간 낭비는 아니었다. 왜냐하면 그 회의를 통해 종교개혁으로 인해 발발할 일촉즉발의 독일민족전쟁을 피할 수 있는 길은 오직 협상뿐이라는 것과, 이 협상의 주요 장애물은 교회재산 처분 문제라는 것이 명확하게 밝혀졌기 때문이다.[567]

---

564) BDS 9/1, 15.
565) BDS 9/1, 23-51. 15개 조항의 내용 및 작성자에 대한 상세한 분석은 다음을 참조하라. Ortmann, *Reformation und Einheit der Kirche*, 56-69.
566) Augustijn, *De godsdienstgesprekken*, 24,각주1. 여기서 아우구스떼인은 라이프치히 합의에서 개신교 칭의론이 포기되었다는 카르다운스(Cardauns)의 주장이 틀렸다고 평가한다.
567) Eells, *Martin Bucer*, 247.

프랑크푸르트 평화협정

라이프치히 합의안에 대해 루터는 긍정적으로 평가했는데, 특히 칭의론과 성찬론 부분은 대만족이었다.[568] 하지만 선제후 요한 프리드리히가 공식적으로 비텐베르크 신학자들에게 그 합의서에 대한 견해를 물었을 때, 그들은 이구동성으로 그것을 "졸작(Fickwerk)이자 악마의 망령"(Teufelsgespenst)이라고 대답했다.[569] 부써는 이처럼 상이한 반응을 이해하기 어려웠다. 작센의 신학자들은 종교개혁 교리와 모든 필수적인 교회 예식을 반드시 고수해야 한다고 요구하면서 아디아포라, 즉 중립적인 요소들만 허용할 수 있다고 주장했다. 부써도 원칙적으로는 여기에 동의했으나 이런 식으로는 결코 합의에 도달할 수 없다고 생각했다.[570] 종교적 합의에 대해 부써와 비텐베르크 종교개혁자들 사이에는 실제로 온도 차이가 있었다. 부써의 고민은 어

---

[568] WA Br. 8, 652,4-6: "Weil sie die heübstuck als von der Jüstification, von beider gestalt, von abthun der winckel messen, von der priester ehe, von der Monchery bekennen vnd zü lassen, so mags wol ein vergleichung mit vns heissen." Lenz, ed., *Briefwechsel Landgraf Philipp's* I, 135(부써가 헤센의 영주에게 보낸 1540년 2월 7일 자 편지): "…, da hat er mussen dennoch so fil auch in disem articel zugeben, das dr. Luther selb damit zufriden war."

[569] Enders, ed., *Dr. Martin Luther's Briefwechsel* 12, 330-333(선제후 요한 프리드리히가 루터, 요나, 부겐하겐, 크루치거, 멜란히톤에게 보낸 1539년 12월 29일 자 편지).

[570] Augustijn, *De godsdienstgesprekken*, 27-28.

떻게 기독교의 핵심적인 가르침, 예컨대 이신칭의와 같은 교리를 포기하지 않고 합의를 이끌어낼 수 있을까 하는 문제였다.

부써는 1539년 2월의 프랑크푸르트 모임에 참석할 스트라스부르의 신학자 대표로 임명되어 2월 9일, 또다시 여행을 떠나야 했다.571) 스트라스부르를 떠난 직후에 부써는 프랑스 개신교도들을 도와달라는 요청을 받았는데, 도울 것이 없다는 그를 다시 한 번 설득하기 위해 칼빈이 1539년 2월 21일에 프랑크푸르트로 갔고, 그곳에서 처음으로 멜란히톤을 대면할 기회를 가졌다.572) 이후 칼빈과 멜란히톤은 평생지기가 되었다. 프랑크푸르트에서 슈말칼덴 동맹 모임이 진행되고 있던 2월 25일에 룬트(Lund)의 대주교이자 황제의 대변인 요한 폰 베에체(Johann[es] von Weeze)573)와 두 명의 의원, 즉 독일 왕 페르디난트의 대리인 한 명과 슈말칼덴 동맹의 대표자 한 명이 협상을 시작했다. 이 협상은 브란덴부르크(Brandenburg)의 선제후 요아킴 2세(Joachim

---

571) Eells, *Martin Bucer*, 249; BDS 7, 399. 그는 2월 12일에 프랑크푸르트에 도착했다.
572) CO 10b, 322-323(칼빈이 파렐에게 보낸 1539년 3월 16일 자 편지).
573) '베에체'(Weeze)는 '베차'(Weza)로도 불리고 라틴어로는 베살리우스(Vesalius)이다. '베차의 귀족 요한 5세'(Johannes V Edler von Weza) 혹은 '요한 베에스 판 제이퍼나르'(Johann Wees van Zevenaar)로도 불린다. 1513년부터 황제의 대변인이었고, 1522년에는 스웨덴 룬터의 대주교로, 1530년에는 덴마크 로스킬데(Roskilde) 또

II)[574])와 팔츠의 선제후 루트비히에 관한 것이었고, 협상의 결론은 프랑크푸르트 평화협정의 내용이었다.[575]

프랑크푸르트 평화협정이 체결된 것은 1539년 4월 19일이었다.[576] 쟁점이던 종교개혁을 수용한 두 선제후 지역이 슈말칼덴 동맹에 가입하는 문제의 해결은 뉘른베르크 평화협정을 넘지 못했다. 협상 결과에 대해 멜란히톤은 어느 정도 만족했지만 부써는 상당히 격분하여 협정이 체결된 그 날 프랑크푸르트에서 곧장 장문의 편지를 루터에게 보냈다.[577] 평화협정의 주요 내용은 제국의회가 개최될 때까지 슈말칼덴 동맹이나 뉘른베르크 동맹에 새로운 회원이 가입할 수 없다는 것과, 그들 모두 터키, 즉 오토만 제국과의 전

는 제이란트(Seeland)의 주교로 지명되었으며, 1538-1548년에는 콘스탄츠의 제후주교(Fürstbischof)였다. 1539년의 프랑크푸르트 정전협정을 성사시킨 인물이다.
574) 요아킴 2세 헥토르(Hector; Hektor)는 브란덴부르크의 선제후다. 1505년 1월 13일 구베를린(Altberlin)의 쌍둥이 도시 쾰른(Cölln)에서 요아킴 1세 네스토르(Nestor)의 장남으로 태어나 1571년 1월 3일 브란덴부르크의 쾨페닉(Köpenick)에 있는 호헨촐레른 가문의 궁전에서 생을 마감했다. 1535년에 선제후가 된 그는 1539년 11월 1일에 니콜라스교회에서 이종배찬의 성찬을 받은 후 점차 종교개혁으로 기울었고, 결국 1555년에 루터주의를 공적으로 수용했다.
575) BDS 9/1, 53.
576) Wihelm Heinrich Neuser, ed., *Die Vorbereitung der Religionsgespräche von Worms und Regensburg 1540/41* (Neukirch: Neukirchener Verlag, 1974), 13; Ortmann, *Reformation und Einheit der Kirche*, 82.
577) Enders, ed., *Dr. Martin Luther's Briefwechsel* 12, 134-138(부써가 루터에게 보낸 1539년 4월 19일 자 편지). = WA Br. 8, 413-417. 여기서 부써는 모든 것이 결과적으로 악마의 장난질이었다는 불만을 토로한다.

쟁에 군사적 도움을 제공해야 한다는 것이었는데, 첫 번째 합의 내용이 부써를 자극했다. 그는 자기 것만 안전하게 지키면 된다는 슈말칼덴 동맹 회원들의 이기적이고 근시안적인 생각과 태도를 혹독하게 비판했다. 하지만 종교회의를 개최하겠다는 황제의 약속에 대해서는 진심으로 환영했는데, 그것은 부써 자신이 독일 전체의 국가적 교회회의를 간절히 염원해왔기 때문이다.[578]

부써는 누구보다 교회 연합을 간절히 원했다. 왜냐하면 그리스도의 몸인 교회는 하나뿐이며 결코 둘이나 셋일 수 없다고 믿었기 때문이다. 그는 정치적 야합이 아닌, 순수한 신앙적 동기의 교회 연합만이 진정한 연합이라고 생각했다. "사람들이 로마의 어떤 방해도 없이 진심으로 하나님만 바라보길 원하고, 또한 교회재산에 관하여 합의할 수 있다면, 기독교 공동체의 온당한 요점들에 대해 협상할 수 있고, 교회 일치를 위해 합의하지 못한 다른 것들에 대해서는 기독교인의 자유에 맡길 수도 있다는 것을 나는 인정하겠다."[579] 여기서 '하나님만 바라보길 원하는 진심'은 항상 부

---

578) Greschat, *Martin Bucer*, 170-171.
579) BDS 7, 439,33-440,2: "Wolan, ich gibe zu, das man in rechten hauptstucken Christlicher gemeynschafft sich ja wol konde vergleichen und durch Christliche freiheyt das andere in Christlicher eynigkeyt gleich onverglichen lassen, Wa man alleyn von hertzen uff Gott sehen wolte, sich

써에게 교회의 일치와 연합을 위한 필요충분조건이었다. 이 교회연합 원리 위에 당시 가장 중요한 쟁점이던 교회재산 문제를 부가 조건으로 내세운 것이다. 부써의 눈에 몇몇 개인이 교회재산을 사유화하는 것은 그 자체로 불법적인 것으로 보였다.

부써에 따르면 모든 교회재산은 사유화보다는 사용 목적에 알맞게 재배치되고 재분배되어야 한다. 비록 성경과 교회전통이 교회의 재산 소유권을 보장하고 있지만 그 재산을 오직 교회 사역을 위해 정당하게 사용할 때 비로소 재산 소유의 합법성이 확보된다고 보았기 때문이다. 이것은 어떤 물건이든 중립적인 것으로 보고 선용하느냐, 악용하느냐에 따라 선한 것이 되기도 하고 악한 것이 되기도 한다는 그의 아디아포라 신학과 일맥상통한다.[580] 부써에 따르면

---

von[440] Rom nichts hindern liesse und konde sich der Kirchengutter halben vertragen." 영어 번역은 다음을 참조하라. Greschat, *Martin Bucer*, 171. "BDS 7, 397-502"는 부써가 1539년 6월 3일에 쿤라트 트레베 폰 프리데스로이엔'(Chunrad Trewe von Fridesleuen)이라는 가명으로 출간한 책 『뉘른베르크 평화협정에 관하여』(*Vom Nürnbergischen fridestand*)의 원문이다. 이것은 세 남자(종교개혁을 강력하게 지지하는 귀족, 개혁에 개방적인 신중한 가톨릭 수도원장, 군주의 서기관)가 슈파이어 제국도시에서 벌이는 가상의 토론 형식으로 작성되었으며, 서기관이 부써의 입장을 대변한다. 여기서 그는 독일 전체의 교회회의가 필요하다고 역설한다.

580) 참고. BDS 7, 493, 27-494, 2. 다음 글과 같이 부써는 교회재산에 관하여 아주 광범위하고 상세하게 다룬 연구물을 남겼는데, 이 글 역시 세 사람이 벌이는 가상의 토론 형식으로 작성되었다. BDS 12, 275-494.

교회재산은 급여를 받을 가치가 있는 교회의 필수 봉사 사역자들을 위한, 특히 각 교회가 선택한 목사들을 위한 지출이 가장 중요하고 우선적이며, 또한 구제 즉 가난한 사람들과 병자들을 돌보는 사역을 위해 사용되어야 한다. 그리고 지금까지 교회가 소유해온 넓은 토지와 수도원 등에 대해서는 더 이상 교회의 소유권을 주장할 수 없다.[581] 부써에게 교회재산의 주요 사용처는 목회자의 생활비 및 빈자와 병자를 위한 구제비였다.

프랑크푸르트 모임을 통해 부써는 중요한 정치 협상가로 급부상했다. 1539년 9월, 영국 왕실에서 크리스토퍼 몬트(Christopher Mont, 1496/7-1572)[582]가 독일로 와서 영국 왕 헨리 8세(Henry VIII)와 슈말칼덴 동맹의 협상을 재개하고자 했을 때, 부써는 영주 빌립에게 한 명의 외교관을 멜란히톤과 함께 보내도록 힘써 달라고 요구했다. 또한 비록 헨리 8세가 신뢰할 만한 인물은 아니지만 멜란히톤의 영향력이라면 분명 소기의 목적을 달성할 수 있으리라고 주장했다.[583] 하지만 헤센의 영주 빌립의 생각은 달랐다. 왜냐하면 대사를 보

---

581) Greschat, *Martin Bucer*, 173.
582) *독일의 코블렌츠(Koblenz) 출신이지만 1531년에 영국인으로 귀화하여 토마스 크롬웰(Thomas Cromwell)의 대리인이 되었다.
583) Lenz, ed., *Briefwechsel Landgraf Philipp's* I, 99-105(부써가 영주 빌립에게 보낸 1539년 9월 16일 자 편지); 107-108(부써가 영주 빌립에게 보낸 1539년 10월 14일 자 편지).

내도 아무 소용이 없을 것이고 멜란히톤을 헨리 8세에게 보내는 것은 그를 사지로 보내는 무자비한 일이라고 생각했기 때문이다. 그럼에도 영주 빌립은 부써가 요구한 대로 작센과 협상을 시작했고, 부써가 비텐베르크의 신학자들에게 보낸 편지도 전달했다.[584] 하지만 비텐베르크에서는 모두 한마음 한뜻으로 부써의 계획에 반대했다.[585]

부써가 이루어지길 바라는 정치 외교적 계획은 실현 가능성이 거의 없었다. 영주 빌립의 도움만이 그에게 남은 유일한 희망이었다. 부써는 헨리 8세에게 교회 정치 문제를 논하는 개인 편지를 쓰도록 헤센의 영주에게 제안했다.[586] 그것은 가능한 한 군주답게 사절을 통해 답장을 보내는 예를 갖추면 좋겠다는 제안과, 영국이 개신교 동맹에 가입하기를 간절히 바라는 소망을 담은 편지였다. 이 편지를 쓴 지 13일 만에 부써는 캔터베리 대주교 토마스 크랜머(Thomas Cranmer)[587]에게도 서신을 보냈다. 서신의 주된 내

---

[584] Lenz, ed., *Briefwechsel Landgraf Philipp's* I, 105-106(영주 빌립이 부써에게 보낸 1539년 9월 30일 자 편지).

[585] 헨리의 왕궁에서는 어떤 선한 것도 기대할 수 없다고 루터는 호언장담했다. Enders, ed., *Dr. Martin Luther's Briefwechsel* 12, 260,28(루터가 부써에게 보낸 1539년 10월 14일 자 편지): "De rege Angliae vereor, ne tua spes sit nihil." = WA Br. 8, 569.

[586] Lenz, ed., *Briefwechsel Landgraf Philipp's* I, 109-113(부써가 영주 빌립에게 보낸 1539년 10월 16일 자 편지).

[587] 1489년 7월 2일 노팅엄셔(Nottinghamshire)의 애즈락톤(Aslockton)에서 태어나

용은 슈말칼덴 동맹을 위한 지난한 노력에 대해 설명하고, 영국 왕도 개신교 동맹에 동참하여 적그리스도인 로마교황을 대항할 수 있길 간절히 바라는 마음으로 도움을 요청하는 것이었다.588) 이러한 개신교 연합을 위한 부써의 열정은 헛되지 않았다. 결국 그의

토마스 크랜머

계획대로 슈말칼덴 동맹은 영국에 사절을 보내기로 결정했기 때문이다.589)

프랑크푸르트 평화협상을 전후로 라이프치히 합의안은 여기저기에 조용히, 하지만 빠르게 알려지고 있었다. 그 합의서는 1539년 한 해 동안 여러 군주에게 보내져 로마교 신학자들인 요한 에크와 히에로니무스 알레안더에게 전달되

1556년 3월 21일에 순교한 영국의 종교개혁자다. 헨리 8세와 에드워드 6세의 통치 기간에 캔터베리 대주교였고, 영국에 성공회를 정착시킨 일등공신이었다. 공동기도서 첫 두 판의 편집과 출간을 주도함으로써 오늘날 성공회 예식의 대부분을 완성했다. 피의 여왕 메리에 의해 옥고를 치르다가 순교했다.

588) Hastings Robinson, ed. & trans., *Original Letters Relative to the English Reformation, Written during the Reigns of King Henry VIII., King Edward VI., and Queen Mary: Chiefly from the Archives of Zurich* (Cambridge: The University Press, 1847), 526-530(부써가 대주교 크랜머에게 보낸 1539년 10월 29일 자 편지).
589) 참고. Lenz, ed., *Briefwechsel Landgraf Philipp's* I, 116(부써가 영주 빌립에게 보낸 1539년 11월 14일 자 편지).

었으며, 심지어 로마 교황청뿐만 아니라 황제의 재상 니콜라 페레노 더 그랑벨러(Nicolas Perrenot de Granvelle, 1484-1550)[590]에게까지 전달되었다.[591] 라이프치히 모임에서는 논쟁적 교리들에 대한 합의가 이루어지지 않았기 때문에 로마교회 측과 종교개혁 측이 한자리에 모이는 것은 불가피한 일이었다. 황제 카를 5세는 자신의 로마제국이 교리로 인해 분열되는 것을 원하지 않았다. 1540년 4월 18일 드디어 황제는 종교회의를 6월 6일에 슈파이어에서 개최하도록 로마교회와 개신교회 양측에 소집을 공고했다.[592]

하게나우 교회연합회담(1540. 5. 23~7. 28)[593]

1539년 4월 23일 슈말칼덴 동맹의 회원들은 프랑크푸르트 모임을 폐회하면서 장차 황제에 의해 소집될 미래의 교회연합회의에 반드시 참석해야 할 개신교 신학자들의 명

---

590) 부르고뉴(Bourgogne=영. Burgundy=독. Burgund)의 정치인으로 황제 카를 5세가 신임하는 심복 자문이었다. 제국도시 베장송(Besaçon)의 영주(suzerain)가 되었고, 네덜란드에 상당한 정치력을 행사했다. 그는 유명한 추기경이자 정치인이던 앙투완느 페레노 더 그랑벨러(Antoine Perrenot de Granvelle, 1515-1586)의 아버지였다.
591) Augustijn, *De godsdienstgesprekken*, 24.
592) Eells, *Martin Bucer*, 270.
593) Ortmann, *Reformation und Einheit der Kirche*, 113-147.

단에 35명의 이름을 명기하였다. 이름을 명기하지 않은 사람도 최소 1명 이상이었다.[594] 이 명단에는 부써와 헤디오, 카피토가 스트라스부르의 대표 신학자로 올랐고, 칼빈의 이름은 바젤의 대표자 명단에 시몬 그리네우스와 함께 올랐다. 스위스 취리히와 베른 그리고 제네바의 대표 신학자는 명단에 없었다. 하지만 4월 23일 자 명단은 또 다른 11월 28일 자 명단과 12월 3일 자 명단과 일치하지 않았다. 11월 28일 자 명단과 12월 3일 자 명단에서 부써는 영주 빌립이 추천하는 헤센의 대표 신학자로 올랐고, 스트라스부르의 대표자로는 야곱 슈투름과 볼프강 카피토, 시몬 그리네우스가 명기된 반면에, 칼빈은 11월 명단에는 울름의 대표 신학자로, 12월 명단에는 뤼넨부르크(Lünenburg)의 대표 신학자로 올랐다.[595]

슈파이어 연합회의를 위해 로마가톨릭 대표자들은 1540년 5월 23일의 예비모임에 초대받았고 복음주의 대표자들은 6월 6일에 초대받았으나 전염병 때문에 모임 장소가 하게나우로 변경되었다. 황제의 동생 페르디난트 1세가 황제 대리로 참석했지만 작센의 선제후와 헤센의 영

---

594) Neuser, ed., *Die Vorbereitung der Religionsgespräche*, 52.
595) Neuser, ed., *Die Vorbereitung der Religionsgespräche*, 199-200.

안드레 오시안더

주는 부써와 안드레 오시안더(Andreas Osiander, 1498-1552)596)의 절박한 간청에도 불구하고 프랑크푸르트 평화협정을 핑계 삼아 참석하지 않았다. 이 회담에 대해 회의적이던 멜란히톤은 하게나우로 오는 길에 병에 걸려 튀링겐(Thüringen=Thuringia)에 머물러야 했다. 따라서 비텐베르크 대표자들은 카스파르 크루치거와 프리드리히 미코니우스, 유스투스 메니우스(Justus Menius)597)만 회담에 참석했다. 교황 특사 지오반니 제롤라모 모로네(Giovanni Gerolamo Morone)598)는 페르디난트와 함

---

596) *독일어 본명은 호제만(Hosemann)으로 루터파 종교개혁자다. 그의 칭의 사상에 대해 칼빈과 멜란히톤은 비판의 날을 세웠다.
597) 1499년 12월 13일 독일 헤센의 풀다(Fulda)에서 태어난 루터파 종교개혁자이다. 1514년 에르푸르트대학에 입학하여 1515년에 학사학위, 1516년에 석사학위를 취득했고, 1519년에 비텐베르크로 이사하여 멜란히톤의 가르침과 루터의 설교를 통해 복음주의자가 되었다. 작센의 선제후 요한은 1529년에 그를 아이제나흐의 설교자와 총감독으로 임명했는데, 그는 거기서 18년 동안 교회 업무와 교육을 관리했다. 1542년에는 작센의 선제후 모리츠가 그에게 교회 정비 임무를 맡겨 뮐하우젠(Mühlhausen)으로 옮겼는데, 1546년에 미코니우스가 죽자 고타의 감독 임무도 맡게 되면서 1547년에 고타로 갔다. 1554년에 작센의 선제후 요한 프리드리히 1세가 죽은 후 건강이 악화되어 1555년에 공적 직무를 내려놓았고, 1556년에 아이제나흐에서 모인 교회회의 이후 1558년 8월 11일 라이프치히에서 삶을 마감했다.
598) 1509년 1월 25일 이탈리아 밀라노에서 태어나 1580년 12월 1일 로마에서 사망

께 참석했으나 단지 가톨릭 대표자들에게 조언하는 임무 외에 어떤 견해나 약속을 제시할 수 없었다.[599] 부써는 22일에야 하게나우에 도착했는데,[600] 칼빈이 그와 함께였다.

끝없는 신학 논쟁이 벌어지지 않도록 하기 위해 페르디난트는 1540년 6월 12일에 하게나우 회담을 공식 개회하면서 1530년 아우크스부르크 제국의회 석상에서 했던 대화의 결론을 근거로 협상을 시작하자고 제안했다. 이 제안에 대해 가톨릭 측의 요한 코흘라에우스(Johann Cochlaeus)[601]는 회담이 필수적인 것은 아니지만 반드시 협상을 위한 대화를 해야 한다면 당연히 1530년의 제국의회에서 시작하는 것이 좋다는 견해를 밝혔고, 프리드리히 나우세아(Friedrich

---

한 이탈리아 추기경. 1529년에 이탈리아 모데나(Modena)의 주교였고, 1535년부터 교황 바울 3세의 외교 임무를 맡아 프랑수아 1세를 찾아가 교황과 화친하도록 조정하는 일을 시도했다. 1536년에는 교황의 특사 자격으로 왕 페르디난트 1세와 함께 1539-1540년에 개최된 하게나우와 보름스 교회연합 모임에 참석했다. 1542년에 교황 바울 3세가 그를 추기경으로 임명한 이후에도 주로 개신교도들과의 외교 업무를 담당했다. 1557년에 루터 이단으로 의심을 받아 투옥되기도 했으나 혐의 없음으로 풀려났고, 1570년에는 황제의 자문기관인 추기경단(Sacred College of Cardinals)의 장이 되었다.

599) Lau & Bizer, *A History of the Reformation in Germany to 1555*, 161.
600) Greschat, *Martin Bucer*, 175. 하지만 엘스는 부써가 6월 28일에 하게나우에 도착하여 29일에 그곳에서 설교했다고 주장한다. 참고. Eells, *Martin Bucer*, 487, 각주11.
601) *독일 이름은 돕네크(Dobneck)로서 독일의 로마가톨릭 논객이다. 독일 인문주의자들과 교제했고, 종교개혁운동을 반대하는 로마가톨릭의 대표 저격수로 활약했다.

Nausea)[602]도 이 견해에 전적으로 동의했다.[603] 하지만 개신교 측이 볼 때 이 회담은 시작부터 편향적이었다. 황제의 동생 페르디난트는 가톨릭 인사 네 명을 의장으로 임명한 반면에 복음주의자들에게는 그들의 입장을 설명할 기회조차 주지 않았다. 그는 6월 28일에야 개신교도들과 협상을 시작했고 팔츠 선제후, 트리어 선제후, 바이에른(Bayern) 공작 루트비히(Ludwig),[604] 스트라스부르 주교 등을 협상가로 결정했다.[605]

협상은 시작부터 난항이었다. 회담 진행을 어디서부터 시작해야 하느냐는 문제로 양측이 팽팽하게 대립했기 때문이다. 한쪽이 자신의 입장을 포기하지 않는 한 사실상 합의는 불가능했다. 7월 2일에 복음주의자들은 자신들이 고

---

602) *독일어 본명은 프리드리히 그라우(Friedrich Grau)이며, 오스트리아 빈(Wien=Vienna) 관구의 주교이다. 멜란히톤을 찾아가 로마교로 복귀하도록 설득했으나 실패했고, 개신교와 로마교의 재결합을 위해 노력했다.
603) Augustijn, *De godsdienstgesprekken*, 38-39.
604) 1495년 9월 18일 그륀발트(Grünwald)에서 태어나 1545년 4월 22일 란츠후트(Landshut)에서 사망한 바이에른 주의 공작 루트비히 10세다. 바이에른 주의 상속자 알브레히트(Albrecht) 4세의 아들이자 공작 빌헬름(Wilhelm) 4세의 동생으로 1514년 2월 17일에 형과 함께 바이에른의 동반 통치자가 된 후, 1514년 10월 14일부터 죽을 때까지 란츠후트와 슈트라우빙(Straubing)에서만 공작으로 통치했다. 1530년에 독일제국의 왕으로 선출되기 위해 노력했으나 결국 1531년에 오스트리아 대공 페르디난트가 선출됨으로써 실패했다. 1537-1543년에 란츠후트 시에 새로운 관저를 지었고, 법적 계승자 없이 죽어 그의 형 빌헬름이 다시 바이에른의 유일한 통치자가 되었다.
605) Neuser, ed., *Die Vorbereitung der Religionsgespräche*, 16.

수하는 아우크스부르크 신앙고백서와 변증서 가운데 무엇이 잘못인지 알려달라고 로마가톨릭 대표자들에게 요구했다.[606] 그러나 본격적인 논의를 시작하기도 전에 협상은 진행절차 문제 때문에 답보상태에 빠졌다. 결국 하게나우 회담은 1540년 7월 28일에 공식적으로 결렬되었다.[607] 하지만 회담이 실패였다고 결론 내릴 수만은 없다. 왜냐하면 1540년 10월 28일에 보름스에서 회담을 재개할 것과 양측의 협상 사절단을 각기 11명씩으로 할 것(로마가톨릭 측은 이미 11명이 결정됨), 그리고 1530년 아우크스부르크 제국의회의 결정이 아닌 아우크스부르크 신앙고백서와 변증서를 협상의 출발점으로 할 것 등을 결정했기 때문이다.[608]

슈말칼덴 동맹이 좀 더 강화되길 원한 부써는 하게나우 회담 기간에 프랑스를 개신교 동맹에 가입시킬 수 있는 기회를 잡았다. 그곳에 온 프랑수아 1세의 특사 나사로 드 베이프(Lazare de Baïf)[609]는 교황을 공경하는 확고한 로마가톨

---

606) Augustijn, *De godsdienstgesprekken*, 40.
607) Eells, *Martin Bucer*, 272.
608) Neuser, ed., *Die Vorbereitung der Religionsgespräche*, 20. 트리어 선제후 요한이 1540년 7월 23일에 사망했기 때문에 그를 대신하여 마인츠의 선제후가 보름스 종교회담의 협상가로 임명되었다.
609) 1496년 라 플레슈(La Fléche)에서 태어나 1547년 파리에서 사망한 프랑스 인문주의자요 정치 외교가다. 프랑스 추기경 장 뒤 벨레(Jean du Bellay, 1492-1560)의 첫 조카이자 프랑스 시인 요아킴 뒤 벨레(Joachim du Bellay, 1522-1560)의 영향을 받아 우아한 라틴어 시를 짓는 시인이었다. 베네치아 태생의 그의 아들 장 앙뚜완

릭교도였지만 정치적으로 교황의 손발을 묶는 일에는 이의가 없었으므로 독일 개신교도들의 대사를 프랑스 왕에게 보내면 좋겠다고 제안했다. 부써는 그의 제안을 헤센의 영주에게 전하면서 프랑스 파리의 추기경을 만나 협상을 시작하도록 강권했다.[610] 하지만 이때 당시 헤센의 영주는 자신의 이중결혼, 즉 중혼 문제로 심각한 고민에 빠져 있었다. 중혼은 파면의 중벌을 면하기 어려운 불법이었기 때문이다. 부써와 멜란히톤, 심지어 루터까지도 영주의 중혼을 불가피한 일로 인정하면서도 최대한 알려지지 않도록 숨겨야 한다고 충고했다. 하게나우에서 부써는 편지로 영주의 중혼이 아브라함, 이삭, 야곱과 같은 경우라고 설득했지만[611] 영주는 이 말로 설득되지 않았다.[612]

드 베이프(Jean Antoine de Baïf)가 프랑스 시인으로서 그보다 훨씬 더 유명하다.

610) Eells, *Martin Bucer*, 273. 참고. Lenz, ed., *Briefwechsel Landgraf Philipp's* I, 196-197(부써가 헤센의 영주에게 보낸 1540년 7월 20일 자 편지).

611) Lenz, ed., *Briefwechsel Landgraf Philipp's* I, 175-178(부써가 헤센의 영주에게 보낸 1540년 7월 3일 자 편지); 178-180(부써가 헤센의 영주에게 보낸 1540년 7월 8일 자 편지); 192-196(부써가 헤센의 영주에게 보낸 1540년 7월 18일 자 편지). 여기서 부써는 영주에게 새로운 결혼 계약으로는 두 번째 부인인 마가렛(Margaret)을 첩으로 삼고, 개인적으로는 그녀를 정실부인으로 여기면 된다고 권면하였다. 또한 이것을 아브라함과 이삭이 자신의 부인을 누이라고 속인 거룩한 거짓말로 간주하였다. 하지만 이후 부써는 축첩이 그리스도인에게 허용된 것이라고 가르치지 않았다고 주장하면서 그가 중혼을 정죄할 수 없었던 이유에 대해서 설명했다. 중혼에 대한 부써의 자세에 대해서는 다음을 참조하라. Eells, *The Attitude of Martin Bucer*, 123-131, 223-240.

612) 헤센의 영주 빌립은 부써의 충고를 실천 불가능한 것으로 생각하여 수용하지

하게나우 회담 상황에 대해 칼빈은 종교개혁을 수용한 작센과 브란덴부르크, 관망 중인 쾰른, 확실한 종교개혁을 열망하는 팔츠, 평화와 자유를 원하는 마인츠와 트리어 등, 그곳에 모인 모든 제후들이 예외 없이 평화로운 통치를 원했기 때문에 이것이 황제에게 위협적일 것으로 보았다.[613] 부써는 1540년 9월 1에 바르문트 로이트홀트(Waremund Leuthold)라는 가명[614]으로 출간한 소책자 『하게나우 회담에 관하여』(*Vom tag zu Hagenaw*)를 통해 자신의 견해를 밝혔다.[615] 그는 여기서 복음주의자들을 평화 수호자와 교회 개혁자들로, 반면에 교황주의자들을 전쟁 선동가와 과오 방어자들로 묘사했다. 그리고 그리스도와 성경, 교부들과 초대교회 공의회조차도 복음주의자들의 입장을 지지한다는

않았다. 영주가 보기에 거짓말은 그냥 죄일 뿐이었고, 결혼 서약을 파기하는 것도 불가능할 뿐만 아니라 마가렛의 친인척들이 그것을 수용할 가능성이 전혀 없었다. 이것에 대한 상세한 정보는 다음을 참조하라. Eells, *The Attitude of Martin Bucer*, 113-120.

613) CO 11, 66(칼빈이 뒤 떼일리[Du Tailly]에게 보낸 7월 28일 자 편지).

614) 부써가 자신의 책을 가명으로 출간한 이유와 목적은 아마도 어떤 선입견이나 편견 없이 종교회담을 지지하는 여론이 조성되기를 간절히 바라는 소망 때문이었을 것이다.

615) BDS 9/1, 146-321. 여기에는 독일어와 라틴어로 각각 출간된 원서 내용 본문을 대조해서 제시한다. 라틴어판은 "per quos steterit"라는 제목으로 출간되었다. 16세기 출간의 일반적 관행처럼 자국어인 독일어판은 배우지 못한 사람들을 위해, 라틴어판은 식자들을 위한 것이었다. 비슷한 시기에 부써는 회담에 대해 위 글과 유사한 관점을 제공하는 공개편지 두 통 역시 가명으로 출간했는데, 독일어판과 라틴어판으로 저술했다. 대조 원문은 다음을 참고하라. BDS 9/1, 91-145.

점, 따라서 개신교도들은 이단이 아니라는 점을 강조했다. 또한 반드시 평신도들이 참여하는 국가적 회의의 필요성과 오직 성경의 권위에만 의존하는 교리 논쟁을 주장했다.

사실 부써는 하게나우에서 하나의 희망을 보았다. 그것은 쾰른의 대주교 선제후 헤르만 폰 비트(Hermann von Wied)[616]와 그의 조력자 요한 그로퍼(Johannes Gropper)[617]를 만났기 때문이다. 에라스무스의 사상에 영향을 받은 전형적인 인문주의자 그로퍼는 하게나우에서 칭의에 관한 대화를 통해 부써에게 상당히 호의적인 인상을 남겼다.[618]

---

616) *쾰른의 대주교로, 대주교 빌립 2세(Philipp II. von Daun)가 죽자 1515년 3월 14일에 대주교로 선출되었다. 쾰른에 종교개혁을 도입하려 했으나 성공하지 못했고, 1546년 4월 16일 교황 바울 3세에 의해 파문되었다. 쾰른교회를 개혁하기 위한 그의 청사진에 대해서는 다음을 참조하라. BDS 11/1, 147-429. = Herman von Wied, *Einfältiges Bedenken. Reformationsentwurf für das Erzstift Köln von 1543*, ed. by Helmut Gerhards & Wilfried Borth (Düsseldorf: Presseverband der evangelischen Kirche, 1972).

617) *로마가톨릭 신학자요, 법률가이다. 헤르만 폰 비트의 문서 사무관이었고, 1534년 쾰른 대성당 참사회원이 된 후 쾰른을 개혁하려던 대주교를 적극 도왔다. 그러나 대주교가 파문되자 쾰른을 다시 로마가톨릭으로 돌리기 위해 힘썼다. 그의 생애와 독일의 로마가톨릭 개혁에 대해서는 다음을 참조하라. Walter Lippens, *Kardinal Johannes Gropper 1503-1559 und die Anfänge der katholischen Reform in Deutschland* (Münster: Aschendorffsche Verlagsbuchhandlung, 1951). 그의 교회연합운동 이전 칭의론에 대해서는 다음 책을 참조하라. Reinhard Braunisch, *Die Theologie der Rechtfertigung im "Enchiridion"(1538) des Johannes Gropper* (Münster: Aschen Dorff, 1974).

618) Augustijn, *De godsdienstgesprekken*, 43-44. 부써 저작전집 편집자들은 그로퍼가 자신의 신학적 입장을 밝힌 출판물인 1544년에 출간된 책의 복사본을 부록으로 출간했다. 참고. Johannes Gropper, *Christliche und Catholische*

보름스 교회연합회담(1540. 10. 28~1541. 1. 19)[619]

하게나우 회담이 끝난 후 부써는 프랑스가 슈말칼덴 동맹에 가입할 수 있도록 최선을 다했고 또한 영주 빌립의 중혼 문제를 풀기 위해 여념이 없었다.[620] 그러는 동안 황제가 약속한 보름스 회담 개최일인 10월 28일이 성큼 다가왔기 때문에 이 회담을 위한 준비도 하지 않을 수 없었다. 우선 부써는 야곱 슈투름과 요한 슈투름, 마태 파러, 카피토, 칼빈이 보름스 회담에 참여할 수 있도록 조처했다. 그리고 원근 각처에 있는 친구들에게도 대표를 파견하지 못한 지역을 대신하여 참여하도록 독려했다. 보름스로 출발하기 하루 전날, 부써는 제네바가 추방한 칼빈을 다시 제네바로 돌려보내달라고 간청하는 내용의 편지 한 통을 받았다. 하지만 칼빈은 제네바로 돌아가고 싶지 않았고 스트라스부르 동료들도 그를 돌려보내고 싶은 생각이 전혀 없었다. 이에 부써는 보름스 회담을 위해 칼빈이 꼭 필요하기 때문에 회담이 끝난 후에 제네바의 요청을 고려하겠노라고 대답했다.[621]

Gegenberichtung Köln 1544 (Gütersloh: Gütersloher Verlagshaus, 2006).
619) Ortmann, *Reformation und Einheit der Kirche*, 149-231.
620) Eells, *Martin Bucer*, 275-277.
621) Eells, *Martin Bucer*, 278. 이 문제에 관한 칼빈의 견해는 다음을 참고하라. CO 11, 166(칼빈이 제네바 교회의 야곱 베르나르두스[Iacobus Bernardus]에게 보낸 1541년 3월

하게나우에서 북쪽으로 112km 정도 올라간 라인강변의 역사적 도시 보름스에 부써가 도착한 것은 11월 1일이었다.[622] 보름스 회담의 의장단이 개신교와 로마교의 사절단을 처음 소집한 것은 1540년 11월 20일이었으나 당시 황제의 재상 니콜라 페레노 더 그랑벨러가 아직 도착하지 않아 회담은 개회되지 않았다. 그랑벨러가 황제의 대리자 자격으로 보름스에 도착한 것은 11월 22일이었고, 황제 재상의 개회 연설로 회담이 개회된 것은 1540년 11월 25일이었다.[623] 보름스 회담은 종교개혁 이후 독일 개신교도와 로마 가톨릭교도 사이에 처음으로 시도된 교회연합운동, 즉 신교와 구교의 첫 공식 종교회의였다. 하게나우 회담에서 이미 양측은 두 문서, 즉 아우크스부르크 신앙고백과 이 신앙고백의 '변경판'(Confessio Augustana variata)으로 알려진 멜란히톤의 변증서를 회담의 기초로 합의했으나, 이에 대한 로마 가톨릭 대표들의 의견은 일치하지 않았다.

프랑스를 개신교 동맹국으로 끌어들이기 위해 양측의 협

1일 자 편지); 169(칼빈이 비레에게 보낸 1541년 3월 1일 자 편지); 170(칼빈이 파렐에게 보낸 1541년 3월 1일 자 편지); 180(칼빈이 파렐에게 보낸 1541년 3월 29일 자 편지). 3월 1일 자 편지 세 통은 모두 칼빈이 울름에서 보낸 것이고 마지막 편지는 스트라스부르에서 보낸 것인데, 네 편지 모두에서 칼빈은 자신과 부써의 생각이 무엇인지 말한다.
622) Greschat, *Martin Bucer*, 176; Eells, *Martin Bucer*, 279.
623) Neuser, ed., *Die Vorbereitung der Religionsgespräche*, 19.

상을 중재한 부써의 노력은 아무런 소득도 얻지 못했다. 개신교 동맹은 부써만큼 절실하고 간절한 마음이 없었기 때문에 적극적이지 않았고, 프랑수아 1세는 자신의 정치권력을 행사하는 일을 위해 유불리만 계산하고 있었기에 진정성이 없었다. 양측의 협상은 사실상 처음부터 이루어지기 어려운 시도였는지도 모른다. 개신교도들의 슈말칼덴 동맹은 연합이 강화되기는커녕 약화일로에 있었고 파기될 위기에 직면했다. 부써를 포함한 많은 개신교도들이 보름스 회담에 어느 정도 희망적인 기대를 건 반면에, 루터는 황제가 소집한 10월 28일의 보름스 회담에 대해 "거기서 양측의 신학자들이 대화를 한다는 것은 곧 그들이 시간을 잃고 돈을 낭비하며 집안의 모든 것을 소실하거나 망가뜨리는 일"이라고 부정적 결과를 예단했다.[624]

황제의 재상 그랑벨러가 보름스에 도착하던 날까지만 해도 부써는 "독일 민족의 모든 자유와 정의의 최대 적이 궁정"이라고 생각했다.[625] 하지만 이러한 생각은 곧 바뀌었

---

[624] Enders, ed., *Dr. Martin Luther's Briefwechsel* 13, 187, 30-33(루터가 프로이센의 알브레히트[Albrecht] 공작에게 보낸 1540년 10월 10일 자 편지): "Es ist itzt auff Simonis vnd Jude ein tag angesetzt vom Keiser zu Wormbs, da die Theologen beider seyts sollen eine Unterrede halten, die ist, sie sollen Zeit verlieren, geld verzehren vnd zu hause alles verseumen oder schaden nemen."

[625] Lenz, ed., *Briefwechsel Landgraf Philipp's* I, 238(부써가 영주 빌립에게 보낸 1540년 11월 22일 자 편지): "…; der hove ist der gröste feind aller freiheit und

다. 개회 다음 날인 11월 26일에 의장들이 진행 방식을 제안했으나, 로마가톨릭 측은 누구도 몇 주 동안 일을 진척시키지 못했고 혼란만 가중되었다. 양측 대표들이 모두 동의할 수 있는 공적 협상안을 작성하는 일은 사실상 불가능해 보였다. 그래서 1540년 12월 13일에 로마교의 대표 가운데 요한 그로퍼와 황제의 비서 게르하르트 펠트베이크(Gerhard Veltwijck)[626]가 그랑벨러에게 자신들과 부써와 카피토 사이의 비공식 회의를 제안했고, 다음 날인 14일 화요일에 부써와 카피토는 펠트베이크를 통해 황제 대리인의 소환을 통보받았다.[627] 이에 대한 부써의 반응은 냉정했다. "그것은 물일 것이다! 그럼에도 하나님께서 은혜 베푸시고 도우셔서 소수인 우리가 이기길, 또한 반드시 그렇게 되길!"[628]

---

grechtigkeit deutscher nation."
[626] 유대인 가문 출신의 동양학자, 신학자, 정치인으로 황제 카를 5세의 신복 가운데 한 명이었다. 1505년 네덜란드 라베스떼인(Ravestein)에서 태어나 1555년 1월 5/6일 저녁에 브뤼셀에서 제국의회 의장으로 사망했다. 1540년에 그랑벨러는 보름스 회담에 참석할 때 그를 황제의 비서 자격으로 대동했다. 렌츠는 자신이 편집한 책에서 "라벤슈타인 출신 게르하르트 펠트비크 선생"(Mag[ister]. Gerhardt Veltwyck von Rabenstein)으로 지칭하는데, 오늘날 독일의 '라벤슈타인'과 네덜란드의 '라베스떼인'은 다른 지역으로 보인다. 참고. Lenz, ed., *Briefwechsel Landgraf Philipp's* I, 274(부써가 영주 빌립에게 보낸 1540년 12월 20일 자 편지).
[627] Eells, *Martin Bucer*, 280. 이런 비공식적 협상 제안에 대해서는 다음을 참조하라. Lenz, ed., *Briefwechsel Landgraf Philipp's* I, 268-270(부써가 영주 빌립에게 보낸 1540년 12월 14일 자 편지); 273-279(부써가 영주 빌립에게 보낸 1540년 12월 20일 자 편지); 517-518(파이게가 영주 빌립에게 보낸 1540년 12월 20일 자 편지).
[628] Lenz, ed., *Briefwechsel Landgraf Philipp's* I, 269(부써가 영주 빌립에게 보낸 1540

그랑벨러가 대화의 기초를 마련해야 한다고 요구한 이유는 이것이 양측의 평화협상을 타결하기 위한 최소한의 기회, 즉 유일한 가능성이라고 생각했기 때문이다.[629)] 15일 오전 6시에 자신을 찾아온 스트라스부르 개혁자에게 그랑벨러는 전쟁에 대한 경고와 더불어 비밀 회담이 제국의회를 무산시키지 않을 것이라는 약속을 재차 언급했다. 그러자 부써는 황제가 철저한 로마가톨릭교도라는 사실과 그의 종교정책이 무엇인지 잘 알면서도 만일 황제가 비밀 회담을 지지한다면 독일의 개혁운동을 위한 지도자와 같이 적극적으로 앞장서서 도와야 한다고 응수했다.[630)] 부써의 판단에 따르면 비밀 회담은 공적 회담을 약화시킬 것이 분명하지만 세상에 복음의 유익을 알리고 협상을 타결할 수 있는 기회이기도 했다. 그에게 그것은 약속된 제국의회 개최를 위한 일종의 타협이었다. 1540년 12월 15일부터 31일까지 그로퍼의 숙소에서 진행된 비밀 회담은 철통같은 비공개 대화로 이루어졌다.[631)]

년 12월 14일 자 편지): "…; es will aber wasser sein. Gott gebe gnad und helffe, das wir doch etliche gewinnen, das auch geschehen solle."

629) BDS 9/1, 323. 그랑벨러는 먼저 양측 대표 세 명씩으로 구성된 소회의를 제안했으나 개신교 측에서 거절하는 바람에 성사되지 못했다. 참고. Augustijn, *De godsdienstgesprekken*, 54.

630) Eells, *Martin Bucer*, 281.

631) Greschat, *Martin Bucer*, 178.

자신의 중혼 문제로 두려움에 사로잡힌 헤센의 영주 빌립은 용서를 받기 위해서라도 황제와 협상하지 않을 수 없었기 때문에 부써를 개신교 대표로 비밀 회담에 참여하도록 허락했다. 하지만 어떤 경우에도 다른 개신교 동료들을 배반하고 싶은 의도는 전혀 없었다. 비밀 회담은 화기애애한 분위기 속에서 원죄와 칭의에 관한 교리부터 논의하기 시작했다. 그러나 보름스에 온 로마교회 대표들이 협상을 위한 어떤 대화도 원하지 않는다는 사실이 명백하게 드러났기 때문에 그랑벨러의 계획에 대한 부써의 의심은 사라지지 않았다.

비밀 회담의 주요 대화 상대는 부써와 그로퍼였다. 이미 하게나우에서 서로 알게 된 두 사람은 신학적 입장이 상당히 달랐음에도 불구하고 둘 다 성경을 교리의 표준으로 인정하고 1세기 교회의 교리와 실천을 확실한 권위로 인정한다는 공통점 덕분에 대화를 지속할 수 있었다. 펠트베이크도 신학적으로 뛰어난 학자였지만 그랑벨러의 대리자라는 자신의 주요 임무를 잊지 않았다.[632]

비밀 회담의 성과는 12월 25-31일 사이의 어느 때에 "보름스 책자"(das Wormser Buch)라고 불리는 문서로 작성되었

---

632) BDS 9/1, 324.

는데 그로퍼가 작성한 것으로 평가된다.633) 이신칭의, 성례, 교회조직 등과 같은 교회 교리에 관한 이견은 어느 정도 합의가 이루어진 반면에 오히려 실천적인 문제들에 대해서는 거의 일치하는 견해가 없었다. 또한 그로퍼와 펠트베이크는 로마가톨릭교회가 양보하지 못하는 네 가지 요소, 즉 성자들의 중보, 죽은 자들을 위한 기도, 고해성사, 화체설에 대한 조항을 작성했다.634)

1541년 1월 5일 수요일, 부써는 작성된 문서를 가지고 보름스를 떠나 7일 금요일에 기센(Giessen)에서 영주 빌립을 만나 보름스 조항들에 대한 서면 승인을 받았다. 그리고 9일 일요일 아침 10시에 다시 보름스로 돌아와 그날 저녁에 그랑벨러를 만나 협상한 후, 다음 날 브란덴부르크 선제후 요아킴 2세에게 보름스 조항을 보냈다. 그러면서 반동적인 교황주의자들 때문에 공식 회담이 불가능한 상황이라고 전했다.635)

---

633) BDS 9/1, 325. 보름스 책자의 독일어와 라틴어 대조 원문은 다음을 참조하라. BDS 9/1, 338-483.
634) Eells, *Martin Bucer*, 283. 비밀 회담을 통해 작성된 보름스 책자에 관한 부써의 견해는 다음을 참고하라. Lenz, ed., *Briefwechsel Landgraf Philipp's* I, 287-294(부써가 영주 빌립에게 보낸 1540년 12월 30일 자 편지); 532-533(부써가 선제후 요아킴 [Joachim] 2세에게 보낸 1541년 1월 10일 자 편지).
635) Eells, *Martin Bucer*, 285.

그랑벨러는 보름스 조항을 황제에게 제출하기 전에 가스파로 콘타리니(Gasparo Contarini, 1483-1542)[636]와 요한 에크를 포함한 몇몇 로마가톨릭 신학자들에게 먼저 보냈는데, 이것은 로마교회 입장의 비판과 수정 내용을 함께 제출하기 위한 조처였다.[637] 로마가톨릭 측의 요한 에크나 종교개혁 측의 안드레 오시안더와 같이 상대방에 대한 극심한 반감과 반대에 사로잡힌 자들이 보름스 회담의 대표에 들어 있는 한, 사실상 어떤 신학적 합의도 기대하기 어려웠다.

1541년 1월 14-17일까지 나흘 동안 보름스 회담에 참석한 양측 신학자들 사이에 불꽃 튀는 논쟁이 벌어졌다. 여기서 약 80명의 참석자들 가운데 양측의 공식 대변인 역할을 담당한 것은 에크와 멜란히톤이었다. 에크가 아우크스부르크의 1530년판과 1540년판의 차이점을 지적하면서 포문을 연 후에 논의에 들어간 보름스 책자의 두 번째 조항인 원죄 문제는 1540년 12월 15일에 이미 논의된 내용과 큰 차이가 없었다.[638]

---

[636] *1483년 베니스(Venice)에서 태어나 1542년 볼로냐에서 사망한 이탈리아의 인문주의자요, 외교관이자 추기경이다. 그의 신학을 개신교 입장에서 분석한 자료는 다음을 참조하라. Hanns Rückert, *Die theologische Entwicklung Gasparo Contarinis* (Bonn: A. Marcus und E. Webers Verlag, 1926).

[637] Eells, *Martin Bucer*, 286.

[638] Augustijn, *De godsdienstgesprekken*, 55-56.

1월 17일에 그랑벨러는 논쟁의 양측 대표주자 멜란히톤과 에크 그리고 또 다른 양측의 대표 신학자 부써와 요한 멘싱[거](Johannes Mensing[er], 1477-1547)[639]을 자신의 숙소로 불러 교리에 관한 합의 문서를 작성하도록 했다. 그리하여 그들은 그랑벨러가 동석한 자리에서 원죄에 관한 짧은 합의서를 성공적으로 작성할 수 있었다.[640] 보름스 회담의 논쟁을 통해 가장 분명하고도 확실하게 내려진 결론은 아우크스부르크 신앙고백을 협상 논의의 기초로 삼지 않겠다는 것이었다. 물론 이것은 로마교회 측 대표들이 강력하게 반대한 결과였지만, 협상이 개신교도들에게 유리하게 진행되기를 바라지 않은 그랑벨러의 본심도 크게 작용했다. 그랑벨러는 1540년 12월 초에 로마가톨릭 대표자들의 불일치를 보면서 이런 방식으로는 협상이 불가능하다는 것을 감지했기 때문에 용의주도하게도 이미 1월 11일에 황제에게 서신을 보내 이 회담을 끝내고 연기할 수 있는 권한을 달라고 요청했다.[641]

---

[639] "도미니코수도회 신학자로 16세기 루터를 대적한 적대자들 가운데 한 명이었다. 마그데부르크(Magdeburg)의 대성당 설교자, 프랑크푸르트대학 교수와 대성당 설교자를 지냈고, 1530년의 아우크스부르크 제국의회와 1540-1541년의 보름스와 레겐스부르크 회담에 참석했다. 독일 할버슈타트의 부주교로 생을 마감했다.

[640] Augustijn, *De godsdienstgesprekken*, 56; Eells, *Martin Bucer*, 286.

[641] Augustijn, *De godsdienstgesprekken*, 57-58.

레겐스부르크 제국의회(1541. 4. 5~7. 29)[642]

프랑스어로 라티스본(Latisbonne)이라 불리는 독일 남부의 자유도시 레겐스부르크(Regensburg)는 바바리아(Bavaria)로 알려진 바이에른 주에 속한다. 보름스 종교회담이 개최되기 전인 1540년 9월 14일에 이미 황제 카를 5세는 신성로마 제국의회를 1541년 1월 6일에 소집하겠노라고 선언했으나, 종교적 불일치로 인해 소집일을 연기하지 않을 수 없었고, 1541년 1월 20일에야 겨우 레겐스부르크를 소집 장소로 반포할 수 있었다.[643] 황제는 2월 23일까지 도착하지 못했고, 부써는 야콥 슈투름과 칼빈과 함께 2월 22일에 스트라스부르를 출발하여 3월 10일에 레겐스부르크에 도착했다.[644] 2월과 3월 사이에는 대부분의 군주들, 다양한 지역과 자유도시들의 대표들, 신학자들이 제국의회의 개최 도시에 도착했는데, 개신교도들은 황제가 자신들에게 매우 호의적이라고 생각한 반면에, 교황의 사절들은 황제가 교황의 품위를 손상시킬 만한 어떤 것도 허용하지 않으리라 확신했다.[645]

---

642) Ortmann, *Reformation und Einheit der Kirche*, 233-265.
643) Ortmann, *Reformation und Einheit der Kirche*, 233.
644) Eells, *Martin Bucer*, 288. 참고. Lenz, ed., *Briefwechsel Landgraf Philipp's* II, 17-21(부써가 영주 빌립에게 보낸 1541년 2월 20일 자 편지).
645) Augustijn, *De godsdienstgesprekken*, 71.

4월 5일 제국의회 개회식에서 종교 문제를 가장 중요한 논제로 간주하고 이를 위해 새로운 논의의 장이 열려야 한다는 황제의 제안이 낭독되었다.646) 4월 21일에는 황제가 종교 문제를 논의할 소위원회를 구성하기 위해 에크와 그로퍼, 율리우스 플룩(Julius von Pflug, 1499-1564)647)을 로마교회 진영의 대표로, 멜란히톤과 부써, 요한 피스토리우스(Johannes Pistorius, 1504-1583)648)를 종교개혁 진영의 대표로 임명했다.649) 4월 27일 수요일에 시작한 신학 토론에서 첫 4개 조항은 어렵지 않게

요한 피스토리우스

---

646) Lau & Bizer, *A History of the Reformation in Germany to 1555*, 166-167.
647) *독일 인문주의자요, 나움부르크(Naumburg)의 주교다. 로마가톨릭 신학자 가운데 온건파였으며, 1541년 레겐스부르크 연합모임에서 요한 에크와 요한 그로퍼와 논쟁을 벌였다. 슈말칼덴 전쟁이 끝난 후 아우크스부르크 잠정안이라는 결과물을 낳은 협상의 주도적 인물이었다.
648) 독일의 루터파 종교개혁자다. 아버지 요한 피스토리우스(Johann Pistorius the Elder)로서 1504년 1월에 헤세의 니다(Nidda)에서 태어나 1583년 1월 25일 고향에서 사망했다. 헤센의 설교자였고 1541년부터 니다교회의 총감독(Superintendent)이었다. 1541년의 레겐스부르크 제국의회와 1557년의 보름스 회의에 참여했다. 헤센의 니다, 종종 니다누스(Niddanus)라 불리기도 하는 요한 피스토리우스(Johann Pistorius the Younger, 1546-1608)는 그의 아들이며, 아버지와 달리 칼빈주의자였다.
649) Eells, *Martin Bucer*, 289-290.

합의되었다.650) 하지만 칭의를 다루는 다섯 번째 조항에 이르러서는 에크와 멜란히톤 사이의 심각한 견해 차이 때문에 난항을 겪었다. 이러한 상황에서 5월 2일 새로 작성한 문항으로 양측이 합의를 이룬 것은 부써와 콘타리니의 결정적인 역할 덕분이었다.651) 교황의 특사로 참석한 콘타리니 추기경은 루터처럼 젊은 시절 그리스도를 믿는 믿음으로 공포와 두려움을 극복한 경험자였고, 로마교회 내부의 개혁운동을 주도하는 뛰어난 지도자였다.652)

1541년 5월 1일 칭의 문제를 해결하기 위해 양측의 대표로 부써와 콘타리니가 만났다. 콘타리니는 부써에게 평화를 촉구한 반면에 부써는 교황 특사에게 교회일치를 희망한다고 말했다. 콘타리니에게 부써는 신학과 철학의 원리를 잘 배운 학자요, 로마교회 측의 박사들을 인내할 수 있

---

650) Ortmann, *Reformation und Einheit der Kirche*, 237. "레겐스부르크 책자"는 그로퍼와 부써가 작성한 "보름스 책자"를 교황의 특사 콘타리니와 로마교회 측 대표 모로네(Morone)와 그로퍼가 약간 수정한 내용이었다. 참고. BDS 9/1, 327. 부써가 그 책의 저자가 아니라는 사실과, 부써를 저자로 오해한 멜란히톤이 나중에 선제후에게 보내는 1543년 4월 8일 자 편지에서 "그로퍼가 레겐스부르크를 작성했다"라고 말한 것에 대해서는 다음을 참조하라. Eells, *Martin Bucer*, 291-292; 490,각주36.
651) Greschat, *Martin Bucer*, 180.
652) Greschat, *Martin Bucer*, 179. 레겐스부르크 제국의회 이전, 콘타리니에 대한 부써의 평가는 상당히 부정적이었던 것으로 보인다. 참고. Eells, *Martin Bucer*, 288-289; Lenz, ed., *Briefwechsel Landgraf Philipp's* II, 21,각주4.

을 정도로 치밀하고 영리한 토론가로 보였다.[653] 로마교회 신학자들과 종교개혁자들의 합의로 칭의 문제를 해결한 것은 기쁨과 새로운 희망을 갖기에 충분한, 참으로 뜻밖의 일이었다. 황제는 그 결과를 하나님의 감동으로 간주했고, 콘타리니는 그것을 기적이라고 표현했다.[654] 이에 대해 칼빈은 이렇게 평가했다. "칭의에 관한 논쟁은 더욱 날카로워졌다. 결국 조항이 새롭게 작성되었고, 이것을 양편이 약간의 수정을 가함으로써 받아들였다. 내 생각에는 당신이 그 사본을 읽게 된다면 적들이 그렇게나 많은 [내용]을 양보한 [사실]에 놀랄 것이다."[655]

칭의론 합의에 대해 누구보다 기뻐한 종교개혁자는 당연히 부써였고, 멜란히톤을 포함한 작센의 대표자들도 모두 매우 긍정적으로 반응했다.[656] 하지만 합의에 대한 감격과 흥분은 오래가지 않았다. 5월 5일 성례론을 다룰 때 콘타리니가 4차 라테란공의회에서 결정된 화체설을 책의 14항에 삽입해야 한다고 고집했기 때문이다. 그리하여 협상은 교

---

653) Eells, *Martin Bucer*, 293.
654) Lau & Bizer, *A History of the Reformation in Germany to 1555*, 167.
655) CO 11, 215(칼빈이 파렐에게 보낸 1541년 5월 11일 자 편지): "De iustifiatione acriores fuerunt contentiones. Tandem conscripta est formula, quam adhibites certis correctionibus utrinque receperunt. Miraberis, scio, adversarios tantum concessisse, quum legeris exemplar,…"
656) Augustijn, *De godsdienstgesprekken*, 84-85.

착 상태에 빠졌고, 이 문제로 5월 13일까지 설전을 벌였으나 돌파구를 찾기 어려웠다.[657] 그리고 5월 7일에는 양측이 한 치의 양보도 없이 각기 새롭게 작성한 조항을 내세워 회의는 결렬 위기를 맞았다. 부써는 로마교회의 대표들이 고집스러운 교황주의자들인 극단파와 일치와 진리를 추구하는 온건파로 분열될 경우 정치적 평화가 가능하다고 보았기 때문에 화체설에 대해서는 당연히 반대해야 하지만, 로마교회의 온건파와 연합하기 위해서는 몇몇 의심스러운 예전을 허용하는 것이 필요하다고 개신교 대표자들을 설득했다.[658] 덕분에 그들이 협상을 중도 포기하지는 않았다.

양측 대표자 모두 협상의 가능성에 대해 매우 부정적이었음에도 불구하고 오직 두 사람, 황제와 그랑벨러는 이번 기회에 제국 내의 종교적 평화를 통한 정치적 안정과 단합을 이루길 간절히 염원했다. 그래서 양측 신학자 6명으로 구성된 소의회는 5월 14일부터 22일까지 나머지 조항들을 논의해야 했으며, 24-25일에는 레겐스부르크 책자의 전체 조항을 다시 한 번 검토했다.[659] 이렇게 완성된 23개 조항의 레겐스부르크 책자를 그랑벨러가 개신교 위원들의 동의

---

657) Ortmann, *Reformation und Einheit der Kirche*, 238. 참고. Augustijn, *De godsdienstgesprekken*, 88-90.
658) Eells, *Martin Bucer*, 294.
659) Augustijn, *De godsdienstgesprekken*, 92-96.

를 얻어 로마교회의 승인을 받으려 했으나 부써의 반대로 무산되었고, 레겐스부르크 책자와 이 책자 조항들에 반대하는 개신교 대표자들의 반대조항 문서가 그랑벨러의 손을 거쳐 5월 31일 공식적으로 황제에게 전달되었다. 그러나 합의를 위한 모든 수고의 결과는 허무했다.[660] 개신교와 가톨릭 모두 레겐스부르크 책자에 만족하지 못한 것이다. 양측의 협상이 결렬된 결정적 원인은 칭의론이 아니라 뜻밖에도 교회론에 대한 견해 차이였다.

로마교회와 종교개혁 양측의 교회일치를 위한 공식 종교회의 대신에 개최된 레겐스부르크 제국의회는 통합을 이루기 위한 황제의 적극적인 수고와 노력에도 불구하고 1541년 7월 29일에 기독교 신앙의 일치라는 교회연합의 꿈과 희망을 저버린 채 폐회되었다. 그러나 제국에서 종교개혁이 성취되길 개인적으로 진지하게 소망하던 황제는 개신교 정치 지도자들에게 그들의 소유를 보장해주었고, 그들의 지역에서 교회와 수도원 개혁을 해나가도록 허용했다.[661] 탈무드라는 별칭을 얻은 레겐스부르크 최종 책자의 복사본

---

660) Augustijn, *De godsdienstgesprekken*, 97. 참고. Eells, *Martin Bucer*, 295.
661) Lau & Bizer, *A History of the Reformation in Germany to 1555*, 170. 하지만 황제가 원한 종교적 일치는 사실 제국 내의 정치적 일치를 위한 수단이었고, 종교개혁 자체를 긍정적으로 고려하거나 지지하지는 않았다. 참고. Eells, *Martin Bucer*, 299-300.

은 최종 확정의 결과물이 아닌 미완의 잠정안으로 독일 전역에 퍼졌다. 그 책자의 첫 복사본은 부써의 손에서 탄생했다.[662] 그는 그것을 두 번, 즉 1541년 9월과 1542년 2월에 각각 라틴어로 출간했고, 1541년 12월에는 독일어로 출간했다.[663] 두 번째 복사본 출간의 영예는 멜란히톤에게 돌아갔고, 칼빈은 세 번째 출간의 주인공이 되었다.[664]

1541년의 레겐스부르크 모임에서 보여준 회유적인 자세 때문에 부써는 엄청난 비난을 받아야 했다. 특히 루터는 그에 대해 다음과 같이 비난했다. "악당 부써는 나의 모든 신뢰를 완전히 잃어버렸다. 나는 결코 그를 신뢰하지 않을 것이다. 그는 너무 자주 나를 배신해왔다. 그는 레겐스부르크 제국의회에서 사악하게 행동했다. 왜냐하면 나와 교황 사이의 중재자를 자처했기 때문이다."[665] 개신교 동료 신학자들뿐만 아니라 부써의 추종자들이던 아우크스부르크의 의사 게레온 자일러와 아우크스부르크의 종교개혁자 마르틴 프레흐트조차도 부써가 교회연합을 위해 너무 멀리 나갔다고 생각했다. 부써를 존경하던 칼빈도 부써의 지나친 자신

---

662) 원문은 다음을 참조하라. BDS 9/2, 115-227.
663) 원문은 다음을 참조하라. BDS 9/2, 229-428.
664) Eells, *Martin Bucer*, 491, 각주63. 엘스에 따르면 복사본은 에크의 『변증』(*Apologia*)이 다섯 번째이고, 그로퍼가 1545년에 여섯 번째로 출간했다.
665) Eells, *Martin Bucer*, 296.

감을 비판했다. 하지만 칼빈은 1541년 이후 교회일치와 연합을 위해 지대한 관심을 가지고 열정적으로 헌신했기 때문에 '또 다른 부써'(another Butzer)[666] 혹은 '교회연합운동가 칼빈'(Calvinus Oecumenicus)[667] 등으로 불린다.[668]

---

666) Pauck, *The Heritage of the Reformation*, 83.
667) Willem Nijenhuis, *Calvinus oecumenicus. Calvijn en de eenheid der kerk in het licht van zijn briefwisseling* ('s-Gravenhage: Martijnus Nijhoff, 1959).
668) 교회일치 문제와 관련하여 부써와 에라스무스와 멜란히톤의 공통점 및 차이점에 대해서는 다음을 참조하라. Ortmann, *Reformation und Einheit der Kirche*, 36-40.

마르틴 부써
교회연합운동의 선구자

Martin Bucer

7

1541년 이후의 종교개혁

종교개혁을 도입하려는 쾰른 대주교를 돕기 위해
부써가 1542년에 방문하여 머물렀던 도시 본

Chapter 07

1541년 이후의 종교개혁

그는 지금 그리스도의 나라 확장을 위해 불철주야 노력하면서 모든 치욕과 비방과 수모를 감수하고 있다. 그래서 적들도 그에게 있는 하나님의 능력을 인정하지 않을 수 없다.

레겐스부르크 제국의회 이후의 스트라스부르 종교개혁

교회일치를 위해 종교개혁 측과 로마교회 측을 대표하는 대표자 소모임에서 실망스럽게도 양측이 합의를 이루지 못했기 때문에 레겐스부르크 제국의회의 결말은 부써가 스트라스부르를 떠날 때 가장 우려하던 재앙과도 같았다. 설상가상으로 이때 그는 재정적 어려움에도 봉착하게 되었는데, 결혼적령기의 두 딸에게 필요한 결혼 지참금이 부족했던 것이다. 이를 위해 그는 백방으로 노력했으나 모두 허사였다.[669] 하지만 이 모든 어려움에도 불구하고 종교개혁에 대한 부써의 열정은 식지도 꺼지지도 않았다. 레겐스부르크 책자에 대한 부써의 입장은 비록 성찬을 다루는 조항처럼 결코 동의할 수 없는 조항들 때문에 만족스럽지는 않지만 참아줄 만한 정도는 된다는 것이었다.[670] 따라서 양측의 신학자들에게는 비판을 받았지만 양측의 정치 지도자들이 승인한 레겐스부르크의 잠정적 책자가 후일에 마련될 교회 연합을 위한 출발점이 될 뿐만 아니라, 아직 종교개혁을 수용하지 않은 독일 지역을 변화시키는 단초가 되길 부써는 소망했다.

부써는 당당하게 고백했다. "나는 레겐스부르크의 합의된 조항들과 합의되지 않은 조항들에 대한 설명을 받아들였다.…지금까지 우리와 가까이 지내지 않던 선한 사람들도 인정하는 것처럼, 우리는 종교에서 어떤 새로운 것도 만들지 않았고, 또한 우리는 교회의 필수 교리들에 관하여 결코 고대 사도교회에서 떠나지 않았다."[671] 이 진술은 캄펀 출신의 알베르투스 피기우스(Albertus Pighius) 박사의 비난

---

669) Eells, *Martin Bucer*, 302.
670) Eells, *Martin Bucer*, 305.
671) CO 11, 424(부써가 바디아누스[Vadianus]에게 보낸 1542년 8월 12일 자 편지): "Suscepi explicationem Articulorum Ratisbonae conciliatorum et non conciliatorum. …, ut boni qui nobis adhuc nondum accesserunt videant nos in religione nihil novasse, et nos, veteri et apostolica ecclesia nequaquam discessisse."

에 대해 변호한 내용인데, 레겐스부르크 책자의 조항 가운데 합의된 내용이든 합의되지 않은 내용이든 그 모든 것은 종교개혁자들이 새로운 기독교 교리를 만들어낸 것이 아니라, 사도들과 고대 교부들의 가르침에 충실한 내용을 주장했다는 사실을 다시 한 번 강조한 것이다. 부써는 로마가톨릭 학자들뿐만 아니라 심지어 거의 모든 동료들까지도 등을 돌리고 비난하는 상황이었지만, 자신의 입장을 굽히지도, 구구절절 변명하지도 않았다.

레겐스부르크 제국의회의 폐회 이후 스트라스부르의 종교개혁 상황은 녹록지 않았다. 스트라스부르의 주교 빌헬름 폰 혼슈타인이 여름에 사망하자, 주교성당의 참사회는 1541년 8월 12일에 에라스무스 쉥크 폰 림부르크(Erasmus Schenk von Limburg, 1507-1568)[672]를 후임 주교로 선출했는데, 그는 요한 슈투름의 동료였기에 개신교도에게는 환영할 만한 일이었다. 그의 선출에 대해 부써는 암브로시우스 블라러에게 쓴 편지에서 이렇게 평가했다. "선출된 당사자는 흠

---

[672] 1507년 8월 7일에 쉥켄 폰 림부르크(Schenken von Limburg) 가문의 아들로 태어나 1568년 11월 27일 알자스의 사베른(Saverne), 즉 독일어로 차베른(Zabern)에서 사망한 스트라스부르의 주교다. 튀빙겐대학에서 수학과 법학을 공부했다. 파리에서 요한 슈투름에게 배웠고, 1532년에는 스트라스부르로 와서 새로운 김나지움에서 슈투름을 도왔다. 1541년에는 스트라스부르의 주교직에 올라 3년 후에 처음으로 서품식을 거행했다.

잡을 데 없는 삶의 사람이고 우리의 종교를 사랑한다. 참사회 전체가 선택할 수 있었던 가장 적합한 인물이다. 하나님께서 그가 우리의 기대에 부응할 수 있도록 도와주시길 바란다."[673] 하지만 이러한 기대와 달리 새로운 감독은 전임자보다 종교개혁에 대해 결코 호의적이지 않았다. 그는 1542년 10월 18일에 설교자들을 소집한 몰스하임(Molsheim) 회의에서 악습 철폐를 약속했으나 지키지 않았다.

이런 상황에서 프랑스 피난민교회를 담임하던 유능한 젊은 종교개혁자 칼빈이 스트라스부르를 떠나 제네바로 돌아간 것은 스트라스부르 종교개혁에 크나큰 손실이 아닐 수 없었다. 1541년 6월 25일에 스트라스부르로 돌아온 칼빈은 떠날 채비를 마치고 부써와 함께 제네바로 가기 위해 그가 도착하기만을 기다렸다. 하지만 부써는 1541년 8월 8일 혹은 9일쯤 도착하여 산적한 교회 업무를 처리하느라 정신이 없었기에 출발이 지연될 수밖에 없었다. 그러던 와중에 봄에 발발한 역병이 심해지자 칼빈은 더 이상 지체할 수 없어 제네바로 출발했다.[674] 이후 부써는 시장 야콥 슈투름의 노력으로 1541년 12월에 성 도마교회에서 카피토가 맡았던 고위 성직, 즉 성직자 보수가 지불되는 자리로서 이전에는 올

---

673) Eells, *Martin Bucer*, 306.
674) Eells, *Martin Bucer*, 307.

라본 적이 없는 직위에 선출될 수 있었다. 그는 이 자리에 임명되자마자 집도 베드로투스가 살던 목사 관사로 옮겼다.[675]

역병으로 요한 슈투름과 그의 아카데미가 바이센부르크로 옮겼고, 성직자와 교사 가운데 수많은 사상자가 발생하여 이 두 직업의 종사자가 수년간 부족했다. 1542년 2월까지 도시를 휩쓴 역병으로 부써의 신실한 동료 카피토와 야곱 베드로투스가 희생되었다.[676] 부써는 스트라스부르 도시 전체를 덮친 역병이라는 죽음의 재앙을 시민들의 부도덕한 생활에 대한 하나님의 심판으로 해석했다. 이 역병의 피해를 입지 않은 가정이 하나도 없었고, 부써의 집에서도 두 명의 종과 한 명의 유학생, 다섯 명의 아이와 그의 사랑하는 아내 엘리사벳 등 최소 아홉 명이 사망하였다.[677] 부써는 먼저 보낸 아내 엘리사벳에 대해 이렇게 회상했다. "그녀는 경건하고 현숙한 아내였고, 지금까지 거의 20년간 나를 모든 집안일과 보육에서 완전히 해방시켜주었으며, 나와 나의 특별한 아이들(이 중 셋이 남아 있다)이 이생에서 두 번 다시 경험할 수 없을 만큼 모범적이고 슬기롭게 모든 것

---

675) Eells, *Martin Bucer*, 309. 이런 사실을 근거로 엘스는 부써가 이전에 동료들보다 더 큰 권력을 가지고 있었음에도 불구하고 더 높은 지위와 특권을 요구하지 않고 오히려 더 낮은 자리에 있었다고 평가하는데, 이 평가는 정당한 것으로 보인다.
676) Eells, *Martin Bucer*, 308.
677) Selderhuis, *Marriage and Divorce*, 121.

비브란디스 로젠블라트

을 보살폈다."[678]

슈벵크펠트 추종자들에 관한 문제로 부써가 스트라스부르에서 영주 빌립에게 1542년 3월 21일 자로 편지를 보낸 것을 보면,[679] 그는 그날 전에 스트라스부르로 돌아온 것이 분명하다. 엘리사벳은 죽기 직전에 카피토의 미망인 비브란디스 로젠블라트에게 자신의 남편과 결혼해달라고 간절히 부탁했고, 남편에게도 그녀와 재혼하도록 당부했다. 따라서 부써는 아내의 소원대로 1542년 4월 16일에 로젠블라트와 재혼했다.[680] 그는 그녀와의 재혼 동기를 두 가지, 즉 "외로움이 익숙하지

---

678) Lenz, ed., *Briefwechsel Landgraf Philipp's* II, 38(부써가 영주 빌립에게 보낸 1541년 11월 30일 자 편지): "…, welche gar ein gotselige, geschickte frawe gewesen ist und mich aller hauß- und kindersorgen gentzlich nun ins zwentzigst jar enthebt und alles erbarlich und rathlich versehen, das mir und meinen ubrigen kindlin, deren nach drei sind, zeitlich nit hette wol ubler geschehen mögen."

679) Lenz, ed., *Briefwechsel Landgraf Philipp's* II, 64-67(부써가 영주 빌립에게 보낸 1542년 3월 21일 자 편지).

680) Selderhuis, *Marriage and Divorce*, 122-123. 여기서 셀더르하위스의 설명에 따르면 두 사람의 재혼을 위한 결혼 서약은 이때 작성되었지만 그것의 법적 효력은 10월 4일에야 비로소 가능하게 되었다. 또한 엘스에 따르면 두 사람의 재혼은 비밀리에 이루어졌고, 결혼 서약에 서명한 1542년 4월 21일 금요일까지 그 비밀이 유지되었으며, 이후 일주일 동안 예식이 진행되었다. Eells, *Martin Bucer*, 313.

않고 견디기 어렵다는 것"(insolentia et impatientia solitudinis)과 "낯선 사람과 가정을 시작할 경우의 위험부담"(periculum instituendi familiam alienis hominibus)이라고 고백하면서 다음과 같이 말했다. "나는 결혼적령기가 지났음에도 불구하고 나의 모든 환경과 업무 때문에 형제들의 조언에 따라 주님 안에서 카피토의 아내와 결혼하기로 결정했다. 불법적이라고 언급된 그 재혼에 관한 교회법에 대하여 나는 제사장이 제사장의 아내와 결혼하는 것을 허용하는 에스겔 44장 [22절]의 주님의 법을 답변으로 제시할 것이다."[681]

비브란디스 로젠블라트에게는 이미 외콜람파디우스에게서 난 딸과, 카피토에게서 난 아들과 어린 두 딸 등 네 명의 자녀가 있었다. 안타깝게도 카피토가 그녀에게 자녀를 부양할 정도로 충분한 재산을 남기지 않았지만, 부써는 하나님께서 아내와 수입을 허락하시는 한 그 돈을 고아가 된 그녀의 자녀들을 위해 사용하리라 호기롭게 다짐했다.[682]

---

681) Staehelin, ed., *Briefe und Akten* II, 784(no.989. 슈파이어에서 부써가 암브로시우스 블라러에게 보낸 1542년 4월 초 편지): "Subducta itaque ratione omni rerum mearum et muneris, quamvis ultra aetatem idoneam conubio evectus, obtemperare tamen fratribus decrevi, ut iungam mihi in Domino viduam Capitonis. Canonibus de digamia illa ακυρώ, dicta obiiciam canonem Domini Ezechielis 44[, 22], quia sacerdoti viduam sacerdotis ducere permittit." 영어 번역은 다음을 참고하라. Selderhuis, *Marriage and Divorce*, 124.
682) Staehelin, ed., *Briefe und Akten* II, 785(no.989. 슈파이어에서 부써가 암브로시우스 블라러에게 보낸 1542년 4월 초 편지). 참고. Selderhuis, *Marriage and Divorce*, 124.

재정적 압박을 받으며 가난한 집에서 재혼생활을 시작한 부써는 자신의 두 번째 아내가 순수하고 고결하며 신실하고 경건할 뿐만 아니라 교회에도 유익을 끼치고 목회의 은사까지도 갖춘 성실한 조력자라고 극찬했다. 그리고 어머니의 죽음으로 재혼하신 아버지가 1540년에 사망한 후에도 새어머니를 재정적으로 계속 후원했다.[683] 부써는 잔소리를 별로 하지 않던 엘리사벳의 성품이 자신에게 "유익한 것이 아니라 필수적인 것"이었다고 회상하면서 로젠블라트에 대해서는 "나에 대한 지나친 관심과 친절" 외에는 더 이상 바랄 것이 없다고 평가했다.[684]

한편 스트라스부르에는 종교개혁을 이끌어갈 지도자들의 공백이 발생했다. 카피토와 베드로투스는 역병의 희생자가 되었고, 마테 첼은 나이가 너무 많았으며, 헤디오는 건강 악화로 정상적인 생활이 어려운 상태였다. 이에 부써는 독일 남부 바덴-뷔르템베르크(Baden-Württemberg)의 도시 이스니의 젊은 목사 파기우스를 불렀다. 그러나 이스니는 히브리어 학자로 명성이 나 있던 파기우스를 대체할 인

---

683) Selderhuis, *Marriage and Divorce*, 125.
684) Staehelin, ed., *Briefe und Akten II*, 785(no.989. 스트라스부르에서 부써가 콘스탄츠의 암브로시우스 블라러에게 보낸 1542년 6월 19일 자 편지): "Mea prior liberior fuit monendo, et nunc sentio eius libertatem <u>non utilitatem, sed necessitatem</u>. Nihil possim praeter <u>nimium studium mei et obsequium</u> in mea hac desyderare." 밑줄은 필자의 것. 참고. Selderhuis, *Marriage and Divorce*, 125.

물이 없어서 그를 보내지 못하고 차일피일 미루다가 1544년 가을에서야 비로소 스트라스부르로 보냈다.[685] 이처럼 인재를 찾기 어려운 시기에 부써는 마침 바젤의 종교개혁자 미코니우스로부터 이탈리아 출신의 학자 베드로 마터 버미글리(Pietro Martire Vermigli, 1499-1562)[686]를 소개하는 편지를 받았다. 이에 부써는 그를 곧바로 초청했고, 10월 중순에 초청받은 도시에 도착한 버미글리는 임시 거처로 부써의 집에 17일 동안 지내면서 1차 스트라스부르 사역을 시작했다. 그의 주요 사역은 카피토를 대신하는 구약 강의였다.[687]

---

685) Eells, *Martin Bucer*, 319.
686) *영어 이름 'Peter(=Petrus) Martyr'로 더 잘 알려진 버미글리는 이탈리아 출신으로 독일과 영국, 스위스에서 활동한 개혁가 신학자이자 종교개혁자다. 1561년 푸아시 종교회담에서 테오도르 베자(Theodorus Beza; Théodore Bèze; Theodore Beza)와 함께 위그노의 입장을 대변했다. 성찬론에서는 스트라스부르의 루터주의자 요한 마르바흐(Johannes Marbach)와 영국 주교 스데반 가디너(Stephen Gardiner)와 대립각을 세웠고, 기독론에서는 뷔르템베르크의 루터파 종교개혁자 요한 브렌츠와, 예정론에서는 바젤의 종교개혁자 비블리안더와 대립각을 세웠다.
687) 김진홍, 『피터 마터 버미글리: 신학적 평전』 (부산: 고신대학교, 2018), 41; Charles Schmidt, *Peter Martyr Vermigli: Leben und ausgewählte Schriften* (Elberfeld: Verlag von R. L. Friederichs, 1858), 48-49; Klaus Sturm, *Die Theologie Peter Martyr Vermiglis während seines ersten Aufenthalts in Straßburg 1542-1547* (Neukirch: Neukirchener Verlag, 1971), 18-22; Marvin Walter Anderson, *Peter Martyr: A Reformer in Exile (1542-1562)* (Nieuwkoop: B. de Graaf, 1975), 76-79. 앤더슨은 버미글리가 1542년 11월 16일에 스트라스부르에 도착했다고 제시한다. 하지만 부써가 칼빈에게 보낸 1542년 10월 28일 자 편지에서 스트라스부르에 도착한 버미글리를 소개하는 것을 감안하면, 버미글리가 부써의 자유제국도시에 도착한 날짜는 그들이 바젤을 떠난 10월 17일 이후부터 아무리 늦어도 10월 28일 이전의 어느 날이었을 것으로 추정할 수 있다.

1542년에는 요한 슬레이다누스(Johannes Sleidanus, 1506-1556)[688]도 스트라스부르에 들어와 정착했다. 1544년 8월에 부써는 역사 자료 수집가 슬레이다누스를 영주 빌립에게 추천하여 종교개혁 역사가로 고용하고 필요한 모든 자료를 수집할 수 있도록 제안했다. 그러나 헤센의 영주는 묵묵부답이었다. 10월에 부써는 다시 한 번 청원하면서 멜란히톤에게도 도움을 요청했다. 그동안 그 역사가는 1544년 여름의 부써 저술 『소신앙교육서』(Kürtzer Catechismus)를 번역하면서 당대 역사 몇 쪽을 작성했는데, 부써는 그의 역사 서술 내용을 보름스 제국의회(1545년)에 참석한 야콥 슈투름에게 보냈고, 슈투름은 그것을 다른 개신교 사절들에게 보여주었다. 슈말칼덴 동맹이 1545년 4월에 투표하여 슬레이다누스를 역사가로서 2년간 고용하도록 결정함으로써 그의 대작 『종교와 공화국의 상황에 관한 황제 카를 5세의 자료 26권』(De statu religionis et reipublicae Carolo V Caesare Commentariorum libri XXVI)이 1555년에 탄생할 수 있었다.[689]

---

688) *1506년 독일 슐라이덴(Schleiden)에서 태어나 1556년 10월 스트라스부르에서 가난하게 사망한 역사가요, 종교개혁자다. 1551년 트렌트 공의회에 스트라스부르 대표로 참석했고, 여러 가지 난관에도 불구하고 1554년에 종교개혁 역사가로서 자신의 대작을 마무리하여 죽기 1년 전에 출간하였다.

689) Eells, *Martin Bucer*, 357-358. 부써가 영주 빌립에게 보낸 두 통의 편지는 다음을 참조하라. Lenz, ed., *Briefwechsel Landgraf Philipp's* II, 257-263(1544년 8월 5일 자 편지); 263-270(스트라스부르에서 쓴 1544년 10월 1일 자 편지).

쾰른의 종교개혁

레겐스부르크 제국의회가 실망스럽게 끝났지만 더 많은 신성로마제국 교회들이 개혁되길 바라는 부써의 간절한 소망은 식지 않았다. "내가 희망하는 것은 합의된 [레겐스부르크] 조항 덕분에 쾰른과 뮌스터와 팔츠와 클레베(Cleve)에서 무슨 일이 일어나는 것이다."[690] 부써는 종교개혁의 확장을 단순히 희망사항으로만 여기지 않고 독일 지역의 교회개혁을 위해 직접 발로 뛰었다. 카피토와 베드로투스의 죽음 이후 부써는 식사할 시간조차 보족할 정도로 많은 목회 업무를 맡았지만, 쾰른의 선제후와 룬트의 제국자문관이 면담을 요청할 때면 오랜 기간의 여행도 마다하지 않았다.[691] 그래서 블라러는 이렇게 말했다. "[우리의] 군주들과 귀족들에게 부써의 사역을 지속적으로 추천하자. 그는 지금 그리스도의 나라 확장을 위해 불철주야 노력하면서

---

690) Lenz, ed., *Briefwechsel Landgraf Philipp's* II, 31(부써가 영주 빌립에게 보낸 1541년 8월 28일 자 편지): "Ich hoffe, es solle Cöll, Munster, Pfaltz und Cleve doch etwas thun der verglichen article halben." 참고. Greschat, *Martin Bucer*, 183.

691) Eells, *Martin Bucer*, 310. 이 초청은 쾰른 대주교 헤르만 폰 비트가 직접 부써를 초청한 것이 아니라, 대주교의 대리인 니콜라스 브룩크너(Nicholas Bruckner)가 한 것이다. 아담은 이 초청이 요한 그로퍼의 추천으로 이루어진 것이라고 주장한다. 참고. Eells, *Martin Bucer*, 494,각주71.

모든 치욕과 비방과 수모를 감수하고 있다. 그래서 적들도 그에게 있는 하나님의 능력을 인정하지 않을 수 없다."[692]

황제는 레겐스부르크에서 이탈리아 루카(Lucca)로 가서 9월 12-18일 사이에 교황을 만나 정치적 현안 문제들과 교회개혁 및 교회공의회 소집 문제를 논의했다. 이런 현안들을 다루기 위해 그는 1542년 1월 14일에 슈파이어에서 제국의 귀족모임을 갖기로 했으나 투르크의 심각한 위협으로 인해 이 모임을 제국의회로 전환하여 1542년 2월 9일에 동생인 독일 왕 페르디난트로 하여금 개회하도록 했다.[693] 1542년 1월 27일경에 부써는 요한 슈투름과 요한 비킨(Johann Wichin)과 함께 스트라스부르를 떠나 제국의회 개최 예정지인 슈파이어로 갔다가 요한 그로퍼와 대주교이자 선제후 헤르만 폰 비트를 찾아가 일주일간 머물렀다. 그런 후 영주 빌립에게 들렀다가 3월 6일 다시 슈파이어 제국의회에 참석했다. 그러나 독일 왕 페르디난트와 각 지역 통치자들 사이에 진행되는 협상을 보면서 속이 상하고 분통이 터져 깊이 관여하지 않았다.[694]

---

692) Ernst-Wilhelm Kohls, "Blarer und Bucer," in *Ambrosius Blarer 1492-1564: Gedenkschrift zu seinem 400. Todestag*, ed. by Bernd Moeller (Kostanz: Jan Thorbecke KG, 1964), 185.
693) Lau & Bizer, *A History of the Reformation in Germany to 1555*, 172.
694) Eells, *Martin Bucer*, 311.

자유제국도시 쾰른은 대주교의 승인 없이도 성당참사회가 지역의회(Landtag)를 소집할 수 있었다. 성당참사회는 그로퍼와 베른하르트 폰 하겐(Berhard von Hagen, 1490-1556)[695]이 이끄는 성직자들로 구성되었고, 지역의회는 4계급의 성직자와 귀족들, 기사들, 도시들로 구성되었다.[696] 대주교는 지역의회의 승인 없이는 세금과 부채, 전쟁 등의 주요 사안들을 결정하거나 집행할 수 없었고, 또한 쾰른 관할의 교회 문제 처리는 다수의 신학자들과 소수의 교회법 전문가들로 구성된 대학교수 8인, 제국의 고위 성직자 16인을 포함한 성당참사회와 논의하지 않고는 불가능했다. 설상가상으로 대주교 관할 지역의 실제 정치권력은 쾰른 선제후 대주교가 아닌 율리히-클레베-베르크(Jülich-Kleve-Berg)의 공작 빌헬름 5세(Wilhelm V, 1516-1592)[697]로, 그가 모든 것을 쥐고 흔들었다. "클레베 공작은 자기 영토의 교황이다"(Dux Cliviae papa est in terris suis.)라는 문구가 그것을 대변해준다.[698]

---

695) *대주교의 자문관(kurfürstliche Kanzler)으로 쾰른의 주교총대리(Generalvikar)였다. 1526년에 대주교 헤르만 폰 비트의 궁정 자문관이 되었고 1547년에 퇴임하였으나, 이후 새로운 대주교 아돌프 폰 샤움부르크(Adolf III. von Schaumburg)의 자문관이 되었다.

696) Eells, *Martin Bucer*, 327.

697) *부자 빌헬름(Wilhelm der Reiche), 클레베의 빌헬름 1세, 율리히-베르크의 빌헬름 5세 등으로 알려져 있다. 1539년부터 죽을 때까지 율리히-클레베-베르크 공작이자 마르크(Mark)와 라벤스베르크(Ravensberg)의 백작이었다.

698) Greschat, *Martin Bucer*, 184-185.

1515년에 대주교직에 오른 헤르만 폰 비트는 조언자 요한 그로퍼 덕분에 종교개혁에 관심을 갖고 1536년에 쾰른 관할 교구를 개혁하려다가 실패한 경험이 있었다. 따라서 개혁에 좀 더 신중하지 않을 수 없었는데, 하게나우 교회연합모임에서 부써를 알게 된 그는 레겐스부르크 연합모임을 거치면서 부써를 신뢰할 만한 새로운 조언자로 생각했다. 그리하여 종교개혁을 위한 도움을 얻고자 부써를 초청했다. 이에 부써는 1542년 2월 5일, 쾰른 교구의 종교개혁 문제를 논의하기 위해 도시 본(Bonn) 남서쪽 40km 지점의 숲지대 코텐포르스트(Kottenforst)의 부쉬호펜(Buschhoven) 성으로 가서 그로퍼와 대주교 헤르만 폰 비트를 만났다.[699] 이 당시 공작 빌헬름 5세도 개혁에 대한 계획을 충분히 알고 있었지만 황제와의 정치적 대립과 전쟁으로 인해 여유가 없었다. 공작은 프랑스와 연합군을 형성하여 영국과 연합한 황제군에 맞서 싸웠지만 대패했고, 1543년의 벤로(Venlo) 조약에 서명해야 했다.

1542년 3월 8일에 부써가 대주교 헤르만 폰 비트에게 종교개혁을 실행하도록 촉구하자, 3월 중순에 대주교는 본 지역의회 석상에서 자신의 개혁안과 레겐스부르크 결정을 설

---

[699] Greschat, *Martin Bucer*, 185.

명했다. 성당참사회와 지역 통치자들, 쾰른 시의회와 대학은 모두 한마음 한뜻으로 대주교가 개혁을 준비하도록 그의 개혁안을 적극 지지했다.[700] 하지만 이런 순조로운 분위기는 얼마 지나지 않아 종교개혁을 반대하는 분위기로 반전되었는데, 그 이유는 쾰른대학 신학부의 1542년 7월 26일 자 회의록에 나타난다. "[신]학부 모임에서 쾰른 대주교가 스트라스부르에 있는 부써를 쾰른으로 불러들여 루터주의를 전파하고 싶어 한다는 소문이 파다한 이유를 알게 된 것을 그대로 학장과 대학에 보고하기 때문이다."[701] 신학 교수들이 부써 때문에 쾰른 종교개혁을 반대했던 것이다. 이런 적대적 분위기에서 계속 부써를 감싸고돌기가 어려워지자 그로퍼는 가톨릭 전통 신앙이라는 안전지대로 서둘러 후퇴했다.[702]

1542년 11월에 대주교 헤르만 폰 비트의 초청을 받은 부써는 12월 2일, 카스파르 헤디오와 크리스토프 죌(Christoph Söll)과 함께 스트라스부르를 떠나 프랑크푸르트로 가서 며

---

700) BDS 11/1, 9, 17.
701) Jacques Vincent Pollet, *Martin Bucer. Études sur les relations de Bucer avec les Pays-Bas, l',électorat de Cologne et l'Allemagne du nord II* (Leiden: E. J. Brill, 1985), 46,29-32: "…: in congregatione Facultatis vulgatur rumor de Coloniensi Archiepiscopo volenti Bucerum Argentina evocare Coloniam ad propagandum Lutheranismum; visum id denunciare Rectori et Vniversitati."
702) Greschat, *Martin Bucer*, 186.

칠 머문 후, 12월 12일에 목적지인 본에 도착했다.[703] 당시 주민이 2,000명 정도이던 본은 헤르만 폰 비트가 거주하는 궁정이 있는 선제후국의 행정본부였다. 12월 17일에 부써는 이곳의 성당에서 첫 설교를 시작하여 한 주에 3일을 설교했고, 18일부터는 한 주에 또 다른 3일 동안 프란체스코 수도원에서 라틴어로 고린도전서 연속 강의를 시작했다. 그러나 19일에 쾰른의 성당참사회와 대학이 부써의 임명에 불만을 품고 공식 항의서를 작성하여 대주교에게 제출하자, 대주교는 부써를 브륄(Brühl)로 보내 24일부터 연말까지 그곳에 머물게 했다. 부써는 새해가 되어서야 다시 본으로 돌아왔다.[704] 이처럼 부써에게 1543년의 쾰른 종교개혁은 20년 전 스트라스부르의 복음화처럼 결코 순탄한 일이 아

---

703) Pollet, *Martin Bucer. Études sur les relations de Bucer avec les Pays-Bas I*, 114; Eells, Martin Bucer, 321-322. 여기서 엘스는 부써가 6일부터 10일까지 프랑크푸르트에 머물며 설교했고 14일에야 본에 도착했다고 주장한다. 또한 크리스토프 쾰을 부써의 비서 크리스토퍼 졸(Christopher Soll)로 제시한다. 폴레는 각주 4번에서 쾰이 물질을 책임진 부사제, 즉 집사였다고 설명한다. 쾰은 라틴어로 '크리스토포르 아테시스'(Christophor Athesis)로 불렸는데, 이것은 '아디제 출신 크리스토퍼'라는 뜻이다. '아테시스'는 그리스어 '아테시스'($A\theta\varepsilon\sigma\iota\zeta$)의 라틴어인데, 이탈리아에서 두 번째로 긴 강 아디제(Adige), 독일어로는 에취(Etsch)로 알려진 강 이름으로, 이 강은 오스트리아와 스위스의 이탈리아 접경지역인 티롤(Tyrol) 남부 알프스에서 발원하여 410km를 흘러 이탈리아 북서부의 아드리아해로 흘러간다. 그의 라틴어 이름에 대해서는 다음을 참조하라. Pollet, *Martin Bucer. Études sur les relations de Bucer avec les Pays-Bas II*, 155.
704) Greschat, *Martin Bucer*, 187; Pollet, *Martin Bucer. Études sur les relations de Bucer avec les Pays-Bas I*, 116.

니었다.[705]

쾰른 종교개혁의 이중적 난관은 개혁을 너무 가볍게 생각하는 경향이 있다는 점과, 대주교의 방향이 대다수의 전통주의자들인 교회 성직자들과 다르다는 점이었다. 그 결과 1543년 1월 말과 2월 초에는 부써의 계획을 무산시키고 대주교로 하여금 부써를 돌려보내도록 하기 위해 성당참사회와 대학과 쾰른 하위 성직자들의 합종연횡이 벌어졌다.[706] 대주교가 부써를 쾰른 종교개혁운동의 책임자로 세우려 한다는 사실을 알게 된 1542년 5월에 이미 그를 부르지 말도록 대주교에게 탄원한 적이 있는 쾰른 성직자들은 로마가톨릭의 옛 신앙을 지키기 위해 자신들의 눈엣가시인 부써를 해임하도록 요구하는 공적 저항을 멈추지 않았다. 부써는 토론을 제안했으나, 그들은 대중 연설가인 부써에게 말할 기회를 주지 않으려고 그의 제안을 무시했다. 그리고 1543년 1월 4일에는 부써에게 물러나도록 요구했는데, 만일 거절할 경우 공개적으로 대주교를 공격하겠다고 협박했다.[707]

교황 및 다른 사람들의 불평과 비난의 편지로 쾰른 대주

---

705) Eells, *Martin Bucer*, 322.
706) Pollet, *Martin Bucer. Études sur les relations de Bucer avec les Pays-Bas I*, 118.
707) Eells, *Martin Bucer*, 323-324.

교가 압박을 당하자 부써는 개신교 진영의 군주들과 정치 지도자들, 특히 헤센의 영주 빌립과 작센의 선제후에게 편지를 보내 대주교를 격려해달라고 부탁했다.708) 또한 고군분투하던 부써 역시 종교개혁을 함께 외칠 수 있는 동지가 필요했기 때문에 스트라스부르의 동역자 헤디오와 헤센의 설교자 피스토리우스를 지원군으로 불렀다.709) 쾰른 성직자들로 구성된 성당참사회는 1543년 3월 12일부터 16일까지 본에서 지역의회를 소집했는데, 부써를 초대하기는커녕 해임하고 그 자리에 다른 사람을 임명하도록 계속해서 대주교를 압박했다. 하지만 지역의회의 최종 결정은 개혁의 전권을 대주교에게 위임한다는 것이었다. 쾰른 성직자들은 전권을 위임받은 대주교가 자신들의 요구를 단호하게 거절

---

708) Lenz, ed., *Briefwechsel Landgraf Philipp's* II, 121-123(부써가 영주 빌립에게 보낸 1543년 2월 10일 자 편지); 123-126(부써가 영주 빌립에게 보낸 1543년 2월 20일 자 편지).

709) Lenz, ed., *Briefwechsel Landgraf Philipp's* II, 125(부써가 영주 빌립에게 보낸 1543년 2월 20일 자 편지): "S. chf. gn. haben auch nach doctor Hedio gon Straβburg geschrieben, damit sie mich desto baβ nach ostern zu m. gsten. h. von Munster und E. f. g. mogen lassen abkommen."; Lenz, ed., *Briefwechsel Landgraf Philipp's* II, 130(부써가 영주 빌립에게 보낸 1543년 3월 8일 자 편지): "Der prediger halben bittet m. gster. herr und bitt ich auch umb Gottes willen, E. f. g. wollen Pistorium und den zu Wiske bei Gieβen lassen kommen, doch uff ein zeit, und dem zu Rens schreiben,… Meine herren lassen D. Hedio auch herab komen, des sie doch daheimen hoch bedorfften." 헤디오는 병 때문에 7월에야 도착할 수 있었고, 피스토리우스는 4월 말 혹은 5월 초에 도착했다. 참고. Eells, *Martin Bucer*, 497, 각주 46/47.

하자 부써와 대주교를 공격하는 글을 본격적으로 쏟아내기 시작했는데, 그 가운데 저자 이름을 밝히지 않은 것들이 상당수였다.[710]

지역의회의 개최를 전후하여 대주교는 세 가지 난제에 봉착했다. 그것은 투르크와의 전쟁 경비 부담, 황제와 율리히-클레베-베르크 공작 빌헬름의 싸움에 대한 정치적 입장 표명, 교회개혁을 허용한 레겐스부르크 제국의회의 결정에 따라 대주교 관구를 개혁하기 위한 방안 등이었다. 성직자들의 요구대로 부써를 쫓아내고 대신에 다른 사람을 그 자리에 임명하는 일은 대주교에게 개혁의 종말을 의미하는 것이었으므로 그는 물러설 수 없었다. 성직자 외의 세 계급도 대주교를 지지했기 때문에 제국의회의 결정도 성직자들의 요구를 거절하고 대주교의 손을 들어주었다. 또한 이 세 계급과 더불어 도시 외곽 지역의 대다수도 종교개혁에 호의적이었으나, 지역의회의 첫 번째 계급인 쾰른 성직자들의 완강한 반대 입장은 제국의회의 최종 결정으로도 잠재울 수 없었고, 대주교 역시 그들을 완전히 배제한 채 개혁을 일방적으로 추진하기는 어려운 상황이었다.[711]

---

710) Greschat, *Martin Bucer*, 188. 그레샤트에 따르면 1542년 12월부터 1547년 여름까지 무려 140편가량의 출간물이 쏟아져 나왔다.
711) Eells, *Martin Bucer*, 328. 여기서 땅 때문에 결국 황제와 전쟁을 치르게 되

1543년 3월 중순경에 부써는 『지금 쾰른의 주교 관구에 속한 본에서는 우리 주 예수 그리스도의 거룩한 복음의 이름으로 무엇이 가르쳐지고 설교되는가?』(*Was im namen des Heiligen Euangeliums vnsers Herrenn Jesu Christi ietzund zu Bon jm Stifft Collen gelehret vnnd geprediget würdt*)라는 제목으로 성당참사회에 반대하는 글을 출간했다.[712] 이 글에서 부써는 중혼에 대한 비난을 논박한 후 성직자의 결혼을 길게 옹호했다. 또한 이신칭의 교리를 변호했고, 시 권력자들의 의무를 제시했으며, 레겐스부르크 제국의회의 최종 결정을 상기시키면서 본에서의 활동이 정당하다고 변호했다. 그리고 복음이 선포되고 있고 교회의 잘못된 관행들이 제거되고 있다는 사실에 호소하면서 개혁이 성공하도록 도와달라고 호소했다. 이 글은 간결하면서도 대중적인 문체로 기록되었지만 부써가 말이 아닌 글로써, 그것도 절대 다수의 쾰른 성직자들을 홀로 상대하여 논쟁하기에는 역부족이었다.

는 율리히-클레베-베르크의 '공작 빌헬름'(Herzog Wilhelm)을 '공작 윌리엄 4세'(Duke William IV)로 번역한 그레샤트 저술의 영어번역은 오역으로 보인다. 독일어 원문은 4세인지 5세인지 밝히지 않고 공작 '빌헬름'이라고만 제시한 반면, 영어번역자는 친절하게도 그를 빌헬름 4세라고 번역한 것이다. 하지만 그 공작은 빌헬름 4세가 아닌 빌헬름 5세다. 참고. Greschat, *Martin Bucer*, 191-192; Martin Greschat, *Martin Bucer. Ein Reformator und seine Zeit 1491-1551* (München: Verlag C.H.Beck, 1990), 200.
712) BDS 11/1, 19-130.

부써의 판단으로는 쾰른 종교개혁의 입지가 강화되려면 대주교에게 우호적인 쾰른 관구의 권력 실세들(공작과 백작)에게서 재정 후원을 받는 것이 필요하고, 또한 멜란히톤의 도움도 절실했다.[713] 따라서 부써는 독일의 교사 멜란히톤을 초청했다. "아무튼 멜란히톤이 오고 있다. 하나님께서 찬양 받으시길!"[714] 멜란히톤이 쾰른 관구 교회들의 개혁을 돕기 위해 본에 거주하는 부써 곁에서 칼빈에게 편지를 쓴 날짜로 보아 그는 5월 초에는 본에 도착한 것으로 보인다.[715] 1543년 6월 말 혹은 7월에 멜란히톤과 부써는 아주 짧은 공저『가장 지체 높으신 제후요 군주이신 쾰른의 대주교 선제후께 드리는 기독교적이고도 참된 답변』(*Christliche vnd* ware *Verantwortung an den Hochwirdigisten Fürsten vnnd Herrn, den Ertzbischoffe vnd Churfürsten zu Coln etc.*)을 출간했다.[716] 이것은 1543년 6월 20일 대주교에게 토로한 쾰른대학과 신학부의 불만과 비방을 부당한 것이라고 논박한 글

---

713) Eells, *Martin Bucer*, 329.
714) Lenz, ed., *Briefwechsel Landgraf Philipp's* II, 147(부써가 영주 빌립에게 보낸 1543년 4월 29일 자 편지): "M. Philippus komet doch, Gott seie Lob!"
715) CO 11, 542(멜란히톤이 칼빈에게 쓴 1543년 5월 11일 자 편지): "Haec Bonnae scripsi apud D. Bucerum, quum eo accersitus est ut ecclesias in dioecesi Coloniensi, emendaret." 참고. BDS 11/1, 18: "Anfang Mai 1543 kam Philipp Melanchthon nun tatsächlich nach Bonn,…"
716) BDS 11/1, 133-144.

이다.

쾰른의 카르멜수도원 교구장(Karmelitenprovinzial) 에베르하르트 빌릭(Eberhard Billick, 1499-1557)[717]은 『본에 있는 마르틴 부써의 가르침과 호소에 대한 쾰른대학과 성직자의 판단』(*Incicium cleri et universitatis Coloniensi de doctrina et vocatione Martini Buceri ad Bonnam*)이라는 제목의 글을 저자의 이름을 밝히지 않고 출간했는데, 이 책을 최초로 반박한 멜란히톤[718]은 그 저자를 "바쿠스와 비너스의 사제"(priest of Bacchus and Venus)에 딱 어울린다고 평가했다.[719] 빌릭의 글에 대한 두 번째 반박 글은 7월 말에 부써가 출간한 『그것이 기독교의 주요 교리에 대한 다른 인증과 설명』(*Die ander*

---

717) *쾰른의 신학적 논객이요 부주교(Weihbischof)이다. 쾰른 대주교 헤르만 폰 비트와 스트라스부르 종교개혁자 부써의 쾰른 종교개혁을 반대한 대표적 논객 가운데 하나였으며, 종교개혁에 저항하는 진영에서는 요한 그로퍼와 친밀한 동맹자였다.
718) Eells, *Martin Bucer*, 331. 빌릭이 저술한 책에 대한 첫 반박 글은 6월 말에 출간된 멜란히톤의 다음 제목의 글이다. "쾰른의 하위 성직자로부터 선발된 어떤 자들의 책에 대한 필립 멜란히톤의 대답"(Responio Philippi Melanchthonis Ad Scriptum quorundam delectorum a Clero Secundario Coloniae Agrippinae), Robert Stupperich, ed., *Melanchthons Werke in Auswahl VI* (Gütersloh: Bertelsmann Verlag, 1955), 381-421. 이 글은 '종교개혁자들의 작품집'(CR=Corpus Reformatorum)의 멜란히톤 전집에는 빠져 있다. 위 제목에서 '아그리피나'(Agrippina)는 네로의 어머니 이름인데, '쾰른'을 지칭할 때 라틴어로 '콜로니아 아그리피나'(Colonia Agrippina)라고 사용한다.
719) Eells, *Martin Bucer*, 330. 여기서 엘스는 빌릭이 저술한 책의 내용을 간략하게 소개한다.

veteydigung vnd erklerung der Christlichen Lehr in etlichen fürnem hauptstucken)이라는 책이었다.[720] 여기서 부써는 원죄, 선행과 공로, 고해, 면벌, 성인숭배, 입교, 성찬과 미사 등의 주제를 교부들의 다양한 글에 호소하며 상세하게 다루었다.

쾰른 종교개혁에서 가장 중요한 저술은 부써의 『단순한 고려사항』(*Einfältiges Bedenken*)이다. "하나님의 은혜로 우리 쾰른 대주교 선제후 헤르만의 단순한 고려사항. 이것을 통해 하나님의 말씀에 근거한 기독교 종교개혁은 성령 안에서 모이는 독립적인 기독교 공동체(=교회)나 제국 [교회], 혹은 독일국가 [교회]가 사용하는 성례와 예식들과 목회와 다른 교회 사역에 관한 교리를, 그와 같은 우리의 목회 규정들과 더불어 개선하려고 함."[721] 이 작품은 쾰른 종교개혁의 청사진으로 부써가 1543년에 다시 본으로 돌아오자마자 착수하기 시작한 것이다. 그러나 3월의 지역의회에서 성당참사회원 중심의 성직자들이 강력하게 반발하자 본으

---

720) BDS 11/2, 31-247.

721) "VOn Gottes genaden vnser Hermans Ertzbischoffs zu Coln vnnd Churfürsten etc. einfaltigs bedencken, warauff ein Christliche, in dem wort Gottes gegründte Reformation an Lehr, brauch der Heyligen Sacramenten vnd Ceremonien, Seelsorge vnd anderem Kirchen dienst biß vff eines freyen Christlichen Gemeinen oder Nationals Concilii oder des Reichs Teutscher Nation Stende im Heyligen Geyst versamlet vebesserung bey denen, so vnserer Seelsorge befolhen, anzurichten seye" BDS 11/1, 147-429.

로 불러들인 멜란히톤의 도움을 받아 완성했고, 7월에 개최된 지역의회에 수기본으로 제출했으며, 최종 수정을 거쳐 1543년 늦여름에 대주교의 이름으로 공식 출간하였다.[722] 제목과 달리 분량은 많고 내용은 광범위하고 방대했다.

7월의 지역의회는 23일 월요일에 소집되어 26일 목요일에 폐회되었다. 소집 첫날, 대주교는 쾰른 종교개혁의 청사진을 지역의회에 제출하여 성직자를 제외한 세 신분의 동의를 얻었다. 지역의회는 대주교의 개혁안을 수용하고 성당참사회도 3주 이내에 동의하기를 바란다는 내용으로 폐막을 선언했다. 이것은 본을 비롯하여 쾰른 대주교 지역에 종교개혁을 도입한다는 선언과도 같았다. 하지만 도시 본은 종교개혁의 꽃을 활짝 피워보기도 전에 꺾이고 말았다. 왜냐하면 1543년 8월 17일 율리히-클레베-베르크의 공작 빌헬름과의 전쟁에서 승리한 황제 카를 5세의 군대가 본으로 진군했기 때문이다.[723] 멜란히톤은 지역의회가 끝나자마자 도시를 떠나 화를 면했지만 남아 있던 부써는 정복군

---

[722] 참고. BDS 11/1, 147-148; Hermann von Wied, *Einfältiges Bedenken*, 1-10; Eells, *Martin Bucer*, 332. 책의 출간 시기는 학자에 따라 8월이나 9월로 제시되기도 하는데, 부써 작품전집의 편집자에 따르면 '늦여름'이다. 그레샤트는 이 책이 삼위일체, 천지창조, 원죄 등의 주제를 담당했다고 확신하기도 한다. 참고. Greschat, *Martin Bucer*, 189.

[723] Greschat, *Martin Bucer*, 192-193. 참고. Lau & Bizer, *A History of the Reformation in Germany to 1555*, 183-184.

의 약탈과 만행을 목도해야 했고, 스페인 군인들과 사제들에 의해 자신이 살던 집에서 쫓겨나고 죽이겠다는 협박을 받아야 했다. 그리하여 8월 23일 월요일에 본을 떠난 그는 9월 16일 스트라스부르에 도착했다.[724]

가톨릭교도인 황제 카를 5세와 개신교도인 공작 빌헬름 5세의 싸움에서 황제가 승리한 사건은 부써가 보기에 개신교도들을 향한 하나님의 진노와 심판이었다. 개신교에 대한 하나님의 그와 같은 진노와 심판은 시작 단계에 불과했다. 개신교 정치 지도자들의 이기적 분열은 종교개혁 자체를 위기로 몰고 갔다. 슈말칼덴 동맹은 하나로 똘똘 뭉치지 못했고, 정치와 정치가들처럼 그들은 이상적 원칙이나 신앙이 아닌, 현실적 유익에 따라 움직였다.

1530년대는 종교개혁을 수용한 지역의 그리스도인일수록 임박한 종말 사상에 더 깊이 심취했는데, 이런 현상은 비단 재세례파뿐만 아니라 종교개혁자들에게서도 확인할 수 있는 익숙한 주장이었다. 루터는 죽는 그 순간까지 임박한 종말론을 굳게 믿었다. 재세례파 예언자들은 그리스도께서 재림하실 날짜와 장소까지 구체적으로 예언하곤

---

[724] Eells, *Martin Bucer*, 335. 본을 떠난 부써는 곧장 스트라스부르로 오지 않고 9월 5일에 카셀을 방문하여 이틀 동안 헤센의 영주 빌립과 상담한 후 프랑크푸르트를 경유하여 고향으로 돌아왔다. 집을 떠난 지 10개월 15일여 만에 돌아온 것이다. 참고. Lenz, ed., *Briefwechsel Landgraf Philipp's* II, 158,각주1.

했다. 1534-1535년에 일어난 뮌스터의 재세례파 왕국이 1530년대 임박한 종말 사상의 극치를 보여준 사건이다.

1530년대의 임박한 종말사상은 그리스도의 재림을 소망하는 개개인의 신앙적 동기가 사회적 혼란보다 더 크게 작용한 반면, 1540년대의 종말사상은 정세 변화를 하나님의 진노와 심판으로 보는 사회적 동기가 더 크게 작용했다. 종교개혁자들은 특별한 개인의 죽음뿐만 아니라 전쟁의 패배도 하나님의 진노와 심판의 결과로 간주했는데, 1540년대 독일 전역은 종교전쟁으로 몸살을 앓아야 했고, 개신교는 그 전쟁에서 맥없이 완패했다. 부써가 1543년에 본에서 직접 겪은 황제 군대의 약탈과 횡포는 하나님께서 황제를 통해 개신교를 심판하신 사건이었다. 또한 부써의 신앙적 관점에서 본이 한마음 한뜻으로 종교개혁을 수용하지 못한 결과였다. 부써는 이 두려운 결과가 다른 모든 종교개혁 진영을 덮치지 않을까 염려했다. 그리고 종교개혁 진영이 계속해서 단합하지 못하고 각자 자신의 유익만 좇는다면 하나님의 진노와 심판을 피하지 못하게 되리라 확신했다.[725]

---

[725] 부써는 1543년에 작성한 스트라스부르 신앙교육서(Katechismus)를 "하나님의 약속과 그리스도의 교회의 참된 교제에 관한 몇 가지 제언"(Vom Bund Gottes und warer gemeinschafft der Kirchen Christi etliche Sprüch)이라는 주제로 마무리하면서 다음과 같이 언급한다. "참으로 우리가 하나님의 복된 약속을 지금보다 더 잘 알고 수용하고 지키고 확장하지 않는다면, 하나님께서 우리 역시 그와 같이 부러뜨

불링거와 블라러 등은 부써가 복음의 기본 원리를 배반할까봐 쾰른으로 가는 것을 우려했다. 하지만 이러한 기우는 곧 풀리게 되었는데, 불링거는 부써의 전투 용기와 투지 그리고 개신교 교리를 받아들이도록 요구하는 그의 확고함을 높이 평가했고, 블라러는 용감무쌍한 부써의 행동에 감동을 받아 1543년 12월 콘스탄츠 교회법을 작성하는 자리에 부써를 초청했다. 사실 콘스탄츠는 레겐스부르크 제국의회에서 부써의 중재 덕분에 결국 종교개혁의 도시가 될 수 있었다. 콘스탄츠 도시법 작성을 위해 부써는 교회와 정부의 분리가 아닌 구분, 매관매직 금지법, 목사와 감독관과 교사의 세 등급으로 교회직분 구분, 금식일수의 제한, 엄격한 주일성수, 신앙적 위반에 대한 시민적 처벌 등을 제안했다.726) 쾰른 종교개혁의 실패 이후 로마교회와의 평화와 일

리실 것이요, 더 이상 우리의 하나님과 구원자이시지 않을 것이다. 그뿐만 아니라 마치 자신의 옛 백성들에게 하신 것처럼 비참하게 우리를 대적할 손에 넘기셔서 한시적 멸망과 영원한 멸망을 겪게 하실 것이다. 사랑의 하나님이시여, 우리에게 불행의 때를 주셔서 무엇이 우리에게 평화와 구원이 되는지 [알게 하시고] 심판의 때를 알게 하소서. 아멘" 참고. BDS 6/3, 263: "Dan warlich werden wir den seligen Bund Gottes nicht besser dan bishar erkennen, eingehn, halten und erbreiten, so wirt in Got an uns auch brechen und nit mehr unser Got und Heiland sein, Sonder, wie er seinem Alten volck gethon, uns in die hende unser feinde zu zeitlichem und ewigem verderben jamerlich hingeben. Der liebe Got gebe uns die zeit unser heimsuchung und, was uns zu friden und heil dienet, bei rechter zeit zu erkennen. Amen."

726) Eells, *Martin Bucer*, 336.

치에 대한 부써의 희망과 열정은 빠르게 사라져갔지만 완전히 식어버린 것은 아니었다.

쾰른 종교개혁의 실패, 즉 황제 군대의 본 정복 사건은 1540년대 슈말칼덴 동맹의 개신교가 맞이하게 될 곤경의 전조였다. 부써는 트리어 대주교의 궁정 자문관 바르톨로마에우스 라토무스(Barholomaeus Latomus, 1480-1570)[727]를 설득하여 트리어 대주교의 관할 지역에도 종교개혁을 도입하도록 시도했으나 실패했다.[728] 1544년에 쾰른 성당 참사회와 성직자들 그리고 대학은 황제와 교황에게 탄원하여 대주교로부터 자신들을 보호해달라고 공식 요청했다.[729] 또한 그로퍼는 쾰른 대주교 헤르만 폰 비트의 이름으로 출간된 종교개혁 계획안 『단순한 고려사항』을 반대하

---

[727] *1480년 이후 벨기에 발룬(Walloon)의 아를롱(Arlon: Arel)에서 태어나 1570년 1월 3일 코블렌츠(Koblenz)에서 사망한 16세기 인문주의자요 로마가톨릭교회의 논쟁가이다.

[728] Greschat, *Martin Bucer*, 196. 1544년에 부써는 라토무스를 반대하는 두 편의 저술을 출간했다. 참고. *Scripta dvo adversaria D. Bartholomaei Latomi LL. doctoris, et Martini Bvceri theologi* (Strasbourg: Wendelinus Rihelius, 1544). 같은 해에 라토무스는 다음과 같은 제목의 반박 글을 출간했다. *Responsio Bartholomaei Latomi ad epistolam quandam Martini Bucceri de dispensatione Eucharistiae, & inuocatione diuorum, item de coelibatu sacerdotum: in qua interim Ecclesiae & sanctorum patrum autoritas acerrime defenditur* (Paris: Christianus Wechelus, 1544). 부써와 라토무스 사이의 논쟁에 대해서는 다음을 참조하라. Eells, *Martin Bucer*, 343-348.

[729] Greschat, *Martin Bucer*, 197.

는 『기독교적이며 가톨릭적인 반대보고서』(*Christliche und Catholische Gegenberichtung*)를 1544년에 출간하였다. 이에 부써는 1544년 하반기 동안 그 저술에 대한 반박 글을 작성하는 데 집중했다. 그 반박 글은 『확고한 답변』(*Bestendige Verantwortung*)으로 시작하는 제목을 달고 1545년 1월에 출간되었다.[730]

---

730) 이것은 엄청난 대용량의 반박 글이다. 원문은 다음을 참조하라. BDS 11/3, 23-672.

# 마르틴 부써
교회연합운동의 선구자

Martin Bucer

8

슈말칼덴 전쟁과
아우크스부르크 잠정안

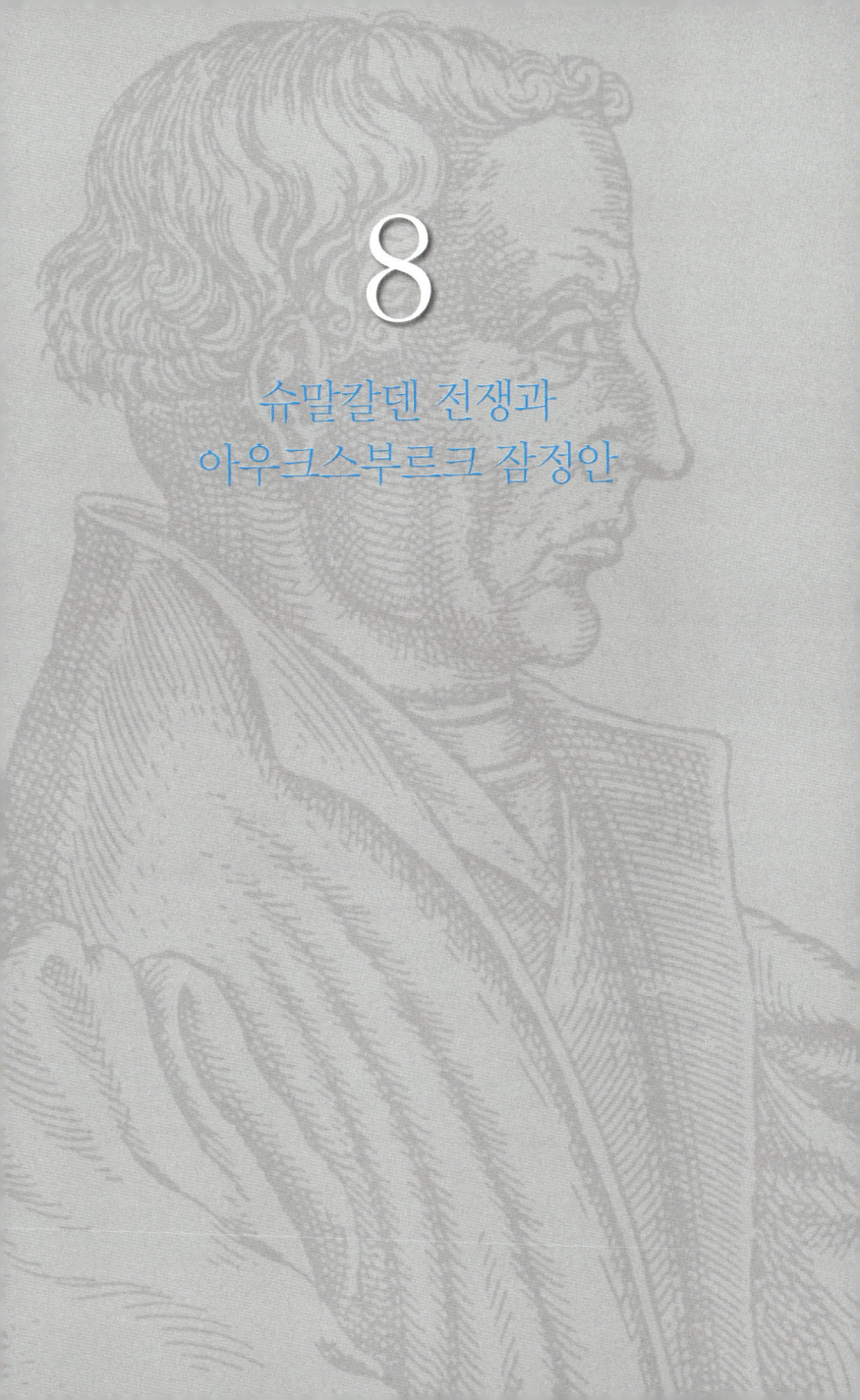

슈말칼덴 전쟁의 준비와 시작(베를린역사박물관, 1630)

Chapter 08

슈말칼덴 전쟁과 아우크스부르크 잠정안

우리가 온 마음으로 우리 자신을 제물로 드릴 수 있도록
주 예수께서 허락하시길 바랄 뿐이다.

슈말칼덴 동맹

 슈말칼덴 동맹의 가입자 수는 꾸준히 증가했는데 대부분 1530년대에 가입했다. 1532년에 니더작센의 4개 도시 브라운슈바이크(Braunschweig), 고슬라(Goslar), 괴팅겐(Göttingen), 아인베크(Einbeck)가 가입했다. 1535년에는 안할트-데사우(Anhalt-Dessau)의 제후, 포메른의 제후, 뷔르템베르크의 제후와 6개의 다른 도시들, 프랑크[푸르트], 아우크스부르크, 함부르크(Hamburg), 하노버(Hanover), 켐프텐, 민덴(Minden) 등이, 1537년에는 나사우-자르브뤼켄, 슈바르츠부르크-아른슈타트와 알베르트가 작센이 가입했다.[731] 1538년에

는 종교개혁을 수용한 크리스티안 3세의 덴마크가, 1539년에는 요아힘 2세 헥토르(Joachim II Hector)의 브란덴부르크가 가입했다. 1534년에 성공회를 세운 헨리 8세의 반교황적 정서와 프랑수아 1세의 반황제적 정서로 인해 영국과 프랑스는 교황과 황제에 맞선 개신교 연합의 방어동맹에 관심이 있었으나 끝내 슈말칼덴 동맹에는 가입하지 않았다.

1529년의 슈파이어 제국의회가 제국 내에서 개신교 수용의 자유를 철회했을 뿐만 아니라, 황제 카를 5세가 1530년 아우크스부르크 제국의회에서 개신교를 수용한 모든 지역을 향해 로마교회로 회귀하라는 칙령까지 공포했음에도 불구하고, 1530년대 독일제국의 개신교는 감소하기는커녕 오히려 확산일로에 있었다. 포메른, 뷔르템베르크, 알베르트가 작센, 선제후령 브란덴부르크와 같은 대(大)영방국들이 종교개혁에 가담했다. 하지만 1540년대에는 상황이 다시 바뀌었다.[732] 1540년대는 황제가 자신의 정치력을 유감없이 발휘할 수 있었던 것과 달리, 개신교 방어동맹군의 나약하고 지리멸렬한 모습이 극적인 대조를 이루었다. 1540년대에 접어들면서 슈말칼덴 동맹의 개신교 정치 지도자들은 내부적으로 다툼과 불화의 위기를 겪어야 했고, 외부적

---

731) 카우프만, 『종교개혁의 역사』, 627.
732) 카우프만, 『종교개혁의 역사』, 623-624.

으로는 투르크제국의 침략을 방어해야 하는 황제의 강력한 지원 요구와 압박에 시달려야 했다.

부써도 개신교 진영의 이기적인 다툼과 분열 상황을 개탄스럽게 생각했다. "나는 독일이 파멸에서 벗어나게 될 것 같은 계획이 조금이라도 사람들에게 남아 있다고 생각하지 않는다. 우리가 온 마음으로 우리 자신을 제물로 드릴 수 있도록 주 예수께서 허락하시길 바랄 뿐이다. 오직 이 방법으로만 우리를 향해 이미 불타오르는 하나님의 진노를 피하도록 하자. 예언자들의 시간이 우리에게 와 있다. 속으로 탄식하지 않는 자들에게 우리가 동일한 영으로 회개를 외칠 수 있도록 주께서 허락하시길 바랄 뿐이다. 우리 함께 기도하자. 같은 마음을 품자."[733] 지나치게 완고한 자세로는 한마음 한뜻을 이룰 수 없다. 이해와 양보 없이는 화합도 협상도 불가능하다. 완벽하지는 않았지만 부써는 그리스도인 사이의 화합이 왜 필요하고 또 얼마나 중요한지를

---

733) Lenz, ed., *Briefwechsel Landgraf Philipp's* II, 231(부써가 불링거에게 보낸 1543년 12월 28일 자 편지): "Ego itaque non video ullum hominibus reliquum consilium esse, quod ab interitu Germania vindicetur. Dominus Jesus det, ut toto corde ipsi non consecremus. Hac una via flagrantem jam in nos iram Dei evademus. Prophetarum tempora nobis sunt. Det Dominus, ut pari spiritu ad poenitentiam vocemus, qui non penitus deplorati sunt. Jungamus preces, jungamus mentes,…" 영어 번역은 다음을 참조하라. Greschat, *Martin Bucer*, 194-195.

알았다. 그리고 무엇을 고수해야 하고 무엇을 포기해야 하는지 선택의 원칙과 범위도 알았다. 하지만 그렇다고 해도 원칙 없는 완고함을 부써가 이길 방법은 없었다.

제국의회들

황제는 1541년 레겐스부르크 제국의회에서 결론을 맺지 못한 종교 문제를 해결하기 위해 1542년 1월 14일 슈파이어에서 회집하기로 했으나, 투르크제국의 위협 때문에 그 모임을 제국의회로 전환해야 했다. 그리하여 2월 9일 동생 페르디난트 왕의 사회로 개회하여 술탄의 침략에 대한 대책을 마련하도록 했다.[734] 여기서 황제가 개신교 대표자들에게 제시한 약속은 투르크에 맞서 싸우는 지금부터 5년 동안 종교 평화를 보장한다는 내용으로, 개신교도에게는 1541년의 레겐스부르크 제국의회에서 제시한 조건보다 더 좋았다.[735] 황제는 1542년 7월 24일부터 8월 26일까지 뉘른베르크 제국의회를 개최하여 투르크제국과의 전쟁 지원 문제를 다루었으나 엄청난 전쟁 지원금을 부담해야 하는 도시들의

---

734) Lau & Bizer, *A History of the Reformation in Germany to 1555*, 172.
735) Lau & Bizer, *A History of the Reformation in Germany to 1555*, 173.

반대와 개신교 대표자들 사이에 의견이 불일치하여 휴회했고, 11월에 뉘른베르크에서 두 번째 제국의회를 소집하기로 했지만 1543년 1월에야 개최하여 4월 23일에 최종 휴회했다.[736]

제국의회에서 개신교 대표자들은 계속해서 제국 최고법원(Kammergericht)의 구성원을 교체할 것과 새로 구성된 최고법원에 최종 결정권을 맡기자고 요구했는데, 뉘른베르크 제국의회가 휴회하면서 제국의 최고법원에 대한 조사위원회를 구성하도록 지시했다. 그러나 최고법원의 모든 최종 결정에 개신교도들이 관여해야 한다는 개신교도들의 요구를 유보했기 때문에 개신교 대표자들은 여전히 항의했다. 하지만 슈말칼덴 동맹자들은 1543년 6월 말 모임에서 자발적으로 황제를 돕기로 결정했고, 최고법원에 대한 조사위원회는 실제로 10월에 출발했으나 개신교 위원들이 불만을 품고 사임하는 바람에 일을 제대로 수행할 수 없었다.[737] 1543년 9월 7일에 벤로(Venlo) 조약으로 황제는 헬더를란트(Gelderland; Geldern)와 주트펀이 자신의 소유임을 천명했고, 율리히-클레베-베르크의 공작 빌헬름에게서 어떤 외세와도 동맹을 맺지 않겠다는 약속과 더불어 교회를 개혁하지

---

736) Lau & Bizer, *A History of the Reformation in Germany to 1555*, 173-174.
737) Lau & Bizer, *A History of the Reformation in Germany to 1555*, 174-175.

않겠다는 동의도 받아냈다.[738]

1542년 7-8월에 슈말칼덴 동맹의 두 지도자인 작센의 선제후 요한과 헤센의 영주 빌립이 브라운슈바이크-볼펜뷔텔(Braunschweig-Wolfenbüttel) 공작 하인리히 2세(Heinrich II, 1489-1568)[739]의 공작 영지를 점령하고 그를 추방한 사건이 있었는데, 이는 동맹의 존속을 위협했고 나머지 동맹자들과의 관계도 악화시켰다. 황제에게는 두 개신교 지도자의 정복이 제국의 평화를 파괴하는 행위였다. 프랑스와 손잡은 공작 빌헬름과 싸워 승리한 황제는 네덜란드 중부 지역을 차지했으나, 프랑스와 투르크제국과의 전쟁이 남아 있었으므로 제국의회를 소집했다. 그리하여 1543년 4월에 휴회했던 뉘른베르크 제국의회가 1544년 2월 20일에 슈파이어에서 속개되었다.[740] 황제가 제국의회에 요구한 것은 프랑스와 투르크제국과 치러야 할 전쟁을 지원하는 것이었다. 개신교도들은 자신들의 약점인 브라운슈바이크-볼펜뷔텔 정복 사건과 최근 전쟁에서 승리한 황제의 벤로 조약을 고려할 때 황제의 요구를 덮어놓고 반대하기 어려웠다.

---

738) Lau & Bizer, *A History of the Reformation in Germany to 1555*, 184.
739) *'아들 하인리히'(Heinrich der Jüngere)로 불리며, 아버지 하인리히(Heinrich der Ältere)가 사망한 1514년부터 1568년 죽을 때까지 브라운슈바이크-볼펜뷔텔의 공작이요 통치자로서 독일 북부의 최후 가톨릭 세속 군주였다.
740) Eells, *Martin Bucer*, 349.

슈파이어 제국의회에 참석하기 위해 부써는 1544년 3월 13일쯤 스트라스부르크를 떠나 17일에는 이미 슈파이어에 당도해 있었다.[741] 슈파이어 제국의회는 프랑스와의 전쟁뿐만 아니라 오스만제국과의 전쟁을 위해서도 황제를 돕기로 약속하고 6월 10일에 휴정했다. 종교 문제에 대한 합의는 개최 가능성이 희박해 보이는 보편공의회가 소집될 때까지 연기하기로 했고, 종교개혁에 대한 논의는 가을이나 겨울에 다른 제국의회를 통해 다루기로 결정했다. 휴회에서는 기독교적이고 평화적인 합의 외에는 종교적 분열을 극복할 길이 없다고 언급했다. 개신교 대표자들은 최종 휴회에 포함된 모든 지시 사항이 미래의 아우크스부르크 신앙고백 지지자들 모두에게도 동일하게 적용되어야 한다고 요구했고, 또한 다음 제국의회에 제안할 고려 사항들을 준비하고 의논할 뿐만 아니라, 제국의 최고법원의 구성원이 될 적합한 후보 임명을 준비하기로 했다.[742]

1544년의 슈파이어 제국의회에 대한 실망감을 감출 수 없었던 부써는 이렇게 표현했다. "우리가 지금까지 우리의

---

[741] Lenz, ed., *Briefwechsel Landgraf Philipp's* II, 246,각주1. 여기서 서신 편집자 렌츠는 헤디오가 에르프(Erb)에게 보낸 14일 자 편지의 "부써가 슈파이어로 떠났다"(Bucerus Spiram abiit)라는 내용과 17일 자 편지의 "부써가 슈파이어에 있다"(Bucerus Spirae est)라는 내용을 소개한다.

[742] Lau & Bizer, *A History of the Reformation in Germany to 1555*, 185.

친구인 프랑스 왕을 적으로 돌리고 우리의 진짜 적인 황제를 강하게 만들었다. 아, 우리는 눈먼 자들이다."[743] 부써의 눈에 그것은 재앙이요, 하나님의 진노의 결과였다. 1544년 3월 27일에 도마교회 관할 교구장에 선출된 부써는 4월 9일에 공식적으로 그 직분을 수락했고, 4월 12일에 슈파이어를 출발하여 4월 14일에는 이미 스트라스부르에 돌아와 있었다. 부써의 교구장 선출에 반대하는 사람도 있었지만 결정을 번복할 정도로 심각하지는 않았다. 교구장 연봉은 겨우 금화(Gulden) 80냥 정도로, 많아진 업무에 비하면 충분한 재정 수입이라고 보기는 어려웠다. 그러나 부써의 개혁안에 따라 충실하게 개혁된 도마교구에서 보수를 받는 소속 성직자들 대부분이 교회의 유익한 봉사자들이었으므로 부써가 교구장 직무를 수행할 당시 도마교구의 수준과 상황은 상당히 좋았다.[744]

1544년에는 로마가톨릭교도들의 핍박뿐만 아니라 다윗 요리스(David Joris, 1501-1556)[745]와 같은 분파의 침투 때문에

---

743) Anrich, *Martin Bucer*, 95: "Wir haben den König von Frankreich, der bischer unser Freund war, uns zum Feinde, und den Kaiser, unsern wahren Feind, mächtig gemacht; o wir Blinden!"
744) Eells, *Martin Bucer*, 351. 엘스에 따르면, 도마교구의 성직자단에는 신학박사가 2명, 목사가 5명, 법학박사 1명, 의학박사 1명, 철학교사 1명, 헬라어교사 1명, 그리고 7명 이상의 교육 도우미가 포함되어 있었다.

박해를 받고 있던 프랑스어권 네덜란드 개신교도들이 스트라스부르에 자신들을 위한 설교자를 요청했다. 이에 부써의 천거로 스트라스부르의 프랑스 피난민교회 목회자인 베드로 브륄리(Pierre Brully, 1518-1545)[746]가 파송되었다. 수개월 동안 여러 지역을 다니면서 설교하던 그는 뚜르네(Tournai)로 알려진 도시 도오르닉(Doornik)에서 적들에게 붙잡혀 옥살이를 하며 끔찍한 고문을 당했다. 이에 부써의 요청으로 헤센의 영주와 작센 공작이 그를 석방하라고 요구했으나 무시되었고, 결국 그는 순교했다. 복음의 진리를 부인하지 않고 끝까지 자신의 종교개혁 신앙을 지킨 그를 화형에 처함으로써 적들은 종교개혁의 진리를 외치는 그의 입은 막을 수 있었을지 모른다. 그러나 그의 희생적인 삶과 용감한 죽음에 대한 증거까지 불태울 수는 없었다.[747]

보름스 제국의회는 1544년 10월 1일에 개최할 예정이었으나, 황제의 건강악화 때문에 1545년 3월 24일에야 독일

---

745) *1540년 이전의 가장 중요한 네덜란드 재세례파 지도자 가운데 한 명으로 얀 요리스(Jan Jorisz) 혹은 요리스조온(Jorisszoon)으로도 불리며, 영어 이름으로는 데이빗 고어즈(David Gorge)로 불린다. 멜키오르 호프만의 제자였으며 1533년에 재세례파가 되었다.

746) *칼빈의 후임으로 스트라스부르의 프랑스 피난민교회에서 목회한 칼빈주의 설교자다. 1518년경에 로트링겐(Lothringen)에서 태어났는데, 아마도 메츠(Metz) 출신인 것으로 추정되며 1545년 2월 19일 도오르닉에서 순교했다.

747) Eells, *Martin Bucer*, 358-359.

왕 페르디난트의 사회로 개회할 수 있었다.[748] 네덜란드에서 발생한 개신교도에 대한 박해 소식[749]은 개신교도들의 사기를 심각하게 떨어뜨리는 원인이었으므로 제국의회의 주요 의제는 교회공의회에 관한 것이었다. 페르디난트는 종교 문제는 교회공의회가 다루어야 하고, 제국의회는 정치 문제만 다루어야 한다고 제안했다. 그러나 교황에 의해 소집되는 교회공의회의 권위를 인정하고 싶지 않던 개신교도들은 슈파이어 제국의회가 1542년에 종교 평화와 권리에 관하여 결정했던 해결책의 효력을 내세웠다.[750] 1545년 8월 4일, 보름스 제국의회는 최종 휴회하면서 종교담화 날짜와 차기 제국의회 날짜를 정했다. 참석한 개신교 대표들은 황제의 종교담화 제안을 수용한 반면에 교회공의회의 권위

---

748) Lau & Bizer, *A History of the Reformation in Germany to 1555*, 190. 참고. Eells, *Martin Bucer*, 363-364. 여기서 엘스는 보름스 제국의회의 개회 예정일이 1544년 12월 1일이었다고 기술한다.
749) 네덜란드의 박해를 주도하는 루뱅 교수들이 작성하여 황제의 재가를 받아 1545년 3월 14일에 출간한 루뱅조항(Löwener Artikel)에 대해 부써는 비판적 답변서를 작성했다. 그것이 바로 "루뱅 박사들의 새로운 신앙"(Der mnewe glaub, von den Doctoren zü Löuen)이다. 원문은 다음을 참조하라. BDS 15, 40-97. 바로 뒤에 루뱅 32개 조항 원문이 실려 있다. 참고. BDS 15, 98-103.
750) Lau & Bizer, *A History of the Reformation in Germany to 1555*, 190. 황제는 5월 16일에 도착했는데 이때는 이미 전쟁을 도모할 생각을 갖고 있었다. 왜냐하면 황제는 폴란드 왕에게 서신을 보내 자신을 지지해달라고 요청했기 때문이다. 하지만 그는 교황과의 동맹이 필요했는데, 이것도 며칠 뒤에 온 교황 특사를 통해 해결되었다.

나 제국 최고법원의 권위는 인정하지 않는다고 다시 한 번 선언했다.[751]

1544년 11월 1일부터 1545년 보름스 제국의회가 개최될 때까지 부써는 독일의 종교개혁과 종교평화를 효과적으로 실현할 수 있는 방안에 대하여 세 편의 글을 연이어 출간했다.[752] 그리고 이 세 편의 글을 보름스 제국의회에 참석한 헤센의 영주 빌립에게 보냈는데, 그 내용을 기뻐한 영주가 여분을 더 보내달라고 요청했으나 실망스럽게도 그 책들은 너무 인기가 좋아 매진되어버렸다. 부써의 견해를 아주 높게 평가한 것은 비단 영주 빌립만이 아니었다.[753] 예컨대 하나우-리흐텐베르크(Hanau-Lichtenberg)의 백작은 부써를 초대하여 자신의 영지 교회들을 개혁하려고 했는데, 개인적으로 그의 초대에 응할 수 없었던 부써는 그곳에 가는 대신, 학식 있는 사람들을 큰 도시들에 고용하는 것이 복음의

---

751) Lau & Bizer, *A History of the Reformation in Germany to 1555*, 191.
752) Eells, *Martin Bucer*, 360-361. 세 편은 다음과 같다. "보름스[제국의회]에 참석한 제국 통치자들과 군주들에게 드리는 그리스도에 대한 회상"(Ein christliche Erinnerung an die Keis. und Kön. Maiestaten, sampt Churfürsten … jetzund zü Worms versamlet), "종교에 관한 기독교적 일치와 교회사역에 관한 개혁이 우리 독일인들에게 얼마나 쉽고 편리하게 발견되고 실천될 수 있는지"(Wie leicht und füglich Christliche vergleichung der Religion, und des gantzen kirchendiensts Reformation, bey uns Teutschen zü finden, und in das werck zü bringen), "기독교의 위험하지 않은 생각"(Ein Christlich ongefährlich bedenken). 원문은 차례대로 다음을 참조하라. BDS 13, 77-201; BDS 11/2, 353-454; BDS 13, 337-361.
753) Eells, *Martin Bucer*, 362.

원리를 심기 위해 시작할 수 있는 최선의 방법이라고 백작에게 알려주었다. 그리고 그 일을 실행하기 위해 헤디오와 함께 몇 명을 보내면서 자신의 개별교회 설립 방안까지 보냈다.[754]

황제는 보름스 제국의회로 가는 길에 쾰른을 방문하여 선제후에 저항하는 시의회를 격려했고, 6월에는 제국의회에서 그들의 호소를 받아들여 그들을 보호하기로 결정했다. 그리고 7월에는 대주교가 로마로 소환되어 대주교의 대공 지위를 자신에게 귀속시킬 수 있는 절호의 기회를 갖게 되었다.[755] 제국의회에서 자신의 뜻을 이룬 황제는 1544년 9월 18일 프랑스와 크레피(Crépy) 평화조약을 체결하고, 1545년 10월에는 투르크제국과 휴전함으로써 자신의 꿈인 통일된 신성로마제국을 이룰 여지를 확보했고, 결국 슈말칼덴 동맹 지역에 대한 군사적 공격을 감행할 수 있었다. 슈말칼덴 동맹 회원들은 1545년 12월 6일부터 다음 해 2월 7일까지 프랑크푸르트에 모여 동맹의 연장과 확장과 개선을 논의했고, 쾰른 대주교의 호소를 지지하기 위해 사절

---

754) Eells, *Martin Bucer*, 363. 그 방안의 원본은 다음을 참조하라. BDS 14, 551-560. 여기서 부써는 재세례파와 같은 이단들을 구약의 율법 정신에 따라 사형하거나 추방하는 처벌보다는 교회에 해를 입히지 못하도록 투옥하는 방법을 권장했다. 참조. BDS 14, 556,21-557,4.
755) Lau & Bizer, *A History of the Reformation in Germany to 1555*, 193.

을 황제에게 보내기로 결정했다. 그러나 정작 교회공의회를 반대하는 문서를 작성하지 않았고 이 일을 뒤로 미루었다.[756]

한편 1544년 9월에 황제와 프랑수아 1세가 맺은 크레피 조약으로 교회공의회의 길이 열렸다. 교황 바울 3세의 칙서 "예루살렘이여, 기뻐하라!"(Laetare Jerusalem)가 1544년 11월 30일에 출간되었는데, 이것은 1545년 3월 15일, 사순절 네 번째 주일에 이탈리아 접경의 로마제국 도시인 트렌트에서 교회공의회를 소집한다는 칙령이었다. 교황은 세 명의 충신을 공의회 의장으로 지명하여 특사로 파견하면서 그들에게 필요하다면 공의회를 해산하거나 연기할 수 있는 권한을 부여했다.[757] 그리하여 교황이 남발하던 이전의 공의회 소집 공수표와는 달리, 실제로 16세기 최초의 공의회인 트렌트 공의회가 개최되었다. 물론 이번만큼은 연기하지 않겠다던 교황의 호언장담이 무색하게도 소집 날짜는 이전처럼 연기되었고, 1545년 12월 13일에야 비로소 공의회가 개

---

756) Lau & Bizer, *A History of the Reformation in Germany to 1555*, 194.
757) Lau & Bizer, *A History of the Reformation in Germany to 1555*, 189. 참고. Hubert Jedin, *Geschichte des Konzils von Trient I. Der Kampf um das Konzil* (Freiburg: Verlag Herder, 1951), 393-434. 세 명의 교황 특사는 최고 연장자이자 공의회 수장 델 몬테(Del Monte), 교황 측근으로 공의회 핵심 인물인 학자 체르비니(Cervini), 수장령을 반대하다가 국외로 추방당한 영국인 포울(Pole)이었다.

최되었는데, 참석자는 주교만 31명이었고, 그것도 대부분 이탈리아 주교들이었다.[758] 개신교도는 아무도 참석하지 않았다.

1545년 9월에 영주 빌립은 늦어도 내년 봄에는 황제가 공격해올 것이라 예상했고, 부써도 황제가 오스만제국과의 전쟁을 핑계로 얼마든지 종교 협상을 중단할 수도 있는데, 평화를 운운하면서 긴급 상황을 오용할 수 있다고 꼬집었다.[759] 레겐스부르크 제국의회 이전에 예정된 종교회담 날짜는 1545년 12월 1일이었으나 실제 개회일은 1546년 1월 27일이었다.[760] 이 종교대화를 위해 양측의 대표 신학자가 네 명씩 선발되었는데, 천주교 진영의 대표는 스페인 출신의 베드로 말벤다(Petro de Malvenda, 1505-1561),[761] 쾰른의 카

---

758) 후베르트 예딘, 『세계공의회사』, 최우석 역 (왜관: 분도출판사, 2005), 105. 여기에 참석한 독일 주교는 단 한 명, 마인츠의 관할 교구 주교 헬딩(Helding)뿐이었다. Jedin, *Geschichte des Konzils von Trient I*, 432.
759) Eells, *Martin Bucer*, 366.
760) Eells, *Martin Bucer*, 375; Lau & Bizer, *A History of the Reformation in Germany to 1555*, 194.
761) 1505년경 카스틸랴(Castilla)의 수도, 스페인 북부 도시 부르고스(Burgos)에서 태어나 1561년에 사망한 스페인 신학자다. 1519년 파리에서 공부를 시작하여 1538년에 신학박사가 되었다. 1540년에 스페인의 제후궁정의 목사가 되어 1541년 보름스 종교담화와 1546년 레겐스부르크 종교담화에 참여했다. 1547년에는 헤센의 영주 빌립을 로마교회로 복귀시키려 했으나 실패했다. 1548년에는 베드로 소토(Pedro de Soto)와 함께 아우크스부르크 잠정안을 준비했으며, 1551-1552년의 트렌트 공의회에서 그의 지식과 협상 경험을 통해 두각을 나타냈다.

르멜 수도사 빌릭, 아우구스티누스 은둔수도사인 요한 호프마이스터(Johannes Hoffmeister, 1509-1547)[762]와 코흘라에우스였고, 개신교 진영의 대표는 부써, 브렌츠, 슈네프, 멜란히톤을 대신한 게오르크 마요르(Georg Major, 1502-1574)[763]였다. 그리고 파이트 디이트리히(Veit Dietrich, 1506-1549)[764]가 3월 1일 이후 참여했다.[765]

레겐스부르크 종교대화가 한창 진행 중이던 1546년 2월 18일에는 마르틴 루터가 이른 새벽 2시 45분경 고향 아이슬레벤의 마지막 공기를 들이마시고 "아무 미동 없이, 아무런 고통과 괴로움의 흔적도 없이" 생을 마감했다.[766] "그들이

---

762) *아우구스티누스 은둔수도원의 수도사요 로마가톨릭 신학 논쟁가다. 하게나우, 보름스, 레겐스부르크(1541)의 종교담화에 참여했고, 1546년의 레겐스부르크 종교대화에 천주교 측 대표자로 참여했다. 1545년에는 보름스 제국의회의 설교자로 초빙되었다.

763) *루터파 신학자요, 종교개혁자로 마이어(Meier, 라틴명. Georgius Maior)가 본명이다. 멜란히톤의 제자였으며, 1546년 레겐스부르크 종교대화에서 부써의 인품에 사로잡혔다. 메르제부르크(Merseburg)의 대성당총감독, 아이슬레벤의 총감독관, 비텐베르크대학 신학부의 영구학장(Deccanus perpetuus)과 부총장(Prorektor)을 지냈다.

764) *라틴어 이름은 비투스 테오도루스(Vitus Theodorus) 혹은 비투스 디테리쿠스(Diterichus)로, 루터파 신학자이자 종교개혁자다.

765) Lau & Bizer, *A History of the Reformation in Germany to 1555*, 194. 헬딩과 플룩도 당시 레겐스부르크에 있었지만 대화에 참여하지는 않았다. 이 종교회담에 대한 상세한 설명은 다음을 참조하라. Eells, *Martin Bucer*, 372-383; Lenz, ed., *Briefwechsel Landgraf Philipp's* II, 406-427(부써가 영주 빌립에게 보낸 1546년 3월 15일과 21일, 4월 5일 자 편지); BDS 15, 271-539.

766) 헨드릭스, 『마르틴 루터』, 569. 루터의 질병과 죽음에 관한 상세한 정보는 다

루터에 대한 극심한 증오심 때문에 동요한다는 것을 나는 알고 있다. 하지만 하나님께서 누구보다 그를 사랑하신다는 것은 분명하다. 하나님은 그보다 더 거룩하고 유능한 복음의 어떤 도구도 우리에게 주시지 않았다. 그는 여러 죄를 가지고 있었다, 그것도 아주 심각한. 하지만 그럼에도 불구하고 하나님께서는 [루터가] 하나님의 아들을 설교하고 적그리스도를 물리치는 하나님의 [영과 능력]보다 더 큰 능력의 영과 힘을 누구에게도 주신 적이 없을 만큼 그렇게 루터의 죄를 품으시고 눈감아주셨다. 물론 그보다 더 죄악을 증오하는 사람도 없다. 어쨌든 주님께서 그가 죄인이었음에도 불구하고 그를 그토록 사용하시고 높이셨는데, 불쌍하고 비천한 종이요, 불결한 죄인이며 의를 위한 열정도 부족한 내가 저 죄들 때문에 [그를] 외면하거나 압박해야 했는가?"[767]

음을 참조하라. Walther von Loewenich, *Martin Luther. Der Mann und das Werk* (München: List Verlag, 1982), 358-370. = 뢰베니히, 『마르틴 루터: 그 인간과 그의 업적』 박호용 역 (서울: 성지출판사, 2002), 501-517; Martin Brecht, *Martin Luther Band 3. Die Erhaltung der Kirche 1532-1546* (Stuttgart: Calwer Verlag, 1987), 362-375.

767) Pollet, *Martin Bucer. Études sur la correspondance I*, 214, 19-26(부써가 하르덴베르크에게 보낸 1546년 4월 10일 자 편지): "Lutheri odio quam non parum moveantur quidam, scio. At constat hunc chrissimum Deo esse, nec ullum datum nobis organum Evangelii hoc sanctius et potentius. Vitia ille habuit et gravia: haec tamen ita tulit Deus, ita ad ea connixit, ut nulli mortalium potentiorem spiritum vimque magis divinam et praedicandi Filii sui et sternendi Antichristi contulerit. Quem iam ita assumpsit

이것은 부써가 루터를 얼마나 존경했는지 잘 보여준다. 부써는 자신이 비천한 종(servulus)인 데 반해 루터를 가장 '거룩하고 유능한 복음의 도구'로 인정했다. 하나님께서 가장 능력 있는 영과 힘을 주신 "루터 박사, 우리 모두의 아버지요 교사"[768]가 맞이한 삶의 마지막 새벽은 온 세상이 잠든 시간이요, 동이 트려면 한참을 기다려야 하는 깊고 긴 어둠의 시간이었다. 마치 레겐스부르크에서 맞이한 개신교도의 상황도 점점 어둠의 수렁 속으로 깊숙이 침전하고 있었던 것처럼. 1546년의 이 시간은 개신교와 천주교가 협상을 통해 연합할 수 있는 마지막 기회였다. 하지만 레겐스부르크의 개신교도들에게는 자신의 허황된 꿈을 이루기 위한 황제의 권위적인 불통 자세와 철저하게 배타적인 교황청의 음모를 극복할 수 있는 방안이 전혀 없었다. 한마디로 황제와 교황의 합종연횡을 막을 방도가 전무했다. 개신교도들은 3월 10일에 토론을 중단하고 20일에 도시를 떠났다.[769]

Dominus, ita evexit, quanquam vitiosum, quo nemo omne vitium magis detestatur, ego miser servulus, sordidus peccator, tam parum zelans pro iustitia abiicerem aut deprimerem propter ea vitia,…" 영어번역은 다음을 참조하라. Greschat, *Martin Bucer*, 207-208.

768) Lenz, ed., *Briefwechsel Landgraf Philipp's* II, 427(부써가 영주 빌립에게 보낸 1546년 4월 5일 자 편지): " … doctor Luther, unser aller vatter und leerer … "

769) Lau & Bizer, *A History of the Reformation in Germany to 1555*, 194; Eells, *Martin Bucer*, 381.

4월 16일에 교황의 파문으로 헤르만 폰 비트가 쾰른 대주교직을 상실하자 쾰른 지역의회 위원들은 1547년 1월에 아돌프 폰 샤움부르크(Adolf von Schaumburg, 1511-1556)[770]를 새로운 대주교로 확정했다.[771] 슈말칼덴 동맹 모임은 1546년 4월 12일에 보름스에서 시작하여 4월 22일에는 장소를 레겐스부르크로 옮겼으나 개신교 군주는 아무도 참석하지 않았다.[772] 6월 5일에 개최된 제국의회에서 가톨릭교도들은 종교 문제를 교회공의회로 넘기자고 요구했고, 개신교도들은 '기독교 자유 공의회'를 독일 땅에서 제국회의로 개최하고 가장 먼저 종교 평화와 권리를 보장해야 한다고 주장했다. 그러나 7월 11일에 황제가 개신교도들의 요구를 거절하고 7월 24일에 휴회를 선언함으로써 결국 제국의회는 황제에게 슈말칼덴 동맹을 상대로 전쟁을 준비할 수 있는 시간만 벌어준 셈이 되었다.[773]

---

770) *'폰 사우엔부르크'(von Schauenburg)로도 알려져 있으며, 1547년부터 사망할 때까지 쾰른의 대주교이자 선제후 아돌프 3세였다. 즉 그는 1531-1544년에 홀슈타인-핀네베르크(Holstein-Pinneberg)와 샤움부르크 백작 영지의 백작 아돌프 13세다.
771) Greschat, *Martin Bucer*, 200; Lau & Bizer, *A History of the Reformation in Germany to 1555*, 200. 헤르만 폰 비트는 1547년 2월 25일에 공식적으로 자신의 선제후와 대주교의 직위 및 권리를 포기하고 은퇴했다.
772) Lau & Bizer, *A History of the Reformation in Germany to 1555*, 195.
773) Lau & Bizer, *A History of the Reformation in Germany to 1555*, 195-196.

슈말칼덴 전쟁과 아우크스부르크 잠정안

레겐스부르크 담화 이후의 상황에 대해 부써는 상당히 비관적이었는데, 교황의 특사들과 황제의 사절단을 우호적이고 기독교적인 대화가 불가능한 적으로 간주하면서 친구도 그리스도인도 아니라고 비난했다.774) 1546년 4월 말에서 5월 초 사이에 부써는 4월 8일에 공포된 트렌트 공의회 법령을 노골적으로 비난하는 글, "두 가지 트렌트 공의회 법령"(Zwei Decret des Trientischen Concili)을 작성했다. 여기서 그는 전통의 권위와 불가타성경의 무오류성에 관한 조항을 각각 반박했다.775) 1546년 6월에는 『레겐스부르크 회담에 대한 진실한 보고서』(Ein wahrhaftiger Bericht vom Colloquio zu Regenspurg)를 발행했는데, 이것은 회담 내용을 비밀에 부치자고 한 약속을 라토무스와 빌릭이 깨고 출간한 것에 대한 반발이었다.776) 이어서 6월 중순에 『감사와 기도의 시편 120편』(Der CXX. Psalm. Ein danck und Betpsalm)을 출간했는데, 여기서 부

---

774) Greschat, *Martin Bucer*, 209.
775) BDS 15, 245-269. 여기에는 독일어와 라틴어 원본이 각각 수록되어 있다.
776) BDS 15, 524-539. 부써는 이 종교회담의 토론 내용을 1548년에 라틴어 책자로 발간했다. 참고. Holger Pils & Stephan Ruderer & Petra Schaffrodt, *Martin Bucer (1491-1551). Bibliographe* (Gütersloh: Gütersloher Verlagshaus, 2005), 136: "Dispvtata Ratisbonae, in altero colloquio, Anno XLVI."

써는 자신과 가족에 대한 중상과 비방을 반박했다.[777]

부써를 중상하고 비방하는 것은 쉬운 일이었지만 그가 악행을 저지른 범죄자라는 것을 증명하는 일은 불가능했음에도 불구하고 6월 16일에 황제는 모든 역도들을 처벌할 것이라고 선언했다. 이것은 모든 종교개혁자들과 종교개혁에 동조하는 슈말칼덴 동맹 세력들을 적으로 돌리는 선전포고나 마찬가지였다. 황제의 총알은 부써의 펜보다 강했고, 부써는 이 전쟁의 가장 큰 피해자 가운데 한 명이었다.[778] 1546년 6월 7일은 황제가 교황과도, 바이에른과도 조약을 맺은 날이었고, 영국과 프랑스가 독일의 중대사를 위해 유의미한 평화조약을 맺은 날이었다. 6월 19일에는 황제가 작센의 선제후 영토와 함께 마그데부르크와 할베르슈타트(Halberstadt)의 주교 관할 구역을 주겠노라고 약속함으로써 영주 빌립의 사위이자 알베르트 가문의 작센 공작 모리츠와 우호 조약을 맺었다.[779]

교황이 결성한 지원군이 7월 4일에 독일로 출발했고, 같은 날 슈말칼덴 동맹도 군대를 움직였다.[780] 이것은 슈말칼

---

777) BDS 17, 17-80.
778) Eells, *Martin Bucer*, 383.
779) Lau & Bizer, *A History of the Reformation in Germany to 1555*, 196-197; Greschat, *Martin Bucer*, 210.
780) Greschat, *Martin Bucer*, 210.

덴 전쟁으로 알려진, 독일 전역에 걸친 종교 전쟁의 발발을 의미했다. 1546년 여름은 독일 전역이 전쟁으로 후끈 달아올랐다. 브란덴부르크 영주들의 지원까지 받게 된 황제는 7월 20일에 작센의 선제후와 헤센의 영주에게 제국의 법령으로 파문을 선언했다.[781] 10월 30일 작센의 공작 모리츠는 페르디난트가 이끄는 보헤미아 군대의 도움을 받아 선제후령 작센을 공격했다. 당시 독일 남부에 있던 작센의 선제후 요한 프리드리히는 이 소식을 들었지만 그곳을 떠날 수 없었다. 독일 남부의 개신교 연합군은 자금 압박으로 결국 군사 작전을 포기해야 할 위기를 맞게 되었다. 이에 영주 빌립이 11월 14일에 휴전을 요구했으나 5일 후에 거절 통보를 받았고, 11월 22일에는 군대를 바덴-뷔르템베르크의 자유제국도시 깅겐(Giengen)에서 북쪽으로 철수했다.[782]

요한 프리드리히가 자신의 영토를 보호하기 위해 동맹군의 상당수를 이끌고 북쪽으로 이동하자 남은 슈말칼덴 동맹군은 와해되었고, 독일 남부의 도시들은 차례로 항복하기 시작했다. 12월 15일에 슈베비슈-할(Schwäbisch-Hall)이, 23일에 울름이 항복했다. 마지막으로 1547년 3월 21에는 스트라스부르가 항복했는데, 야곱 슈투름을 비롯한 자유제

---

781) Lau & Bizer, *A History of the Reformation in Germany to 1555*, 197.
782) Lau & Bizer, *A History of the Reformation in Germany to 1555*, 201-202.

국도시의 대표자들이 뇌르틀링겐(Nördlingen)에 가서 황제의 발 앞에 엎드려 충성을 맹세하면서 공식적으로 슈말칼덴 동맹에서 탈퇴하겠다고 약속했다.[783] 1547년 4월 24일 엘베(Elbe)강의 뮐베르크(Mühlberg) 전투에서 승리한 황제는 여세를 몰아 로하우(Lochau) 들판의 대전투에서도 압승함으로써 작센 선제후 요한 프리드리히를 포로로 붙잡았다.[784] 엘베강을 건넌 후 황제가 외친 말은 "나는 왔노라, 보았노라, 하나님께서 이기셨노라!"(Veni, vidi, deus vicit)였다고 한다.[785] 6월 19일 영주 빌립도 할레의 잘레(Saale)강에서 포로로 붙잡혔다.[786]

부써는 슈말칼덴 전쟁을 이 세상에서만 벌어지는 일시적인 전쟁이 아니라 '하나님의 전쟁', 즉 '하늘나라와 영생에 관한 전쟁'이라고 보았다.[787] 또한 독일인들의 죄악에 대한

---

783) Lau & Bizer, *A History of the Reformation in Germany to 1555*, 202.
784) 카우프만, 『종교개혁의 역사』, 689. 작센의 선제후 요한 프리드리히는 5월 19일에 비텐베르크 항복 조약에 서명했고, 5월 23일에는 도시를 넘겨주어야 했다. 참고. Lau & Bizer, *A History of the Reformation in Germany to 1555*, 206.
785) 카우프만, 『종교개혁의 역사』, 690. 작센의 공작 모리츠는 1547년 7월 27일에 공식적으로 작센의 선제후가 되었다. 이것은 그가 비텐베르크의 새로운 주인이 되었다는 의미이다.
786) Greschat, *Martin Bucer*, 211; Lau & Bizer, *A History of the Reformation in Germany to 1555*, 207.
787) Lenz, ed., *Briefwechsel Landgraf Philipp's* II, 460(부써가 영주 빌립에게 보낸 1546년 9월 19일 자 편지): "Es ist ja unser krieg ein krieg Gottes, ein krieg umbs himelreich und ewiges leben, nit allein umbs zeitlich,…".

하나님의 처벌로 간주했다.[788] 스트라스부르크는 황제에게 항복하면서 앞으로 황제를 대항하는 어떤 동맹에도 가입하지 않을 것을 맹세했고, 제국의 법원을 지원하고, 일정수의 대포를 제공하며, 막대한 벌금으로 금화 3만 냥을 지불하기로 약속했다. 그뿐만 아니라 독일 왕 페르디난트에게 1547년 말까지 금화 1만 2,000냥도 지불하기로 합의했다. 그러나 종교 문제에 대한 내용은 일언반구도 찾아볼 수 없었다.[789]

전쟁에 승리한 황제는 제국의회를 소집했다. 영국 왕 헨리 8세가 1547년 1월 28일에 사망했고, 황제의 숙적 프랑스 왕 프랑수아 1세도 3월 31일에 사망했으며, 6월에는 투르크 제국의 술탄 술레이만(Suleiman)과 5년간 휴전 조약을 맺었기에 황제는 정치적 압박감으로부터 자유로웠다.[790] 1547년 9월 1일부터 1548년 6월 30일까지 개최된 아우크스부르크 제국의회는 황제의 스페인 군대가 도시를 포위한 상태에서 진행되었기 때문에 무장제국의회라고도 하는데, 여기서 황제는 제국의 최고법원을 성공적으로 재조직하였고 배석판사를 지명하는 권리도 확보할 수 있었다.[791] 황제에게

---

788) Eells, *Martin Bucer*, 386.
789) Eells, *Martin Bucer*, 389.
790) Greschat, *Martin Bucer*, 218.
791) 카우프만, 『종교개혁의 역사』, 693.

예속된 최고법원은 제국의 파문권을 갖게 되었다. 황제의 이런 행보를 가장 경계한 인물은 교황이었다. 교황은 종교 문제를 처리하는 일까지 막강한 세력의 독일 황제 손에 넘어갈까 봐 염려했다. 그래서 교회공의회 장소를 황제의 땅 트렌트에서 교황의 땅 볼로냐로 옮겼다.[792]

무력으로 이루어진 제국의 평화를 유지하기 위해 지금 가장 시급한 것은 종교 평화였다. 황제는 무엇보다도 먼저 종교개혁으로 인한 종교의 분열 문제를 해결해야 했다. 강경한 입장의 극우 로마가톨릭교도들은 종교개혁 진영이 무조건 항복하고 옛 신앙을 다시 수용해야 한다고 주장했지만 황제는 그런 강경책을 달갑게 여기지 않았다. 정치적으로 신학 협상이 가능하기 위해서는 양 진영의 극단주의자들은 당연히 배제되어야 했다. 스트라스부르의 시장 야콥 슈투름이 제시한 종교 분열에 대한 극복 방법은 양 진영이 공개적으로 동등하게 토론할 수 있는 독일국가의회를 통해 합의를 이루는 것이었으나, 황제는 슈투름의 제안보다는 마인츠 주교 미카엘 헬딩(Michael Helding, 1506-1561)[793]의

---

792) Greschat, *Martin Bucer*, 218.
793) *시도니우스(Sidonius)로 잘 알려져 있으며 천주교 주교로서 평생 인문주의자로 살았다. 여러 종교담화에 로마가톨릭 사절로 참석했고 트렌트 공의회에도 참석했다. 또한 율리우스 플룩(Julius Pflug)과 함께 아우크스부르크 잠정안 초안 문서를 작성했다.

계획을 선택했다. 그리하여 헬딩은 아우크스부르크 잠정안의 초안에 상당한 영향력을 행사했다.[794] 천주교 교리로 점철된 헬딩의 잠정안을 플룩은 레겐스부르크 책자의 내용을 사용하여 위장했다.[795]

1548년 3월 15일, 브란덴부르크의 선제후 요아킴 2세와 팔츠의 선제후 프리드리히 2세는 플룩의 잠정안에 동의한 후, 황제에게 그것을 개신교의 제안으로 제출했다. 이는 독일 남부 가까이에 머물고 있던 황제의 스페인 군대를 두려워한 결과였고 기회주의적인 행동이었다.[796] 1548년 1월 말, 브란덴부르크의 선제후 요아킴의 요청으로 부써는 몰래 스트라스부르를 빠져나와 아우크스부르크로 갔다.[797] 그는 도시에 곧장 들어가지 않고 울름에 숙소를 마련하여 1월 30일부터 3월 29일까지 그곳에 머물면서 외르크 베세러(Jörg Besserer)를 통해 잠정안 작성에 관한 소식을 전해 들었

---

794) Greschat, *Martin Bucer*, 219.
795) Eells, *Martin Bucer*, 394.
796) Greschat, *Martin Bucer*, 219. 엘스는 여기서 22일 동안 머물렀다고 기록하고 있으나, 부써독일어작품집에 따르면 부써는 1월 30일부터 3월 29일까지 울름에 머물렀고, 그곳에서 외르크 베세러(Jörg Besserer)를 통해 잠정안 작성에 관한 소식을 전해 들었다. 참고. BDS 17, 12.
797) Eells, *Martin Bucer*, 393. 베르너 벨라르디(Werner Bellardi)와 마레인 드 크론(Marijn de Kroon)은 부써가 1월 27일에 스트라스부르를 떠났다고 구체적인 날짜를 적시한다. 참고. BDS 17, 346.

다.[798] 요아킴의 강요로 아우크스부르크로 간 부써는 4월 13일에 선제후의 숙소에 연금되었고, 4월 17일에는 황제의 명령으로 구금되었다.[799] 그는 황제의 안전통행권을 지니고 있었음에도 불구하고 외출금지의 연금 상태로 두 선제후가 황제로부터 받은 '3월 규정'(Märzformel)의 잠정안을 검토해야만 했다.[800]

잠정안을 검토하기 시작한 3월 30일은 수난일인 금요일이었고, 부써는 부활주일인 4월 2일에 몇 가지 조항에 대한 자신의 평가를 담은 편지를 두 선제후, 브란덴부르크의 요아킴과 팔츠의 프리드리히에게 보냈다.[801] 다음 날인 월요일에는 스트라스부르 자신의 집에 체류하고 있던 프란치스코 드 엔치나스(Francisco de Enzinas, 1518-1552)[802]에게 짧은 라틴어 편지를 보내 자신의 형편을 알렸다.[803] 이어서 4월

---

798) BDS 17, 12. 엘스는 거기서 22일간 머물렀다고 주장하지만, 부써독일어작품집 편집자들에 따르면 부써는 7주간 울름에 머물렀다.
799) Greschat, *Martin Bucer*, 221.
800) BDS 17, 346, 357. '3월 규정'은 플룩과 헬딩이 작성한 초안인 '12월 규정'(Dezemberformel)을 수정한 내용으로, 브란덴부르크의 궁정설교자 요한 아그리콜라가 3월 15-25일에 독일어로 번역했다.
801) BDS 17, 350-354.
802) *헬라어식 이름 프란키스쿠스 드리안더(franciscus Dryander)로도 잘 알려진 스페인 인문주의자요, 종교개혁자다. 신약성경을 헬라어에서 스페인어로 번역한 최초의 번역가였다.
803) BDS 17, 355-356.

4일에는 두 선제후에게 잠정안에 대해 이전보다 훨씬 상세하게 분석하고 검토한 내용을 편지로 전달했다.804) 앞서 두 선제후에게 보낸 첫 편지는 잠정안의 핵심 내용에 대해서만 라틴어로 짧게 해설한 내용인 반면에 두 번째 편지는 거의 모든 조항을 조목조목 독일어로 길게 해설한 것이었다. 4월 10일에는 두 선제후에게 세 번째 편지를 작성하여 보냈는데,805) 이날 부써는 잠정안에 서명해야 한다는 황제의 강력한 요구에도 불구하고 서명을 거절했다.806)

아우크스부르크 잠정안에 반드시 서명해야 한다는 강요와 협박을 받고 있던 부써는 두 선제후에게 보낸 세 번째 편지에서 자신이 왜 서명에 반대하는지 그 이유를 밝혔다. 그것은 양심과 선택의 자유 문제였다. "지금 폐기된 전례(典禮)들을 복원하는 [문제는] 어려움이 클 것이다. 그것들에 대한 생각이 모든 사람에게 동일하지 않고, 또한 몇몇 전례들을 누군가는 선한 양심으로 사용할 수 있는 반면에 다른 누군가는 [사용]할 수 없기 때문이다. 내가 개인의 이름으로 교회에 속한 사역자가 되지 않도록, 내가 어떤 다른 교회들에 대해 어떤 것도 예단하지 못하도록 종교조차도

---

804) BDS 17, 357-397.
805) BDS 17, 416-421.
806) Greschat, *Martin Bucer*, 221.

내게 금한다. 나는 물론 그 사안들에 대해 양심적으로 많은 것을 감내할 수 있고 해낼 수 있지만, 그 사안들을 [나와] 다르게 판단하는 사람들에게 무조건 감내하고 해내라고 감히 요구하지는 못한다."807)

선제후 요아킴의 숙소에 감금되어 서명을 강요받았지만 서명하지 않고 버티던 부써는 4월 20일에 아우크스부르크 시를 빠져나왔고, 스페인 군대가 약탈을 일삼고 있던 뷔르템베르크 산지를 무사히 통과하여 4월 25일에는 스트라스부르로 귀환할 수 있었다.808) 황제의 강요와 억압 아래서 만들어진 아우크스부르크 잠정안은 비록 성직자의 결혼

---

807) BDS 17, 420,34-39: "Et quia nunc summa difficultas erit de abolitis ritibus restituendis, de quibus non est omnibus eadem scientia et potest alius bona conscientia aliquos ritus usurpare quos alius non potest, Religio me quoque prohibet, ne uel priuato nomine Ecclesiae cuius minister sum aut ullis alijs Ecclesijs aliquid praeiudicem. Ego enim pro mea coscientia valde multa subire et facere possem in his rebus, quae alijs non habentibus idem de his rebus iudicium, subeunda et facienda suadere non ausim."

808) Eells, *Martin Bucer*, 394. 그레샤트는 어떤 근거 자료도 제시하지 않고 4월 20일에 부써가 잠정안에 서명한 결과로 석방되었다고 주장한다(그의 책 221쪽). 반면에 엘스는 그런 주장이 로마가톨릭교도들의 거짓 보고서에 근거한 것임을 명확하게 밝혀준다. 부써가 4월 17일에 두 번째로 잠정안을 수용하도록 명령을 받았고, 이것을 거절하자 황제가 4월 20일까지 서명하라는 경고와 함께 그를 수감했으며, 4월 20일에 잠정안에 서명함으로써 석방되었다는 주장은 모두 천주교도의 보고서에 있는 내용이다. 천주교도들의 거짓 보고서 내용 때문에 멜란히톤은 1548년 7월까지도 부써가 아우크스부르크 잠정안의 저자라고 믿고 있었다. 참고. Eells, *Martin Bucer*, 509,각주3.

문제와 이종배찬 문제에 대해 호의적이었지만, 부써가 지금까지 교회연합을 위해 최선을 다하면서도 결코 양보하지 않은, 이신칭의를 포함한 본질적인 교리들을 부차적인 문제로 취급했다. 따라서 자신의 도시에 돌아온 부써는 승리한 황제가 잠정안을 스트라스부르에서 시행하지 못하도록 최선을 다해 싸웠다. 하지만 그것은 승산 없는 싸움이었다.[809] 왜냐하면 1548년 5월 15일에 공포된 아우크스부르크 잠정안은 11일 후인 5월 26일에 스트라스부르에서 황제의 결정과 더불어 낭독되었기 때문이다.[810]

부써에게는 건강하고 세속적이며 쾌락을 좋아하는 스트라스부르 상류 신분도 황제나 로마가톨릭교도들에 버금가는 적이었다. 부써가 치리를 강화해야 한다고 목소리를 높였지만 반대는 점점 강해지고 지지 세력은 점점 약해졌다. 1548년 6월 1일 성직자들이 시의회에 제안하여 잠정안을 강요하지 말고 아우크스부르크 신앙고백을 유지할 수 있도록 황제에게 요구했으나 황제는 당연히 거절했다. 다시 시의회가 성직자들의 자문을 구해 잠정안이 불완전하다는 이유로 아우크스부르크 신앙고백을 유지할 수 있게 해달라고 요구했는데, 1548년 7월 9일 도시의 사절단이 제국의회에

---

809) Eells, *Martin Bucer*, 395.
810) Adam, *Evangelische Kirchengeschichte*, 264.

서 돌아오면서 가져온 소식은 스트라스부르 시민들의 신앙을 불로 바로잡겠다는 그랑벨러의 위협이었다. 이로 인해 도시는 혼란에 빠졌으나 설교자들만은 그 위협에 주눅 들지 않았고, 오히려 잠정안을 반대하는 설교를 용감하게 강단에서 외쳤다.[811]

이때 부써는 잠정안 교리를 비판하는 소논문을 출간했는데, 『지금 스트라스부르에서 28년째 가르쳐지고 있는 기독교 교리와 종교에 대한 요약적 언급』(*Ein Summarischer vergriff der Christlichen lehre und Religion die man zu Strasburg hat nun in die xxviij. jar gelehret*)이 그것이다.[812] 공식적으로 이것은 설교자들이 재세례파와 같은 선동자들이라고 중상하고 비방하는 내용의 1548년 6월 3일 자 출판물에 대답하는 형식이었으나, 실제로는 황제의 잠정안 내용과 대립적인 개신교 입장의 교리를 29개 조항으로 제시하는 것이었다. 부써는 잠정안과 함께 자신의 소책자를 출간하려 했으나 시의회의 반대로 하지 못했다. 스트라스부르 설교자들이 잠정안에 대한 멜란히톤과 그의 동료들의 생각을 알고자 요한 마르바흐(Johannes Marbach, 1521-1581)[813]를 작센으로 보냈을 당시

---

811) Eells, *Martin Bucer*, 396.
812) BDS 17, 111-150.
813) *스트라스부르의 종교개혁자요, 루터파 신학자다. 비텐베르크의 루터에게서

그들은 잠정안을 노골적으로 반대했다.[814] 또한 황제는 부써가 소책자를 출간한 것에 대해 상당히 불쾌한 심정을 토로했다.[815]

부써는 슈말칼덴 전쟁에서 패배한 것이 스트라스부르 시민들이 지은 죄에 대한 하나님의 처벌이며, 오직 회개와 개종으로만 하나님의 도우심과 구원을 받을 수 있다고 설교했다. 그렇기 때문에 시민들, 특히 상류층 시민들의 심기는 황제만큼이나 불편하고 불쾌했다. 부써는 하나님의 말씀과 계획에 대한 불순종을 모든 죄악과 재난의 출처로 간주했다. 1548년 6월 27일 설교에서 그는 주장하기를, "하나님께 순종함으로부터 악이 기원될 수는 없다. 다만 그들이 하나님의 말씀과 계획보다 자신들의 육적인 생각과 이익을 앞세우거나 둘을 섞어버림으로써 모든 불행이 인간에게 닥치는 것이다"[816]라고 했다. 아우크스부르크 제국의회가 폐회된 1548년 6월 30일부터 법적 효력을 얻게 된 잠정안은 오

배웠고, 부써의 부름을 받아 스트라스부르로 와서 활동했다. 신학적·정치적으로는 요한 슈투름과 대립각을 세웠다.
814) Eells, *Martin Bucer*, 396-397.
815) Adam, *Evangelische Kirchengeschichte*, 266-267.
816) BDS 17, 486,18-10: "… ab der gehorsame tottes nitt kan vbel gehn, sonder aller vnrath den menschen allain daher kumpt, das sie dem gottes wort vnd rath jre flaischliche red vnd gesüche eintwedars vorsetzen oder mitt einmischen…"

직 개신교 영역의 국가와 도시에만 적용되었다. 8월 6일 황제는 콘스탄츠가 잠정안 수용을 거부하자 법적 보호 대상에서 그 도시를 추방했고, 8월 9일에는 스트라스부르 사절단에게 결정 기회를 한 달로 제한했다.[817]

그야말로 개신교 입장에서 1548년 '8월은 미친 달'이었다.[818] 스트라스부르는 잠정안을 수용할지 거부할지 결정할 수 있는 시간이 8월 한 달뿐이었다. 시의회는 8월 27일과 30일에 300인회를 소집하여 잠정안 도입 문제를 투표에 붙였는데, 27일에는 266명 가운데 132명만 찬성하고 134명은 시민투표에 붙이자고 제안했다. 그러나 30일 목요일 투표에서는 206명이 황제와 협상하자는 안을 선택했다.[819] 8월 9일 황제를 알현했던 스트라스부르의 사절단 대표 야곱 슈투름과 루트비히 그렘프(Ludwig Gremp, 1509-1583)[820]는 9월 2일에 황제에게 보내졌다. 황제에게 보낸 제안서의 골자는 잠정안을 도입할 교회들에 대해 행정장관들인 시장들이 스트라스부르의 주교와 합의해야 하고 나머지 교회들은 복

---

817) Greschat, *Martin Bucer*, 223.
818) Eells, *Martin Bucer*, 397.
819) Adam, *Evangelische Kirchengeschichte*, 267; Greschat, *Martin Bucer*, 223.
820) *그렘프 폰 프로이덴슈타인(Gremp von Freudenstein)으로 알려진 스트라스부르의 법률가요 변호사로서 귀족 신분이었다. 야곱 슈투름과 함께 스트라스부르의 대표적 정치 지도자였다.

음적 예배를 드릴 수 있도록 한다는 것, 그리고 아무도 가톨릭 예배 참여를 방해해서도 안 되고 이것을 공격하는 설교를 해서도 안 된다는 것이었다. 이 타협안을 황제는 흔쾌히 승인했다.[821]

이제 스트라스부르에서 잠정안을 공격하는 자들은 모두 법을 어기는 범법자들이며 처벌 대상이었다. 하지만 부써와 그의 추종 설교자들은 계속해서 잠정안을 공격했다. 부써의 비타협적인 자세와 그를 처리할 수 있는 권한이 주교의 손에 있음에도 불구하고, 그 도시에서 부써의 영향력이 막강했기 때문에 그의 대담한 설교를 즉시 처벌하기는 어려웠다. 따라서 불공평한 싸움이 수개월 동안 지속되었다. 1548년 12월 14일, 부써는 잠정안을 따라야 한다는 주교의 주장과, 17명의 설교자 가운데 주교 자신만이 설교할 때 흰 성직자복을 입어야 한다는 주장을 노골적으로 거절했다. 주교의 이런 주장을 단순히 의복논쟁 정도가 아닌, 교황주의의 모든 오용을 받아들여야 하는 투항의 신호탄이라고 보았기 때문이다. 1549년 1월 23일, 시 행정장관들은 황제나 주교나 잠정안을 공격하지 못하도록 설교자들에게 공식적으로 요구했다.[822]

---

821) Eells, *Martin Bucer*, 397.
822) Eells, *Martin Bucer*, 398. 이 문제로 설교자들은 이틀간 토론했으나 마땅한 답

부써가 자신의 주장을 꺾지 않고 끝까지 싸울 것은 자명했다. 황제의 지지를 받는 주교 역시 부써의 비타협적인 행동을 허락하지 않을 것은 자명했다. 구 베드로교구교회와 신 베드로교구교회를 가톨릭에게 넘겨주고 나머지 교구교회들에서 개신교 예배를 지속한다는 야곱 슈트름의 협상안에 동의하지 않던 부써는 도시 전체가 일정 기간 회개하고 기도해야 한다고 촉구했을 뿐만 아니라 잠정안에 대해서도 더욱 강하게 비판했다.[823] 더 이상 참을 수 없던 시의회는 결국 1549년 2월 8일에 부써와 파기우스를 도시에서 추방하라는 제국의 요구를 받아들이기로 결정했다.[824] 그리하여 3월 1일, 부써의 오랜 친구이자 전우 야곱 슈트름과 시의원들을 통해 부써와 파기우스에게 자신들의 소유와 1년 연금을 가지고 도시를 떠날 것을 명령했다. 이 결정사항을 전달받았을 때 부써는 슈트름에 대해 원망이나 비난의 말을 단 한마디도 하지 않았다.[825]

변을 찾지 못했다. 1549년 1월 25일, 크니비스(Kniebis)와 파러(Ffarrer)는 시의원들이 참석한 가운데 부써를 심문했는데, 이것은 부써와 파기우스가 더 이상 행정장관들에 대한 반란을 선동하지 않도록 부써에게 당부하고 요구하는 자리였다.

823) Greschat, *Martin Bucer*, 224. 부써가 시의회에 보내는 1549년 2월 2일 자 답변서 참조. BDS 17, 574-592.

824) CO 13, 181(부써가 칼빈에게 보낸 1549년 2월 7일 자 편지),각주2: "Die 8 Februarii senatus accepit Imperatoris et episcopi rescriptum quo iubebatur Bucerum et Fagium dimmitere."

825) Adam, *Evangelische Kirchengeschichte*, 270. 아담은 여기서 두 종교개혁자에

3월 3일 주일 오전에 부써는 마지막으로 설교했다.[826] 부써와 파기우스는 3월 23일 토요일 스트라스부르 아카데미에서 마지막 강의를 하고 첼의 미망인 카타리나 첼의 집에서 며칠을 보낸 후, 4월 6일 토요일에 도망자로 도시를 몰래 빠져나왔다.[827] 두 신학자는 한밤중에 일(Ill)강에서 보트를 타고 스트라스부르를 빠져나왔다. 1549년 4월 7일 그들은 스트라스부르 서쪽 작은 마을 라온(Raon)에서 안내와 통역을 담당할 발레랑 풀랭(Valérand Poullain, 1520-1558)[828]과 합류했고, 파기우스의 히브리어 학생인 27세의 울름 출신 마테 네겔린(Matthias Negelin)과 말을 책임진 하인 베드로 등 여

게 내려진 추방 결정 내용을 다음과 같이 인용하고 있다. "Bucero und Fagio, ihnen selbs zu gutem, mit freundelichenn guttenn wortten zu erlauben mit einem Jargeit abzufertigen und mit einer pension ein zeytlang zu versehen, ob Gott gnad geb, dass es besser würde, dass man sie wyder ahn der handt haben möchte." 이곳에서 아담은 또한 부써의 답변 내용도 인용하고 있는데, 이것을 엘스가 영어로 번역했다. 참고. Eells, *Martin Bucer*, 399. 물론 부써는 영국에 망명한 후 쓴 편지에서 야콥 슈투름이 하나님의 말씀을 무조건적으로 신뢰하는 정치인은 아니라며 신랄하게 비난하기도 했다. 참고. Greschat, *Martin Bucer*, 224-225.

826) Adam, *Evangelische Kirchengeschichte*, 270.
827) Eells, *Martin Bucer*, 400; Van't Spijker, *The Ecclesiastical Offices*, 345. 부써는 아내와 6명의 자녀를 데리고 나왔다. 참고. Eells, *Martin Bucer*, 512, 각주 18.
828) *발레란두스 폴라누스(Valerandus Pollanus; Polanus)로도 알려진 저술가요 번역가이며 개혁파 종교개혁자다. 스트라스부르의 프랑스 피난민교회를 맡아 목회했으며, 글래스턴베리(Glastonbury)의 프랑스 피난민교회 총감독관(superintendent)을 지냈다.

행 동반자들과도 합류했다.829) 이때 부써는 이미 여러 곳에서 초청을 받은 상태였는데, 1549년 2월 24일에는 멜란히톤이 초청 편지를 보내 만일 부써가 도피해야 할 상황이 벌어질 경우 자신에게 오라고 권유하면서 로스톡(Rostock) 대학의 교수 자리를 제안했다. 또한 칼빈의 초청도 받았다.830)

스트라스부르의 기독교 교제공동체

다른 종교개혁자들처럼 부써도 하나님의 말씀에 순종하면 구원을 받고 거역하면 심판을 받는다는 순종지복(順從至福)과 거역지화(拒逆至化)의 성경적 권선징악 개념에 충실한 역사관을 가지고 있었다. 그것은 말씀을 순종하는 믿음으로 살면 복을 받고, 말씀을 거역하는 위선으로 살면 화를 당한다는 뜻이다. 처음부터 끝까지 부써 신학 전체를 관통하는 핵심 사상은 '하나님의 말씀과 뜻에 조건 없이 순종하는 것이 바로 진정한 그리스도인의 삶'이라는 것이다. 이러한 자신의 사상을 스트라스부르에 조금 더 구체적으로

---

829) Greschat, Martin Bucer, 228. 마태 네겔린(Matthäus Negelin)도 부써처럼 잠정안에 반대한 인물이다.
830) Adam, Evangelische Kirchengeschichte, 271.

실현하기 위해 부써가 세운 새로운 계획은 바로 각 교구마다 '기독교 교제공동체'(Christlichen Gemeinschaften)를 설립하는 것이었다.[831] 즉 공적으로 동의서를 제출한 사람들을 치리하도록 목사에게 권리를 주고, 또한 평신도 장로들을 임명하여 교회감독관의 교회치리를 돕도록 하자는 취지였다. 이것은 회개와 개종이 모든 성도의 공동 책무라는 부써 신념의 실현 방법이기도 했다.

1546년에 부써는 참된 기독교 교제공동체 설립에 대한 일종의 청사진과 같은 내용을 작성했는데, 그것은 "교회의 결점과 흠집에 관하여"(Von der kirchen mengel und fähl)라는

---

831) 참고. Amy Nelson Burnett, *The Yoke of Christ: Martin Bucer and Christian Discipline* (Kirksville: Sixteenth Century Journal Publishers, 1994), 180. '기독교 교제공동체'라는 용어에 대하여 일반적으로 학자들은 부써가 이 용어를 구체적인 치리 구조의 이름으로 사용했다고 주장한다. 그러나 이러한 견해와 달리, 버넷은 부써가 그 용어를 추상적인 의미로 더 자주 사용했으며, 구체적인 의미로 사용할 때조차도 특정 인물로 구성된 그룹을 언급한 것이라기보다는 오히려 개인들을 그 구조로 연합시키려는 띠, 즉 '교회의 교제공동체를 위한 자발적 헌신'(volutary commitment to the fellowship of the church = freywillig ergebenn jnn die gemeinschafftt der kirchen)을 가리키는 것이었다고 주장한다. 스트라스부르의 '기독교 교제공동체'(Christlichen Gemeinschaft)에 대한 최고의 연구물은 다음을 참조하라. Werner Bellardi, *Die Geschichte der "christlichen Gemeinschaft" in Straßburg (1546/1550). Der Versuch einer "zweiten Reformation"* (Leipzig: Heinsius, 1934). 이 책에서 저자는 부제에서 짐작할 수 있는 것처럼 부써의 '기독교 교제공동체' 운동을 제2의 종교개혁으로 간주하고, 그 운동이 17세기에 슈페너(Spener)에게서 시작된 경건주의의 기원이라고 주장한다. '기독교 교제공동체'와 관련한 16세기 원문 자료는 벨라르디가 편집한 BDS 17권을 참조하라.

제목의 글이었다.[832] 부써는 세상 정부의 통치와 구분되어야 할 교회의 통치 영역을 복음선포, 그리스도께서 제정하시고 명령하신 성례집행, 고백과 사죄선언, 출교시행, 외적 예식들의 제정 및 시행이라는 다섯 가지로 요약하면서 영적 통치권의 독립성을 주장하였다.[833] "하지만 동시에 우리가 하나님의 뜻과 관련하여 교회에도 역시 그 자체의 통치권이 온전히 허용되도록 기도하길 원한다. 그 [통치권]으로 [교회는] 백성을 영생으로 인도한다. 그리고 [그 통치권]은 우리 모두의 주님과 구원자이신 예수 그리스도께서 친히 정하시고 세우신 것이다. 세상 정부는 자신의 [고유] 영역에 한정되며 하나님께서 부여하시고 맡기신 권력에만 복종해야 한다. 즉 교회에 속한 일들을 방해하지 않도록 해야 한다."[834]

---

832) BDS 17, 153-195. 출간되지 않았던 이 글의 작성 시기에 대한 논쟁은 다음을 참조하라. Johann Adam & Manfred Krebs, et al. eds., *Quellen zur Geschichte der Täufer XVI. Band. Elsaß, IV. Teil. Stadt Straßburg 1543-1552 samt Nachträgen und Verbesserungen zu Teil I, II und III* (Gütersloh: Gerd Mohn, 1988), 200-202(no. 1526); Burnett, *The Yoke of Christ*, 181,각주6.

833) BDS 17, 162-163. 부써의 주장에 따르면, 이 다섯 가지는 다만 "하나님의 거룩한 말씀의 사역과 능력에 의해"(durch die wirckung vnd krafft des heiligen wort Gottes) 시행되고 집행되는 것이므로 칼의 권세로 세상 정부가 강요하거나 처벌하는 권력과 성격상 완전히 다른 통치 영역이다. 즉 교회는 칼의 권세가 아닌 말씀의 권세, 즉 성령의 권세로 지배된다는 뜻이다. 이러한 말씀과 성령의 권세가 통치하는 교회의 가장 중요한 특징이 곧 '자발성'이라는 것이다.

834) BDS 17, 164,9-14: "Daneben aber wollen wir vmb Gottes willen gebetten haben, das doch auch der kirchen ihr regiment, damitt die leuth zu dem ewigen leben bracht werden vnd vnser aller herr vnd heiland Jhesus Christus

부써는 교회개혁을 정부보다는 교회가, 시의원들보다는 목사들이 주도해야 한다고 주장했다. 교회를 보호해야 할 정부의 의무에는 교회개혁도 포함되지만 교회개혁의 일차적이고 직접적인 사명과 책임은 교회 자체에 있다는 판단에 근거한 것이다. 하지만 스트라스부르의 모든 목사들이 부써의 견해에 동의하는 것은 아니었다. 시정부와 갈등을 빚기보다는 견해를 존중하자는 신중한 입장의 목사들도 있었기 때문이다. 정부는 영적 통치권의 자율성과 독립성 보장이 교황적 권력의 재건으로 회기한다고 우려했기 때문에 이러한 의심을 사지 않기 위해 부써는 이렇게 주장했다. "우리는 파문이나 금지와 관계가 없다. 다만 교회사역의 의무와 책임을 지고 있는 우리가 유일하게 원하는 것은 합당하고 참된 그리스도인이고 싶은 사람 모두가 언젠가 교회의 합당한 순종에 자발적으로 들어가는 것, 그리고 우리가 하나님의 은혜로 오랫동안 설교해온 복음을 자유롭게 공개적으로 지지하는 것이다."[835]

---

selbs geordnet vnd eingesetzett hatt, gantz gelaßen werde, das die welttlich Oberkeyth sich jnn ihrem zirckel behaltte vnd sich nit mehres gewalts, dan ihr von gott vffgelegt vnd beuolhen, vnderstande, das ist, die sachen, so der kirchen gehörig, nit zuhindern begeere."

835) BDS 17, 192,31-35: "So sind wir noch lang nit an dem außschließen vnd verbannen, sonder begeeren allein vß pflichtt vnd schuld vnsers kirchendiensts, das alle die, so rechte wahre Christen sein wöllen, sich

부써가 보기에 스트라스부르 교회의 문제점은 복음이 바르게 선포되고 있지만 선포된 복음과 일치하는 삶이 동반되지 않는다는 것이었다. 순수한 복음 선포의 문제가 아닌 거룩한 삶의 문제였다. 부써는 순수한 복음이 선포될 때 하나님의 은혜가 충만하고 믿음이 발생하며 순종의 삶이 나타난다고 생각했다. 그런데 스트라스부르는 순종의 삶이 뒤따르지 않았다. 믿음의 열매가 순종인데, 순종 없는 믿음이라니! 처음부터 부써는 순종 없는 믿음을 열매 없는 나무처럼 하나님께서 기뻐하시지 않는 진노의 대상이라고 생각했다. 즉 순종 없이는 믿음도 없고, 믿음 없이는 은혜도 없으며, 은혜가 없고 죄악이 방치되는 곳에는 하나님의 진노가 나타날 뿐이라는 것이다. 따라서 부써는 말씀에 순종하는 믿음과 말씀에 의한 올바른 치리를 더욱 강조했고, 그것을 실행하기 위해 교구마다 '기독교 교제공동체'의 설립을 역설했다. 하지만 시의회는 교회치리권이 교회감독관들에게 있다는 말만 반복했다.

당시 스트라스부르 교회에는 공식 치리기관인 교회감독관들이 분명 존재했지만 치리를 제대로 시행하지 못했다.

---

einmal freywillig in rechte gehorsame der kirchen begeben vnd damitt frey offentlich betzeugen, was sie von dem Euangelio, so wir nun solange zeit durch die gnade Gottes inen gepredigett, haltthen." 영어 번역은 다음을 참고하라. Greschat, *Martin Bucer*, 217.

한마디로 그들은 유명무실했다. 적절한 성례가 집행되고 있었지만 스트라스부르 주민들은 성례에 대한 존중심이 없었다. 부모는 자녀의 세례에 별 관심이 없었고, 주민 대다수는 아주 가끔 성찬에 참여하거나 아예 참여하지 않았다. 그들에게 성찬은 더 이상 구원의 필수 조건이 아니었기 때문이다. 성찬에 참여하는 대다수는 죄를 분별하지 않고 아무 생각 없이 참여했는데, 단지 이방인이나 비그리스도인으로 보이지 않기 위해서였다. 죄에 대한 분별력이 없이 성찬에 참여한다는 것은 자신이 매일 먹고 마시는 죄악의 삶을 꿋꿋이 지속하겠다는 의미가 아닐까? 이런 상황인데도 교회를 공정하게 감독해야 할 교회감독관들이 교회 치리를 돕기보다는 종종 방해했기 때문에 부써는 각 교구에 신실한 자들의 모임을 장려하고 그들의 도움을 받아 치리를 바르게 시행하자고 주장했던 것이다.

1546년 7월 17일, 스트라스부르 설교자들은 이 시대가 겪고 있는 사건들이 자신의 백성과 도시에 대한 하나님의 진노의 신호라고 주장하면서 합당한 치리와 처벌을 시행할 수 있도록 시정부에 호소했다.[836] 1547년 4월 11일 월요일에는 스트라스부르의 목사 네 명, 즉 첼, 부써, 파기우스,

---

836) BDS 17, 196-206.

마르바흐의 이름으로 "부조리한 악습의 폐지 및 하나님의 명령과 규율의 수립에 관하여"(Wegen abschaffung grober laster vnd auffrichtung gueter ordnung und diziplin)라는 제목의 보고서를 시의회에 제출했다.[837] 아마도 기독교 교제공동체의 구체적인 창립은 이 보고서와 깊은 연관이 있는 것으로 보인다.[838] 또한 그해 8월에는 각 교구에 '참된 기독교 교제공동체'(ware Christliche gemeinschafft)가 도입되고 유지되어야 할 당위성을 설명하고 구체적인 방법을 제시하기도 했다.[839] 참된 기독교 교제공동체는 각 교구의 정기적 평신도 모임과 무관하지 않았다.[840]

스트라스부르 목사들은 성인의 세례와 유아세례를 받은 자녀들의 입교, 개인의 죄 고백에 따른 사죄선언과 해벌 등의 경우에 초대교회가 사용했던 질문과 답변이라는 수단을

---

837) BDS 17, 207-244.
838) 벨라르디(Bellardi)가 1545년 말에 최소 2개의 교구에서 작은 공동체 모임이 있었다고 주장하는 반면에 함만(Hammann)은 기독교 교제공동체 모임이 1547년 2월 21일 이전에는 없었다고 단언한다. 참고. Gottfried Hammann, "Ecclesiological motifs behind the creation of the 'Christlichen Gemenischaften'," in *Martin Bucer: Reforming Church and Community*, ed. David F. Wright (Cambridge: Cambridge University Press, 1994), 138.
839) BDS 17, 245-255.
840) 각 교구의 정기적 평신도 모임을 벨라르디와 함만은 기독교 교제공동체 운동의 필수요소로 가정하는 반면에 버넷(Burnett)은 그 모임들이 부써의 본래 계획에 없는 후대의 발전이라고 주장한다. 참고. Burnett, *The Yoke of Christ*, 180-181.

스트라스부르 교회에도 도입하고 시행해야 한다고 주장했다. 또한 모든 부모는 자녀가 신앙교육을 받을 수 있도록 반드시 그들을 매주 교회에 보내야 하고, 목사들은 교구의 세례장부를 통해 자녀들이 스스로 신앙고백을 할 적정한 나이에 도달했는지 확인하여 자녀를 매주 신앙교육 과정에 보내지 않는 부모에게 경고해야 한다. 종들과 교육생들, 특히 로마가톨릭교회에서 온 자들도 신앙교육 과정을 통해 교육 받을 수 있고, 가정에서 신앙교육을 받을 경우 분기별 신앙교육 과정에 참여하도록 요구되었다. 결혼식, 세례, 환자심방, 신앙교육, 성인들의 기독교 교제공동체 모임은 반드시 교구별로 시행하도록 제한했지만, 설교예배만큼은 개인이 선호하는 곳을 자유롭게 선택하여 참석할 수 있도록 허용했다.[841]

시정부는 부모와 대부모를 소환하는 권한만 목사들에게 허락했는데, 그것도 교회감독관과 함께 소환할 수 있도록 했다. 또한 교구 안의 기독교 교제공동체 회원은 자발적으로 가입할 수 있다고 강조했다. 하지만 개인이 시 도덕법의 죄목으로 교회치리를 받을 경우에는 시의회에 보고하고 죄인을 처벌하도록 규정했다. 1547년 10월 31일, 누군가 특별한 모임인 기독교 교제공동체에 가입하도록 강요하는 목사

---

841) BDS 17, 213-218.

들 때문에 교회에 분열이 일어난다는 내용의 불만을 시의
회 앞으로 제기했다. 이에 시의회는 치리규정에 관한 심의
개정이 끝날 때까지 목사들에게 현행의 치리 방법을 연기
하도록 요청함으로써 그 문제를 해결했다. 하지만 한 주 후
인 11월 7일에 또다시 주민들 가운데 불만 세력이 "목사들
이 여전히 사람들을 소환하고 있다"라는 내용을 시의회에
보고하자, 시의회는 이전의 결정을 반복했고 이 결정 사항
을 개인적으로 전달할 세 명의 위원까지 선정했다.[842]

이제 목사들과 시의회의 갈등은 더욱 첨예하게 심화되었
다. 시의회가 이전과 동일한 금지 결정을 내린 다음 날, 즉
11월 8일에 기독교 교제공동체 평신도 모임이 처음으로 언
급되었는데, 파기우스가 목회하는 신 베드로교구교회에서
모인 이 모임은 시의회의 결정에 대한 일종의 반항이었다.
다음 날인 11월 9일에 네 명의 목사인 부써와 파기우스, 마
르바흐 그리고 빌헬름(St. Wilhelm)교구교회의 목사 요한 렝
글린(Johannes Lenglin)은 자신들에 대한 비난에 답하기 위하
여 교회 전체의 이름으로 시의회를 찾아갔다. 그들은 시의
회의 명령에 반항하는 행동의 일환으로 모든 사람이 자신
의 신앙을 고백해야 하는 모임을 만들었다고 비난받았다.

---

842) Burnett, *The Yoke of Christ*, 191-192; Bellardi, *Die Geschichte der "christlichen Gemeinschaft" in Straßburg*, 39-40.

또한 이 모임에 참여하지 않는 사람을 성찬식에 참여하지 못하도록 함으로써 스트라스부르 시를 분열시킨다는 비난도 받아야 했다. 이에 부써는 이러한 비난이 얼마나 부당한 것인지 열정적으로 논박했다.[843]

부써는 비텐베르크교회의 목사에게는 교인들을 한 사람씩 소환할 권리가 있고, 소환에 불응할 경우 그를 성찬에서 배제시킨다고 주장하였다. 그러면서 지금의 절망적인 상황이 정부에 의해 개선될 가능성을 기대하기 어려웠기 때문에 목사들이 하나님의 명령에 따라 백성들을 가르치고 기독교 교제공동체로 인도하기 시작한 것이며, 이러한 가르침과 인도를 기쁘게 수용한 사람들과 함께 행동했을 뿐 누구에게도 강요하지 않았다고 강조했다. 또한 목사들 가운데 아무도 분열을 조장하지 않았고, 그들의 설교는 오히려 분열을 반대하도록 촉구하는 내용이었으며, 그들의 목표는 모든 그리스도인이 경건하게 사는 것이지, 감히 정부의 검을 부당하게 자신의 것인 양 하지 않는 것이라고 강변했다. 범죄를 처벌하는 명령권은 정부에 속한 것임에도 불구하고 영적 부분에서의 처벌은 교회의 영적 직분에 속한 권한이지, 결코 세상의 정부에 속한 권한이 아니라고 주장했다.[844]

---

843) Bellardi, *Die Geschichte der "christlichen Gemeinschaft" in Straßburg*, 40-41.

부써에 따르면 참된 기독교 교제공동체 모임은 다음과 같이 진행되었다. 먼저 목사가 성경본문을 읽고, 그 말씀에 근거하여 기독교 교제공동체와 치리에 대해 권면하는 것으로 모임을 시작한다. 그런 다음 경건한 교리에 관한 누군가의 이야기나 그에게 필요한 위로 혹은 공동의 개선점 등에 대해 서로 나눈 후에 기도로 모임을 폐한다.[845] 그런데 정부는 이러한 모임을 금지한 것이다. 부써의 주장에 따르면 기독교 교제공동체 모임은 스스로 그리스도인임을 자처하는 사람 누구나 가입할 수 있도록 열려 있기 때문에 결코 엘리트주의가 아니었다. 자신이 그리스도인임을 말이나 행동으로 부인하는 회원은 회개하도록 권면을 받게 되고, 권면을 수용하지 않을 경우 그 모임에서 제명될 수밖에 없었다. 또한 그 모임 시간은 교구예배 시간이나 대성당의 오후 설교 시간과 겹치지 않았다. 그리고 공적 예배에 참여하지 못하도록 했던 재세례파와 달리, 목사들은 공적으로 모임을

---

844) Bellardi, *Die Geschichte der "christlichen Gemeinschaft" in Straßburg*, 41-42.

845) BDS 17, 304,19-24: "Ain Oberkheit hette jme verbotten, zu jnen zwkhomen vnd das ÿenige, wie vor gebreuchlich, mit jnen zuhandlen, das ist, sie aus furgelesnen goteswort zw Cristlicher gemeinschaft vnd zucht zuuermanen, sie dar vber, was ÿemandts berichts jn gotlicher lehre oder trosts jn seinem anligen bedurffte, auch zw gemeiner besserung wisste anzuzeigen, zubefragen, vnd zu horen, vnd dann mit dem gebet sie vnd sich selbs der genaden gottes zubefelchen." 참고. Burnett, *The Yoke of Christ*, 198.

가졌고 도시의 신앙고백과 일치하는 교리를 가르쳤다.[846]

과거의 어느 때보다 지금 이 시기가 교회 치리의 적극적 실현이 필요한 상황이라고 부써는 확신했다. 치리의 필요성에 대한 강조가 스트라스부르 교회에는 결코 새롭거나 낯설지 않았는데, 그 이유를 부써는 다음과 같이 설명했다. "16년과 20년 전의 저술이 증명하듯이 우리는 초기부터 그리스도인들이 한 몸의 지체로서 참된 교제를 함께 이루어 가야 하고, 모든 다른 교회 모임들과 연합하여 기독교 논의와 교육과 권면을 함께 해나가야 하며, 모두가 각자 자신의 은사와 믿음에 따라 서로를 세워가야 한다고 가르쳤다. 또한 수차례 실제로 시작하기도 했다."[847] 초기에는 부써의 주장에 공감하고 협력하는 분위기가 형성되지 않았고, 또한 정부도 공적인 평화 유지를 위해 그것이 시행되도록 허락할 수 없었기 때문에 부써는 그 일을 강하게 밀어붙이지 않았다. 하지만 1547년경에는 대부분의 목사들이 공동체적

---

846) Burnett, *The Yoke of Christ*, 200.
847) Bellardi, *Die Geschichte der "christlichen Gemeinschaft" in Straßburg*, 141, 14-142, 21: "Wir haben von anfang gelehrt, wie das unsere schriften, vor 16 und 20 jaren außgangen, bezeugen, das die christen müssen ein ware gemeinschaft im herren wie glider eins leibs mit einander haben und sich auch uber alle andere kirchen versamlungen zu eim christlichen gespräch, under weisung und vermanung zusamen thun und halten und alle einander, ieder nach seinen gaben, in der gotsäligkeit erbawen. Wir habens auch zu mermalen würklich angefangen."

치리의 중요성에 대해 공감하고 동의하고 있는 상황이었다.

분명한 것은 1547년경에 세워진 참된 기독교 교제공동체 모임이 목사들의 권위 아래 공개적으로 모이는 공적 조직이었다는 점이다. 결코 비공개적인 비밀 모임도, 소수로만 구성된 영적 엘리트 모임도 아니었다. 단지 자신이 배운 기독교 교리와 자신의 신앙고백에 일치하는 삶을 살기 원하는 신자들의 모임이었다. 각 교구교회의 치리 시행이 잘 이루어지도록 돕기 위한 목회 협력 조직이었고, 또한 교회 전체 혹은 대다수가 치리 시행을 수용할 때까지만 유지할 한시적인 모임이었다. 스트라스부르의 기독교 교제공동체는 최초의 그리고 무엇보다도 일종의 치리 조직이었다.[848] 이런 치리 모임은 어쩌면 루터가 1526년에 단지 상상하기만 했던 이상적 모임을 부써가 실현한 것이었는지도 모르고, 칼빈이 세운 공적 치리 조직인 교회치리회(consistorium) 중심의 제네바에서 더 분명하고 지속적으로 실현되었는지도 모른다.[849] 아무튼 부써가 추방된 1549년 이후 그 모임이 스트라스부르에서 지속되기는 어려웠다.

---

848) Burnett, *The Yoke of Christ*, 205: "The 'fellowships' were first and foremost a disciplinary structure."
849) 이와 관련하여 루터와 부써 사이의 비교와 부써와 칼빈 사이의 비교는 다음을 참조하라. Van't Spijker, *The Ecclesiastical Offices*, 336-343; Burnett, *The Yoke of Christ*, 205-206.

9

영국생활과 말년

〈케임브리지의 성 마리아교회 바닥의 부써의 죽음을 기념한 표식〉

"마르틴 부써를 기념하며
오래전 그는 거룩한 신학의 흠정교수였다.
그의 몸은 1551년 이곳에 묻혔으나, 1557년에 파내어져 시장에서 화형되었다.
1560년에는 그를 영예롭게 기념하기 위해 두 번째 장례를 치렀다."

Chapter 09

영국생활과 말년

당신이 알듯이 사랑은… 하나님의 모든 자녀들과 일치를 이루는 것과 같다.

영국생활

1536년에 부써가 자신의 『로마서 주석』을 캔터베리 대주교 크랜머에게 헌정한 이후 두 사람은 서로를 존중하는 관계로 지냈다. 1547년 12월 초에 크랜머가 부써에게 만일 스트라스부르의 생활이 불안할 경우 언제든지 영국에 오라고 제안하자, 부써는 그 제안을 고맙게 생각하면서도 자신이 할 수 있는 한 스트라스부르에 있는 참된 그리스도 추종자들을 섬겨야 한다는 답장을 보냈다. 하지만 캔터베리 대주교가 1548년 여름에 다시 초청 편지를 보냈을 때, 부써는 영국으로 가리라 답장했다.[850] 그가 영국을 피난처로 택한 것은 황제 카를 5세의 진노를 피해 조금 더 먼 곳으로 가고 싶었고, 또한 독일제국 내에서 벌어질 미래의 모든 신학 논쟁에 중재자나 논쟁자로 참여하고 싶지 않았기 때문이다. 그뿐만 아니라 영국에는 부써가 아는 친구들이 많이 있었는데, 그들 중에는 크리스토퍼 몬트(Christopher Mont. 1496-1572)[851] 같은 정치인도 있었고 버미글리 같은 신학자도 있었다.[852]

영국으로 가는 도중 1549년 4월 15일에 부써 일행은 아미앵(Amiens)에서 돈과 밀서를 영국으로 밀반출한다는 의심을 받고 잠시 체포되기도 했다. 그러나 4월 15일에 칼레(Calais)항구에 무사히 도착하여 5일간 휴식을 취한 후, 4월 23일에는 다섯 시간 만에 영국해협을 가로질러 도버(Dover)

---

850) Hastings Robinson, ed., *Original Letters Relative to the Englich Reformation II* (Cambridge: University Press, 1847), 532(부써가 대주교 크랜머에게 보낸 1548년 9월 3일 자 편지): "…; yet we neither can nor ought to do otherwise than receive gratefully this mercy of Christ our Saviour, offered by your reverence, and embrace it with our whole heart." 원문은 다음을 참조하라. *Epistolae Tigurinae de rebus potissimum ad Ecclesiae Anglicanae reformationem pertinentibus conscriptae A.D. 1531-1558* (Cambridge: University Press, 1848), 347: "…; attamen non possumus nec debemus hanc Christi Servatoris per T. R. P. oblatam misericordiam non grati amplecti, atque non totus contradere."

851) *독일 코블렌츠(Koblenz)에서 태어나 영국인으로 귀화한 정치외교가이다. 헨리 8세 시절, 독일 작센의 대사였고, 에드워드 6세 통치 초기에는 스트라스부르에 살면서 대리인 역할을 수행했다.

852) Eells, *Martin Bucer*, 401-402.

에 입항했고, 4월 25일에 런던에 도착했다. 그들을 기다리던 크랜머는 탬즈(Thames) 맞은편 둑 위의 작은 마을 램베트(Lambeth)에서 부써 일행을 맞아 극진하게 대접했는데, 이때 버미글리를 비롯한 대륙의 망명객들도 크랜머와 동행하여 축하 자리에 참석했다. 5월 1일 부써 일행은 대주교를 따라 그의 여름 거처가 있는 크로이던(Croydon)으로 가서 수개월간 머물렀다. 5월 5일에는 부써와 파기우스가 영국 왕이자 교회의 수장 에드워드 6세(Edward VI)를 알현했는데, 이 자리에서 부써는 열두 살의 어린 왕에게 교회 규율에 대한 태만이 독일 개신교를 몰락시켰다고 설명했다.[853]

부써가 영국에 도착할 당시 영국은 전국적인 농민봉기로 사회적 불안이 심각했다. 1549년 4월부터 남서부 콘월(Cornwall)에서 시작된 봉기는 동쪽의 노퍽(Norfolk)까지 번졌고 전국으로 확대되고 있었다. 이 봉기에는 고된 노동과 가난이라는 사회적·경제적 요인뿐만 아니라 종교적 요인도 중요하게 작용했다. 대부분 농민들이 소작농이었으며, 구법(舊法)의 재정립을 요구하는 이 봉기는 지극히 보수적 성향의 봉기였다. 농민봉기에 대해 캔터베리 대주교 크랜머는 분노하며 외쳤다. "신하가 왕을 다스리고, 악당이 신

---

853) Greschat, *Martin Bucer*, 228.

사들을 다스리고, 하인들이 그 주인을 다스리도록 할 것인가? 이것을 사람은 묵인할지라도 하나님께서는 그리하시지 않을 것이다. 다단과 아비람처럼 그분의 질서를 깨뜨린 자들에게 복수하실 것이다." 1549년 여름에는 농부들이 대패하여 진압되기 시작했으나 사회적 불안과 공포는 쉽게 사라지지 않았다.[854]

대주교 크랜머는 부써를 케임브리지대학의 교수로, 파기우스를 옥스퍼드대학의 교수로 보내려고 계획했으나, 부써와 함께 있고 싶어 하는 파기우스의 뜻을 존중했다. 그들이 영국 왕의 환대를 받은 직후에 부써는 연봉 100파운드(80크라운)를 받는 케임브리지대학의 신학 흠정교수(Regius Professor of Theology)로 결정되었다. 하지만 그는 곧장 케임브리지로 가지 않고[855] 남아서 성경을 원어에서 라틴어로 번역하는 일을 했다.[856] 이것은 영국 학자들이 라틴어 성경을 영어로 번역하기 위한 사전작업이었다. 부써와 파기우스는 각 장마다 난해구절에 대한 짧은 설명을 달았다. 또

---

854) Greschat, *Martin Bucer*, 229.
855) 케임브리지에는 가을에 시작되는 새 학기의 개교일인 9월 29일에 갈 계획이었다. 참고. Eells, *Martin Bucer*, 521,각주25. 부써가 6월 중순경에 케임브리지를 처음 방문했을 때 몇 주간 머물면서 가족과 함께 지낼 새로운 보금자리를 마련했다. Greschat, *Martin Bucer*, 234.
856) 성경 번역 임무는 성공적이지 않았다. 부써가 작성한 마태복음 1-8장까지의 번역 자료만 남아 있다. 참고. Greschat, *Martin Bucer*, 233-234.

한 부써가 영국을 도피처로 선택한 이유 가운데 하나가 신학 논쟁에 연루되지 않는 것이었지만 신학 논쟁에서 완전히 해방될 수는 없었다. 버미글리는 로마가톨릭의 성찬론을 비판한 소논문을 부써에게 보내 평가를 부탁했다. 부써는 성령의 효과적 임재를 강조한 그 논문에서 문제점을 거의 발견하지 못했다.[857]

아 라스코

폴란드 출신의 종교개혁자 아 라스코(Johnnes à Lasco, Jan Łaski, 1499-1560)[858]와는 우호적인 방법으로 성찬을 논했다. 아 라스코가 영국에서 또 다른 성찬논쟁을 촉발할 위험에 대해 경고하자, 부써

---

857) Eells, *Martin Bucer*, 403. 부써는 버미글리에게 성찬의 요소들이 무의미한 상징이 아니라는 것만 좀 더 분명하게 하도록 조언했다. 버미글리는 부써의 제안을 수용했지만, 부써가 우려한 것처럼 루터파를 공격했기 때문에 루터파는 버미글리의 성찬론이 상징설로 너무 많이 기울었다고 판단했다. 부써는 루터파의 반감을 완화하기 위해 브렌츠와 다른 루터파에게 버미글리가 그리스도의 임재를 훨씬 더 많이 강조한다고 해명했다.

858) *폴란드 귀족 가문 출신의 종교개혁자. 자신이 종교개혁자임을 드러내어 1544년에 폴란드에서 이단으로 선언된 후 폴란드를 빠져나가 동프리슬란트의 엠덴과 영국 런던 등지에서 목회했다. 1556년에 폴란드의 부름을 받아 고국에 돌아간 그는 죽을 때까지 폴란드교회를 칼빈주의로 통일하는 일에 최선을 다했다. 예배의 예전에 관한 1550년의 저술 『형식과 이유』(*Forma ac ratio*)가 대표 저술이다.

는 만나서 의논하자고 제안했고, 그래서 그들은 육체적 임재 문제 외에는 모든 성찬론에 쉽게 동의할 수 있었다. 부써는 아 라스코의 견해에 대해 긴 논박을 시작했으나 이것을 마무리할 때까지 살지 못했다. 부써가 영국에서 버미글리뿐만 아니라 아 라스코와도 벌인 성찬논쟁은 그의 영국 생활을 피곤하게 만들었다.

1549년은 제네바의 칼빈과 취리히의 불링거가 '취리히 일치신조'(Consensus Tigurinus)를 통해 성찬론에 관한 최종 합의를 성공적으로 이룬 해였다. 하지만 취리히 사람들은 부써가 하는 일이라면 무조건 반대할 준비가 되어 있었는데, 그 원인은 루터의 사망 소식을 불링거가 들었을 때 한 말에 있었다. "부써도 주님의 부르심을 받는다면 내가 실제로 보다 나은 것을 희망하기 시작할 텐데."859) 이러한 불링거의 소망은 그의 영향 아래 있는 대부분 사람들의 생각과 다르지 않았다. 예컨대 스트라스부르에 거주하는 그의 제자 요한 버처(John Burcher)는 부써가 죽으면 영국이 행복할 것이라고 말했다. "부써는 오래되고 아주 치명적인 질병이 재발했다. [그가] 살아날 희망은 확실히 전혀 없거나 거의 없다고 리처드는 기록했다. 만일 그가 죽게 된다면 영국이

---

859) Eells, *Martin Bucer*, 404-405.

행복할 것이고 모든 나라보다 더 복을 받을 것이다."860)

성찬론과 관련하여 영국의 수많은 상징주의자들은 영국의 로마가톨릭 신학자들만큼, 아니 그들보다 더 부써를 미워했다. 이것이 영국에서 맞이한 부써의 현실이었다. 그들은 츠빙글리나 불링거보다 훨씬 더 극단적인 상징주의자들이었다. 가령 요한 후퍼(John Hooper, 1495-1555)861)는 부써가 루터처럼 그리스도의 몸이 편재하는 것을 믿는다고 비난했다. 이 소식을 들은 칼빈은 불링거에게 그의 제자를 제지하도록 요구했고, 취리히 종교개혁자는 마지못해 칼빈의 말을 따랐다.862)

1549년 7월에는 부써가 병으로 고생했는데, 8월 말에는 파기우스가 사일열(四日熱)로 사경을 헤매다가 세 달을 넘기지 못하고 케임브리지에서 자신의 일을 시작하기도 전에 사망했다. "아주 훌륭하고 아주 신실한 그리스도의 종 바울 파기우스가 8월 28일부터 사일열로 아주 심하게 고생한 후,

---

860) *Epistolae Tigurinae*, 429(요한 버처가 하인리히 불링거에게 보낸 1550년 4월 20일자 편지): "Bucerus in veterum morbum periculosissime reincidit. Nullam, aut exiguam plane, spem vitae esse scripsit Ricardus. Si moriatur, felix et beatior omnibus terris Anglia,…" 영어 번역은 다음을 참조하라. Robinson, ed., *Original Letters II*, 662.

861) 요한 호퍼(Johan Hoper)로도 알려진 글로스터(Gloucester)의 주교로서 영국 종교개혁자요 개신교 순교자다. 1495년경에 태어나 1555년 2월 9일에 화형으로 순교했다.

862) Eells, *Martin Bucer*, 405.

11월 13일에 주님께로 떠났다."[863]

새로운 학기가 시작되기 전에 부써의 가족인 아내와 딸들, 사위 크리스토퍼 졸(Christopher Soll)이 케임브리지에 도착했다.[864] 하지만 가족을 맞이한 기쁨도 잠시, 부써는 다시 병석에 눕게 되었다. 이번에는 아내의 간호 덕분에 건강을 쉽게 회복했지만, 그래도 병을 심하게 앓았기 때문에 1549년의 새로운 학기 마이클메스 기간(Michaelmas Term)이 시작되는 9월 29일에 강의를 시작하지 못한 것으로 보인다. 10월 말 혹은 11월 초에야 그는 완쾌되었기 때문이다.[865]

부써를 교수로 공식 임명한 12월 4일 이후, 케임브리지 대학은 명예신학박사 학위 수여식을 거행했다. 이 자리에서 부써는 감사 연설을 했는데, 이런 학위 수여식은 케임브리지대학이 설립된 이래 처음이었다. 성탄절 직후에 강의를 시작한 부써는 자신의 집에서 시편 119편을 학생들에게 해설하는 것으로 강의를 시작했다. 이후 1550년 1월 13일

---

863) *Epistolae Tigurinae*, 358(부써가 스트라스부르의 형제들에게 보낸 1550년 12월 26일 자 편지): "Optimus enim et fidelissimus Christi minister, Paulus Fagius, migravit ad Dominum 13 Novembris, postquam a 28 Augusti quartana febri laborasset gravissime." 영어 번역은 다음을 참조하라. Robinson, ed., *Original Letters II*, 549.
864) Eells, *Martin Bucer*, 407.
865) 참고. Greschat, *Martin Bucer*, 235. 여기서 그레샤트는 부써가 11월 5일 프란치스코 드 엔치나스(Francisco de Enzinas)와 함께 국회 참석을 위해 런던까지 여행했기 때문에 11월 초에는 케임브리지에 있었을 것으로 추정한다.

혹은 14일에 에베소서에 대한 공식 강의를 시작했고, 이 강의에서는 부써의 교회론을 집중적으로 들을 수 있었다. 그는 또한 요한복음 6장 설교를 반복했다. 1550년 3월에는 그의 건강이 다시 악화되어 잠시 쉬다가 5월에 비로소 다시 강의를 시작할 수 있었다. 7월에는 서퍽(Suffolk) 공작의 작은 시골에서 휴가를 보낸 후, 옥스퍼드에서 11일을 머물면서 버미글리를 방문하고 케임브리지로 돌아왔다. 하지만 그를 기다리고 있는 것은 적대적인 케임브리지대학 동료 학자들의 부써 신학에 대한 문제제기와 신랄한 공격이었다.[866]

문제의 발단인 요한 영(John Young)을 포함하여 그의 동료들은 믿음으로만 의롭게 된다는 주장과 믿음에서 나오지 않는 어떤 것도 선행이 아니라는 주장, 즉 불신자의 선행을 인정하지 않는 문제에 대해 이의를 제기했다. 그리고 급기야 부써가 성경과 교부들의 가르침에 모순되는 거짓 교리를 가르친다고 비난하고 공식적인 고발장을 제출함으로써 문제를 확대했다. 8월 31일 부써는 친구 에드먼드 그린달(Edmund Grindal, 1519-1583)[867]에게 자신의 반박문을 보내면서 이것을 런던의 주교와 요한 취크(John Cheke, 1514-

---

866) Greschat, *Martin Bucer*, 235-236.
867) *영국 여왕 엘리자베스 1세 치하의 런던 주교, 요크(York) 대주교, 캔터베리 대주교이다.

1557)868)에게 전해달라고 부탁했다. 과열된 논쟁은 런던에서 온 취크에 의해 진정되었고 결과적으로 논쟁의 최후 승자는 부써가 되었다. 이 논쟁의 주제 가운데 하나가 이자 문제였는데, 부써는 하나님께서 하나님의 선물인 돈이 선용되길 원하신다는 것을 근거로, 돈을 소유한 사람들이 농부나 장인 혹은 상인에게 이자를 받고 대부를 할 수 있다고 주장했다.869)

1550년대의 의복논쟁870)은 요한 후퍼와 니콜라스 리들리 사이에서 벌어진 것으로 부써 역시 이 논쟁에 휘말렸다. 그것은 글로스터 주교로 임명된 요한 후퍼가 임직식에 성공회 예복을 입지 않겠다고 하면서 촉발된 논쟁이었다. 후퍼는 의복을 종교개혁 교리의 순수성을 해치는 미신으로 간주하여 모든 전통적 의례와 의식을 거부했다. 여기에 라스코와 버미글리도 가세하여 부써가 자신들을 지지해주길

---

868) *취크(Cheek) 경(Sir)으로도 불리는 영국의 고전어 학자요, 정치가다. 케임브리지 대학의 흠정교수직이 1540년에 신설된 이후, 케임브리지대학의 첫 헬라어 흠정교수가 되어 영국에서 헬라어 교육의 부흥에 크게 이바지했다. 케임브리지 킹스 칼리지의 학장(Provost)이었고 국회의원이었으며 영국 왕 에드워드 6세 통치 시절에 국무장관(총리)이었다.
869) Greschat, *Martin Bucer*, 236-237.
870) 16세기 영국의 의복논쟁에 대한 탁월한 연구서는 다음을 참조하라. John Henry Primus, *The Vestments Cotroversy: An Historical Study of the Earliest Tensions Within the Church of England in the Reigns of Edward VI and Elizabeth* (Kampen: J. H. Kok, 1960).

원했다. 반면 대주교 크랜머는 자신이 승인한 1550년 3월의 새 임직규정을 지키고 싶었기 때문에 부써가 자신의 손을 들어주길 원했다. 이에 부써는 양쪽 모두에게 의복 문제보다 더 중요하고 심각한 문제가 없는지 반문했다. 그가 보기에 의복 문제는 가치중립적인 아디아포라의 문제였기 때문에 그는 어느 편도 아니었다. 그러면서 그는 지금 영국교회가 성찬을 바르게 집행하지도 않고, 신앙고백을 가르치지도 않으며, 치리를 시행하지 않는 것이 훨씬 더 심각한 문제이며, 이것이 중요한 개혁 대상이라고 역설했다.[871]

부써의 최후 신학논문 가운데 아주 중요한 것은 1549년에 출간된 성공회 공동기도서(Book of Common Prayer)에 대한 "검열"(Censura)이었다.[872] 이것은 공동기도서를 어떻게 수정해야 할지 크랜머가 부써에게 자문을 구하여 작성된 것으로, 저술의 목적은 믿음과 사랑의 증진이었다. 이것은 교회가 해야 할 것과 하지 말아야 할 것을 결정하는 기준이기도 했다. 여기서 부써는 너무 많은 축일, 지나치게 빈번한 교회 종소리, 예배 중에 무릎 꿇기, 성호 긋기, 모든 종류의 물건에 축복하고 성화하기, 예배 의복, 개인 미사, 지

---

[871] Greschat, *Martin Bucer*, 237-238.
[872] Edward Charles Whitaker, ed. & tr., *Martin Bucer and the Book of Common Prayer* (Great Wakering: Mayhew-McCrimmon, 1974). "거룩한 책에 대한 검열"(Censura super libro sacrorum)이라는 제목은 부써 사후에 공식화되었다.

나친 기름 부음, 사자(死者)를 위한 기도, 그리고 여타 의식들이 불필요한 것이라고 주장했다. 이런 것들 대신에 교인들이 예배와 교회 생활, 특히 믿음이 무엇인지 아는 것이 훨씬 더 중요하므로 기독교 교리를 간추려 요약하고, 신앙고백을 가르치며, 교회의 행정조직을 정밀하게 검토해야 한다고 주장했다.[873]

1550년 성령강림절에 보낸 한 편지에서 부써는 영국교회의 상태에 대해 한탄하며 불평과 불만을 쏟아냈다. 즉 주교들은 통일된 기독교 교리가 없고, 치리 문제는 훨씬 더 열악하며, 자격을 갖춘 목사의 교구는 극소수에 불과하다는 것이었다. 당시 대부분의 주교직은 귀족에게 팔렸다. 3-4개의 교구나 더 많은 교구를 맡은 교회 직분자들 가운데 아무 일도 하지 않으면서 복음전도자로 인정받고 싶은 사람들은 최소한의 임금으로 만족할 만한 사람들을 대리자로 임명했는데, 이들은 영어조차 읽을 줄 모르는 사람들, 마음으로는 순전히 교황주의자인 사람들, 성직에 부적합한 사람들이 대부분이며, 오직 매년 내는 세금을 면제받기 위해 그렇게 할 뿐이었다. 수년 동안 설교를 들을 수 없는 교구도 있었다. 따라서 부써가 보기에 단순히 법령만으로는, 즉

---

873) Greschat, *Martin Bucer*, 238.

미신의 수단을 제거하는 것만으로는 '그리스도의 왕국 회복'(ad regni Christi restitutionem)이라는 목적을 결코 달성할 수 없었다.[874]

1550년 10월 21일 부써는 친구 요한 취크에게 자신의 논문 "그리스도의 왕국에 관하여"(De Regno Christi)의 원고를 보냈는데, 이는 1557년과 1577년에야 비로소 바젤에서 출간되었다.[875] 영국 왕 에드워드 6세에게 헌정하기 위해 작성한 글이지만 안타깝게도 부써가 살아 있을 때 빛을 보지 못했다. 그것은 부써가 자신의 신학을 집약하려고 했으나 역시 산만한 문체와 장황한 내용을 피하기는 어려웠기 때문이다. 한마디로 이 글은 기독교 국가인 영국 전체를 새로운 교회 구조로 개혁하기 위한 구체적인 원칙과 세부 규칙을 제시한 종교개혁의 대서사적 청사진이었다. 그는 성공적 개혁을 위해서는 국가와 교회가 상호 협력체제여야 한다는 전반적 원리와, 기독교가 개인과 사회 전체의 안녕을

---

[874] CO 13, 574-575(부써가 칼빈에게 보낸 5월 25일 자 편지) = *Epistolae Tigurinae*, 356. 영어 번역은 다음을 참조하라. Robinson, ed., *Original Letters II*, 546. 이 편지에 기록한 영국교회의 실태에 대한 부써의 판단은 결코 과장이 아니었다. 왜냐하면 1551년에 글로스터의 교구들을 감찰한 결과, 총 311명의 사제 가운데 168명이 십계명을 외우지 못했고, 34명이 누가 주기도문을 제정했는지 몰랐으며, 10명은 주기도문을 외우지도 못했기 때문이다. 참고. Greschat, *Martin Bucer*, 239.

[875] BOL 15, XXXVI: "Le 21 octobre, Bucer fit parvenir à J. Cheke l'exemplaire destiné au jeune souverain." 라틴어판 출간에 관한 것은 다음을 참조하라. BOL 15, LIV-LX.

위한 가장 신뢰할 만한 보증이라는 고전적 전통을 전제로 저술했다. 그리스도의 왕국이란 만왕의 왕이신 그리스도의 통치를 의미하므로 좁게는 교회를 의미하지만 넓게는 기독교 국가와 기독교 세계 전체를 포함한다.[876]

죽음의 그림자

낯선 섬나라에서 산다는 것은 부써에게 결코 쉬운 일이 아니었다. 그가 원하던 안식을 누리기는 어려웠다. 그는 예상치 못한 여러 논쟁에 휘말려야 했고 별 이유 없이 비난과 비방의 대상이 되어야 했다. 부써에게 영국은 친절을 베푸는 좋은 친구들도 많지만 거의 모든 것이 전혀 호의적이지 않은 곳이었다. 날씨와 언어, 관습과 음식, 주택조차도 그를 이방인으로 취급했다. "내가 참으로 인정 많고 친절한 민족 속에서 지내는 것은 그런대로 괜찮지만, 이 시기에 내가 조국에서 추방되었고, 내가 하나님의 은혜로 무엇인가 공들여 일했던 가장 사랑하는 교회와 학교와 정부로부터 쫓겨났으며, 가장 다정다감한 친구들과 형제들에게서 갈라

---

[876] 내용의 구조 분석에 대해서는 다음을 참조하라. BOL 15, XXXV-LIV; Greschat, *Martin Bucer*, 240-245.

졌다는 것은, 그리고 모르는 언어와 너무 낯선 생활방식과 관습은 내가 주님을 위해 엄청나게 가치 있는 일을 이룰 수 있을 것인지 확실하게 알지 못하도록 한다. 그러나 당신이 알듯이 사랑은… 하나님의 모든 자녀들과 일치를 이루는 것과 같다."[877)

부써는 대륙으로, 즉 그의 종교개혁의 고향 스트라스부르로 돌아가고 싶은 소망과 언젠가는 반드시 돌아가리라는 기대 속에서 정신적·육체적 고통을 인내하며 살았다. 하지만 그의 소망과 기대는 이루어지지 않았다. 당시 케임브리지는 2,500명 정도의 주민이 사는, 대학 중심의 도시였다. 비록 대학이 종교개혁을 승인했음에도 불구하고 종교개혁의 확실한 성취는 성당의 제단과 성상과 그림들을 제거하는 것보다 훨씬 어려운 일이었다. 부써의 강의는 학생들에게 별 인기가 없었을 뿐만 아니라 반감을 촉발하는 원인이었다. 한 학생은 자신의 친구에게 보낸 1550년 5월의 한 편지에서 이렇게 불평했다. "부써 박사는 매일의 강의와 잦은

---

877) CO 13, 355(부써가 칼빈에게 보낸 1549년 8월 14일 자 편지): "…, quum satis sit me in hac aetate extorrem esse patria, eiectum carissima ecclesia schola et republica in qua tamen aliquid laboravi gratia Domini, exclusum a dulcissimis amicis et fratribus, et agere in gente quidem humana et amica, tamen ignotae linguae et alieni valde victus et moris, et in qua non videam certe quod possim Domino facere magnum operae pretium. Caritas vero… scis ut captat consensum cum omnibus filiis Dei."

설교에서 우리가 회개해야 하고, 위선적 종교의 타락한 습관을 버려야 하며, 축제의 악습을 고쳐야 하고, 좀 더 자주 설교를 들어야 하고, 일종의 규율로 우리 자신을 통제해야 한다고 끊임없이 소리친다. 그는 이와 같은 많은 것들을 우리에게 지겹도록 강조한다."[878]

1550년 5월에 부써의 아내 비브란디스는 집안일을 처리하기 위해 스트라스부르로 돌아갔다가 초여름에 자신의 아이들과 노모 막달레나 슈트룹(Magdalena Strub)과 함께 가구와 개인 물건을 가지고 케임브리지로 돌아왔다.[879] 부써의 급여는 비정규적으로 지급되었고, 다른 동료들의 가정과 달리 부써 가정은 작은 농지나 동물을 이용한 경작과 같은 부업을 하지 않았기 때문에 온 가족이 생필품 없이 지내야 할 때가 많았다. 1550년 가을에 작성된 것으로 보이는 "생활규칙"(Formula vivendi)[880]은 부써 가족이 하루하루를 어떻

---

[878] Greschat, *Martin Bucer*, 246.
[879] 이것은 그레샤트의 의견인데, 이와 달리 엘스는 그녀가 거의 1년 전에 독일로 갔다가 1550년 늦게 돌아왔다고 말한다. 참고. Eells, *Martin Bucer*, 516, 각주116.
[880] 라틴어로 기록된 이 생활규칙의 원본 자료는 다음을 참조하라. François Wendel, "Un document inédit sur le séjour de Bucer en Angleterre," *Revue d'histoire et de philosophie religieuses 34 (1954)*, 231-233. 이 생활규칙은 "우리 주 예수 그리스도께서 우리가 알차게 살고 그분 자신과 그분의 교회에 맞추도록 우리 모두를 가르치시고 만들어 가시기를! 아멘."(Dominus noster Iesus Christus doceat formetque nos omnes, ut uiuamus multumque commodemus ipsi et eius Ecclesiae. Amen.)이라는 문장으로 시작하며, 다섯 가지의 규칙과 하숙생들이 지켜야 할 세부 규정으로 구성되어 있다.

게 살았는지 잘 보여준다. "그리스도의 왕국에 관하여"에서 제시된 원칙들이 가사와 가정에서도 적용되었는데, 그것은 도덕적·종교적 규율, 하나님과 다른 사람들을 위한 사랑, 이 두 가지였다. 부써 집에서 하숙을 하는 학생들도 이 규칙들을 따라야 했다. 그들은 새벽 4시에 기상하여 기도한 후에 집안의 불을 밝히고 난로에 불을 지펴야 했다. 그리고 그들의 주요 업무는 부써의 원고를 베끼는 일이었다.[881]

영국에 도착했을 때 부써는 이미 늙고 쇠약한 상태였다. 그래서 질병으로 드러눕는 일이 잦았다. 부써는 자신의 건강 상태에 대해 다음과 같이 말했다. "하나님께서 [지난해] 8월부터 극심한 질병으로 나를 훈계하셨는데, 아직도 남아 있는 질병들이 나를 힘들게 한다. 다리와 팔과 손에 큰 장애가 [있다.] 왼손가락 하나, 오른손가락 두 개가 아직까지 제 기능을 못해 글을 쓸 힘도 없다."[882] 그의 지병은 만성적

---

[881] Greschat, *Martin Bucer*, 247. 그레샤트에 따르면, 부써의 글씨가 거의 알아보기 어려울 정도로 악필이어서 교정 작업은 결코 쉽지 않았다. 또한 그들은 주고받는 모든 편지를 세심히 기록하는 일과 부써의 어린 딸들을 개인 지도하는 일도 맡았다. Wendel, "Un document inédit sur le séjour de Bucer en Angleterre," 225-231. 여기서 방덜은 부써 집에 하숙했던 두 학생 마르틴 브렘(Martin Brem)과 다른 한 명, 아마도 윌리엄(William; Wihelm; Guillaume)에 대해 상세하게 다룬다.

[882] *Epistolae Tigurinae*, 354-355(부써가 브렌츠에게 보낸 1550년 5월 15일 자 편지): "Deus autem ab Augusto gravibus eruditt morbis, quorum me adhuc detinent relliquiae, magna debilitas crurium, brachiorum et manuum: in sinistra unis, in dextra duo digiti, ita adhuc officium detrectant, ut scribere

기침, 류머티즘, 결석, 위장 장애, 다리궤양 등이었고, 여기에 더해 끊임없는 구토, 떨림, 발한에 시달렸다. 이런 질병의 고통 때문에 부써는 다음과 같이 기도를 부탁하기도 했다. "나를 위해 주님께 기도해 달라. 가능한 빨리 나를 이곳에서 해방시켜주시거나 어느 부분이든 주님 교회의 유용한 [도구]로 만들어주시기를! 그뿐만 아니라 주님께서 원하시는 모든 것으로 내 안에서 주의 이름을 거룩하게 하시기를!"[883] 그의 질병은 심각한 폐결핵 증세였던 것으로 보인다.[884]

부써의 병세는 점점 악화되어 갔다. 1551년 2월 22일에 부써는 유언장에 내용을 첨가함으로써 자신의 죽음을 준비했다. 그리고 이후 며칠간 극심한 고통을 겪다가 1551

---

nondum valeam." 영어 번역은 다음을 참조하라. Robinson, ed., *Original Letters II*, 543-544.

883) CO 13, 576-577(부써가 칼빈에게 보낸 5월 25일 자 편지): "Agas mecum gratias Domino qui me morbis meis magna ex parte liberavit, qui me ad medium Martii, iterum acerbissime invaserant. Possum enim qualitecunque rursum munus meum obire, quanquam multa adhuc haereat debilitas in cruribus, brachiis et manibus quibus nondum ad scribendum recte ut possum. Ventriculus quoque admodum facile offenditur alvusque nimium rebellis est. Orate Dominum pro me ut, si fieri potest, me quamprimum hinc liberet, aut aliqua ex parte ecclesiae suae utilem, faciat, imo ut sanctificet nomen suum in me quocunque ipse vult modo." = *Epistolae Tigurinae*, 357-358. 영어 번역은 다음을 참조하라. Robinson, ed., *Original Letters II*, 548.

884) Greschat, *Martin Bucer*, 248.

년 3월 1일 아침 일찍 숨을 거두었다.[885] 그의 나이 59세였다. 부써의 장례식은 케임브리지대학이 3월 3일에 정성스럽게 치렀고, 장례식사는 월터 해돈(Walter Haddon, 1515-1572),[886] 마태 파커(Matthew Parker, 1504-1575),[887] 요한 레드맨(John Redman, 1499-1551)[888]이 각각 맡아 했다. 장례식에는 엄청난 군중이 참석했고, 헬라어와 라틴어로 된 묘비명이 차례로 기록되었다. 부써의 유언집행자로 지정된 파커와 해돈은 부써의 재산을 정리한 후 380파운드와 남은 유산을 그의 미망인 비브란디스에게 넘겼다. 그녀에게 영국 왕 에드워드는 100마르크의 선물을 선사했고, 대학은 100크라

---

[885] Eells, *Martin Bucer*, 413; Anrich, *Martin Bucer*, 116. 몇몇 권위 있는 자료들은 1551년 2월 28일을 부써의 사망일로 제시한다. CO 14, 72(버미글리가 콘라트 후베르트[Konrad Hubert]에게 보낸 1551년 3월 8일 자 편지): "Obiit ille pridias Calendas Martias:…" = *Epistolae Tigurinae*, 323; 테오도르 드 베자, 『종교개혁 영웅들의 초상』 (용인: 크리스천르네상스, 2017), 67: "1551년 2월 마지막 날 평온하게 죽었습니다." 에드워드 6세는 자신의 일기장에 2월 28일에 "부써가 케임브리지에서 죽었다"라고 기록했다. 참고. Eells, *Martin Bucer*, 516, 각주117.

[886] *케임브리지의 인문주의자요, 변호사, 종교개혁자다. 마태 파거와 함께 부써의 유언 집행자였으며, 요한 취크와 함께 교회법 개혁의 주요 책임자였다. 요한 취크와 함께 저술한 『교회법 개혁』(*Reformatio Legum Ecclesiasticarum*)은 1571년에 출간되었다.

[887] *영국 종교개혁자로서 영국 여왕 엘리자베스 1세 통치 시절에 최초의 캔터베리 대주교다. 케임브리지에서 처음으로 개신교 사상을 접했고, 1535년에 엘리자베스의 어머니 앤 볼린(Anne Boleyn)의 전속 사제가 되었다. 1559년에 캔터베리 대주교로 선출되어 죽을 때까지 대주교였다.

[888] *케임브리지대학의 첫 번째 트리니티 칼리지 전담교수(the first Master)로서 영국 학자이다.

운을 제공했다. 그녀는 4월 마지막 날 스트라스부르로 돌아갔다. 그곳의 콘라트 후베르트와 울리히 켈리우스(Ulrich Chelius, 1500-1558)[889]가 부써 자녀들의 보호자로 지정되었고, 방덜랭 리셸(Wendelin Richel)[890]은 유산 관리자로 임명되었다.[891]

피의 메리

부써가 죽은 지 4년 후, 즉 피의 메리가 에드워드 6세의 왕위를 계승하여 통치하던 1555년 2월 6일에 그의 무덤은 파헤쳐지고, 그의 몸은 화형의 잿더미로 변했다. 추기경 레지널드 폴(Reginald Pole, 1500-1558)[892]이 케임브리지대

---

889) 울리히 가이거(Ulrich Geiger)로도 불리며 1500년에 포르츠하임에서 태어나 1558년 스트라스부르에서 사망한 스트라스부르의 개혁적 정치가다.
890) 1535-1555년에 스트라스부르에서 활동한 출판업자로 언제 어디서 태어났는지는 알려지지 않았다. 루터의 독일어 번역 성경을 출간하면서 출판업을 시작했고, 이후 부써를 비롯한 스트라스부르 종교개혁자들의 책뿐만 아니라 다양한 책들을 출간했다.
891) Eells, *Martin Bucer*, 413. 엘스에 따르면 대부분의 부써 장서는 서폭(Suffolk)의 공작부인이 구입했고 나머지는 대주교 크랜머가 구입했다.
892) *추기경이자 캔터베리의 마지막 로마가톨릭 대주교이며, 영국 왕 헨리 8세의 친척으로 왕족 출신이다. 교황 바울 3세가 1536년에 그를 추기경으로 임명했고, 여왕 메리 1세가 등극한 후 1557년까지 교황 대사였다. 1555년 12월 캔터베리 대주교로 임명되어 사망할 때까지 대주교였다.

학을 정화하기 위해 위원회를 임명했는데, 위원회가 부써를 이단으로 정죄했기 때문이다. 영국 기독교는 헨리 8세의 성공회 설립 이후, 에드워드 6세의 개혁적 성공회에서 여왕 메리의 복고적 로마가톨릭으로 회기했다가 다시 여왕 엘리자베스에 의해 평화적 성공회로 자리 잡았다. 여왕 엘리자베스는 파커와 그린달과 해돈을 중심으로 위원회를 임명하여 케임브리지에 '참된 종교'를 복구하도록 했다. 1560년 6월 22일에 대학은 부써와 파기우스의 명예와 위엄을 회복하도록 명령했다. 이 일을 위해 1560년 7월 30일에는 장엄한 회의가 개최되었고, 그들의 죽은 몸에 씌워진 모든 모욕과 죄명을 완전히 벗겨냈다.[893]

---

893) Eells, *Martin Bucer*, 413-414.

마르틴 부써
교회연합운동의 선구자

Martin Bucer

10
결론

부써의 마지막 저작 『그리스도의 왕국에 관하여』

Chapter 10

결론

진리와 정의를 밝히는 것과 마음을 움직이는 것은 기적의 능력이다.
하나님을 대적하는 자들의 방해에도 불구하고 그것을 이루어내는 것 또한 충분히
가능하다.

부써의 자리

16세기, 특히 1540년 전후에는 스트라스부르의 마르틴 부써가 유럽 대륙에서 가장 영향력 있는 종교개혁자였다 해도 결코 과언이 아니다. 하지만 그의 영향력이 발휘될 수 있는 기간은 너무 짧았던 반면에 종교개혁 진영에서 그를 미워하는 대적들은 무서운 속도로 늘어났다. 결국 그는 종교개혁 진영과 로마가톨릭 진영 사이의 교회연합운동이 실패로 돌아간 후 신학적 종교논쟁의 무익함을 누구보다 처절하게 경험했다. 왜냐하면 서로에 대한 근거 없는 비난과 비방으로 상처만 남겼기 때문이다. 서로에 대한 불신은 대화 자

체를 불가능하게 만들었던 것이다.

그럼에도 불구하고 부써는 중재자로서 끝까지 최선을 다했다. 희망이 절망으로 변할 때까지! 황제에 대한 부써의 장밋빛 기대는 슈말칼덴 전쟁과 그 결과를 통해 절망과 분노로 바뀌었다. 그래서 아우크스부르크 잠정안에 대항하여 끝까지 반대하며 싸웠다. 하지만 그가 싸우는 대상은 황제였기 때문에 처음부터 이길 수 없는 싸움이었다. 결국 부써는 신학적인 이유보다는 오히려, 아니 오직 정치적인 이유로 종교개혁의 고향 스트라스부르를 떠나야만 했다. 스트라스부르에서 정치가들과 씨름한 마지막 기간에 그의 건강은 극도로 쇠약해져서 영국으로 건너간 후 그는 오래 살지 못했다.

부써의 영향력은 루터나 칼빈처럼 결코 특출하지 않았지만 여러 지역, 특히 헤센 지역을 비롯한 독일 남부 지역과 여러 스위스 종교개혁 도시들에 은근하고 폭넓게 미쳤다. 칼빈은 부써의 가장 충실한 신학적 제자 가운데 한 명이다. 그래서 혹자는 부써를 '칼빈 이전의 칼빈주의자'라고 부르기도 한다. 성화의 신학자로서 칼빈은 종교개혁의 윤리 신학자로서 부써에게 진 빚이 크다. 칼빈이 스트라스부르에 거주한 기간은 짧았지만, 신학자요 목회자로서 부써에게 받은 영향은 예상 외로 크고 결정적이었다. 물론 부써 역시 이 명석한 젊은 신학자에게 받은 영향이 적지 않다.

루터가 설교하는 신학자와 대학교수라는 직함이 잘 어울린다면 부써는 설교하는 목회자와 교회중재자라는 이름이 더 잘 어울린다. 물론 모든 종교개혁자에게는 공통적으로 '교회 세움이'(aedificator ecclesiae)라는 이름이 가장 잘 어울린다. 왜냐하면 종교개혁에 대한 그들의 수고는 오직 하나님의 지상교회 건설이라는 하나의 목적을 이루기 위한 열정의 결과이기 때문이다. "교회 없이는 신학도 없고 신학 없이는 교회도 없다!"라는 원리는 종교개혁의 슬로건 '오직 성경'으로 통한다. 하나님의 말씀만이 바른 교회와 건전한 신학을 세울 수 있기 때문이다.

성경 다음으로 종교개혁자들이 중요하게 여긴 것은 역사, 즉 교회사다. 하나님의 말씀인 성경을 가지고 있어도 교회사를 모르면 자의적 해석으로 이단적 교회와 신학을 양산하기 십상이다. 이런 의미에서 그리스도인은 교회의 역사에 더 큰 관심을 가져야 한다. 16세기 종교개혁자들은 누구나 하나같이 교회역사를 존중했고, 교회사의 주요 인물들을 신학의 스승으로 존경했다. 그래서 그들은 모두 끊임없이 초대교회 교부들의 가르침에 호소했던 것이다. 교회의 역사에 눈을 감으면 성경을 바르게 해석하기 어렵다. 따라서 기라성 같은 교회역사의 스승들의 가르침에 주목할 필요가 있다. 특히 종교개혁자들의 가르침에 귀를 기울여야 한다.

과학이든 신학이든 획기적이면서 유용한 모든 것은 이전 연구의 축적된 결과물이다. 어떤 학문이든 발전한다. 하지만 끊임없는 발전과 변화 속에서도 영원히 변하지 않는 법칙은 존재한다. 패러다임의 변화를 가져올 만큼 새로운 법칙일지라도 이것은 이전의 모든 법칙을 폐기하기보다는 오히려 새롭게 해석하고 적용하는 기술의 진보일 뿐이다. 따라서 뉴턴이 발견한 만유인력의 법칙이 아이슈타인의 상대성이론으로 대체되지 않고, 상대성이론이 하이젠베르크가 발견한 불확정성의 원리로 대체되지 않은 채 적용의 영역이 달라진 것처럼, 교회사의 위대한 스승들이 깨달은 영적 진리는 결코 다른 무엇으로 대체되거나 사라지지 않는다.

예나 지금이나 하나님께서 자신의 백성을 그리스도의 몸으로 부르시는 원리는 변함없이 복음, 즉 말씀을 듣는 것이다. 언제나 하나님께서는 자신의 말씀을 들을 수 있는 교회를 통해 자신의 백성을 불러 모으신다. 말씀을 들을 수 있는 곳에 성령의 능력이 나타난다. 이것은 만고불변의 영적 진리다. 그리고 하나님의 진리는 항상 하나님의 정의를 동반한다. 진리의 말씀은 모든 영혼의 골수를 찔러 쪼개는 성령의 능력이기 때문이다. 이 능력은 오직 하나님의 자녀들을 통해서만 나타난다. 종교개혁자들이 그랬던 것처럼 현실에 눈감지 말고 나부터 변화하자.

> "진리와 정의를 밝히는 것과 마음을 움직이는 것은 기적의 능력이다. 즉 [이것은] 진리의 자녀들에게 [일어나는 일]이지만, 하나님을 대적하는 자들의 방해에도 불구하고 그것을 이루어내는 것 또한 충분히 가능하다."[894]

부써와 한국교회

16세기 스트라스부르의 종교개혁자 마르틴 부써는 한마디로 교회연합운동의 선구자로 규정될 수 있다. 그는 당대 종교개혁자들 사이의 이견뿐만 아니라 종교개혁자들과 교황주의자들 사이의 신학적 차이를 극복하기 위해 어떤 종교개혁자보다 열심히 노력한 중재 신학자로 잘 알려져 있다.

---

[894] Lenz, ed., *Briefwechsel Landgraf Philipp's* II, 299(부써가 영주 빌립에게 보낸 1545년 2월 25일 자 편지): "Warheit und recht wol an tag bracht und in die hertzen getrieben ist wundermacht, furnemlich wol bei den kinderen der warheit, aber doch richtet's fil auß auch im brechen des trotzs der feiden Gottes."

하지만 그는 모든 것을 희생할 각오로 교회연합운동을 시작한 것도 아니고, 또 실제로 그렇게 하지도 않았기 때문에 중재에 미친 사람이라고 보기는 어렵다. 부써는 루터가 발견한 종교개혁의 진수인 이신칭의 교리를 희생하거나 그리스도인의 삶의 원리인 기독교 윤리를 희생하지 않는 종교개혁을 실행하고자 부단히 노력한 인물이다.

이와 같은 부써의 목표는 사실상 거의 이상에 가까운 것으로 보인다. 기독교 교리를 성경적으로 가르치는 것과 그리스도인다운 삶을 성경적으로 사는 것은 분명 다르다. 그렇지 않다면 예수님께서 굳이 바리새인들을 그처럼 혹독하게 비판하실 이유가 없다. 그들의 가르침은 옳았지만 행함이 없는 공허한 가르침, 즉 가식에 불과한 것이었다.

성경의 바른 가르침은 그리스도인에게 반드시 바른 행위를 동반해야 한다. 그렇지 않으면 그것은 공허한 메아리일 뿐이다. 예수님께서 그렇게 가르치셨기 때문에 부써뿐만 아니라 모든 종교개혁자들은 그것을 붙들고 종교개혁을 열정적으로 수행한 것이다. 그들은 16세기의 신학적 부패와 신앙적 타락은 모두 잘못된 교황주의 교리에서 비롯되었다고 보았다. 그래서 종교개혁자들은 열정적으로 바른 교리, 성경적인 교리를 외친 것이다. 하지만 종교개혁이 어느 정도 진행되면서 그들은 바른 교리가 바른 삶을 낳지 못하는 현실을 다양하게 마주하게 되었다. 그러면서 점점 종교개혁의 의도가 과연 선한 결실을 맺을 것인지 염려하고 우려하기 시작했다. 그들에게 교회의 교회답지 못함과 신자의 신자답지 못함이 심각한 문제였던 것이다.

종교개혁으로 인해 회복된 바른 교리가 바른 교회체제와 바른 신앙생활을 담보하지는 못했다. 16세기 신앙인들은 종교개혁을 힘입어 가능하다면 자신에게 불리한 신앙적 제한과 속박을 모두 부당한 굴레로 간주하고 싶었다. 그래서 종교개혁자들의 바른 성경해석은 교인들을 바른 삶으로 인도하기보다 오히려 자주 탈선과 방종을 정당화하는 수단이 되었다. 종교개혁의 선물인 성경의 영적 자유와 해방은 종종 방종으로 안내하는 낯설고 눈먼 안내자가 되곤 했다. 성경의 모든 규율은 그리스도의 십자가 덕분에 완전히 폐기되었다는 반율법주의나, 모든 죄는 그리스도의 십자가 덕분에 용서받았으므로 자신이 짓는 어떤 죄도 더 이상 죄가 되지 않는다는 자유로운 영혼의 신령주의가 공공연하게 횡행하기 시작했다.

이 모든 현상은 기독교 세계에서 벌어지는 인간중심의 비극이다. 세계사적으로 종교개혁은 교회의 권력을 추구하는 인간중심의 중세가 개인의 권리를 추구하는 인간중심의 근세로 전환되는 패러다임의 열쇠이지만, 종교개혁자들이 기독교 세계 자체를 악에서 선으로 전환한 것은 아니다. 사실상 하나님 외에는 누구에게도 그럴 능력이 없다.

"종교개혁은 하나님께서 일으키신 역사적 사건이다"라는 평가는 분명 학문적 결론이라 보기 어렵지만 역사학자들은 그러한 평가를 묵인하는 편이다. 그것은 종교개혁을 여러 분야에서 학문적으로 심층 분석했음에도 불구하고 종교개혁 발생에 대한 확실하고 직접적인 원인과 실마리를 찾지 못했기 때문이다. 지금까지 학문적 영역에서 찾아낸 종교개혁의 유일한 단서는 여전히 비텐베르크의 종교개혁자 루터 한 사람뿐이다. 루터의 "95개 논제"를 빼고 종교개혁을 논하기는 어렵기 때문이다. 하지만 유일한 단서인 루터는 종교개혁을 일으킨 당사자는 자신이 아니라 하나님이시라고 고백했다. 그래서 종교개혁은 루터의 고백대로 하나님께서 일으키신 것으로 인정된다.

그렇다면 우리는 이제 이렇게 질문해야 할 것이다. '왜 하나님께서는 종교개혁을 일으키셨는가?' 그리고 '16세기 종교개혁은 마치 유일무이한 그리스도의 십자가 사건처럼 단회적인 것인가, 아니면 반복적인 것인가?' 하나님께서는 심각한 타락이 끊임없이 악화되는 것을 지켜보기만 하시지는 않는다. 오히려 항상 그분은 악화일로의 상황에 개입하신다. 종교개혁은 세상사에 대한 하나님의 개입, 즉 섭리에 대한 가장 분명한 역사적 증거다. 하나님의 개입은 지금도 일어나고 있고 일어나야 한다. 그러므로 16세기 종교개혁은 역사적인 고유성에도 불구하고 그 이전에도 일어났고 그 이후에도 일어나는 반복적인 사건이다. 하나님의 개혁은 때로는 부드럽고 자연스럽고 순탄하게, 때로는 거칠고 역동적이며 파격적으로 일어난다.

지금 한국교회는 어떤 상태인가? 분열과 개교회 중심주의로 몸살을 앓고 있으며 교회연합의 길을 잃고 헤매는 중이다. 교회가 '그리스도의 한 몸 공동체'라는 사실은 잊은 지 오래다. 교회의 정체성을 뿌리째 흔드는 극단적 이단들과 이단사상이 기승을 부리고, 정치적 이념 대립은 교회의 혼란과 분열을 더욱 가중시키고 있다.

누가 보아도 개혁이 절실하게 요구되는 총체적 개혁 시점이지만 개혁될 가능성은 매우 희박해 보인다. 이런 상황에서 종교개혁을 논하는 것이 과연 의미가 있을까? 16세기 종교개혁은 이론이 아니라 실제다. 물론 그 실제의 의미는 논할 가치가 충분하지만, 논하는 것만으로는 실제를 재생산할 수 없다.

16세기 종교개혁자들의 공통점은 성경의 바른 가르침을 외쳤을 뿐만 아니라 깨달은 진리를 삶으로 체화하려고 부단히 노력했다는 사실이다. 이것은 재세례파 종교개혁자들도 예외가 아니다. 물론 사기꾼은 어느 시대나 존재한다. 하지만 최소한 자신이 깨달은 성경 교리를 삶으로 살아내려고 한 사람들은 최소한 하나님 앞에서 진실하기 위해 노력했다.

어느 시대의 어떤 지상교회도 하나님 앞에서 점이나 흠이 없는 완전무결의 상태일 수는 없다. 종교개혁자들에 의해 개혁된 교회들조차도 불완전한 교회였다. 하지만 모든 지상교회가 불완전할 수밖에 없다는 사실이 지상교회의 타락을 어쩔 수 없는 일로 치부하는 핑계거리일 수는 없다. 왜냐하면 지상교회는 비록 불완전하지만 그리스도가 머리이신 그분의 몸이기 때문이다.

이런 점에서 지금 총체적 난국의 한국교회도 절망적인 것만은 아닐 것이다. 실낱같은 희망일지라도 희망을 잃지 말아야 개혁도 기대할 수 있지 않을까? 윤리적으로 심각하게 타락한 교회라 할지라도 삼위일체 하나님을 인정하고 성경의 말씀과 성령의 조명이 있는 한 얼마든지 개혁을 통해 바른 교회로 회복될 가능성은 있다.

이런 회복을 위해 지금 한국교회가 500년 전의 종교개혁자 부써에게서 배울 수 있고 또한 배워야 하는 것은 무엇일까? 부써는 유일무이한 그리스도 왕국의 지상 건설을 위해 고군분투한 종교개혁자다. 그는 그 일을 독일 남부 도시 스트라스부르에서 본격적으로 시작했다. 교회개혁을 통해 그리스도 왕국을 건설하는 일이 신성로마제국 전역에서 성취되기를 간절히 소망했다. 그래서 부써는 독일 전역을 누비며 교회개혁을 외치고 도왔다. 그는 교회개혁을 통해 그리스도의 왕국이 지상에 그리스도의 한 몸으로 건설될 수만 있다면 어디든지 갈 각오가 되어 있었고, 어떤 교황주의자와도 대화할 준비가 되어 있었다. 하지만 그가 교회연합이라는 목적을 위해 성경의 핵심 교리를 포기하거나 신앙 양심을 버린 적은 없다.

자신의 신학과 신념 그리고 신앙양심을 포기하지 않은 채 교회연합을 위해 최선을 다한 부써의 열정을 오늘날 어디서 찾아볼 수 있을까? 오늘날 한국교회에는 부써 같은 사람은 고사하고 자신의 유익이나 자존심을 위해서라면 멀쩡한 교회도 찢을 준비가 되어 있는 사람들로 가득하다. 교회연합단체들도 자기중심적인 이해타산에 의해 합종연횡(合從連橫)하는 실정이다.

오늘날 한국교회 어디에서도 순수하게 성경적 원리에 따른 정당한 화합과 합동과 연합을 찾아보기는 쉽지 않다. 거의 모든 교회통합과 연합은 이해타산의 산물에 불과한 경우가 많으며 '그리스도의 한 몸 공동체로서 지상교회'라는 개념은 거의 사라져가고 있다.

교회는 하나다. 교회는 그리스도의 하나뿐인 몸이기 때문이다. 설령 교리가 서로 다르다 해도, 그래서 신앙고백이 다르다 해도 삼위일체 하나님을 믿고, 성경을 하나님의 유일한 말씀으로 고백하고, 하나님께서 지상에 세우신 교회를 존중한다면 누구든지 그리스도 안에서 살아가는 그리스도인으로 서로를 인정해야 마땅하지 않을까?

교회는 그리스도의 몸이다. 그분의 몸은 두 개나 세 개일 수 없고 오직 하나뿐이다. 교회는 그리스도의 유일한 몸이다. 그리고 교회의 머리는 오직 그리스도 한 분뿐이시다. 따라서 모든 지체는 그리스도 안에서 형제요 자매다. 누구도 그리스도를 제쳐놓고 교회의 머리가 되려고 해서는 안 된다. 스스로 교회의 머리가 되려는 것이 바로 교회의 분열을 초래하고 연합을 해치게 된다.

우리는 이미 역사를 통해 잘못된 로마교황의 전철을 잘 알고 있다. 누구든 교회에서 최고의 권력을 갖는 순간 교황이 되기 십상이다. 어떤 기독교 단체도 예외일 수 없다. 심지어 신학교도 마찬가지다. 최고 권력의 자리는 항상 위험천만한 요소를 동반한다. 지금 한국교회에는 크고 작은 교황들로 가득하다. 교황은 하나뿐이기 때문에 화합이 불가능하다.

누구든 크고 작은 교황의 권좌에서 내려와 서로를 형제와 자매로 인정하는 그리스도인의 자리, 성도의 자리로 돌아가길 바란다. 모든 기독교 단체장들과 사역자들은 초대교회의 순수성을 잃지 말고 종교개혁의 정신을 회복해야 한다. 신앙의 상실은 모든 것의 상실을 의미한다. 개인이든 단체든 순수한 믿음을 회복하는 것, 그것이 교회개혁의 시작이다.

교회연합운동의 선구자 부써에게 우리가 배울 수 있고 배워야 하는 가장 중요한 것은 성경이 요구하는 순수한 믿음의 회복이다. 그리고 회복된 믿음의 눈으로 세상과 교회를 보는 것이다. 그러할 때 우리 안에 계신 성령 하나님께서 말씀의 능력이 무엇인지 깨닫게 하실 것이다. 말씀의 칼은 가장 먼저 부패한 우리 자신의 심령 골수를 찔러 쪼갤 것이다.

성령의 칼인 말씀의 능력을 전심의 믿음으로 수용하는 자세, 이것이 우리 자신과 지역교회, 나아가 세계교회를 하나님의 뜻대로 세워나가는 원동력이다. 교회는 그리스도의 지상 왕국이다. 그리스도는 온 세상과 교회를 다스리는 왕이시다. 부써의 생애는 온 우주의 왕이신 그리스도의 하나뿐인 교회를 세우기 위해 죽음조차 두려워하지 않는 저항정신, 즉 개신교 정신으로 충만했다.

마르틴 부써
교회연합운동의 선구자

Martin Bucer

부록

참고문헌
부써 생애 연보
부써 시대의 인물 자세히 보기
편집후기

| 참고문헌 |

• 1차 문헌

Adam, Johann & Krebs, Manfred. Et al. Eds. *Quellen zur Geschichte der Täufer XVI. Band. Elsaß, IV. Teil. Stadt Straßburg 1543-1552 samt Nachträgen und Verbesserungen zu Teil I, II und III*. Gütersloh: Gerd Mohn, 1988.

Allen, P. S. Ed. *Opvs epistolarvm Des. Erasmi Roterodami II*. 1514-1517. Oxford: Typographeus Clarendonianus, 1910.

Enders, Ernst Ludwig. Ed. *Dr. Martin Luther's Briefwechsel* 10-13. Calw & Stuutgart: Verlag der Vereinsbuchhandlung, 1903-1911.

Epistolae Tigurinae de rebus potissimum ad Ecclesiae Anglicanae reformationem pertinentibus conscriptae A.D. 1531-1558. Cambridge: University Press, 1848.

Gansfort, Wessel. *Opera*. Ed. Petrus Pappus à Tratzberg. Groningen: Iohannes Sassius, 1614. = Fasc. of the edition of Groningen, 1614; Nieuwkoop: De Graaf, 1966.

Gropper, Johannes. *Christliche und Catholische Gegenberichtung Köln 1544*. Gütersloh: Gütersloher Verlagshaus, 2006.

Herminjard, Aimé Louis. Ed. *Correspondance des réformateurs dans les pays de langue française I*. Genève: Imprimerie Ramboz et Schuchardt, 1866.

Horawitz, Adalbert & Hartfelder, Karl. Ed. *Briefwechsel des Beatus Rhenanus*. Nieuwkoop: B. de Graaf, 1966.

Krebs, Manfred & Rott, Hans Georg. Eds. *Quellen zur Geschichte der Täufer VII. Elsaß, I. Teil. Stadt Straßburg 1522-1523*. Gütersloh: Verlagshaus Gerd Mohn, 1959.

Lenz, Max. Ed. *Briefwechsel Landgraf Philipp's des Grossmüthigen von Hessen mit Bucer I-II*. Osnabrück: Otto Zeller, 1965.

Müller, Ernst Friedrich Karl. Ed. *Die Bekenntnisschriften der reformaierten Kirche. In authentischen Texten mit geschichtlichr Einleitung und Register*. Leipzig: A. Deichert'sche Verlagbuchhandlung, 1903.

Neuser, Wihelm Heinrich. Ed. *Die Vorbereitung der Religionsgespräche von Worms und Regensburg 1540/41*. Neukirch: Neukirchener Verlag, 1974.

Pollet, Jacques Vincent. *Martin Bucer. Études sur la correspondance I-II*. Paris: Presses Universitaires de France, 1958-1962.

Pollet, Jacques Vincent. *Martin Bucer. Études sur les relations de Bucer avec les Pays-Bas, l',électorat de Cologne et l'Allemagne du nord I-II*. Leiden: E. J. Brill, 1985.

Reu, Johann Michael. Ed. *Quellen zur Geschichte des Katechismus-Unterrichts I. Süddeutsche Katechismen*. Gütersloh: C. Bertelsmann, 1904.

Richter, Aemilius Ludwig Ed. *Die evangelischen Kirchenordnungen des sechszehnten Jahrhunderts I. Vom Anfange der*

Reformation bis Begrundung der Consistorialverfassung im J. 1542. Nieuwkoop: B. de Graaf, 1967. = Nachdruck der Ausgabe Weimar, Landes-Industriecomtoir, 1846.

Robinson, Hastings. Ed. & Trans. *Original Letters Relative to the English Reformation, Written during the Reigns of King Henry VIII., King Edward VI., and Queen Mary: Chiefly from the Archives of Zurich*. Vols. I-II. Cambridge: The University Press, 1847.

Schieß, Traugott. Ed. *Briefwechsel der Brüder Ambrosius und Thomas Blaurer 1509-1548 I. 1509 - Juni 1538*. Freiburg: Verlag von Friedrich Ernst Fehsenfeld, 1908.

Schuler, Melchior & Schulthess, Johannes. Eds. *Huldrichi Zuinglii Opera 8*. Zurich: Friedrich Schulthess, 1842.

Staehelin, Ernst. Ed. *Brief und Akten zum Leben Oekolampads: um vierhundertjährigen Jubiläum der Basler Reformation II. 1527-1593*. Leipzig: M. Heinsius Nachfolger, 1934. = New York & London: Johnson Reprint Corporation, 1971.

Stupperich, Robert. Ed. *Melanchthons Werke in Auswahl VI*. Gütersloh: Bertelsmann Verlag, 1955.

Virck, Hans. Ed. *Politsche Correspondenz der Stadt Straßburg im Zeitalter der Reformation I*. Straßburg: Verlag von Karl J. Trübner, 1882.

Wied, Herman von. *Einfältiges Bedenken. Reformationsentwurf für das Erzstift Köln von 1543*. Ed. Helmut Gerhards & Wilfried Borth. Düsseldorf: Presseverband der evangelischen Kirche, 1972.

Zell, Katharina Schütz. *Church Mother: The Writings of a Protestant Reformer in Sixteenth-Century Germany*. Trans. Elsie McKee. Leiden: Brill, 2006..

• 2차 문헌

Adam, Johann. *Evangelische Kirchengeschichte der Stadt Strassburg bis zur französichen Revolution*. Strassburg: Bruck und Verlag von J. H. Ed. Heitz, 1922.

Adam, Paul. *Histoire religieuse de Sélestat*. Vols. 1-2. Sélestat: Alsatia, 1967-1971.

Adam, Paul. *L'humanisme à Sélestat. L'école, les humanistes, la bibliothèque*. Sélestat: Alsatia, 19733.

Anderson, Marvin Walter. *Peter Martyr: A Reformer in Exile (1542-1562)*. Nieuwkoop: B. de Graaf, 1975.

Anrich, Gustav. *Martin Bucer*. Strassburg: Verlag von Karl J. Trübner, 1914.

Arend, Sabine. "Martin Bucer und die Ordnung der Reformation in Ulm 1531," in Wolfgang Simon, ed., *Martin Bucer zwischen den Reichstagen von Augsburg (1530) und Regensburg (1532)*, 63-79.

Augustijn, Cornelis. *De godsdienstgesprekken tussen rooms-katholieken en protestanten van 1538 tot 1541*. Haarlem: De Erven F. Bohn N.V., 1967.

Ballor, Jordan J. *Covenant, Causality, and Law: A Study in the Theology of Wolfgang Musculus*. Göttingen: Vandenhoeck &

Ruprecht, 2013.

Baum, Adolf. *Magistrat und Reformation in Strassburg bis 1529*. Strassburg: Heitz & Mündel, 1887.

Baum, Johann Wilhelm. *Capito und Butzer. Straßburgs Reformatoren nach ihrem handschriftlichen Briefschatze ihren gedruckten Schriften und anderen gleichzeitigen Quellen*. Elberfeld: Verlag von R. L. Friderichs, 1860.

Bellardi, Werner. *Die Geschichte der "christlichen Gemeinschaft" in Straßburg (1546/1550). Der Versuch einer "zweiten Reformation"*. Leipzig: Heinsius, 1934.

Benoît, Jean-Daniel. "Calvin à Strasbourg," in *Calvin à Strasbourg, 1538-1541*, 11-36.

Bizer, Ernst. *Studien zur Geschichte des Abendmahlsstraits im 16. Jahrhundert*. Darmstadt: Wissenschaftliche Buchgesellschaft, 19722 = Gütersloh: Gerd Mohn, 1940.

Bornkamm, Heinrich. *Das Jahrhundert der Reformation. Gestalten und Kräfte*. Göttingen: Vandenhoeck & Ruprecht, 1966.

Brady, Thomas A. *Ruling Class, Regime and Reformation at Strasbourg 1520-1555*. Leiden: E. J. Brill, 1978.

Braunisch, Reinhard. *Die Theologie der Rechtfertigung im "Enchiridion"(1538) des Johannes Gropper*. Münster: AschenDorff, 1974.

Brecht, Martin. *Martin Luther 3. Die Erhaltung der Kirche 1532-1546*. Stuttgart: Calwer Verlag, 1987.

Burnett, Amy Nelson. *The Yoke of Christ: Martin Bucer and Christian Discipline*. Kirksville: Sixteenth Century Journal

Publishers, 1994.

Calvin à Strasbourg, 1538-1541. Strasbourg: Fides, 1938.

Courvoisier, Jaques. "Bucer et Calvin," in *Calvin à Strasbourg, 1538-1541*, 37-66.

Courvoisier, Jaques. *La notion d'église chez Bucer dans son développement historique*. Paris: Librairie Félix Alcan, 1933.

Decot, Rolf. Ed. *Vermittlungsversuche auf dem Augsburger Reichstag 1530*. Stuttgart: Franz Steiner Verlag Wiesbaden GMBH, 1989.

Dellsperger, Rudolf & Freudenberger, Rudolf & Weber, Wolfgang. Eds. *Wolfgang Musculus (1497-1563) und die oberdeutsche Reformation*. Berlin: Akademie Verlag, 1997.

Eekhof, Albert. *De avondmaalsbrief van Cornelis Hoen (1525) in facsimile uitgegeven en van inleiding voorzien*. 's-Gravenhage: Martinus Nijhoff, 1917.

Eells, Hastings. *Martin Bucer*. New Haven: Yale University, 1931.

Eells, Hastings. *The Attitude of Martin Bucer toward the Bigamy of Philip of Hesse*. New Haven: Yale University, 1924.

Farmer, Craig S. *The Gospel of John in the Sixteenth Century: The Johannine Exegesis of Wolfgang Musculus*. New York: Oxford University Press, 1997.

Friedrich, Reinhold. *Martin Bucer - 'Fanatiker der Einheit'? Sein Stellungnahme zu theologischen Fragen seiner Zeit (Abendmahls- und Kirchenverständnis) insbesondere nach seinem Briefwechel der Jahre 1524-1541*. Bonn: Verlag für Kultur und Wissenschaft, 2002.

Ganzer, Klaus & Steimer, Bruno. Eds. *Lexikon der Reformationszeit:*

Lexikon für Theologie und Kirche kompakt. Freiburg/Basel/Wien: Herder, 2002.

Gény, Joseph. *Die Reichsstadt Schlettstadt und ihr Anteil an den socialpolitischen und religiösen Bewegungen der Jahre 1490-1536*. Freiburg/St. Louis: Herder, 1900.

Gordon, Bruce. *Calvin*. New Haven & London: Yale University Press, 2009. = 고든, 브루스. 『칼뱅』 이재근 역. 서울: IVP, 2018.

Graesse, Johann Gustav Theodor & Benedict, Friedrich. *Orbis latinus oder Verzeichnis der wichtigsten lateinischen Orts- und Ländernamen*. Berlin: VEB Verlag für Verkehrswesen, 1980.

Greschaft, Martin. "Martin Bucer und Ulrich von Hutten," in Marijn de Kroon & Marc Lienhard ed., *Horizons europeens de la Reforme en Alsace. Das Elsass und die Reformation im Europa des XVI. Jahrhunderts*, 177-193.

Greschat, Martin. *Martin Bucer. Ein Reformator und seine Zeit 1491-1551*. München: Verlag C. H. Beck, 1990. = *Martin Bucer: A Reformer and His Times*. Trans. Stephen E. Buckwalter. Louisville/London: Westmister John Knox, 2004.

Hammann, Gottfried. "Ecclesiological motifs behind the creation of the 'Christlichen Gemenischaften'," in David F. Wright, ed., *Martin Bucer: Reforming Church and Community*, 129-143.

Hazlett, Ian. "The Development of Martin Bucer's Thinking on the Sacrament of the Lord's Supper in Its Historical and Theological Context 1523-1524". Diss. Westfälischen Wilhelms Univerität, 1975.

Hermle, Siegfried. Ed. *Reformations-geschichte Württembergs in*

Portrats. Holzgerlingen: Hänssler, 1999.

Hoffmann, Konrad. "Konrad Sam und die Reformation in Ulm," in Siegfried Hermle, ed., *Reformations-geschichte Württembergs in Portrats*, 93-109.

Hollaender, Alcuin. *Strassburg im schmalkaldischen Kriege*. Strassburg: Verlag von Karl J. Trübner, 1881.

Janse, Wim. *Albert Hardenberg als Theologe: Profil eines Bucer-Schülers*. Leiden: E. J. Brill, 1994.

Jedin, Hubert. *Geschichte des Konzils von Trient I-II*. Freiburg: Verlag Herder, 1951-1957.

Kampschulte, Franz Wilhelm. *Johann Calvin. Seine Kirche und sein Staat in Genf I*. Leipzig: Verlag von Duncker & Humblot, 1869.

Kirn, Hans-Marin. "Martin Frecht und die Reformation in Ulm," in Siegfried Hermle, ed., *Reformations-geschichte Württembergs in Portrats*, 111-144.

Knepper, Joseph. *Jakob Wimpfeling (1450-1528). Sein Leben und seine Werke*. Freiburg: Herdersche Verlagshandlung, 1902.

Koch, Karl. *Studium Pietatis. Martin Bucer als Ethiker*. Neukirchen Vluyn: Nerkirchener Verlag, 1942.

Köhler, Dietrich. *Reformationspläne für die geistlichen Fürstentümer bei den Schmalkaldenern. Ein Beitrag zur Ideengeschichte der Reformation*. Berlin: Emil Ebering, 1912.

Köhler, Walther. *Das Marburger Religionsgespräch 1529. Verzuch einer Rekostruktion*. Leipzig: M. Heinsius Nachfolger Eger & Sievers, 1929.

Kohls, Ernst-Wilhelm. "Blarer und Bucer," in Bernd Moeller, ed.,

Ambrosius Blarer 1492-1564. Gedenkschrift zu seinem 400. Todestag, 172-192.

Kohls, Ernst-Wilhelm. *Die Schule bei Martin Bucer in ihrem Verhältnis zu Kirche und Obrigkeit*. Heidelberg: Quelle & Meyer, 1963.

Kolde, Theodor. *Luther und der Reichstag zu Worms 1521*. Halle: Verein für Reformationsgeschichte, 1883.

Krieger, Christian & Lienhard, Marc. Eds. *Martin Bucer and Sixteenth Century Europe*. Actes du colloque de Strasbourg, 28-31 août 1991 I-II. Leiden: Brill, 1993.

Kroon, Marijn de & Lienhard, Marc. Eds. *Horizons europeens de la Reforme en Alsace. Das Elsass und die Reformation im Europa des XVI. Jahrhunderts*. Strasbourg: Librairie Istra, 1980.

Krüger, Friedhelm. *Bucer und Erasmus. Eine Untersuchung zum Einfluss des Eramus auf die Theologie Martin Bucers*. Wiesbaden: Franz Steiner Verlag GMBH, 1970.

Lang, August. *Der Evangelienkommentar Martin Bucers und die Grundzüge seiner Theologie*. Darmstadt: Scientia Verlag Aalen, 1972.

Lau, Franz & Bizer, Ernst. *A History of the Reformation in Germany to 1555*. Trans. Brian A. Hardy. London: Adam & Charles Black, 1969.

Lenz, Max. *Luther Tat in Worms*. Leipzig: Kommissionsverlag von M. Heinstus Nachfolger, 1921.

Lienhard, Marc & Willer, Jakob. *Straßburg und die Reformation*. Kehl: Morstadt, 1981.

Lippens, Walter. *Kardinal Johannes Gropper 1503-1559 und die Anfänge der katholischen Reform in Deutschland*. Münster: Aschendorffsche Verlagsbuchhandlung, 1951.

Locher, Gottfried Wilhelm. *Die Zwinglische Reformation im Rahmen der europäischen Kirchengeschichte*. Göttingen: Vandenhoeck & Ruprecht, 1979.

Loewenich, Walther von. *Martin Luther. Der Mann und das Werk*. München: List Verlag, 1982. = 뢰베니히. 『마르틴 루터: 그 인간과 그의 업적』 박호용 역. 서울: 성지출판사, 2002.

Lugioyo, Brian. *Martin Bucer's Doctrine of Justification: Reformation Theology and Early Mordern Irenicism*. Oxford & New York: Oxford University Press, 2010.

Maurer, Wilhelm. *Historischer Kommentar zur Confessio Augustana I. Einleitung und Ordnungsfragen*. Gütersloh: Gütersloher Verlagshaus Gerd Mohn, 1979.

McKee, Elsie Anne. *Katharina Schütz Zell 1-2*. Leiden: Brill, 1999.

Moeller, Bernd. Ed. *Ambrosius Blarer 1492-1564*. Gedenkschrift zu seinem 400. Todestag. Kostanz: Jan Thorbecke KG, 1964.

Nijenhuis, Willem. *Calvinus oecumenicus. Calvijn en de eenheid der kerk in het licht van zijn briefwisseling*. 's-Gravenhage: Martijnus Nijhoff, 1959.

Ortmann, Volkmar. *Reformation und Einheit der Kirche: Martin Bucers Einigunsbemühungen bei den Religionsgesprächen in Leipzig, Hagenau, Worms und Regensburg 1539-1541*. Mainz: Verlag Philipp von Zabern, 2001.

Oyer, John S. "Bucer and the Anabaptists," in Krieger & Lienhard, ed., *Martin Bucer and Sixteenth Century Europe*, 603-613.

Pauck, Wilhelm. *The Heritage of the Reformation*. Chicago: The Modern Franklin, 1950.

Peremans, Nicole. *Érasme et Bucer. D'après leur correspondance*. Paris: Société d'Editions "Les Belles Lettres", 1970.

Pestalozzi, Carl. *Heinrich Bullinger. Leben und ausgewählte Schriften nach handschriftlichen und gleichzeitigen Quellen*. Elberfeld: Verlag von R. L. Friederichs, 1858.

Pils, Holger & Ruderer, Stephan & Schaffrodt, Petra. *Martin Bucer (1491-1551). Bibliographe*. Gütersloh: Gütersloher Verlagshaus, 2005.

Poll, Gerrit Jan van de. *Martin Bucer's Liturgical Ideas: The Strasburg Reformer and His Connection with the Liturgies of the Sixteenth Century*. Assen: Van Gorcum, 1954.

Primus, John Henry. *The Vestments Cotroversy: An Historical Study of the Earliest Tensions Within the Church of England in the Reigns of Edward VI and Elizabeth*. Kampen: J. H. Kok, 1960.

Rashdall, Hastings. *The Universities of Europe in the Middle Ages I*. London: Exford University Press, 1936.

Reuter, Fritz. Ed. *Der Reichstag zu Worms von 1521. Reichspolitik und Luthersache*. Worms: Stadtarchiv Worms, 1971.

Rockwell, William Walker. *Die Doppelehe des Landgrafen Philipp*. Marburg: Elwert'sche Verlagsbuchhandlung, 1904.

Rott, Jean. "The Strasbourg Kirchenpfleger and parish discipline: theory and practice," in David F. Wright, ed., *Martin Bucer: Reforming Church and Community*, 122-128.

Rückert, Hanns. *Die theologische Entwicklung Gasparo Contarinis*. Bonn: A. Marcus und E. Webers Verlag, 1926.

Schaff, Philip. *History of the Christian Church VII. Modern Christianity: The German Reformation*. Grand Rapids: 1987. = 샤프, 필립.『교회사전집 7권: 독일종교개혁』, 박종숙 역 (고양: 크리스챤다이제스트, 2004)

Schindling, Anton. *Humanistische Hochschule und freie Reichsstadt. Gymnasium und Akademie in Strassburg 1538-1621.* Wiesbaden: Franz Steiner Verlag, 1977.

Schmidt, Charles. *Peter Martyr Vermigli: Leben und ausgewählte Schriften*. Elberfeld: Verlag von R. L. Friederichs, 1858.

Selderhuis, Herman J. *Marriage and Divorce in the Thought of Martin Bucer.* Trans. John Vriend & Lyle D. Bierma. Kirksville: Thomas Jefferson University Press, 1998.

Shantz, Douglas H. "The Crautwald-Bucer Correspondence, 1528: A Family Y Feud Within the Zwingli Circle," in Christian Krieger & Marc Lienhard, eds., *Martin Bucer and Sixteenth Century Europe*, 635-643.

Sider, Ronald James. *Andreas Bodenstein von Karlstadt: The Development of His Thought 1517-1525*. Leiden: E. J. Brill, 1974.

Simon, Wolfgang. "Die Überschreitung der Grenze: Bucers Annahme der *Confessio Augustana* und deren Apologie," in Wolfgang Simon, ed., *Martin Bucer zwischen den Reichstagen von Augsburg (1530) und Regensburg (1532)*, 108-124.

Simon, Wolfgang. Ed. *Martin Bucer zwischen den Reichstagen von*

Augsburg (1530) und Regensburg (1532): Beiträge zu einer Geographie, Theologie und Prosopographie der Reformation. Tübingen: Mohr Siebeck, 2011.

Sohm, Walter. *Territorium und Reformation in der hessischen Geschichte 1526-1555.* Marburg: Elwersche Verlagsbuchhandlung, 1915.

Spijker, Willem van 't. *The Ecclesiastical Offices in the Thought of Martin Bucer.* Trans. J. Vriend & L. Bierma. Leiden: Brill, 1996.

Spijker, Willem van 't. *Calvin. Biographie und Theologie.* Trans. Hinrich Stoevesandt. Göttingen: Vandenhoeck & Ruprecht, 2001. = 스페이커르, 빌렘 판 엇. 『칼빈의 생애와 신학』. 박태현 역. 서울: 부흥과개혁사, 2009.

Spitz, Lewis W. & Tinsley, Barbara Sher. *Johann Sturm on Education.* St. Louise: Concordia Publishing House, 1995.

Spruyt, Bart Jan. *Ketter aan het Binnenhof: Cornelis en zijn trantaat tegen de transsubstantieatieleer.* Heerenveen: Groen en Zoon, 1997.

Staehelin, Ernst. *Das theologische Lebenswerk Johannes Oekolampads.* Leipzig: M. Heinsius Nachfolger, 1939.

Strohl, Henri. *Bucer, humaniste chrétien.* Paris: Librairie Félix Alcan, 1939.

Stupperich, Robert. *Der Humanismus und die Wiedervereinigung der Konfessionen.* Leipzig: M. Heinsius Nachfolger, 1936.

Sturm, Klaus. *Die Theologie Peter Martyr Vermiglis während seines ersten Aufenthalts in Straßburg 1542-1547.* Neukirch: Neukirchener Verlag, 1971.

The Mennonite Encyclopedia: A Comprehensive Reference Work on the Anabaptist Mennonite Movement. Vols. 1-4. Scottdale: The Mennonite Publisching House, 1955.

Ullmann, Carl Christian. *Reformatoren vor der Reformation, vornehmlich in Deutschland und Niederlanden II. Band: Johann Wessel, der Hauptrepräsentant reformatorischer Theologie im 15ten Jahrhundert nebst den Brüdern vom gemeinsamen Leben, namentlich Gerhard Groot, Florentius Radewins, Gerhard Zerbolt und Thomas von Kempen und den deutschen Mystikern, Rusbroek, Suso, Tauler, dem Verfasser der deutschen Theologie und Staupitz in ihrer Beziehung zur Reformation*. Gotha: Friedrich Andreas Perthes, 1866.

Wendel, François. "Un document inédit sur le séjour de Bucer en Angleterre," *Revue d'histoire et de philosophie religieuses 34* (1954): 223-233.

Wendel, François. *Calvin, sources et évolution de sa pensée religieuse*. Paris: Presses universitaires de France, 1950.

Wendel, François. *L'église de Strasbourg: Sa constitution et son organisation 1532-1535*. Paris: Presses Universitaires de France, 1942.

Wolfart, Karl. *Die Augsburger Reformation in den Jahren 1533/34*. Leipzig: Dieterich'sche Verlags-Buchhanlung, 1901.

Wright, David F. Ed. *Martin Bucer: Reforming Church and Community*. Cambridge: Cambridge University Press, 1994.

Ziegler, D. J. "Marpeck versus Butzer: A Sixteenth Century Debate over the Uses and Limits of Political Authority," *Sixteenth Century Journal* 2 (1971): 95-107.

김진홍. 『피터 마터 버미글리: 신학적 평전』. 부산: 고신대학교, 2018.
박경수. 『인물로 보는 종교 개혁사』. 서울: 장로회신학대학교출판부, 2019.
슈바르츠, 라인하르트. 『마틴 루터』. 서울: 한국신학연구소, 2007.
예딘, 후베르트. 『세계공의회사』. 최우석 역. 왜관: 분도출판사, 2005.
이상규 편. 『칼빈시대 유럽대륙의 종교개혁자들』. 부산: 개혁주의학술원, 2014.
카우프만, 토마스. 『종교개혁의 역사』. 황정욱 역. 서울: 도서출판 길, 2017.
피셔-볼페르트, 루돌프. 『교황사전』. 안명옥 역. 서울: 가톨릭대학교출판부, 2001.
헨드릭스, 스콧. 『마르틴 루터: 새 시대를 펼친 비전의 개혁자』. 손성현 역. 서울: IVP, 2017.
황대우. "칼빈과 부써," in 이상규 편, 『칼빈과 종교개혁자들』. 31-49.

| 부써 생애 연보 | [900]

1491. 11. 11.	셀레스타에서 태어나다.
1506/07.	라틴어학교 방문 후 셀레스타의 도미니코수도원에 입문하다.
1515/16.	마인츠에서 사제 서품을 받다.
1517.	하이델베르크의 도미니코수도원으로 이동하여 대학에 등록하다.
1518. 4.	하이델베르크 논쟁의 자리에서 루터를 처음 만나다.
1521. 연초.	도미니코수도원을 탈출하여 슈파이어에 숨어 지내다.
1521.	울리히 폰 후텐, 요한 외콜람파디우스, 카스파르 아퀼라와 함께 에베른부르크의 프란츠 폰 지킹겐의 집에 체류하다. 보름스 제국의회에 참석하기 위해 여행하던 루터를 오펜하임에서 두 번 만나다.
1521. 4. 29.	공식적으로 도미니코수도회를 탈퇴하고 팔츠 백작 프리드리히의 궁정설교자가 되다.
1522.	란트슈툴의 목사로서 수녀 출신의 엘리자베스 질버라이젠과 결혼하다.

---

[900] Hartmut Joisten, *Der Grenzgänger Martin Bucer. Ein europäischer Reformer* (Speyer/Stuttgart: Evangelischer Presseverlag Pfalz/Quell Verlag, 1991), 200-204.

1522/23.	바이센부르크에서 전속 목사로 일하다.
1523.	슈파이어의 주교로부터 파문되다.
1523. 5.	바이센부르크를 빠져나와 스트라스부르로 가다. 첫 번째 저술 『아무도 자신을 위해 살지 말아야 한다는 것…』을 출간하다.
1524. 3. 29.	성 아우렐리우스 교구의 정원사들이 부써를 자신들의 목사로 선택하고 정부가 이 선택을 8월 24일에 확증하다.
1525.	카피토와 첼과 함께 농민폭동 문제를 다루다.
1526/27.	스트라스부르의 재세례파와 논쟁하다.
1528.	베른논쟁에 참여하다.
1529. 2. 20.	스트라스부르에서 미사를 폐지하다.
1529. 10.	마르부르크 담화에 참여하다.
1530.	아우크스부르크 제국의회에 참여하여 카피토와 함께 작성한 "4개 도시 신앙고백"을 제출하고 코부르크에 있는 루터를 방문하다.
1531.	울름의 종교개혁을 주도하다.
1533.	최초의 스트라스부르 노회를 개최하고 이단적 사상가들과 논쟁하다. 스트라스부르 교회를 조직하다.
1534/35.	아우크스부르크의 종교개혁을 위해 긴밀한 협조와 도움을 제공하다.
1536.	독일 남부 신학자들과 비텐베르크 루터 추종자들 사이의 성찬론 합의를 이끌어내어 루터와 함께 비텐베르크 일치신조를 작성하고 서명하다.
1537.	베른노회와 베른시의회에 성찬에 관한 신앙고백을 제출하다.
1538.	『참된 목회에 관하여』를 출간하다. 라틴어학교들을 스트라스부르 김나지움으로 통일하다. 제네바에서 추방된 칼빈이 스트라스부르로 오다.

1538/39.	라이프치히 종교회담에 참여하다.
1540.	하게나우 및 보름스 종교회담에 참여하다.
1541.	레겐스부르크 종교회담과 제국의회에 참여하다. 스트라스부르에 전염병이 돌아 부써의 아내와 5명의 자녀가 죽다.
1542.	카피토의 미망인, 로젠블라트와 재혼하다. 본으로 가서 쾰른 종교개혁을 진두지휘하다.
1545.	레겐스부르크 종교회담에 참여하다.
1546/47.	'기독교 교제공동체' 모임을 통해 제2의 스트라스부르 종교개혁을 시도하다.
1548.	황제가 '아우크스부르크 잠정안'에 서명하도록 강요하다.
1549.	스트라스부르에서 추방된 후 영국으로 도피하여 케임브리지 대학의 흠정 신학교수가 되다.
1550.	"그리스도의 나라에 관하여"를 저술하다. (1557년에 첫 출간됨)
1551. 2. 28.	(혹은 3월 1일) 케임브리지에서 사망하다.
1556.	여왕 메리 1세가 부써를 이단으로 정죄하고 무덤에서 파낸 그의 시신을 공개적으로 화형하다.
1560.	여왕 엘리자베스 1세가 부써의 모든 명예를 회복시키다.

| 부써 시대의 인물 자세히 보기 |

게오르크(Georg. 1471-1539) 1471년 마이센(Meissen)에서 태어나 1539년 드레스덴(Dresden)에서 사망했다. 그의 아버지는 베틴 가문(Haus Wettin) 출신의 용감한 자 알브레히트(Albrecht der Beherzte)로서 알베르트 작센 가문의 창시자였고, 어머니는 보헤미아 왕의 딸 지도니(Sidonie)였다. 장남이었던 게오르크는 1496년 11월 21일에 드레스덴에서 결혼했는데, 그의 아내 바바라 야길론(Barbara Jagiellon)은 폴란드 공주로서 폴란드 왕 카시미르 4세(Casimir IV)가 아버지였고, 헝가리의 알브레히트 2세(Alberecht II)의 딸 엘리자베스(Elisabeth)가 어머니였다. 철저한 로마교 신자였던 게오르크는 살아생전에 루터의 종교개혁으로부터 자신의 공국을 지킬 수 있었지만 작센공국이 루터주의로 넘어가는 것을 막지는 못했다. 왜냐하면 그가 죽기 전까지 살아남은 유일한 상속자는 1523년 12월 11일에 헤센의 영주 빌립과 결혼한 딸 작센의 크리스티나(Christina von Sachsen)뿐이었고, 개혁을 열망한 그의 동생 경건자 하인리히(Heinrich der Fromme) 공작이 작센공국의 군주 자리를 물려받자마자 종교개혁을 수용했기 때문이다. ·· p.247

그렘프(Ludwig Gremp. 1509-1583) 1509년에 슈투트가르트에서 태어나 1583년 5월 11일 혹은 13일에 스트라스부르에서 사망했다. 1525/26년의 겨울학기에 튀빙겐에서 법학을 공부하는 학생으로 등록했으며,

1535년에는 오를레앙에 있었고, 1536년에 잉골슈타트의 법학사, 즉 법학을 가르칠 수 있는 교수 자격증을 받았다. 1537년에는 튀빙겐대학의 부름을 받았는데, 연봉이 금화 140냥이었고 그가 이곳을 떠난 1541년까지 꾸준히 올랐다. 1541년에는 제국의 자유도시 스트라스부르의 영예로운 고소득 변호사가 되었으며, 그 이후로 야곱 슈투름과 더불어 도시의 대표적 정치 지도자로 자리 잡았다. 1548년 8월 9일에는 야곱 슈투름과 함께 황제에게 도시의 결정사항을 제출했고, 1555년 아우크스부르크 제국의회에 스트라스부르의 대표로 참석했다. ·················· p.352

그로퍼(Johannes Gropper. 1503-1559) 1503년 2월 24일 독일 베스트팔렌의 죄스트(Soest)에서 태어나 1559년 3월 13일 로마에서 사망했다. 1516년에 쾰른에서 철학과 법학을 공부했고, 1525년 11월 7일에 법학박사 학위를 받았다. 박사학위를 받기 전에 사제로 서품되어 1525년 9월에 쾰른의 대주교 헤르만 폰 비트의 문서 사무관이 되었고, 1529년에는 쾰른대학의 법학부 교수로 잠시 재직했다. 1529년의 슈파이어 제국의회와 1530년의 아우크스부르크 제국의회에 뮌스터의 주교 대리인 자격으로 참석하기도 했다. 1534년 10월 30일부터 쾰른 대성당 참사회원이 되어 쾰른을 개혁하려던 대주교를 적극 도왔으나 결국 대주교가 교황 바울 3세에 의해 파문된 후에는 쾰른을 다시 로마가톨릭으로 돌리기 위해 최선을 다했다. 하게나우와 보름스, 레겐스부르크에서 개최된 종교연합회의에 참가했을 뿐만 아니라 1551-1552년의 트렌트 공의회에도 참석했다. 1555년 12월 20일에는 교황 바울 4세에 의해 추기경으로 임명되었다. ··· p.268

그리네우스(Simon Grynaeus. 1493-1541) 1493년에 슈바벤(Schwaben=Swabia)의 농부 야곱 그리너(Jacob Gryner)의 아들로 호헨촐레른의 베링겐도르프(Veringen)에서 태어나 1541년 8월 1일에 바젤에서 사망했다. 포르츠하임에서 멜란히톤의 동기생으로 공부했고, 비엔나대학에 입학하여 라틴어학자와 헬라어학자가 되었다. 1524년에 하이델베르크대학의 헬라어 교수가 되었고, 1526년부터 라틴어 교수도 겸했다. 1529년 외콜람파디우스의 초청으로 바젤로 가서 그곳의 종교개혁자가 되었으며, 1531년에 영국을 방문했고, 1532-1541년에는 바젤에서 신학 교수로 지냈다. 1536년 1월에 작성된 제1 스위스 신앙고백으로 더 잘 알려져 있는 제2 바젤 신앙고백의 작성자로 동참했고, 1536년의 비텐베르크 합의서를 스위스가 수용해야 한다고 주장하는 모임에도 참석했다. 로마가톨릭 학자들과 종교개혁자들 사이의 보름스 종교회담(1540)에도 스위스교회의 유일한 대표자로 참석했다. ··· p.202

그린달(Edmund Grindal. 1519-1583) 1519년경 지금의 화이트헤이븐(Whitehaven) 교외 헨싱햄(Hensingham)이나 컴벌랜드(Cumberland)의 성 비즈(St. Bees)에서 태어나 1583년 7월 6일 런던에서 사망했다. 케임브리지대학에서 1541년에 문학석사 학위를 받은 후 1544년에 부제(deacon)로 서품되었다. 1549년에 개신교 논쟁가 가운데 한 명으로 선출되었는데, 아마도 니콜라스 리들리(Nicholas Ridley)의 영향으로 보인다. 리들리가 런던 주교가 되었을 때 그는 그린달을 목사 가운데 한 명으로 세웠고 바울대성당의 선창자로 삼았다. 얼마 후 에드워드 6세의 목사 가운데 한 명으로 승진했고, 1552년 10월에는 42개 조항의 심사자 6명 가운데 한 명이 되었다. 1553년 6월 11일에 런던 주교로 임명되었으나 한 달 후 에드워드 6세가 죽고 피의 메리가 10월에 왕위를 계승하자, 1554년 5월 10일에 웨스트민스터 성직록을 포기하고 영국을 떠났다. 엘리자베스 여왕이 등극한 후 귀국하여 교회 요직을 맡아 충성했다. ······· p.379

나우세아(Friedrich Nausea. 1496-1552) 1496년 독일 바바리아의 바이로이트(Bayreuth) 근처 바이쉔펠트(Waischenfeld)에서 태어나 1552년 2월 6일에 지금의 북이탈리아 트렌토(Trento=Trient. 트렌트)에서 사망했다. 1524년에는 볼로냐의 대주교요 황제의 독일 대사이던 추기경 로렌조

캄페기오(Lorenzo Campeggio)의 비서로서 뉘른베르크 제국의회에 참석했고, 그해에 브레텐(Bretten)에 거주하던 멜란히톤을 찾아가 로마교로 복귀하도록 설득했으나 실패했다. 1529년의 슈파이어 제국의회에 참석했고, 오스트리아 왕 페르디난트 1세의 재상과 궁정설교자가 된 후에는 개신교와 로마교의 재결합을 위해 노력했으며, 1551년의 트렌트 공의회에도 참석했다. ·· p.263

디이트리히(Veit Dietrich. 1506-1549) 1506년 12월 8일에 뉘른베르크에서 태어나 1549년 3월 25일 고향에서 사망했다. 그의 아버지는 신발 장인이었다. 1522부터 비텐베르크에서 공부했고, 멜란히톤의 눈에 먼저 띄었으나 곧 루터의 신실한 비서가 되었다. 1529년에 루터와 함께 마르부르크 종교대화에 참여했고, 1530년 아우크스부르크 제국의회에 참여할 수 없던 루터를 따라 코부르크 성에 있었다. 1535년에는 뉘른베르크의 성 제발트(St. Sebald)교회의 설교자가 되었고, 1546년에는 레겐스부르크 종교대화에 참여했으며, 1548년 아우크스부르크 잠정안에 반대했다. 1530-1534년의 루터 설교집(Hauspostille)을 출간했다. ····· p.335

라토무스(Barholomaeus Latomus. 1480-1570) 프라이부르크와 쾰른에서 법학을 공부한 후 1530년에 루뱅대학의 세 가지 언어(히브리어, 헬라어, 라틴어) 학부(Collegium Trilingue; Collegium trium linguarum)에서 수사학을 가르쳤고, 1531년부터 파리에서 가르쳤다. 1539-1540년에는 잠시 이탈리아에서 수학했으며, 스트라스부르 김나지움의 설립자 요한 슈투름이 그의 제자였다. 1540년 하게나우 종교회의에 참여하여 부써와 친밀하게 되었으나 결국 두 사람은 각자 자기 길로 갔다. ···················· p.316

랑베르(Francois Lambert. 1485/1487-1530) 1485-1487년 사이에 태어나 15세에 아비뇽의 프란체스코 수도사가 되었고, 1517에는 순회설교자로 프랑스와 이탈리아, 스위스를 여행했다. 성경 연구를 통해 로마가톨릭 신학에 대한 회의를 품기 시작하여 1522년에 수도원을 떠났으며, 1523년에 결혼을 했다. 1524년에는 스트라스부르에 도착하여 그의 활동이 금지된 1526년까지 머물다가 이후 야곱 슈투름의 소개로 헤센의 영주 빌립을 찾아가 헤센의 종교개혁자가 되었다. 1530년 4월 8일에 전염병으로 사망했고 마르부르크에 묻혔다. ·································· p.94

레기우스(Urbanus Rhegius, 1489-1541) 1489년 독일 남부 랑겐아르겐(Langenargen)에서 태어나 1541년 5월 23일 독일 중부의 켈레(Celle)에서 사망한 종교개혁자다. 린다우에서 라틴어학교를 다녔고 프라이부르크, 잉골슈타트, 튀빙겐, 바젤 등지에서 공부했으며, 1519년에 콘스탄츠의 사제가 되었다. 1520년에 아우크스부르크의 대성당 설교자로 섬겼고, 루터의 파문 교서를 공포하는 임무를 실행하기도 했으나 루터를 옹호하는 글을 써서 1521년에 해고되었다. 1524년에 아우크스부르크로 돌아와 복음을 설교하는 목사로 사역했고, 1530년에 뤼네부르크의 공작 에른스트 1세의 초청으로 켈레에 가서 감독관이 되어 교회개혁을 진두지휘했다. ··· p.214

레나누스(Beatus Rhenanus, 1485-1547) 1485년 8월 22일 알자스의 슐레트슈타트(셀러스타)에서 태어나 1547년 7월 20일 스트라스부르에서 사망한 독일의 인문주의자이다. 그의 이름 레나누스는 아버지 안톤 빌트(Anton Bild)의 출신지인 지금의 프랑스 북부 리노(Rhinau), 즉 독일어로 라이나우(Rheinau)를 라틴어화한 것이다. 안톤 빌트는 슐레트슈타트로 이주하였는데 라이나우 출신자라는 뜻의 '리나우어'(Rhinauer)로 알려진 시장 가운데 한 명이 되었다. 아버지 덕분에 레나누스는 고향의 유명한 라틴어 학교를 나왔고, 1503년에는 파리대학에 입학했는데, 거기서 탁월한 아리스토텔레스주의자이자 프랑스 최고의 인문주의자 르페브르 데타플에게서 수학했다. 1507년에 고향으로 돌아온 후 스트라스부르로 이주하여 그곳에서 인쇄업자 슈러(Mathias Schurer) 밑에서 일하면서 알자스 인문주의자인 빔펠링(Jakob Wimpfeling)과 가일러(Johann Geiler), 브란트(Sebastian Brant) 등과 알고 지냈다. 1511년에는 바젤로 가서 에라스무스와 친구가 되었고, 그곳의 프로벤(Johann Froben) 출판사에서 일하면서 에라스무스가 남긴 많은 주요 작품의 출간을 감독했다. ⋯⋯ p.40

레드맨(John Redman. 1499-1551) 옥스퍼드, 파리, 케임브리지대학에서 공부했고, 케임브리지에서 1526년에 문학사, 1530년에 문학석사, 1537년에 신학박사를 받았다. 1530년에 성 요한칼리지(John's College)의 대학평의원(fellow. 수습교수)이 되었고, 1538-1542년에는 레이디 마가렛(Lady Margaret)의 신학 교수였으며, 1542-1546년에는 킹스 홀의 장(Warden of King's Hall)이었다. 1546년에는 헨리 8세가 그를 최초의 트리니티 칼리지 전임교수로 임명했으며, 1549-1551년에는 레이디 마가렛 신학부장과 병합되었다. 윌리엄 라티머(William Latimer)를 교리 문제로 질책했다. ⋯⋯ p.389

로드(Hinne Rode. 1468-1537) 1468-1488년에 네덜란드 북부의 프리슬란트(Friesland)에서 태어나 1537년 이전에 동프리슬란트의 작은 마을 볼트휘전(Wolthusen)에서 사망한 네덜란드 인문주의자다. 볼트휘전은 1928년에 독일 엠덴(Emden)으로 편입되었다. 데벤테르(Deventer)의 형제단 학교에서 교육을 받았고, 1515년경에 위트레흐트(Utrecht)의 성 히에로니무스 학교의 교장이 되었다. 그의 제자 가운데 한 명인 얀 드 바꺼르(Jan de Bakker)는 네덜란드 북부 사람으로 화형당한 최초의 개신교 순교자였다. ⋯⋯ p.131

로이흘린(Johannes Reuchlin. 1455-1522) 1455년 1월 29일 포르츠하임(Pforzheim)에서 태어나 1522년 6월 30일 슈투트가르트에서 사망한 독일의 인문주의자이자 언어학자이다. 그의 이탈리아 친구들은 그에게 헬라어 '캅니온'(Capnion)이라는 이름을 붙여주었다. 어린 시절 고향에서 학교를 다녔고, 이후 프라이부르크, 바젤, 오를레앙(Orléans), 푸아티에(Poitiers) 등지에서 인문학과 법학을 공부했다. 학생 시절인 1478년에 『라틴어 소사전』을 출간하기 시작하여 언어학자, 특히 성경 언어인 헬라어와 히브리어에 정통한 학자로 명성을 얻었고, 1481년 7월에 푸아티에에서 법학 강사가 되었다. 1517년에 출간한 『카발라 기술에 관하여』(De Arte Cabbalistica)는 히브리어의 신비로운 개념에 대한 해설서였다. 1518년에 비텐베르크대학의 히브리어와 헬라어 교수로 임명되었으나 자신의 조카 멜란히톤을 대신 보냈다. 루터가 『갈라디아서 주석』에서 이신칭의를 "참된 카발라"로 정의한 것은 로이힐린의 영향이었다. 불안한 상황에서 벗어나기 위해 1519년 11월부터 1521년 봄까지 잉골슈타트대학에 있었는데, 거기서 바바리아(Bavaria), 즉 바이에른(Bayern)의 공작 빌헬름(Wilhelm)에 의해 교수로 임명되어 히브리어와 헬라어를 가르쳤다. ··· p.52

마르바흐(Johannes Marbach. 1521-1581) 1521년 4월 24일 린다우에서 태어나 1581년 3월 17일 스트라스부르에서 사망한 스트라스부르의 종교개혁자다. 스트라스부르에서 공부한 후 1539-1541년에 비텐베르크의 루터에게서 배웠고, 1542-1545년에는 이스니에 있었다. 부써의 부름을 받아 스트라스부르로 다시 와서 1545-1557년에는 성 니콜라이(St. Nikolai)교회의 목사였으며, 1546년부터는 신학 교수, 1553년부터는 목사회의 의장이었다. 1563년에는 '4개 도시 신앙고백'(Tetrapolitana confessio)을 '아우크스부르크 신앙고백서'(Confession Augustana)로 대체함으로써 스트라스부르 교회를 루터정통파로 만들었다. ·········· p.350

마르펙(Pilgram Marpeck. 1495-1556) 오스트리아 티롤(Tyrol) 원주민으로 1495년경에 태어나 1556년 12월 아우크스부르크에서 사망했다. 오스트리아의 인(Inn) 강에 위치한 라텐베르크(Rattenberg)에서 라틴어학교를 다녔다. 시의원인 아버지 하인리히 마르펙(Heinrich Marpeck) 덕분에 경제적으로 풍족했고 광산 기술자로서 존경받는 시민이었다. 언제 재세례파가 되었는지 알 수 없으나 레온하르트 쉬이머(Leonhard Schiemer)가 처형되고 2주 후인 1528년 1월 28일에 재세례파를 체포하도록 돕는 일을 거절한 이유로 자신의 신분과 지위를 잃었다. 1528-1532년에는 스트라스부르에서 살았고, 이 도시에서 재세례파 활동으로 추방되기 전 2년간 목재 관리자로 일했다. 이후 12년 동안 스위스에서 방랑자로 살았고, 티롤, 모라비아, 남부 독일 등을 여행하면서 재세례파 공동체를 세운 것으로 보인다. 1544년에는 아우크스부르크 시의 삼림에서 일했고, 1545년 5월 12일에는 시의 기술자로 고용되었는데, 그의 신분은 사망할 때까지 유지되었다. 소피아 하러(Sophia Harrer)와 결혼하여 한 명의 자녀를 낳았고, 그녀가 죽은 후 안나(Anna)와 재혼하여 세 명의 자녀를 입양했다. ·· p.119

마요르(Georg Major. 1502-1574) 1502년 4월 25일 뉘른베르크에서 태어나 1574년 11월 28일 비텐베르크에서 사망했다. 1521년 이후 비텐베르크에서 공부한 멜란히톤의 제자였다. 1523년에 가르칠 수 있는 교사자격증에 해당하는 석사(Magister)가 되었고, 1529년에 마그데부르크에서 라틴어학교 교장이 되었다. 1537년에 루터의 임명으로 비텐베르크의 법정설교자가 되었고, 1545년에는 신학박사학위를 받고 신학부 교수가 되었다. 1546년에는 선제후가 그를 레겐스부르크 종교대화에 보냈는데, 거기서 부써의 인품에 사로잡혔다. 슈말칼덴 전쟁이 종식되기 전에 도피하여 마그데부르크로 갔다가 1547년 여름에 다시 비텐베르크로 돌아와 그해 8월부터 이듬해 10월까지 메르제부르크(Merseburg)의 대성당 총감독직(Stiftsuperintendentur)에 올랐다. 하지만 1548년 3월 21일에 다시 대학으로 돌아왔다. 아우크스부르크 잠정안의 협상에서 그는 멜란히톤이 그랬던 것처럼 처음에는 반대하고 다음에는 양보하는 자세를 보였다. 1551년 12월부터 1552년 연말까지 아이슬레벤의 총감독관이었으며, 생애 말년까지 성문교회(Schloßkirche)의 교구장(Propst)이었고, 1558

년부터 비텐베르크대학 신학부의 영구학장(Deccanus perpetuus), 1559년에는 부총장(Prorektor)이었다. ·· p.335

멘싱[거](Johannes Mensing[er]. 1477-1547) 1477년에 네덜란드 츄터펀(Zutphen) 혹은 츠볼러(Zwolle)에서 태어나 1547년 8월 8일에 독일 할버슈타트(Halberstadt)의 부주교로 생을 마감한 도미니코수도회 신학자이다. 1495년에 도미니코수도회에 입문하여 신학 공부를 시작했고, 1515년에 비텐베르크대학에 입학하여 1517년에 신학석사 학위를 받았으며, 그 다음해에는 프랑크푸르트대학에서 신학박사 학위를 받았다. 1522-1524년에 마그데부르크의 대성당 설교자로 일하면서 희생제사로서의 미사를 변증하는 그의 첫 저술을 작성했다. 그 후 안할트의 여왕 마가레타(Margaretha)의 초청으로 데사우(Dessau)로 갔는데, 그곳은 그녀의 노력으로 개신교도를 적극적으로 반대한 지역이었다. 1529년에 프랑크푸르트대학 교수와 대성당 설교자가 되었고, 1530년에는 안할트의 선제후 요아킴(Joachim)을 위한 신학자 자격으로 아우크스부르크 제국의회에 참석했다. 1534년에 교황 바울 3세 덕분에 할버슈타트의 부주교가 되었으며, 1540-1541년에는 보름스와 레겐스부르크에서 개최된 회담에 참석했다. ·· p.277

멜란히톤(Philip Melanchthon. 1497-1560) 1497년 2월 16일 브레텐(Bretten)에서 태어나 1560년 4월 19일 비텐베르크에서 사망한 인문주의자요, 종교개혁자다. 1509-1512년에 하이델베르크대학에서, 1512-1518년에는 튀빙겐대학에서 후기스콜라주의를 공부한 후 인문주의자 에라스무스에게 영감을 받아 1520년대에 인문주의적 종교개혁신학을 전개했다. 1518년에 요한 로이홀린 대신에 비텐베르크대학의 헬라어 교수가 되었고, 여기서 1519년에 성경학사(Baccalaureus biblicus)가 되었다. 1519년 라이프치히 논쟁 이후 공개적으로 루터 편에 서게 되었고, 1521년에는 16세기 최초의 개신교 교의학 서적『신학총론』을 출간한 후, 몇 차례 수정 증보를 거듭하여 1559년에 "Loci praecipui theologici"로 시작하는 제목의 최종판을 출간했다. 그네시오루터주의자(Gnesiolutheraner)인 루터 제자들은 그를 숨겨진 칼빈주의(Kryptocalvinismus) 사상을 가진 '숨겨진 칼빈주의자'(kryptocalvinischer) 또는 '숨겨진 가톨릭주의자'(kryptokatholischer)로 취급했다. 하지만 그는 살아 있을 때 이미 '독일의 교사'(Praeceptor Germaniae)라는 영예로운 칭호로 불렸다. ··· p.62

몬트(Christopher Mont. 1496/7-1572) 1496년 혹은 1497년에 코블렌츠(Koblenz)에서 태어나 1572년 7월 8일에서 9월 15일 사이에 스트라스부르에서 사망한 정치외교가이다. 헨리 8세 시절, 독일 작센의 대사였고, 1531년 10월 4일에 영국인으로 귀화한 후 토마스 크롬웰(Thomas Cromwell)에게 고용되어 독일어 기록물을 라틴어로 번역하는 일을 했다. 1533년 7월에는 헨리 8세가 그를 독일로 보내 정세를 살피고 보고하도록 했으며, 1545년에는 유럽에서 발터 버클러(Walter Buckler)와 함께 독일 군왕들과 덴마크 왕과 영국 왕 사이에 동맹을 맺도록 시도했으나 실패했다. 에드워드 6세 통치 초기에는 스트라스부르에 살면서 취리히 시의회에 대사로 가는 등 대리인으로서 역할을 수행했다. 엘리자베스가 여왕이 된 후 지위를 회복하였으며, 의복논쟁이 일어났을 때 여왕에게 강력하게 반대했지만 그의 지위는 유지되었다. ················ p.257

무르너(Thomas Murner. 1475-1537) 1475년 12월 24일 스트라스부르 부근의 오버런하임(Oberehnheim; Obernai)에서 태어나 1537년에 고향에서 사망했다. 1490년에 프란시스코수도원에 들어가 1494년에 사제가 되었으며, 1495년에 여행을 시작하여 프라이부르크, 파리, 폴란드의 크라쿠프(Kraków; Cracow. 크래카우), 스트라스부르 등지에서 공부하면서 가르치고 설교했다. 1506년에 신학박사가 되었고 1513년에는 스트라스부르의 프란시스코수도원 관리자로 임명되었다. 1518년에는 바젤대학에서 법학 공부를 시작하여 1519년에 법학박사(doctor juris) 학위를 받았다. 1523년에는 영국 왕 헨리 8세의 초대로 영국에 가서 그의 저술로 토머스 모어(Thomas More)의 관심을 받게 되었다. 영국에서 이탈리아로 여행한 후 다시 스트라스부르에 정착했으나 종교개혁으로 인해 머물기 어려웠다. 1526년에 바덴논쟁에 참여했고, 1527년부터는 스위스 루체른(Luzern; Lucerne; Lucerna)에 체류하다가 1533년에 고향의 사제, 즉 목회자로 임명되었다. 그의 초기 풍자 저술은 세바스티안 브란트와 요한 가일러 폰 카이저스베르크의 영향을 받았다. ································ p.91

미코니우스(Oswald Myconius. 1488-1552) 1488년에 루체른(Luzern; Lucerne)에서 태어나 1552년 10월 14일에 바젤에서 사망했다. 독일 성은 가이스휘슬러(Geißhüsler)이며, 아버지가 방앗간을 했기 때문에 몰리토리스(Molitoris. 라틴어 몰리토르[Molitor]는 방앗간 주인을 뜻함)로 불렸다. 미코니우스(Myconius)는 에라스무스가 지어준 이름이다. 1510-1514년에 바젤대학에서 공부했고, 바젤에서 결혼도 하고 유명한 인문주의자 에라스무스와 유명한 화가 한스 홀바인(Hans Holbein der Jüngere. 1497-1543)도 알게 되었다. 1516년에 취리히의 학교 교사로 초빙을 받아 취리히로 갔고, 1518년에 츠빙글리가 취리히에 온 후 그에게 영향을 받아 1519년에 고향으로 갔으나 거기서 '루터주의자'라는 이유로 1522년에 추방되어 1523년에 다시 취리히로 갔다. 1531년에 츠빙글리가 사망하자 바젤로 가서 그 도시의 설교자가 되었는데, 외콜람파디우스가 사망하자 그의 후계자로서 대학교수와 개신교 목사(Antistes)가 되었다. 히브리어 학자요, 종교개혁자 테오도루스 비블리안더(Theodorus Bibliander. 1509-1564)가 그에게서 라틴어를 배웠다. ································ p.163

바디안(Joachim Vadian. 1484-1551) 1484년 11월 29일 성 갈의 부유하고 영향력 있는 상인 가문에서 태어나 성 갈에서 학교를 다니다가 1501년 말에 오스트리아의 빈(Wien. 영. Vienna)으로 이사한 후 빈대학에서 공부했다. 이때 이름도 '요아키무스 바디아누스'(Joachimus Vadianus)로 개명했다. 1509년에 문학사로 공부를 마쳤고, 1512년에 빈대학에서 시를 가르치는 교수가 되었으며, 1516년에 빈대학의 학장이 되었다. 1517년에는 의학박사가 된 후 성 갈로 돌아가 그 도시의 의사가 되었고, 1519년 8월 18일 유명한 재세례파 지도자 콘라트 그레벨의 누이 마르타 그레벨(Martha Grebel)과 결혼했다. 1520년에 돌아가신 아버지를 계승하여 1521년에는 시의원이 되었다. 츠빙글리의 친구로서 종교개혁에 관심을 갖고 1522년부터 성 갈 종교개혁을 지지하는 핵심 인물이 되었으며, 1526년에는 성 갈의 시장으로 선출되어 도시개혁에 앞장섰다. 1551년 4월 6일에 성 갈에서 사망했다. p.221

바울 3세(Paulus III. 바오로. 1468-1549) 1468년 2월 29일 교황국 라티움(Latium)의 카니노(Canino)에서 태어나 1549년 11월 10일 로마에서 사망한 교황이다. 1493년에 알렉산드 6세에 의해 추기경으로 서임되었고, 1534년 10월 13일에 교황이 되어 죽을 때까지 15년간 교황좌를 지켰는데, 네 명의 자녀와 여러 명의 손자를 돌보면서 교회 개혁과 쇄신에 앞장섰다. 교회 신앙의 순수성을 지키고 보호하는 임무를 수행하도록 6명의 추기경으로 구성된 위원회를 조직하여 운영했고, 1540년에는 스페인 신학자 이그나티우스 로욜라(Ignatius Loyola)가 설립한 예수회를 수도회로 승인했다. 또한 최초의 트렌트 공의회를 1545년 12월 13일에 개최했다. p.245

버미글리(Pietro Martire Vermigli. 1499-1562) 1499년 9월 8일에 이탈리아의 피렌체에서 태어나 1562년 12월 12일에 스위스 취리히에서 사망했다. 세례명은 피에로 마리아노(Piero Mariano)였다. 1514년에 아우구스티누스수도원에 입문하여 1518년에 '베드로 마터'(Pietro Martier)라는 이름의 수도사가 되었고, 1518-1526년에는 파두아에서 신학과 철학을 공부했다. 1525년에 사제로 서품을 받은 후 1526-1540년에 아우구스티누스수도회의 순회 설교자로 사역했는데, 1530-1533년에는 볼로냐의 수도원장 대리, 1533-1536년에는 스폴레토(Spoletto)의 수도원장, 1537-1540년에는 나폴리(Napoli; Naple)의 수도원장이었다. 1541-1542년에는 루카(Lucca)의 수도회감독관(Ordensvisitator)과 수도원장을 지내면서 종교개혁을 시도했고 아카데미를 설립했으나, 종교재판소가 설치되자 베르나르디노 오키노(Bernardino Ochino)와 함께 도피했다. 1524-1547년에는 카피토를 대신하여 스트라스부르 아카데미의 구약 교수였고, 영국 대주교 크랜머의 초청으로 1548년부터 에드워드 6세가 사망한 1553년까지 옥스퍼드대학의 왕립교수였으며, 1553년에 다시 스트라스부르로 가서 교수로 활동하다가 1556년에 취리히로 가서 죽을 때까지 그곳에서 사역했다. ··· p.297

베드로투스(Jacobus Bedrotus. 1495-1541) 1495년경 오스트리아 포라를베르크(Vorarlberg)의 블루덴츠(Bludenz)에서 태어나 1541년 11월 16-20일 사이에 사망한 부써의 동료이자 조수이다. 1511-1512년 이후 오스트리아 빈(Wien)에서 공부했고, 거기서 사제로 서품을 받았으며, 석사학위(Magister), 즉 교사자격증도 받았다. 1521년 8월 1일에는 프라이부르크대학에 '쿠어 구역의 교사 장로'(magister presbyter dioecesis Curiensis)로 등록했다. 쿠어(Chur; Coire; Curia)는 스위스에서 가장 큰 캔톤(canton) 그라우뷘덴(Graubünden; Grisons)의 수도다. 1524년에는 스트라스부르에 있으면서 그곳의 종교개혁에 가담했고, 1525년 7월 스트라스부르 시민권을 취득했으며, 1526년 4월부터 강사로 일했다. 이후 성 도마성당 재속사제(Stifsherr)가 되었고, 1535년부터는 학교감독관(Schulvisitator)의 직무를 수행했다. 1541년 3월에는 부목사(Diakon)가 되었으나, 그해에 역병으로 사망했다. ··· p.114

부겐하겐(Johannes Bugenhagen. 1485-1558) 비텐베르크 성 마리아교회의 목사 부겐하겐은 1485년 6월 24일 포메라니아 공작 영지의 볼린

(Wollin; Wolin)에서 시의원 게르하르트 부겐하겐(Gerhard Bugenhagen)의 세 아들 중 하나로 태어나 1558년 4월 20일 비텐베르크에서 사망했다. 신학을 공부하지 않았지만 1509년에 사제로 서품되었다. 1517년에 요한 볼더반(Johann Boldewan)이 그를 벨부크(Belbuck)수도원으로 불렀는데, 여기서 그 두 사람은 인문주의 모임의 핵심 인물이 되었다. 포메라니아의 공작 보기스라후 10세(Bogislav X)가 포메라니아의 역사를 라틴어로 작성할 것을 요구하여 1518년에 쓰기 시작했으나, 이것이 처음으로 인쇄된 것은 1728년이었다. 루터 신학을 처음 접한 것은 1520년에 출간된 『교회의 바벨론 포로』라는 그의 저술이었는데, 루터 신학에 대한 첫 인상은 부정적이었으나, 그의 저술을 더 많이 읽으면서 종교개혁의 지지자가 되어 비텐베르크로 갔다. 1523년 10월 25일 비텐베르크의 교구 목사로 선출됨으로써 루터의 목회자요, 고해신부가 되었고, 루터 성경 번역의 일원이었으며, 츠빙글리 편의 종교개혁자들과 논쟁을 벌였다. 1524년부터 비텐베르크대학에서 강의를 시작하여 이 대학에서 교육받은 사람들을 루터교회의 목사로 세웠다. 1533년 3월 17일, 비텐베르크대학에서 요한 아에피누스(Johannes Aepinus)와 카스파르 크루치거(Kaspar Cruciger)와 함께 신학박사 학위를 받았는데, 이 세 명은 최초의 개신교 신학박사였다. ·· p.137

불링거(Heinrich Bullinger, 1504-1575) 1504년 7월 18일 스위스 아르가우(Aargau)의 브렘가르텐(Bremgarten)에서 태어나 1575년 9월 17일 취리히에서 사망했다. 만 12세의 나이에 에머리히(Emmerich) 김나지움에 입학했고, 15세이던 1519년에는 쾰른(Köln)대학에서 공부했는데, 그 기간에 이미 인문주의 저술뿐만 아니라 종교개혁 저술도 접했다. 루터의 저술들을 접한 후 롬바르두스(Lombardus)의 『문장집』(*Sententiae*)과 그라티아누스(Gratianus)의 『규정집』(*Decretum*)을 읽기 시작했는데, 모두가 교부들의 권위에 호소한다는 사실을 깨달았고, 크리소스토무스와 히에로니무스의 주석들, 멜란히톤의 『신학총론』을 포함하여 교부들의 작품을 읽으면서 루터의 가르침이 교부들과 성경에 더 충실하다는 결론에 도달했다. 1522년에는 확고한 루터주의자가 되어 더 이상 성찬에 참여하지 않았고, 카르투시오수도원(Ordo Cartusiensis)에 입문하려던 계획도 포기했다. 1523년에 카펠(Kappel)의 수도사학교의 교장 자리를 수락했고, 여기서 수도사들을 위한 성경 강독과 주해 프로그램을 조직적으로 관리하려고 했으며, 이 기간에 발도파의 영향으로 성찬을 좀 더 상징적 개념으로 이해하게 되었다. 1524년 9월에 츠빙글리를 만났고, 1527년에는 5개월간 취리히에서 고전어를 배우면서 츠빙글리가 조직한 예언모임(Prophezei)에 정기적으로 참석했다. 1538년에는 베른논쟁에 참여했는데, 거기서 부써와 블라러, 할러 등을 처음 만났다. 1529년에는 고향 브렘가르텐을 포함한 아르가우 지역이 종교개혁을 수용함으로써 고향 교구 사제이던 아버지가 물러나고 대신에 종교개혁 설교가 가능한 개신교 목사가 후임으로 선택되었는데, 그가 불링거였다. 그해에 그는 아버지 대신에 츠빙글리의 추종자로서 고향 교구의 목사가 되었다. 하지만 카펠전투에서 개신교 연합군이 패배하자 아르가우는 다시 로마가톨릭 지역이 되었고, 주민들의 반대에도 불구하고 불링거는 두 명의 목사와 함께 추방되었다. 개신교 설교자로서의 명성 덕분에 취리히, 바젤, 베른, 아펜첼(Appenzell) 등지에서 목사 청빙이 쇄도했으나, 1531년 12월 9일 츠빙글리의 후임으로 선출되어 취리히의 목사가 되었다. 아내와 어린 두 아들과 함께 취리히에 도착한 불링거는 도착한 그 주 주일에 대성당의 츠빙글리 설교단에서 설교하기 시작했다. 1549년에 칼빈과의 성찬론 합의서 "취리히 일치신조"를 수용했고, 1566년에 출간된 저 유명한 『제2 스위스 신앙고백』(*Confessio Helvetica posterior*)의 저자로서 12,000통 가량의 교환서신을 남겼다. ················· p.108

브렌츠(Johannes Brenz. 1499-1570) 1499년 6월 24일 제국도시 바일(Weil)에서 태어나 1570년 9월 11일 슈투트가르트에서 사망했다. 1514년부터 하이델베르크에서 공부했고 1518년에 루터의 하이델베르크 논쟁이 준 강력한 영향으로 종교개혁자의 길로 들어섰다. 1522년에 슈바벤의 설교자가 되어 종교개혁을 도입했고, 1527년과 1543년에는 교회법을 작성했으며, 1527년과 1535년에는 신앙교육서(Katechismus)를 작성했고, 교육개혁도 추진했다. 1529년에는 마르부르크 종교담화에 참석했고, 1530년에는 브란덴부르크의 군주 게오르크(Georg)의 요청으로 아우크스부르크 제국의회에 참석했다. 1548년에는 아우크스부르크 잠정안의 수용에 반대하여 슈바벤에서 추방되어 49번째 생일인 6월 24일 저녁에 도망쳐야 했는데, 뷔르템베르크의 공작 울리히(Ulrich)에게 찾아가 그의 호의 덕분에 호헨비틀링겐(Hohenwittlingen) 성에서 요한 비틀링기우스(Joannes Witlingius)라는 가명으로 숨어 지냈다. 그러나 황제의 추적 때문에 울리히 공작은 브렌츠를 스트라스부르를 경유하여 바젤로 보냈고, 거기서 그는 이사야서 주석을 썼다. 크리스토퍼(Christopher) 공작의 부름으로 몽벨리아르(Montbéliard)로 간 그는 1549년 그곳에서 아내의 죽음을 통보받았다. 1549년 8월, 그의 친구 이젠만(Isenmann)이 목사로 있는 우라흐(Urach)로 가서 1550년 가을에 이젠만의 장녀 카타리나와 재혼했다. 울리히 공작이 사망한 후 트렌트 공의회를 위한 뷔르템베르크 신앙고백(confessio Wirtembergica)을 준비하도록 요청받아 작성했고, 세 명의 다른 뷔르템베르크 신학자들과 스트라스부르의 요한 마르바흐(Johannes Marbach)와 함께 1552년 3월에 트렌트로 가서 자신의 신앙고백을 방어했다. 아우크스부르크 잠정안이 철폐된 후 1554년 9월 24일에 슈투트가르트 대성당의 수장이 되었다. 또한 일생 동안 울리히 공작의 아들 크리스토프(Christoph) 공작의 자문관으로 임명되어 그의 오른팔로서 뷔르템베르크 교회조직과 교육개혁을 주도했다. 1551-1552년에 오시안더(Osiander)와의 칭의론 논쟁은 프러시아(Prussia) 교회 분열의 원인으로 작용했다. 1554-1555년에는 아우크스부르크 종교평화를 위해 전념했고, 1556년에는 폴란드 출신 종교개혁자 아 라스코와 논쟁을 벌였으며, 1557년에는 재세례파와 논쟁을 벌였고, 1558년에는 슈벵크펠트와 재세례파에 반대하는 칙명을 발표했다. 팔츠 지역의 종교개혁에

관해서는 잠정안을 통해 가까워진 취리히의 불링거와 협상하길 간절해
원했으나, 핵심적인 성찬론과 기독론 문제가 해소되기 어려웠다. 그의
1535년 신앙교육서, 즉 교리교육서는 500회 이상 출간되었다. ···· p.46

브륄리(Pierre Brully. 1518-1545) 라틴어 이름은 베드로 브룰리우스(Petrus Brullius)로 도미니코 수도사였다. 1540년 혹은 1541년에 칼빈주의로 선회하여 메추의 수도원을 떠나 1541년에 스트라스부르로 갔는데, 거기서 칼빈의 후임으로 프랑스 피난민교회의 목회자가 되었다. 1544년 9월에 위험한 선교 사명을 감당하기 위해 상인으로 변장하여 네덜란드에 들어가 발렌시엔(Valenciennes), 리여(Lille; Rijsel), 두에(Douai; Dowaai), 아라스(Arras; Atrecht) 등지에서 설교하다가 도오르닉에서 붙잡혀 화형으로 순교했다. ·· p.329

블라러(Ambrosius Blaurer. 1492-1564) 1492년 4월 4일 콘스탄츠에서 상인이자 시의원 아우구스틴 블라러(Augustin Blarer)의 장남으로 태어나 1564년 12월 6일 빈터투르(Winterthur)에서 사망했다. 1512년에 튀빙겐 대학에서 문학사가 되었고, 거기서 멜란히톤을 만나 평생 우정을 나누게 되었다. 1510년에 수도서원자로 알피르스바흐(Alpirsbach)의 베네딕투스수도원에 들어가 1521년에는 그곳의 수도원장이 되었다. 1522년에 종교개혁으로 전향한 후 콘스탄츠의 설교자로서, 또한 다른 제국자유도시들의 종교개혁 교회 건설의 설립자로서 활발하게 활동했고, 1534-1538년에는 공작 영지 뷔르템베르크에서 종교개혁의 핵심 인물이 되었다. 1548년 이후에는 스위스로 피신하여 활동했는데, 1551-1559년에는 비일(Biel)의 목사였으며, 교회찬송작가로서도 두각을 나타냈다. 동생으로는 게르비히(Gerwig), 마르가레테(Margarete), 막내 토마스(Thomas) 셋이 있었는데, 게르비히 외에는 모두 종교개혁자로 활동했다. 여동생 마르가레테는 평생 처녀로 노인과 환자를 돌보는 간호사역에 헌신했고, 토마스는 콘스탄츠의 종교개혁자로 교회찬송작가이자 법

률가였다. 1501년경에 콘스탄츠에서 태어나 1567년 3월 19일 투르가우(Thurgau)의 기르스베르크(Gyrsberg)에서 사망한 토마스는 프라이부르크대학에서 법학을 공부했고, 1520년부터 비텐베르크에서 신학을 공부했다. 1524년 이후 콘스탄츠의 종교개혁을 위한 지도적 정치가로 활동했고, 1537-1548년에는 도시의 시장(Bürgermeister)과 제국 직할지의 지사(Reichsvogt)를 역임했다. 1548년 이후로는 스위스로 피신했다. p.108

비블리안더(Theodore Bibliander. 1509-1564) 1509년 비쇼프첼(Bischofszell)에서 테오도르 부흐만(Theodor Buchmann)이라는 이름으로 태어났다. 비블리안더는 부흐만의 그리스어 번역이다. 1526년에 바젤로 가서 콘라트 펠리칸과 요한 외콜람파디우스에게서 신학과 동양 언어를 더 깊이 배웠다. 1532년에는 츠빙글리의 교수직을 넘겨받았고, 로진 로르도르프(Rosine Rordorf)와 결혼했으며, 1535년에는 히브리어문법을, 1543년에는 코란의 라틴어 초판을 출간했다. 1556년 7월에는 취리히의 히브리어 교수가 된 베드로 마터 버미글리와 예정 논쟁을 벌였으며, 1560년에 신학교수직에서 물러났다. p.213

비첼(Georg Witzel. 1501-1537) 헤센 지방 바카(Vacha)에서 태어나 마인츠(Mainz)에서 생을 마감한 독일의 신학자다. 에르푸르트대학에서 2년, 비텐베르크대학에서 7개월을 공부한 후 아버지의 소원에 따라 1520년에 사제로 임직한 후 고향의 교구목사가 되었다. 루터의 가르침에 매력을 느낀 1524년 이후 로마교 신앙을 버리고 결혼까지 했지만 다시 로마교로 돌아가고 말았다. 1531년에는 모든 것을 포기하고 고향집으로 돌아와 2년을 가난하게 보내면서 『변증』(Apologia)이라는 책을 집필하여 1533년에 라이프치히에서 출간했는데, 여기서 그는 로마교회로 돌아가야 하는 이유를 제시한다. 1538년에 부름 받은 드레스덴에서 로마교회와 개신교회의 재결합을 열망하게 된 그는 1537년에 이미 『교회일치의 방법』(Methodus concordiae ecclesiasticae)을 저술하기도 했다. p.248

비트(Hermann von Wied. 1477-1552) 1477년 1월 14일에 태어나 1552년 8월 15일에 구(舊) 비트성(Burg Altwied)에서 사망한 쾰른의 대주교이다. 그의 두 형 아담(Adam)과 디이트리히(Dietrich)는 쾰른 대성당과 트리어 대성당의 참사회원이었고, 그의 동생 프리드리히 3세(Friedrich III. von Wied)는 1522년부터 1532년까지 뮌스터 주교였다. 헤르만의 조카 프리드리히 4세(Friedrich IV. von Wied)는 1562년부터 1567년까지 쾰른의 대주교였다. 헤르만은 대주교 빌립 2세가 죽자 1515년 3월 14일에 대주교로 선출되었고, 그해 6월 26일에는 교황 레오 10세가 그의 대주교직을 재가했다. 1515년부터 1547년까지는 쾰른의 대주교 선제후로서 1532년부터 1547년까지 파더본(Paderborn)의 제후 주교로 지냈으며, 쾰른에 종교개혁을 도입하려다 실패했고, 1546년 4월 16일 교황 바울 3세에 의해 파문되었다. 이후 1547년 2월 25일에는 모든 공직에서 물러나 비트(Wied)로 돌아가야 했다. ··· p.268

빌리카누스(Theobald Billicanus. 1490-1554) 디어폴트 게를라커(Diepold Gerlacher)로도 알려진 독일 신학자이면서 법률가요, 종교개혁자이다. 1490년 혹은 1493년경이나 1495년 또는 1496년에 팔츠의 빌리흐하임(Billigheim)에서 태어나 1554년 8월 8일 마르부르크에서 사망했다. 1510년부터 하이델베르크대학에서 공부하기 시작했는데, 여기서 멜란히톤을 알게 되었고, 요한 외콜람파디우스에게서 그리스어를 배웠다. 1513년에 문학사를 받고 의학을 공부했으나, 1518년에 루터의 영향을 받아 신학을 공부하기 시작했다. 그리고 바일(Weil) 도시의 사제가 되었으나 교회를 비판한다는 이유로 추방되었다. 1522-1535년에는 바이에른의 도시 뇌르틀링겐(Nördlingen)에서 설교가로 활약했는데, 거기서 1525년에 뇌르틀링겐 교회법, 즉 "뇌르틀링겐 교회갱신"(Renovatio Ecclesiae Nordlingiacensis)을 작성했다. 이후 1530년 아우크스부르크에서 로마가톨릭 신앙을 포기했다. 1532년에 뇌르틀링겐 시의회는 계약을 5년 연장했음에도 불구하고 1535년 5월 19일에 그를 도시에서 추방했다. 추방된 후 하이델베르크에서 법학을 공부하여 학위를 받은 그는 1543년에 교수가 되었으나 1544년에 프리드리히 2세가 팔츠의 선제후가 되자 해임되고 추방되었다. 마르부르크로 도피하여 거기서 1546년에 두 가지 법학박사 학위(Doctor iuris utriusque)를 받은 후 1548년에는 법학부 교수가 되었을 뿐만 아니라 대학의 학장을 맡았고, 팔츠의 백작 오트하인리히(Ottheinrich)에게 노이부르크 도시의 종교개혁을 시작하도록 조언하기도 했다. ⋯⋯⋯⋯⋯⋯⋯⋯⋯⋯⋯⋯⋯⋯⋯⋯⋯⋯⋯⋯⋯⋯⋯⋯⋯⋯ p.46

빌릭(Eberhard Billick. 1499-1557) 1499년 쾰른에서 태어나 1557년 1월 12일 쾰른에서 사망했다. 1513년에 카르멜수도원에 입문하였고 쾰른에서 철학과 신학을 공부했다. 쾰른의 수도원에서 1525년에 연구지도신부(Studienpräfekt)가 되었고, 1528년에는 선임 낭독자, 1536년에는 원장이 되었다. 1540년부터 쾰른대학의 교수로 활동했고, 1542년에는 저지대 독일 수도원의 교구장(Provinzial)으로 선출되었으며, 1546/1547년에는 고지대 독일 수도원의 교구장 총대리(Generalvikar)로 선출되었다. 하게나우, 보름스, 레겐스부르크에서 모인 교회연합모임에 참석했고, 1547년의 아우크스부르크 회의에도 참석했다. 1551년과 1552년에는 트리엔트 공의회에서도 활동했으며, 1556년에는 쾰른 대주교구의 부주교(Weihbischof)로 임명되었다. ⋯⋯⋯⋯⋯⋯⋯⋯⋯⋯⋯⋯⋯⋯⋯⋯⋯⋯ p.310

빌헬름 5세(Wilhelm V. 1516-1592) 1516년 7월 28일 뒤셀도르프(Düsseldorf)에서 율리히-클레베-베르크 공작 요한 3세(Johann III. 1490-1539)의 독자로 태어나 1592년 1월 5일 고향에서 사망했다. 두 명의 누나와 한 명의 여동생이 있었는데, 둘째 누나 안나(Anna)는 영국 왕 헨리 8세의 네 번째 부인이었다. 에그몬트(Egmond) 공작 가문의 먼 친척 상속자로서 1538년에 네덜란드 중부의 헬데를란트(Gelderland) 공작령을 차지했는데, 황제 카를 5세가 그것을 내놓으라고 요구하자 황제에게 대항하기 위해 프랑스 왕과 협약을 맺었고, 1541년에는 13세의 나바르(Navarre)

왕국 상속녀 잔느 달브레(Jeanne d'Albret. 1528-1572)와 결혼했다. 전쟁에서 패배하여 1543년에 황제와 벤로 조약을 맺음으로 공작령 헬데를란트와 백작령 주트펀(Zutphen)을 황제에게 넘겨주어야 했다. 잔느 달브레와의 정략결혼은 4년 만에 파국을 맞았고, 1546년 7월 18일에 합스부르크 왕가의 독일 왕 페르디난트 1세의 딸 마리아(Maria)와 결혼했다. 그녀는 보헤미아와 헝가리의 안나(Anna; Anne), 안나 야겔로니카(Anna Jagellonica)로도 알려진 인물이다. p.301

빔펠링(Jakob Wimpfeling. 1450-1528) 1450년 7월 25일 당시 슐레트슈타트, 즉 오늘날 알자스 로렌의 셀레스타에서 태어나 1528년 11월 17일에 고향에서 사망했다. 고향 도시의 학교를 다녔는데, 이 학교는 인문주의 도서관의 설립자 루트비히 드링겐베르크(Ludwig Dringenberg)의 인문주의 영향을 받았다. 1464년에는 프라이부르크대학에 입학하여 1466년에 학사학위를 받은 후 에르푸르트대학으로 갔는데, 1471년에 석사학위를 받은 곳은 하이델베르크대학이었다. 그런 다음 3년간 교회법을 공부하고 마지막으로 신학을 공부했다. 1483년에 슈파이어의 대성당 설교자가 되었고, 1498년에는 팔츠 선제후 빌립의 부름을 받고 하이델베르크로 가서 수사학과 시를 가르치는 교수가 되어 1501년까지 그곳 대학에서 가르쳤다. 이후에는 스트라스부르에 살면서 저술에 매진하다가 1515년에 고향으로 돌아왔다. 루터가 파문되자 이 파문을 철회시키기 위해 교황청을 설득하려 했는데, 이로 인해 교황청 풍자 글 "독일을 위한 기도문"(Litancia pro Germania)의 저자라는 의심을 받았다. 로마가톨릭 신학자 히에로니무스 엠저(Hieronymus Emser. 1477-1527)가 츠빙글리의 저술에 반대하는 글을 썼을 때 빔펠링은 그 글에 루터와 츠빙글리에게 보내는 공개서한을 첨부하여 로마교회의 미사가 초대교회 교리와 전통에서 벗어나지 않는다고 주장했다. 그리하여 루터 추종자들은 그를 변절자와 이단 박해자라고 조롱했다. 그의 가장 중요한 저술로는 인문주의 교육개혁을 주장한 1500년의 출판물 『청춘』(*Adolescentia*)과 독일인의 역사를 간략하게 서술한 1505년의 출판물 『독일 사건들에 대한 요약』(*Epitome rerum germanicarum*) 등이 있다. p.76

샤움부르크(Adolf von Schaumburg. 1511-1556) 1511년 1월 19일에 태어나 2월 3일에 세례를 받았고, 1556년 9월 20일에 브륄(Brühl)에서 사망했다. 두 명의 형과 일곱 명의 남동생이 있었다. 1522년에 루뱅에서 공부를 시작했고, 1528년부터 성직록을 받았으며, 그해 9월 2일에 뤼티흐(Lüttich)의 대성당 참사회원이 되었고, 1533년 5월 30일에는 대성당 참사회장(수석 신부)으로 승진했다. 1533년 12월 17일에는 쾰른대주교구의 보좌신부(Koadjutor)가 되었는데, 이것은 대주교 헤르만 폰 비트를 승계할 수 있는 기회의 자리였다. p.338

슈네프(Erhard Schnepf. 1495-1558) 1495년 11월 1일에 하일브론(Heilbronn)에서 태어나 에르푸르트와 하이델베르크에서 공부했고, 1558년 11월 1일에 예나(Jena)에서 사망했다. 루터의 1518년 하이델베르크 논쟁의 목격자였으며, 1520년에는 요한 외콜람파디우스의 후임으로 바인스베르크의 설교자가 되었고, 1524년에는 제국도시 빔펜(Wimpfen)의 설교자였다. 1528년에는 마르부르크대학의 교수였고, 1529년 슈파이어 제국의회와 1530년 아우크스부르크 제국의회에 영주 빌립의 동반자로 참석했다. 1534년 공작 울리히의 부름을 받아 슈투트가르트로 가서 도시 종교개혁을 위해 암브로시우스 블라러와 함께 중재적인 슈투트가르트 일치신조를 작성했고, 하게나우, 보름스, 레겐스부르크(1541, 1546)에서 가진 교회연합적인 종교대화에 참석했다. 1544년에 튀빙겐의 교수가 되었으나 아우크스부르크 잠정안으로 쫓겨난 후 1549년에 예나에서 교수와 목사, 총감독관이 되었고, 1554년에는 에르네스트 가문 영지의 감독자(Visitator)가 되었다. 오시안더와 브렌츠 사이의 오시안더 논쟁과 게오르크 마요르(Georg Major)와 비텐베르크 신학자들 사이의 마요르 논쟁에 참여했고, 결국 신학적으로 고립되었다. p.202

슈베벨(Johannes Schwebel. 1490-1540) 1490년경에 바이에른의 포르츠하임에서 태어나 1540년 5월 19일 츠바이브뤼켄에서 페스트로 사망한 독일 종교개혁자다. 고향 마을 라틴어학교에서 인문주의 교육을 받았으며 튀빙겐, 라이프치히, 하이델베르크 등지에서 수학했다. 고향으로 돌아와 사제로 섬겼으며, 멜란히톤의 영향으로 루터의 작품들을 읽게 되었고, 모든 교회재정 사용을 비판하다가 1522년에 고향에서 추방되어 프란츠 폰 지킹겐의 에베른부르크로 도피했다. 여기서 부써와 외콜람파디우스, 카스파르 헤디오를 만났으며, 부써의 추종자로서 란트슈툴의 목사로 섬기다가 1523년에 츠바이브뤼켄으로 갔다. 1529년에는 스위스 종교개혁자들과 함께 마르부르크 종교담화에 참여했다. 그는 또한 1530년의 아우크스부르크 신앙고백, 1536년의 비텐베르크 일치신조에 서명한 서명자 가운데 하나였다. 두 번 결혼했는데, 두 번째 결혼을 통해 후일 공작령 츠바이브뤼켄의 설교자가 될 아들 하인리히 슈베벨(Heinrich Schwebel)을 얻었다. ·· p.57

슈팔라틴(Georg Spalatin. 1484-1545) 독일의 인문주의자, 신학자, 법률가, 종교개혁자로, 1484년 1월 17일 뉘른베르크의 슈팔트(Spalt)에서 태어나 1545년 1월 16일 알텐부르크(Altenburg)에서 사망했다. 그의 이름 슈팔라틴은 고향 슈팔트에서 기원한 것으로 '슈팔트 출신'을 의미하는 라틴어 슈팔라티누스(Spalatinus)에서 유래한 것이다. 1499년에 에르푸르트대학에서 문학사를 받았고, 비텐베르크대학이 설립된 1502년에 신생대학으로 옮겼다가 1505년에 에르푸르트대학으로 돌아와 법학을 공부했다. 1505년에는 고타(Gotha)의 게오르겐탈(Georgenthal)수도원 수련수사의 교사가 되었고, 1508년에 사제가 되었다. 1509년에는 콘라트 무티아누스 루푸스(Konrad Mutianus Rufus)의 추천으로 선제후 현자 프리드리히의 조카 요한 프리드리히(Johann Friedrich)의 가정교사로 고용되었다. 1518년에는 선제후를 따라 아우크스부르크 제국의회에 동행했고 1519년에 카를 5세가 황제로 선출되는 자리에도, 1520년에 그가 아헨

(Achen)에서 황제로 등극하는 자리에도, 1521년의 보름스 제국의회에도 선제후와 동행할 정도로 특별한 신임을 얻었다. 선제후 현자 프리드리히가 1525년에 사망하자 더 이상 작센의 궁정에 살지 않았으나, 후임 선제후인 요한과 요한 프리드리히의 조언자 역할은 지속되었다. 이후 거처를 알텐부르크의 수도원으로 옮겼고 거기서 임종을 맞았다. · p.54

슬레이다누스(Johannes Sleidanus. 1506-1556) 16세기에는 스페인이 지배하던 네덜란드의 룩셈부르크 공작 영지 독일 슐라이덴에서 1506년에 태어나 1556년 10월 스트라스부르에서 가난하게 사망하였다. 리에주(Liège)와 쾰른에서 고전어와 고전문학을 공부했고, 파리와 오를레앙에서 법학을 공부했다. 리에주의 인문주의들 모임 덕분에 종교개혁을 수용하게 되었다. 추기경 장 뒤 벨레(Jean du Bellay. 1492-1560)의 프랑스 외교관 업무를 조력하면서 프랑스 왕궁과 황제 반대 세력인 독일 개신교도 사이에 동맹을 맺으려는 헛된 협상에 관여하기도 했다. 1551년에 트렌트 공의회에 스트라스부르 대표자로 참석했고, 돌아온 직후 스트라스부르의 공직에 올랐다. 죽기 1년 전인 1555년에 그의 대작『종교와 공화국의 상황에 관한 황제 카를 5세의 자료 26권』이 출간되었다. p.298

아 라스코(Johannes a Lasco. 1499-1560) 1499년에 라스크(Łask)에서 태어나 1560년 1월 8일 핀초(Pinczów)에서 사망한 폴란드 출신의 종교개혁자로, 그녠츠노(Gnienzno; 독. Gnesen)의 대주교이자 왕의 재상(Kronkanzler) 라스코의 조카이다. 삼촌의 대저택에서 자란 아 라스코는 1514-1519년에는 빈, 볼로냐, 파두아 등지에서 공부했다. 1521년에 사제서품을 받은 후, 왕의 비서가 되어 1524년에는 그의 두 형제와 함께 프랑스 왕궁이 있는 블루아(Blois)와 파리로 외교 업무 여행을 다녔다. 1524-1525년에는 바젤에 체류하면서 에라스무스, 츠빙글리, 외콜람파디우스, 보니파티우스 아메르바흐(Bonifatius Amerbach)와 친구가 되었고, 후에는 멜란히톤도 알게 되었다. 1526-1529년에는 그의 형제들과 함께 헝가리, 독일, 오스트리아의 빈으로 여행했다. 1531년에 그의 삼촌이 죽자 그녜츠노 대주교구를 관리했고, 1535년에 대주교가 되려고 시도했으나 성공하지 못했다. 1535년 이후 신학자들 그룹에서 신학을 공부한 그는 1539년에 프랑크푸르트로 여행했는데, 이때 개신교도들과 가까이 지냈으며, 1540년에 네덜란드 루뱅에서 결혼했다. 그런 다음 동프리슬란트 도시 엠덴(Emden)으로 갔다가 1541년에 폴란드로 귀환했고, 1542년 2월 6일에 오스트리아 무라우(Murau)에서 가까운 크라카우(Krakau)에서 로마가톨릭교회에서 이탈하지 않겠다는 맹세를 벗어났다. 1543년에는 다시 폴란드를 빠져나가 자신을 종교개혁자로 분명하게 드러냈으며, 결국 1544년에 폴란드에서 이단으로 선언되었다. 동프리슬란트의 섭정 한나 폰 올덴부르크(Anna von Oldenburg)의 초청으로 1543-1548년에 동프리슬란트의 총감독관(Superintendent)을 지냈고, 1548년에는 크랜머의 초청으로 영국으로 건너가 1550-1553년에 런던에 외국인교회를 설립하고 목회했다. 부인이 죽은 후 1553년에 재혼했으며, 피의 메리가 왕위를 계승하자 영국을 떠나 코펜하겐을 경유하여 엠덴으로 다시 돌아갔다. 그리고 영국의 의복논쟁에서 요한 후퍼(John Hooper)를 지지했다. 1556년에는 폴란드의 부름을 받아 폴란드 왕 지기스문트 2세(Sigismund II)의 비서가 되었고, 죽을 때까지 비공식적인 지도자로서 폴란드교회를 칼빈주의로 통일하는 일에 최선을 다했다. 1557년에는 화합적 신앙고백을 작성했다. 『형식과 이유』(Forma ac ratio)를 비롯한 그의 저술들을 아브라함 카이퍼(Abraham Kuyper)가 묶어서 출간했다. ··· p.375

아이저만(Johannes Eisermann. 1486-1558) 1485년 혹은 1486년에 아뫼네부르크(Amöneburg)에서 태어나 1558년 6월 25일 마르부르크에서 사망했다. 베스트팔렌의 뮌스터에서 학교를 다녔고 1510년에 비텐베르크대학에 입학했다. 비텐베르크대학에서 1512년에는 문학학사 학위를, 1514년에는 문학석사 학위를, 1515년에는 철학석사 학위를, 1517년에는 신학학사 학위를 받았다. 의학도 공부하여 교사자격증을 획득했으며 자연과학 연구로 박사학위도 받았다. 비텐베르크대학의 철학부 교수가 되어 아리스토텔레스와 퀸틸리아누스를 가르쳤고, 비텐베르크에서 칼슈타트가 소요를 일으킨 1521-1522년 당시 비텐베르크대학의 학장이었다. 이후 1523년에 마르부르크로 가서 시의회 의원과 시 법원 판사가 되었다. 1527년 5월 19일에 마르부르크대학의 초대학장이 되었고, 1532년에 다시 한 번 아카데미 학장 자리에 올랐으며, 마르부르크대학에서 최초의 법학박사 학위를 받은 주인공이었다. p.199

아퀼라(Caspar Aquila. 1488-1560) 1488년 8월 7일 아우크스부르크에서 요한 카스파르 아들러(Johann Kaspar Adler)로 태어나 1560년 11월 12일 튀링겐의 짤펠트(Saalfeld)에서 사망한 루터파 종교개혁자다. 1510년에는 라이프치히에서, 1513년에는 비텐베르크에서 신학을 공부했다. 한동안 군목이었고, 1516년에는 아우크스부르크 인근의 옝겐(Jengen)에서 목사로 종교개혁 사상을 소개했다. 루터의 가르침을 공개적으로 선포한 일로 딜링겐(Dillingen)에서 반년 동안 수감되기도 했다. 비텐베르크로 돌아와 루터를 만난 후, 에베른부르크 성에서 프란츠 폰 지킹겐의 아들을 가르치는 가정교사로 지내다가 그곳이 포위된 후, 1523년 6월 6일 비텐베르크로 돌아와 히브리어를 가르치면서 루터의 구약성경 번역 작업을 도왔다. 1527년에 루터의 소개로 짤펠트의 목사가 되었고, 1528년에는 감독이 되었으며, 1548년에는 아우크스부르크 잠정안을 반대하는 독일어 저술과 라틴어 저술을 출간했다. 1550년에는 슈말칼덴의 학부 학장으로 임명되었는데, 거기서 안드레 오시안더(Andreas Osiander)와 논쟁했다. 파소(Passau) 평화 이후 1552년에 짤펠트로 돌아와 논쟁을 계속했고, 그곳에서 사망할 때까지 살았다. p.57

암스도르프(Nikolaus von Amsdorf. 1483-1565) 1483년 12월 3일 토르가우에서 태어나 1565년 아이제나흐(Eisenach)에서 사망한 독일 신학자

요 교회정치 종교개혁자다. 귀족 출신으로 요한 폰 슈타우피츠(Johannes von Staupitz)의 조카였고, 루터의 가장 가까운 친구 가운데 하나로 1519년 라이프치히 논쟁과 1521년 보름스 제국의회에 루터와 동행했다. 루터가 바르트부르크 성에서 숨어 지내는 동안 멜란히톤과 함께 비텐베르크 종교개혁을 이끌었는데, 이때 교황을 적그리스도로 간주함으로써 곧 종말의 때가 올 것이라는 종말론적 확신을 갖게 되었다. 1524년에는 루터의 제안으로 마그데부르크의 목사가 된 후 그곳과 주변 지역의 종교개혁을 위해 노력했다. 1542에는 선제후의 임명으로 나움부르크(Naumburg) 교구의 주교가 되었고, 독일어권의 첫 루터교회 주교로서 임무를 수행하다가 1547년에 슈말칼덴 전쟁에서 개신교 동맹군의 패배로 쫓겨났다. ⋯⋯⋯⋯⋯⋯⋯⋯⋯⋯⋯⋯⋯⋯⋯⋯⋯⋯⋯⋯⋯⋯⋯⋯⋯⋯⋯⋯⋯ p.213

알버(Matthaus Alber. 1495-1570) 1495년 12월 4일, 자유제국도시 로이틀링겐(Reutlingen)에서 태어나 1570년 12월 1일 공작 영지 뷔르템베르크의 블라우보이렌(Blaubeuren)에서 사망한 뷔르템베르크의 종교개혁자다. 1513년 11월에는 튀빙겐대학의 재학생이었고, 1516년 5월 14일 그곳에서 자유학예 과정을 끝내고 학사(Baccalaureur)가 되었다. 1518년에 튀빙겐의 라틴어 학교 교사가 될 수 있는 자격증, 즉 문학사 학위를 받았고, 여기서 멜란히톤을 알게 되었는데, 멜란히톤이 1518년에 비텐베르크로 떠나자 알버도 그곳으로 갔다. 1521년 6월 1일 프라이부르크대학에 등록했고 거기서 인문주의 연구뿐만 아니라 루터의 저술들도 공부했으며, 1521년 11월 8일에 콘스탄츠에서 사제, 즉 신부가 된 후 로이틀링겐으로 돌아가 시의회에 의해 마리아교회의 설교자로 세워졌다. 알버의 설교는 루터의 가르침에 충실했다. 1526년에는 시의회가 새로운 예배규정을 만드는 일을 그에게 위임하여 그는 성경낭독과 설교, 시편 및 찬양에 대한 새로운 규정을 만들었는데, 성찬에 관한 규정은 루터의 견해를 따랐다. 1548년에 로이틀링겐이 아우크스부르크 잠정안을 수용한 결과로 추방되자, 뷔르템베르크 공작 울리히는 그를 1549년에 슈투트가르트의 본당 설교자이자 최고 감독관으로 임명했다. 온 가족이 슈투트가르트로 이사한 후, 고향으로 돌아가지 않고 요한 브렌츠(Johannes Brenz)의 동역자요 추종자로서 죽을 때까지 뷔르템베르크의 종교개혁을 위해 헌신했다. 1563년 4월 23일 알버는 루터파로서는 처음으로 블라우보이렌수도원의 원장이 되었다. ···································· p.134

알브레히트(Albrecht von Brandenburg. 1490-1545) 영어식 이름은 알버트(Albert)이다. 1490년 6월 28일에 쾰른(Cölln) 즉 오늘날 옛 베를린(Altberlin)에서 브란덴부르크의 선제후 요한과 튀링겐의 마가레타(Margaretha von Thüringen=Margaretha von Sachsen) 사이의 막내아들로 태어나 1545년 9월 24일 마인츠에서 사망했다. 1486-1499년의 선제후 요한의 아들로서 1513년에는 할버슈타트(Halberstadt)의 주교와 마그데부르크(Magdeburg)의 대주교가 되었고, 1514년에는 마인츠의 대주교 겸 선제후가 되었으며, 1518년에는 추기경이 되었다. 야콥 푸거(Jakob Fugger)가에 진 엄청난 빚을 갚기 위해 독일에서 면죄부 판매권을 소유하게 된 마인츠의 선제후 알브레히트에게 루터는 1517년 10월 31일 자 편지를 자신의 95개 논제와 함께 보냈는데, 알브레히트는 루터를 이단으로 의심하여 95개 논제를 교황청에 전달했다. 종교개혁자들에 대한 그의 적대감은 그의 형인 브란덴부르크의 선제후 요아킴(Joachim) 1세 만큼 극단적이지는 않았다. 뉘른베르크 동맹의 회원이었으나 1538년에는 슈말칼덴 동맹과 균형을 이루도록 만들었다. ························ p.55

에라스무스(Desiderius Erasmus, 1466-1536) 1466년(혹은 1467년) 10월 28일 네덜란드의 항구도시 로테르담에서 태어나 1536년 7월 12일 스위스 바젤에서 사망했다. 사제의 아들로 태어났기 때문에 사생아였고, 1487년에 하우다(Gouda)의 스테인(Steyn)에 있는 아우구스티누스수도회에 들어가 1492년에 사제가 되었다. 1493년에는 캉브레(Cambrai)의 주교 비서가 되었고, 1495-1499년에는 파리에서 신학공부를 했다. 세 차례,

즉 1499-1500년, 1505-1506년, 1509-1514년에는 영국을 방문하여 콜렛(John Colet)과 모어(Thomas More)의 친구가 되었으며, 1500-1505년에는 파리, 1505-1506년에는 네덜란드, 1506-1509년에는 이탈리아에 있었다. 그리고 1506년에는 뛰렝(Turin)에서 신학박사 학위를 받았다. 그의 저술 가운데 가장 유명한 작품은 『우신예찬』인데, 1511년 파리에서 출간되었다. 제롬으로 알려진 히에로니무스(Hieronymus. 1516년), 키프리아누스(Cyprianus. 1520년), 힐라리우스(Hilarius. 1523년), 크리소스토무스(Chrysostomus. 1525-1533년), 이레네우스(Irenaeus. 1526년), 오리게네스(Origenes. 1527년과 1536년), 암브로시우스(Ambrosius. 1527년), 아우구스티누스(Augustinus. 1528/29년) 등과 같은 초대교회 교부들의 저술들을 비평 편집하여 출간했고, 그가 편집 출간한 최고의 작품은 1516년에 바젤에서 출간된 신약성경이다. ·· p.39

엔치나스(Francisco de Enzinas. 1518-1552) 1518년 11월 1일에 스페인 북부의 부르고스(Burgos)에서 태어나 1552년 12월 30일 스트라스부르에서 사망한 종교개혁자다. 1539년 6월 4일에 루뱅대학의 3개 언어학교(Collegium Trilingue)에 입학했고, 거기서 에라스무스의 인문주의를 접하게 되었으며, 폴란드 출신의 종교개혁자 요한 아 라스코와 친분을 쌓게 되었다. 멜란히톤에게 인문주의를 제대로 배우기 위해 1541년 10월 27일에 비텐베르크대학에 입학했고, 멜란히톤의 집에서 신약성경 스페인어 번역을 완성하여 1543년 안트베르펀(Antwerpen)에서 출간했다. 그의 형제 디에고 드 엔치나스(Diego de Enzinas=Jacobus Dryander)도 그와 함께 루뱅의 3개 언어학교에서 수학했는데, 칼빈의 1538년 신앙교육서(Catechismus)와 루터의 『그리스도인의 자유』를 스페인어판으로 출간하는 일에 공동 편집자로 일했고, 1547년 로마종교재판소의 희생양으로 화형 당했다. ·· p.346

오시안더(Andreas Osiander. 1498-1552) 1498년 12월 19일 독일 안스바흐

(Ansbach)의 군첸하우젠(Gunzenhausen)에서 태어나 1552년 10월 17일에 프러시아(Prussia)의 쾨니히스베르크(Königsberg)에서 사망한 루터파 종교개혁자다. 라이프치히와 알텐부르크(Altenburg)에서 교육을 받았고 잉골슈타트대학을 다녔다. 1520년에 뉘른베르크에서 사제로 서품을 받았으며 그곳의 아우구스티누스수도원에서 히브리어 강사로 사역을 시작했다. 1522년에 루터파가 된 후 1525년에 뉘른베르크가 종교개혁을 수용하는 일에 주도적 역할을 감당했다. 1548년 황제의 아우크스부르크 잠정안을 수용하지 않았기 때문에 뉘른베르크를 떠나 1549년에는 쾨니히스베르크에 세워진 신생 대학의 교수로 임명되었다. ⋯⋯⋯ p.262

외콜람파디우스(Johannes Oecolampadius, 1482-1531) 1482년 뷔르템베르크의 바인스베르크(Weinsberg)에서 태어나 1531년 11월 23일 바젤에서 사망한 인문주의자요, 종교개혁자이다. '외콜람파트'(Oekolampad[ius])로도 불리는데, 그의 독일어 이름은 '후스겐'(Hussgen=Huszgen)이었다. 어원상 '집을 비추다'라는 의미의 '하우스샤인'(Hausschein)으로 정의한 자신의 독일어 이름을 그리스어화한 것이 외콜람파디우스인데, 집을 뜻하는 '오이코'와 등불을 뜻하는 '람파드'를 결합한 단어로서 '등불을 비추는 자'를 의미하는 이름이다. 1499-1506년에 하이델베르크에서 공부한 야곱 빔펠링의 학생이었고, 1503년에 문학사가 되었으며, 1506-1508년에는 마인츠의 궁정에서 왕자의 가정교사로 일했다. 이후 다시 하이델베르크로 돌아와 신학과 고전어를 공부하고 사제가 되었다. 1513년에 튀빙겐에서 멜란히톤과 요한 로이힐린을 만났고, 1515-1516년에는 바젤에서 에라스무스의 조력자로 일했다. 1518년에는 바젤 대성당의 고해신부가 되었고, 신학박사 학위를 받았으며, 아우크스부르크의 대성당 설교자가 되었다. 1522년 11월에 바젤로 돌아와 출판사의 교정사로 일하면서 교부들의 저술을 번역했고, 대학에서 강의도 했다. 1526년의 바덴 논쟁과 1528년의 베른 논쟁에 참여했고, 1529년에는 바젤을 종교개혁의 도시로 만들었으며 장로직분을 세웠다. 1528년에 그와 결혼한 비브란디스 로젠블라트(Wibrandis Rosenblatt)는 미망인이 된 후 1532년에는 카피토와, 1542년에는 부써와 재혼했다. ············ p.57

요리스(David Joris. 1501-1556) 1501년 혹은 1502년에 벨기에 플랑더른(Flaanderen; Flanders)의 헨트(Gent) 혹은 브뤼헤(Brugge)에서 태어나 1556년 8월 23일 스위스 바젤에서 사망했다. 멜키오르 호프만의 제자였고, 직업은 유리 도장공이었다. 1533년에 재세례파가 되었으며, 델프트(Delft)에서 오베 빌립(Obbe Philips; Filips; Philipsz. ca. 1500-1568)에게 세례를 받았다. 뮌스터의 폭력을 거부했고 이론적으로는 중혼을 수용했다. 1544년에는 바젤로 가서 요한 판 브뤼헤(Johann van Brugge)라는 이름으로 살았다. 그의 대작 『기적의 책』('T Wonderboeck)은 저자의 이름과 출간 연도가 없지만, 1542년에 출간된 것으로 추정한다. ·········· p.328

우텐하임(Christoph von Utenheim. 1450-1527) 1450년경에 스트라스부르에서 태어나 바젤대학과 에르푸르트대학에서 신학과 교회법을 공부했다. 1473년 혹은 1474년에 바젤대학의 학장이 되었고, 1475년에 신학박사 학위를 받았다. 1502년 바젤 대성당 참사회가 그를 새로운 주교로 선출했는데, 당시 로마제국의 주교는 대부분 땅을 가진 귀족 신분이었고 그도 예외가 아니었다. 그의 모토는 프랑스 신학자요, 공의회주의자 장 제르송의 모토와 같은 문장이었다. "나의 소망은 그리스도의 십자가다. 왜냐하면 나는 공로가 아닌 은혜를 추구하기 때문이다."(Spes mea crux Christi; gratriam, non opera quaero.) 그가 1515년에 바젤 대성당의 설교자로 초청한 요한 외콜람파디우스는 1520년 사임할 때까지 대성당에서 설교자로 섬겼다. 주교의 권위가 점차 쇠락하여 결국 1527년 2월 19일에 주교직을 사임하고 프룬트루트로 옮긴 후 얼마 지나지 않아 사망했다. ··· p.75

유트(Leo Jud. 1482-1542) 1482년경에 엘자스 게마르(Gemar)에서 태어

나 1542년 6월 19일 취리히에서 사망했다. 슐레트슈타트에서 라틴어 학교를 다녔고 1499-1512년에는 바젤과 프라이부르크에서 공부했다. 1519-1522년에 아인지델른(Einziedeln)에서 츠빙글리의 후임으로 민중사제(Leutpriester) 사역을 감당하면서 에라스무스의 라틴어 작품들을 번역했고, 1521년부터는 루터의 작품도 번역했다. 1534년에는 대교리교육서를, 1547년에는 소교리교육서를 저술했고, 성경번역자로서 1540년에 출간된 취리히 독일어성경과 1543년에 신약성경과 함께 출간된 라틴어번역 구약성경을 편집했다. ⋯⋯⋯⋯⋯⋯⋯⋯⋯⋯⋯⋯⋯⋯⋯⋯⋯⋯⋯⋯ p.204

자틀러(Michael Sattler. 1490-1527) 1490년경에 브라이스가우(Breisgau)의 슈타우펜(Staufen)에서 태어나 1527년 5월 20일 네카(Neckar)의 로텐부르크(Rottenburg) 부근에서 사망한 초기 재세례파의 지도자 중 한 명이다. 한때 바덴-뷔르템베르크에 있는 슈바르츠발트(Schwarzwald)의 베네딕투스수도원 성 베드로의 수도사였고 원장도 역임했다. 취리히에 살면서 재세례파 운동에 가담했는데 이것 때문에 1525년 11월 18일에 추방된 후, 1526년 여름에 로텐부르크에서 빌헬름 로이블린(Wilhelm Reublin)에게 재세례를 받았다. 1527년에는 샤프하우젠(Schaffhausen)의 슐라이트하임(Schleitheim)에서 재세례파노회를 주도했으며 "슐라이트하임 신앙고백"(Schleitheimer Bekenntnis)을 작성했다. ⋯⋯⋯⋯⋯⋯⋯⋯⋯⋯⋯⋯ p.119

잠(Konrad Sam. 1483-1533) 1483년경에 도나우(Donau)의 로테나커(Rottenacker)에서 태어나 1533년 6월 20일에 울름에서 사망했다. 튀빙겐과 프라이부르크에서 공부했고, 늦어도 1520년에는 종교개혁에 관심을 가진 것으로 보이며, 1524년에 완전히 회심했다. 1525년에 농민들에게 중재자로 불렸고, 1526년에는 루터의 성찬론을 지지하지 않았다. 베른 논쟁 이후 츠빙글리와 친밀하게 되었으며, 1528년에 미가엘 브로트하흐(Michael Brothag)와 함께 교리교육서(Catechismus)를 출간했다. 슈바바흐 조항에 대한 부써의 평가를 비판했고 아우크스부르크 신앙고백 역시 비판했다. 1531년에는 시의회가 초청한 세 명의 외부 종교개혁자를 자신의 집에 머물게 하면서 그들과 함께 스트라스부르의 종교개혁을 도모했다. p.166

지킹겐(Franz von Sickingen. 1481-1523) 1481년 3월 2일 크로이츠나흐(Kreuznach) 부근 에베른부르크(Ebernburg)에서 태어나 1523년 5월 7일 란트슈툴의 난슈타인(Nanstein) 성에서 사망했다. 황제 막시밀리아누스 1세의 기사로서 1508년 베네치아에 대항하여 싸웠기 때문에 라인 지역의 넓은 영토를 하사받아 부자가 되었다. 보름스 시에서 추방된 발타자르 슐뢰르(Balthasar Schlör)를 위해 그 도시를 공격한 일로 제국으로부터 파문되었으나 1518년에는 황제 막시밀리아누스에 의해 파문에서 해방되었고, 뷔르템베르크의 공작 울리히에 대항하는 슈바벤동맹의 전쟁에 참여했다. 1517년경에 울리히 폰 후텐과 친밀한 관계가 되었다. 1519년 황제 선거에서 프랑스 왕 프랑수아 1세에게 뇌물을 받았으나 카를 5세의 선출을 안전하게 지키기 위해 자신의 군대를 프랑크푸르트에 주둔시켰다. 덕분에 신성로마제국의 의회의원이 되었다. 그러나 기사혁명을 일으킨 일로 1522년 10월 22일 섭정회의에서 파문되었고 혁명은 실패로 끝났으며, 항복을 강요받은 1523년 5월 6일 다음 날 사망했다. p.52

첼(Mattaus Zell. 1477-1548) 알자스의 신학자요 종교개혁자로, 1477년 9월 21일 카이저스베르크에서 태어나 1548년 1월 9일 스트라스부르에서 사망했다. 에르푸르트(1494년)와 잉골슈타트(1495년)에서 공부했고, 1502년에 프라이부르크대학에 입학하여 1505년에 문학사(Master artium)를, 1511년에는 문장학사(Baccalaureus Sententiarum, 성경학사[Baccalaureus Biblicus] 다음 단계로서 성경과 신학을 가르치는 강사에게 주는 학위)를 받았고, 1517년에는 학장(Rektor)이 되었다. 1518년에 스트라스부르의 성 로렌츠 교구교회의 국민사제가 된 후 1521년부터 루터의 가르침에 따라 설교하기 시작했다. 그의 첫 저술은 『기독교 답변』(*Christliche* *verantwortung*)으로 1523년에 출간되었다. 스트라스부르가 가장 큰 위기를 맞이한 해인 1548년, 그의 죽음은 장례식에 수천 명의 문상객을 불러들일 만큼 그 도시로서는 큰 비극이었다. p.43

취크(John Cheke. 1514-1557) 1514년 6월 16일에 케임브리지대학의 에스콰이어 베델(Esquire Bedell. 총장의 행정비서)인 베드로 취크의 아들로 케임브리지에서 태어나 1557년 9월 13일 런던에서 사망했다. 요한 칼리지에서 1529년에 문학사를 받고 대학평의원직(Fellowship. 수습교수직)을 얻었으며 1533년에는 문학석사를 시작했다. 파리에서 공부한 요한 레드맨(John Redman)의 고전어 공부를 통해 큰 자극을 받았으며, 1530년대 초기에 개인적으로 고전 헬라어 공부에 심취했다. 1542년에 옥스퍼드대학의 문학석사 과정에 입학했고, 1544년에는 그의 친한 친구 토마스 스미스(Thomas Smith)를 계승하여 케임브리지대학의 대표연사(Public Orator)가 되었다. 1534년과 1545년에는 크리소스톰 설교의 라틴어판을 자신의 후원자인 왕에게 바치는 헌사와 함께 출간했다. 1544년 6월 10일 미래의 왕 에드워드 6세의 스승인 개인 교사로 임명되었고, 1547년 5월 11일에 요한 메이슨(John Mason) 경의 의붓딸 메리(Mary)와 결혼했다. 1548년 4월 1일에는 왕의 명령으로 조지 데이(George Day)를 대신하여 킹스 칼리지의 학장(Provost)이 되었고, 런던과 다른 곳의 땅을 하사받았다. 첫 공동기도서의 라틴어판을 준비했고, 크랜머의 요청으로 버미글리가 이 공동기도서 초판을 읽었는데, 버미글리는 이것이 주교들의 승인을 받기 어려울 것이라 예상했다. 1553년 3월경에는 추밀원 의원이었고, 왕위 계승 문제로 체포되어 수감되었으나 1553년 9월 13일에 방면되었다. 스페인 왕 빌립 2세의 명령으로 1556년 5월 15일 벨기에 땅에서 체포되어 영국으로 압송된 후 다시 수감되었다. 화형의 위협은 모면할 수 있었지만 다음해에 43세의 나이로 죽었다. p.379

카이저스베르크(Johann Geiler von Kaysersberg. 1445-1510) 1445년 3월

16일 스위스 샤프하우젠(Schaffhausen)에서 태어나 1510년 3월 10일 스트라스부르에서 사망했다. 어머니가 살던 마메르슈비어(Ammerschwihr)에서 교육을 받은 후, 1460년 15세 때 프라이부르크대학이 설립되자마자 그곳에 입학했다. 4년 후에 문학사가 되었고, 그 다음 학기부터는 아리스토텔레스의 저술들에 대한 강의를 시작했다. 장 제르송(Jean Gerson, 1363-1429)에 대한 연구 덕분에 관심을 갖게 된 신학 주제들을 공부하려고 1471년 5월에 바젤대학으로 가서 1475년에 박사학위를 받았다. 그곳에서 유명한 『바보들의 배』(*Das Narrenschiff*)의 저자 세바스티안 브란트(Sebastian Brant)를 만나 평생지기가 되었다. 한때 프라이부르크대학의 학장으로 섬겼으나 여러 곳을 방문하여 설교가로서 명성을 떨쳤는데, 설교를 통해 당대 교회의 잘못된 남용 문제를 지적했다. ············ p.75

카피토(Wolfgang Capito, 1478-1541) 독일 인문주의자이자 스트라스부르의 종교개혁자로, 독일어 이름은 쾨펠(Köpfel)이고 중간 이름은 파브리키우스(Fabricius)이다. 1478년 혹은 1481년경에 알자스의 하게나우에서 태어나 잉골슈타트, 하이델베르크, 프라이부르크 등지에서 의학과 법학, 신학을 공부했고, 1515년에는 프라이부르크에서 신학박사학위를 받았다. 1512-1515년에는 브루흐잘(Bruchsal)의 수도원교회에서, 1515-1520년에는 바젤의 대성당(Münster)에서, 1520년에는 마인츠의 대성당(Dom)에서 설교자로 봉사했으며, 바젤 시절에는 에라스무스와 막역한 친구가 되었다. 이후 마인츠의 대주교 알브레히트(Albrecht)의 자문위원으로 활동하다가 1523년 스트라스부르의 도마성당 참사회장이 되었다. 1530년에 부써와 함께 "4개 도시 신앙고백"을 작성했고, 1540-1541년의 종교회의에도 참석했다. 1541년 11월 3일 스트라스부르에서 사망했다. ·· p.43

캄페기오(Lorenzo Campeggio, 1474-1539) 1474년에 밀라노에서 태어나 1539년 7월 25일에 로마에서 사망했다. 1500년에 볼로냐대학에서 교회법과 시민법으로 박사학위를 받았고, 프란체스카 구아스타빌라니(Francesca Guastavillani)와 결혼하여 5명의 자녀를 낳았다. 1493년 이후 파두아대학의 강사였고, 1499년부터는 볼로냐대학에서 교수로 가르쳤다. 1509년에 아내가 죽자 교황 율리우스 2세(Julius II)의 후원으로 교회 일을 시작하여 피사(Pisa) 회의에 반하는 두 가지 외교 업무를 맡게 되었다. 1517년 7월 1일에는 교황 레오 10세(Leo X)에 의해 추기경이 되었고, 황제 막시밀리아누스 1세에 의해 신성로마제국의 추기경-호국경이 되었으며, 1523년 1월 22일에는 영국의 추기경-호국경으로 임명되었다. 1522년에 교황 아드리아누스 6세(Adrianus VI)의 선출로 그의 위치는 로마교황청에서 확고해졌고, 1524년 12월 2일에는 1518년에 약속된 영국 솔즈베리(Salisbury)의 주교직을 받았는데, 1523년에 교황 클레멘스 7세(Clemens[=Clement] VII)의 선출로 그의 힘은 더욱 강력해졌다. 교황 클레멘스는 1523년 12월 2일에 그를 볼로냐의 주교로 임명했고, 1524년 1월 9일에는 뉘른베르크 제국의회에 특사로 보냈다. 1527년 황제 카를 5세의 로마 포위로 모든 것을 잃었으나, 1529년에 황제와 교황을 볼로냐에서 만났을 때 교황에게서 도짜(Dozza)의 성을 받았고, 그의 가족은 황제의 보호를 받게 되었다. 1530년 아우크스부르크 제국의회에 교황 특사로 참석했으나 영국 왕 헨리 8세는 1531년 5월 20일 그를 특사로 인정하지 않았다. 이후 1533년 8월 솔즈베리의 수입세를 잃었고, 1534년 3월 21일에는 영국의회에 의해 주교직에서 해임되었다. 1535년에 헨리 8세를 파문한 위원회의 일원이었으며, 죽을 때까지 독일의 호국경이었다. ·· p.87

켈라리우스(Michael Cellarius, 1499-1564) '마르틴 켈라리우스'(Martin Cellarius)로도 알려져 있는데, 사실상 재세례파 학자들은 이 이름을 지지하는 반면에, 그레샤트를 제외한 거의 모든 학자들은 '미가엘 켈라리우스'로 소개한다. 엘스는 '미가엘 켈러'(Michael Keller)로 소개한다. 그는 라이프치히대학에서 공부했고 바센부르크(Wassenburg)의 목회자였다.

1524년에 복음적 교리를 가르쳤다는 이유로 설교를 금지당하고 바이에른을 떠나 비텐베르크로 갔다. 1524년 11월 22일에는 우르바누스 레기우스(Urbanus Rhegius)의 소개로 아우크스부르크 시의회가 그를 설교자로 임명했다. ······p.119

코흘라에우스(Johann Cochlaeus, 1479-1552) 1479년 뉘른베르크 근처 벤델슈타인(Wendelstein)에서 태어나 1552년 1월 10일 브레슬라우(Breslau)에서 사망한 독일의 로마가톨릭 논객이다. 1504년에 쾰른대학에 입학하여 1507년에 졸업하였으나 쾰른을 떠난 것은 1510년 5월이었다. 쾰른 수학 시절, 울리히 폰 후텐을 비롯하여 독일 인문주의자들과 교제했고, 작센의 선제후 프리드리히에게 파견된 교황의 밀사 칼 폰 밀티츠도 알게 되었다. 1517년에 북이탈리아의 페라라(Ferrara)에서 박사학위를 받았고, 루터의 종교개혁을 비롯하여 종교개혁운동을 반대하는 로마가톨릭의 대표 저격수로 활약했다. 1521년의 보름스 제국의회, 1526년과 1529년의 슈파이어 제국의회, 1530년의 아우크스부르크 제국의회, 1541년의 레겐스부르크 종교회담에 참석했다. ······p.263

콘타리니(Gasparo Contarini, 1483-1542) 1483년 10월 16일에 베니스 즉 베네치아(Benezia)에서 태어나 1542년 8월 24일에 볼로냐에서 사망했다. 파두아대학에서 인문학과 철학을 공부했고, 1520년 9월에 황제의 적대적 세력들을 방어하기 위해 카를 5세의 궁정 대변인과 대사로 임명되었다. 1535년에 교황 바울 3세에 의해 추기경으로 추대되었고, 황제의 요청에 따라 1541년에는 교황의 특사 자격으로 레겐스부르크 회담에 참석했다. ······p.276

크루치거(Caspar Cruciger, 1504-1548) 1504년 1월 1일에 라이프치히에서 태어나 12세 때 라이프치히대학에 입학했고, 1521년에 비텐베르크대학에서 히브리어 연구를 완수했다. 1525년 마그데부르크의 요한학교 교장이 되었고, 1528년에 비텐베르크대학의 철학 및 신학부 교수로 초빙된 후 성교회에서 설교 사역도 담당했다. 1540년 전후의 하게나우, 보름스, 레겐스부르크 교회연합모임에 루터교회 대표로 참석했으며, 루터 작품의 비텐베르크판을 편집하여 출간하기도 했다. ············ p.224

트레거(Conrad Treger. 1480/1483-1543) 트레거(Konrad Träger; Dreiger, Träyer, Tregarius, Treiger, Treyer, Treyger)는 1480-1483년 사이에 브라이스가우 프라이부르크(Freiburg im Breisgau)와 다른 웨흐틀란트 프리아부르크(Freiburg im Üechtland)에서 태어나 1543년 1월 13일 고향에서 사망했다. 1518년에 라인 지역과 슈바벤 지역의 수도원 관구장으로 선출되었고, 1521년에는 스트라스부르수도원에서 예정론과 칭의론 논쟁을 개최하였는데, 이는 수도원 관구장으로서의 임무 수행이었다. 자신의 관할 지역에 있는 수도원들을 방문 감독하는 일을 더 강화하여 새로운 가르침을 막으려 했으나 역부족이었다. 취리히 아우구스티누스수도원은 1524년 여름에 제거되었고, 콘스탄츠에서는 같은 해에 새로운 가르침을 수용했다. 바젤에서는 1528년에 수도원을 철폐했고, 같은 해에 베른과 인터라켄(Interlaken)과 쾨니츠(Köniz)에 있는 아우구스티누스수도원들도 세속화되었다. 1542년에 페스트에 걸려 앓을 당시 그는 겨우 40명의 구성원에 불과한 11개 아우구스티누스수도원의 책임자였다. ·· p.93

파이게(Johann Feige. 1482-1543) 1482년 헤센의 리히테나우(Richtenau)에서 태어나 1501년에 에르푸르트대학에 입학하여 법학을 공부했고 인문주의 교육을 받았다. 1504년에 헤센의 영주 빌헬름 2세(Wilhelm II. 1469-1509)의 서기관이 되었고, 후에는 마르부르크의 군주법정서기관이 되었다. 빌헬름 2세가 죽은 뒤 그의 미망인 안나(Anna) 영주가 그를 헤센의 재상으로 임명한 1514년부터 죽기 1년 전인 1542년까지 28년간 헤센의 재상이었으며, 빌헬름 2세와 안나 사이에 태어난 영주 빌립에게도 절대적 신임을 얻었다. ··· p.247

파커(Matthew Parker. 1504-1575) 1504년 8월 6일 노퍽(Norfolk)의 수도 노리치(Norwich)에서 윌리엄 파커(William Parker)의 장남으로 태어나 1575년 5월 17일 런던 램버스(Lambeth)에서 사망했다. 1522년 케임브리지대학의 코르푸스 크리스티(Corpus Christi) 칼리지에 입학하여 1525년에 문학사가 되었고, 1527년 4월 20일에는 부제로, 동년 6월 15일에는 사제로 서품을 받았다. 1527년 9월 코르푸스 크리스티의 대학평의원(fellow. 수습교수)으로 선출되었고, 1528년에 문학석사를 시작했다. 케임브리지에서 처음으로 개신교 사상을 접했으며, 1535년에 헨리 8세의 네 번째 부인이자 엘리자베스의 어머니 앤 볼린의 전속 사제가 되었고, 1538년에는 신학박사 학위를 받았다. 이후 1541년에 일리(Ely) 대성당교회에서 두 번째 성직록을 받았고, 1544년에는 코르푸스 크리스티 칼리지의 전담교수(Master)가 되었다. 39개 조항 초안의 작성자 가운데 한 명이었으며, 1559년 8월 1일에 캔터베리 대주교로 선출되어 죽을 때까지 대주교였다. ⋯⋯⋯⋯⋯⋯⋯⋯⋯⋯⋯⋯⋯⋯⋯⋯⋯⋯⋯⋯⋯⋯⋯⋯⋯⋯⋯⋯⋯⋯⋯ p.389

펠리칸(Konrad Pellikan. 1478-1556) 1478년 1월 8일 알자스의 루파흐(Ruffach. 오늘날 Rouffach)에서 태어나 1556년 4월 6일 취리히에서 사망했다. 하이델베르크대학의 관계자이던 외삼촌이 그의 이름을 라틴어 펠리카누스로 바꾸어주었고 그의 대학생활을 위해 1491-1492년에 16개월 동안 후원했다. 1493년에 고향으로 돌아와 프란체스코수도원학교에서 무료로 가르치면서 만 16세에 수도사가 되기로 결심하여 1526년까지 프란체스코 수도사로 살았고, 1496년에 튀빙겐으로 가서 그곳 대학 교수 바울 스크립토리스(Paulus Scriptoris)의 촉망받는 학생이 되었다. 루파흐의 프란체스코수도원 성 카타리나에서 히브리어, 헬라어, 수학, 우주학을 가르쳤는데, 여기서 지도 제작자로 유명한 세바스티안 뮌스터(Sebastian Münster)가 그에게 배웠고 그의 가르침에 큰 영향을 받았다. 그리스도인으로서는 처음으로 히브리어 책을 저술하여 1504년에 스트라스부르에서 출간했다. 1519년부터 바젤에서 루터의 지지자가 되었고, 1523-1526년에는 바젤대학에서 구약을 가르쳤으며, 1526년부터 1556년까지는 취리히의 '예언회'(Prophezei)에서 히브리어 구약을 해설하는 낭독자, 즉 일종의 교수였다. 요한 로이흘린을 통해 모세 킴히(Moses Kimhi. 1127-1190)의 문법을 알았으나 히에로니무스 라틴어 성경의 도움으로 성경 히브리어를 독학했고, 방대한 양의 랍비 문서들과 탈무드 문서들을 번역했다. 1532-1539년에 그의 성경 주석 7권이 취리히에서 출간되었으며, 『콘라트 펠리칸의 연대기』(*Das Chronikon des Konrad Pellikan*)라는 자서전을 쓰기도 했다. ························ p.120

폴(Reginald Pole. 1500-1558) 1500년 3월 2일 혹은 3일에 스태퍼드셔(Staffordshire)의 스토튼(Stourton) 성에서 태어나 1558년 11월 17일 런던 램버스(Lambeth) 궁에서 사망했다. 옥스퍼드대학에서 공부했고, 1521년에 파두아대학에 가서 인문주의자들인 야곱 사돌레토(Sadoleto), 미래의 교황 바울 4세가 될 카라파(Carafa), 교회연합운동가 가스파르 콘타리니, 종교개혁자가 될 버미글리 등을 만났다. 1529년에 헨리 9세를 대신하여 파리에 가서 헨리 8세와 아라곤의 캐서린(Catherine)의 결혼 무효에 대한 소르본느 신학자들의 일반적 견해를 청취했다. 1526년에는 헨리 8세가 귀국한 그에게 자신의 이혼에 찬성하는 조건으로 요크(York)의 대주교직이나 윈체스터(Winchester)의 교구를 제안했으나 거절한 후, 프랑스로 갔다가 1532년에는 이탈리아로 가서 파두아대학에서 공부를 계속했다. 교황 바울 3세가 그를 로마로 불러들여 개혁위원회의 일을 돕도록 했고, 부제의 신분이던 그를 1536년 12월 22일에 추기경으로 임명했다. 1541년에는 그의 어머니가 헨리 8세에 의해 처형되었고, 1549년에 교황 바울 3세가 죽자 차기 교황으로 선출될 뻔도 했다. 여왕 메리 1세가 등극한 후 교황 대사로 영국에 돌아와 1557년까지 교황 대사였고, 1555년 11월 13일 공식적으로 대주교좌직을 박탈당한 크랜머를 대신하여 1555년 12월 11일에 캔터베리 대주교로 임명되었다. 1556년 3월 20일 사제로 서품된 후 22일에 대주교로 축성되었고, 여왕 메리 1세가 죽은 지 약 12시간 후에 사망했는데, 사망할 때까지 대주교였다. 1555년에는 옥스퍼드와 케임브리지 두 대학의 총장이 되었다. ············ p.390

풀랭(Valerand Poullain, 1520-1558) 1520년경에 리여(Lille)에서 부르군디 귀족 가문의 아들로 태어나 1558년 초에 프랑크푸르트에서 사망했다. 그의 아버지는 1527년에 리여의 시민이 되었다. 마투랭 코르디에르(Mathurin Cordier)에게서 훌륭한 인문주의 교육을 받은 후 루뱅대학에 진학했고, 1540년에 사제로 서품을 받았다. 1543년경부터 스트라스부르에 있었으며 브륄리(Brully)가 선교 사역을 위해 프랑더르로 떠난 후 순교하자, 그의 후임으로 프랑스 피난민교회를 맡아서 목회했다. 1547년에는 캔터베리에 머물며 추방당한 회중들을 모으는 일을 했고, 1548년경에 프란키스쿠스 드리안더, 즉 프란치스코 드 엔치나스의 누이와 결혼했다. 1549년에는 부써와 파기우스 일행을 영국으로 안내했으며, 영국에서 베드로 마터 버미글리의 소개로 잠시 다비(Derby)의 영주 아들의 총독으로 일했다. 1551년에 글래스턴베리의 프랑스 피난민교회 총감독관이 되었고, 에드워드 6세가 죽은 후 영국을 떠나 프랑크푸르트로 갔다. ··· p.355

프랑크(Sebastian Franck, 1499-1542) 1499년에 도나우뵈르트(Donauwörth)에서 태어나 1542년 10월 말 바젤에서 사망했다. 라틴명은 세바스티아누스 프랑쿠스 보에르덴시스(Sebastianus Francus Woerdensis)이고, 프리드리히 베른스트라이트(Friedrich Wernstreyt)와 펠릭스 프라이(Felix Frei)는 가명이다. 잉골슈타트에서 1515년에 공부를 시작하여 1517년 12월 13일에 자유학예(artes liberales) 과정을 마치고 학사학위를 받은 후, 하이델베르크의 도미니코수도원 소속 대학에서 공부를 시작했다. 1518년 하이델베르크 논쟁에서 루터가 십자가 신학을 역설했을 때 그곳에 참석한 청중 가운데 한 명이었던 그는 이후 루터파 설교자가 되었다. 1525년에는 뉘른베르크에서 개혁파로 넘어가 구스텐펠덴(Gustenfelden)에서 설교자가 되었고, 1529년 가을에는 스트라스부르로 가서 슈벵크펠트를 만나 친밀하게 되었다. 1531년에 그의 주요 저술 『연대기』를 출간한 곳도 스트라스부르였다. 그의 책은 1493년에 출간된 뉘른베르크 연대기를 기초로 확대 편집한 것이다. ·················· p.126

프레흐트(Martin Frecht. 1494-1556) 독일의 신학자이자 울름의 종교개혁자로, 1494년경 울름에서 태어나 1556년 9월 14일 튀빙겐에서 사망했다. 이름 프레흐트(Frecht)의 철자는 Frächt, Frech[t]us, Phrecht 등이었다. 1514년부터 하이델베르크에서 공부하기 시작하여 1517년에는 문학사를, 1529년경에는 신학강사 자격증을 취득했다. 1524년과 1526-1527년에는 학과장(Dekan)을, 1525년과 1530-1531년에는 하이델베르크대학의 학장(Rektor)을 맡았다. 성경강사로서 1529-1531년에는 하이델베르크에서, 1531-1548년에는 울름에서 성경을 가르쳤고, 1537년에는 울름의 교회조직 수립을 위한 책임을 맡은 '수석 설교자'(Obrister Predicant)였다. 교회의 통치권을 가진 시의회와 갈등과 충돌이 있었고, 스위스, 튀빙겐, 하이델베르크 등지에서 설교자 혹은 교수로의 부름이 있었음에도 불구하고 울름에 남았다. 1539년에는 슈벵크펠트와 논쟁을 벌였으며, 1540년의 하게나우와 보름스 종교회의, 1541년과 1546년의 레겐스부르크 종교회의에 울름의 공식 대표와 자문으로 참석했다. 울름에 시행된 아우크스부르크 잠정안으로 추방된 후 1550년 11월부터는 뷔르템베르크 예배 모임 가운데 튀빙겐 출신자 모임의 지도자였고, 1552년 6월부터는 튀빙겐의 신학부 교수였으며, 1555-1556년에는 대학의 학장이었다. 1518년 하이델베르크 논쟁 이후 루터를 신뢰했지만 성찬논쟁에서는 루터의 반대편인 부써와 외콜람파디우스를 지지했다. · p.169

플룩(Julius von Pflug. 1499-1564) 1499년에 라이프치히 남쪽 마을 아이트라(Eythra. 오늘날 츠벤카우[Zwenkau])에서 태어나 1564년 9월 3일에 작센-안할트(Sachsen-Anhalt)의 남부 도시 차이츠(Zeitz)에서 사망했다.

1510-1517년에 라이프치히대학에서, 1517-1519년에는 볼로냐대학에서 공부했다. 1514년에 마이센(Meissen)의 성당참사위원(Domherr)이 되었고, 1516년에 하급 서품을 받았다. 1519년에는 차부제(Subdiakon)와 니더-라우지츠(Nieder-Lausitz)의 부주교(Archidiakon)가 되었고, 1521년에는 작센 공작 게오르크의 드레스덴(Dresden)의 궁정에서 일했으며, 1522년에는 라이프치히 대법원의 시보(Assessor)였다. 1522년에는 차이츠의 성당참사위원이었다가 1523년에 성당참사회장(Dompropst)이 되었다. 이후 1528년에는 메르제부르크에서, 1530년에는 마인츠에서, 1532년에는 나움부르크에서 각각 성당참사위원이었고, 1537년에는 마이센의 대성당주임신부(Domdekan)가 되었다. 종교개혁의 강제 도입으로 인해 마인츠로 도피하여 마그데부르크의 성당참사위원이 되었고, 1541년 레겐스부르크 연합모임에서 요한 에크와 요한 그로퍼와 논쟁을 벌였다. 1541년 1월 20일에 나움부르크의 주교가 되었으나 1542년에 루터파 니콜라우스 암스도르프(Nicolaus von Amsdorf)가 나움부르크의 첫 개신교 주교로 임명되는 바람에 슈말칼덴 전쟁이 끝난 1547년에야 비로소 주교 직무를 수행할 수 있었다. 슈말칼덴 전쟁이 끝난 후 아우크스부르크 잠정안이 나오는 데 주도적 역할을 하였다. p.279

하겐(Berhard von Hagen. 1490-1556) 1470년 혹은 1490년에 베스트팔렌의 게제케(Geseke)에서 부유한 시민이었던 아버지 콘라트 폰 하겐(Konrad von Hagen)과 어머니 아델하이트(Adelheid)의 아들로 태어나 1556년 10월 3일에 처형된 것으로 보인다. 젊어서 성직에 입문하여 1505년경 고향 도시에서 목회자가 되었는데, 쾰른에서 신학공부를 한 후 법학을 공부했을 것이다. 1503년 10월에는 쾰른 최초의 김나지움 몬타눔(Montanum), 즉 쾰른대학 문학부에 입문하여 1504년에 학사학위를, 1506년에는 석사(Magistergrad)를 받았다. 그곳에서 법학 공부에 매진하여 1515년에는 법학박사 학위를 취득한 후 법학부에서 일했고, 1518년에는 학장(Dekan)으로 선출되었다. 1526년에는 죽은 궁정 자문관 데겐하르트 비테(Degenhard Witte) 대신에 대주교 헤르만 폰 비트의 궁정 자문관이 되었다. 1543년에 쾰른 종교개혁을 주도한 대주교 헤르만 폰 비트의 계획이 반대 세력의 강력한 저항 때문에 실패로 돌아가 1547년에 퇴임하였으나 이후에도 새로운 대주교 아돌프 폰 샤움부르크의 자문관으로 남았다. ············· p.301

하인리히 2세(Heinrich II. 1489-1568) 1489년 11월 10일 볼펜뷔텔에서 태어나 1568년 6월 11일 고향에서 사망했다. 독일의 농민전쟁 때 황제 편이었고, 황제와 프랑스 왕 프랑수아 1세 사이의 꼬냑(Cognac)동맹 전투에서도 황제를 도왔다. 개신교에 기울어지기 시작할 때도, 1530년 아우크스부르크 신앙고백서를 부분적으로 지지할 때에도 그는 가톨릭교도로 남아 있었고, 작센의 개신교 선제후와 지속적으로 싸웠으며, 자신의 통치구역인 칼렌베르크(Calenberg)가 개신교로 넘어갔을 때에는 강력하게 저항했다. 1541년에는 개신교 자유제국도시 고슬라(Goslar)를 침공했다. 1542년에는 고슬라를 도우러 온 작센의 선제후 요한 프리드리히와 헤센의 빌립이 볼펜뷔텔 공국 전체를 점령했기 때문에 그는 바이에른 공국으로 도망가야 했다. 1545년에는 황제의 지지로 군대를 모집하여 볼펜뷔텔 일부를 회복했으나, 헤센의 군대에 붙잡힌 후 황제가 뮐베르크(Mühlberg) 전투에서 슈말칼덴 동맹을 물리치고 최종 승리를 거둘 때까지 죄수로 수감되었다가 1547년에 풀려나 복귀했다. ········ p.326

할러(Berchtold Haller. 1492-1536) 스위스 베른의 종교개혁자로서 1492년경에 로트바일(Rottweil) 부근 알딩겐(Aldingen)에서 태어나 1536년 2월 25일 베른에서 사망했다. 1512년에 쾰른대학에서 문학사를 받았고, 1513년에 베른에서 예배당 보조신부(Kaplan)가 되었다. 1519년에는 국민사제가 되었고 1520년에는 참사회원이 되었는데, 이 시기에 토마스 비텐바흐(Thomas Wyttenbach. 1472-1526)에게서 종교개혁의 영향을 받았고, 멜란히톤과도 친분을 가졌다. 1521년부터는 츠빙글리와, 후에는 외콜람파디우스와도 교제했다. 1526년의 바덴논쟁과 1528년의 베른논쟁에 참여했으며, 베른논쟁을 위해 10개 조항을 동료 프란츠 콜프(Franz Kolb, 1465-1535)와 함께 작성했다. 베른논쟁의 결과, 1528년 2월 7일 베른은 종교개혁 선언을 함으로써 공식적으로 종교개혁 도시가 되었다. 1531년 츠빙글리의 죽음으로 베른 종교개혁이 위기를 맞았을 때, 시의회는 첫 베른노회를 소집했는데, 200여 명이 노회에 참여한 가운데 개회 직전에 도착한 카피토가 할러를 강력하게 지지했다. 1532년에 카피토가 베른노회를 통해 베른 교회법을 작성해줌으로써 할러는 베른교회의 지도자가 되었다. ··· p.108

해돈(Walter Haddon, 1515-1572) 윌리엄 해돈과 도로시 영(Dorothy Young)의 아들로 태어났는데, 어머니는 우스터셔(Worcestershire) 그루머 데비톳(Groome d'Abitot)의 요한 영의 딸이었다. 월터 해돈은 프랜시스 손더스(Francis Saunders)의 배다른 형제였고, 영국 종교개혁자 제임스 해돈의 형제였다. 이턴(Eton) 칼리지의 리처드 콕스(Richard Cox)에게서 교육을 받았고, 1533년에 케임브리지의 킹스 칼리지로 갔다. 1537년에 케임브리지에서 문학사를 받았고, 1541년에 문학석사를 시작했으며, 2-3년 동안 시민법 강의를 읽었다. 1549년에 케임브리지대학에서 법학박사 학위를 받았고, 1549-1550년에는 부총장 직책을 수행했다. 1560년에 라틴어 기도서 준비를 감독하는 책임자였으며, 1564년 8월에 케임브리지로 여왕과 동행하여 여왕 앞에서 법학부 문제를 해결했다. 여왕은 노퍽의 와이먼드햄수도원(Wymondham Abbey) 쪽 땅을 그에게 주었다. 1572년 1월 21일에 런던에서 죽었고 25일에 장사되었다. ··········· p.389

헬딩(Michael Helding, 1506-1561) 1506년 바덴-뷔르템베르크의 랑게넨스링겐(Langenenslingen)에서 태어나 1561년 9월 30일 오스트리아의 수도 비인(Wien)에서 사망했다. 1525년에 튀빙겐대학에 입학하여 1528년에 문학석사 과정을 졸업한 후 마인츠에서 강사가 되었고, 1531년에 대성당학교(Domschule)의 교장이 되었다. 이곳에서 인문주의를 가까이하기 시작하여 평생 인문주의자로 살았다. 1533년에 사제로 서품을 받은 후, 마인츠의 추기경 알브레히트 폰 브란덴부르크(Albrecht von Brandenburg) 밑에서 대성당 신부로 일하기 시작했다. 1537년에는 마인츠대성당의 보좌주교로서 지돈(Sidon)의 명예주교가 되었다. 1540년의 보름스 종교대화와 1546년의 레겐스부르크 종교대화에 로마가톨릭 사절로 참석했고 트렌트 공의회에도 참석했다. 1543년에는 신학박사 학위를 받았고, 율리우스 플룩(Julius Pflug)과 함께 아우크스부르크 잠정안 초안에 해당하는 문서를 작성했다. 1550년 12월에는 안할트-데사우의 개신교 군주 게오르크 3세를 계승하여 메르제부르크(Merseburg)의 마지막 천주교 주교가 되었다. 1555년의 아우크스부르크 제국의회와 1557년 가을의 보름스 종교대화에도 참석했다. 1561년에는 페르디난트 1세에 의해 비인의 제국 추밀원 수장으로 임명되었다. ················ p.344

호프마이스터(Johannes Hoffmeister. 1509-1547) 1509년 혹은 1510년에 네카(Neckar)의 오베른도르프(Oberndorf)에서 태어나 1547년 8월 21일 귄츠부르크(Günzburg)에서 사망했다. 젊은 시절 콜마르(Colmar)의 아우구스티누스수도원에 입문하여 1526년에는 마인츠대학에서 신학을 공부했고, 1528년에 프라이부르크대학으로 가서 사제로 서품을 받은 후 다시 콜마르의 수도원으로 돌아왔다. 1533년에 수도원 원장이 되었고, 콜마르가 종교개혁 지역으로 둘러싸이자 종교개혁을 받아들이지 않도록 호소하며 싸웠다. 하게나우, 보름스, 레겐스부르크(1541)의 종교담화에 참여했고, 황제의 소원대로 1546년의 레겐스부르크 종교대화에 천주교 측 대표자로 참여했다. 1545년에는 오토 폰 발트부르크(Otto von Waldburg) 추기경이 그를 보름스 제국의회의 설교자로 초빙했다. 1543년에는 그의 죽은 선임자 콘라트 트레거의 소원에 따라 라인-슈바벤 지역 수도원의 총책임자(Provinzial)가 되었다. ············· p.335

호프만(Melchior Hoffman, 1500-1543) 평신도 설교자요 재세례파 지도자로, 1500년에 독일 바덴-뷔르템베르크(Baden-Württemberg)의 슈베비슈 할(Schwäbisch Hall)에서 태어나 1543년에 스트라스부르에서 사망했다. 고등교육을 받지 않은 수공업자였던 그는 자신의 직업을 가지고 리플란트(Livland; Liefland; Livonia; Liwonia)와 키일(Kiel)에서 종교개혁을 위해 일했다. 1529년에는 루터의 종교개혁 지역을 벗어나 동프리슬란트(Ostfriesland)로 갔다가 곧장 스트라스부르로 갔다. 1530년부터 네덜란드의 재세례파 운동에 가담했고, 스트라스부르를 '새 예루살렘'이라고 예언한 것 때문에 1533년에 스트라스부르에서 수감되기도 했다. 츠빙글리의 성찬론을 발전시켰으며, 그리스도의 성육신에 관해서는 카스파르 슈벵크펠트(Kaspar Schwenkfeld)가 가르친 '그리스도의 천상적 몸'이라는 견해를 수용했는데, 메노 시몬스(Menno Simons)도 이 견해를 받아들였다. 1526년에 다니엘서 주석을 작성하여 1530년에 두 개의 유사한 제목으로 책을 출간했는데, 그 두 가지는 『거룩하고 신적인 성경에 근거한 예언』(*Weissagung aus heiliger gotlicher geschrift*)과 『참되고 거룩하며 신적인 성경에 근거한 예언』(*Weissagung vsz warer heiliger gotlicher schrifft*)이다. ⋯⋯⋯⋯⋯⋯⋯⋯⋯⋯⋯⋯⋯⋯⋯⋯⋯⋯⋯⋯ p.118

호흐스트라턴(Jacob van Hoogstraten, 1460-1527) 도미니코 수도사 출신의 신학자이자 논쟁가로, 1460년경 벨기에 브라반트의 호흐스트라턴(Hoogstraeten)에서 태어나 1527년 1월 27일 쾰른(Köln)에서 사망했다. 1485년에 루뱅대학에서 문학사를 받은 후 도미니코수도회에 입문했는데, 쾰른의 수도원이었을 것으로 추정된다. 1496년에는 쾰른대학에서 성경학사(Baccalaureus biblicus)를 받았고, 1504년에는 신학박사(Doctor theologiae) 학위를 받고 그곳의 신학교수가 되었다. 1505년과 1509년에는 도미니코수도회 소속 대학(Generalstudium)의 학장이 되었고, 1508년부터는 쾰른수도원 원장과 동시에 쾰른과 마인츠와 트리어를 관할하는 종교재판관이 되었다. 16세기 최초의 루터파 순교자는 1523년 7월 1일에 브루쎌(Brussel)에서 처형된 얀 판 에썬(Jan van Essen 혹은 Johan E[s]sch[en])과 헨드릭 푸스(Hendrix Voes)인데, 이들을 사형으로 판결한 첫 종교재판관이었다. ··· p.52

| 편집후기 |

종교개혁은 어떤 의미가 있는가

1517년 종교개혁이 일어난 이후 시대는 많이 변했다. IT 산업과 첨단과학이 발달한 변화의 시대가 왔다. 그러나 급격하게 발전하는 시대 속에서도 현대인들은 여전히 인생의 문제와 세상의 도전 앞에 방황하고 있다. 종교개혁자들이 고민했던 하나님과 인간과 세상에 대한 깊은 성찰이 다시 이 시대에 절실하게 요청되고 있는 것이다.

세계도 변하고 있다. 유럽과 미국 중심의 세계 질서도 바뀌어 아시아가 점차 세계의 주목을 받고 있다. 특히 한국 기독교에 대한 세계적인 관심과 기대는 대단하다. 어린이와 같았던 한국교회는 이제 청년으로 성장하고 있다. 이런 맥락에서 한국 기독교인들은 지금까지 전혀 고민해보지 않았던 근원적이고 피할 수 없는 중요한 질문 앞에 서게 되었다.

나는 누구인가? 우리의 신앙은 어디에서 왔는가? 참으로 경건한 기독교인은 어떤 사람들인가? 한국교회는 어디로 가야 하는가? 이런 질문에 부딪힐 때마다 교회의 역사는 깊은 지혜를 제시해준다. 다시 종교개혁의 본질로 돌아가자는 것이다. "Ad Fontes(근원으로)!"

종교개혁을 이해하기 위해서는 다각적인 접근이 필요하다. 유럽의 지성사적 흐름을 알아야 하고, 정치, 경제, 사회, 문화적인 배경도 통찰해야 한다. 기독교 교리의 역사도 알아야 한다. 그러나 무엇보다 가장 쉽고 정확하게 이해하는 방법은 그 시대를 치열하게 살아간 종교개혁자들을 이해하는 것이다. 그것은 곧 그들의 삶, 좌절, 고난 그리고 그것을 극복하는 과정에서 역사하셨던 하나님의 일하심을 알아가는 것이다.

종교개혁자 평전 시리즈는 무엇이 다른가

수많은 책들이 출판되지만 그 가운데 지속적으로 선한 영향을 미치는 책은 많지 않다. 신앙서적 또한 예외가 아니다. 그런 점에서 본 평전 시리즈의 차별성과 독특성을 알게 된다면 독자들은 더욱 보람 있게 이 책을 읽을 수 있을 것이다. 몇 가지 특징을 정리해 본다.

첫째, 저자들은 모두 가장 최근에 그 해당 주제로 박사학위를 받은 학자를 엄선하여 심혈을 기울여 저술했다. 급속도로 지식이 축적되는 오늘날 가장 최근의 학문적 정보가 최고의 수준으로 담겨 있다고 볼 수 있다. 따라서 잘 알려지지 않은 자료들이 폭넓게 활용되어 참신하게 저술한 장점이 있다.

둘째, 단순한 영웅담이 아니라 비평을 가하는 평전이기에 정확하고 유익한 정보를 얻게 된다. 기존 종교개혁자에 대한 책이 간혹 우리 눈에 발견되지만 대부분 인물을 예찬하는 데 반해 본서는 종교개혁자들의 삶과 신학을 학문적이고 객관적으로 연구하고 평가했다.

셋째, 한국의 신학자들에 의해서 직접 저술되었기에 한국 독자들의 정서에 꼭 맞는 책이 될 것이다. 물론 유럽과 미국의 학자들이 저술한 훌륭한 종교개혁자들의 전기나 번역서도 있다. 그러나 서양 저자들은 대부분 서양의 지성사적이고 문화적인 배경을 전제로 하기 때문에 비서양권인 한국의 독자들이 깊이 이해하기에는 한계가 있다.

넷째, 교회를 위한 신학(Theologia Ecclesiae)을 전제로 기획되고 저술되었다. 종교개혁자들의 활동과 그들의 신학은 모두 교회를 건강하게 세우고 교회에 유익이 되고자 하는 방향에서 이해되어야 한다. 그것이 정당한 방법이고 또 현대의 독자들과 목회자들에게도 유익하다.

본 평전은 이러한 원칙을 전제로 저술되었기에 지적 호기심을 넘어 개인의 경건은 물론 교회 공동체에도 큰 유익을 줄 것으로 기대한다. 일차적으로는 평신도 지성인들이 쉽게 읽어내도록 평이한 문체와 감동적인 내용으로 저술되었으며, 동시에 목회자와 신학생들에게도 잘 알려지지 않은 최근의 연구 자료를 제시하여 신학을 공부하고 사상을 넓히는 데도 많은 도움을 줄 것이다. 본 시리즈를 통해 하나님과 인간과 세상을 이해하게 되고 건강한 신앙 공동체를 세울 수 있을 것으로 확신한다.

수석 편집인 안인섭 박사(총신대학교 교수)

저자 소개

고신대학교에서 신학과(BA), 신학대학원(M.Div.), 일반대학원(Th.M.)을 졸업한 후, 네덜란드 기독개혁교단 소속의 아펠도른신학대학(Theologische Universiteit te Apeldoorn)에서 마르틴 부써와 요한 칼빈의 교회론을 연구한 논문 "그리스도의 신비한 몸"으로 신학박사학위를 받았다. 귀국 후 고신대학교에서 강의하며 지금은 전임연구교수(비정년트랙)로 재직하고 있다. 또한 고신대학교 개혁주의학술원 책임연구원으로 일하고 있다.

저서 및 역서로는 『종교개혁과 교리』(2017), 『루터: 약속과 경험』(2017), 『삶, 나 아닌 남을 위하여』(2016), 『하이델베르크 신앙교육서』(2013), 『기도, 묵상, 시련』(2012), 『칼빈과 개혁주의』(2010), 『라틴어 문법과 구문론』(2007) 등이 있다.

부써
교회연합운동의 선구자

초판 발행 2020년 2월 21일
초판 2쇄 2021년 2월 22일

지은이   황대우
발 행   익투스

책임편집 정건수 편집 김귀분
마케팅 팀장 김경환 마케팅 박경헌
마케팅지원 박찬영, 김지연
경영지원 임정은 행정 현지혜
제작 서우석 교정 최보람

주소 서울시 강남구 영동대로 330
전화 (02)559-5655-6 팩스 (02)564-0782
홈페이지 www.holyonebook.com
출판등록 제2005-000296호
ISBN 979-11-86783-27-6 03230

ⓒ 2020, 익투스
잘못된 책은 바꾸어 드립니다.